U0006641

春秋左傳今註今譯（下）

李宗侗註譯
葉慶炳校訂
王雲五主編

臺灣商務印書館

本書經
中華文化復興運動推行委員會（國家文化總會）審定

永恆的經典，智慧的泉源

馬英九（總統暨文化總會會長）

中國傳統經典是民族智慧與經驗的結晶。在五千年的歷史中，這些典籍經歷戰亂的傷害，飽受文革的摧殘，然而書中蘊含的哲理，不只啟迪世世代代的炎黃子孫，且遠播於東亞及世界各國。如今學習國學經典同在兩岸盛行，並非偶然，反映這些古籍的價值跨越了時空，對二十一世紀兩岸人民，依然發揮積極的引導作用。

古人從小開始的經典教育，對一個孩子建立正確的人生觀，有非常重要的意義。而古文最迷人的地方，正在於它能將博大精深的知識，凝煉為言簡意賅的文字；將複雜的人生經驗，濃縮為一語道破的智慧。而這些修身、齊家、治國、平天下的理念，即使經過千百年的時空變遷，仍能與現代生活相結合。

我念小學二年級的時候，跟著在石門水庫任職的母親住在桃園龍潭。民國四十七年的臺灣，沒有電視可看，也沒有電晶體收音機可聽。晚上沒事，媽媽常常燈下課子，教我念古文。啟蒙的第一課是《左傳》的〈鄭伯克段於鄢〉，其中我記得最牢的一句話，就是鄭莊公對他從小被母親寵壞、長大後又驕縱謀反的弟弟共叔段所作的評語：「多行不義必自斃，子姑待之。」這句話我一直作為自惕與觀人的警語。放在今天的臺灣與世界的時空中，不也是很適用嗎？

上高中後，父親常常以晚清名臣曾國藩的家訓「唯天下至誠能勝天下至偽，唯天下至拙能勝天下至巧」來訓勉我。當初覺得陳義過高，似乎不切實際，但年紀愈大，閱歷愈多，愈覺得有道理。「尚誠尚拙、去偽去巧」的理念，也成為我為人處事的哲學。

民國八十年（一九九一）十二月，聯合國大會通過決議，要求各國全面禁止漁民在海洋使用「流刺網」（driftnet）捕魚，以免因為網目太小，造成大小通吃而使漁源枯竭。讀過《孟子》梁惠王篇的人，一定會覺得這個國際規範似曾相識。這位兩千多年前的亞聖不早就說過「數罟不入洿池，魚鱉不可勝食也」嗎？我不能不承認，孟子的保育觀念，實在非常先進。同樣的，他對齊宣王所說大小諸侯之間交往的原則，也可適用到今天的兩岸關係：「惟仁者為能以大事小……惟智者為能以小事大……以大事小者，樂天者也，以小事大者，畏天者也。樂天者，保天下；畏天者，保其國。」兩岸真能照辦，臺海還會不和平繁榮嗎？

民國九十五年（二〇〇六）十月，臺灣被貪腐的烏雲籠罩，民怨沸騰，當時總統府前廣場群眾豎起兩層樓高的海報標語，上面寫的就是「禮義廉恥」四個大字。二十一世紀臺灣街頭群眾運動的訴求，居然是二千五百多年前春秋時代齊國宰相管仲的名言，這是民主化後的臺灣，人生觀與價值觀的回歸，同時也是古典智慧的再現！

國家文化總會的前身是「中華文化復興運動推行委員會」（文復會），四十多年前曾與國立編譯館、臺灣商務印書館邀集國內多位國學大師共同出版《古籍今註今譯》系列，各界評價甚高，一時洛陽紙貴。如今重新刊印，邀我作序，實不敢當，忝為會長，礙難不從。謹在此分享一些讀經的親身感受，並期待古典文化的智慧，就像在歷史長河中的一盞明燈，繼續照亮中華民族的未來。

在時間的長河中

楊渡（文化總會祕書長）

時間是殘酷的，因為它會淘洗去所有的肉體與外在，虛華與偽飾。所有的慶典，權柄和武器，都有寂寞、生鏽、消逝的一天。

時間是溫柔的，因為它也留存了文明的光。唐朝沒有了宮殿，卻為我們留下李白和李商隱的詩句。長安的美麗，不是存在於西安，而是存在於詩句裡。

所有的政治風暴都會消逝，所有的權力都會轉移，所有的歷史，都見證著朝代的不斷更迭，才是進步的必然。然而到最後，什麼會留存下來？

文化總會的前身是「文化復興總會」，它是為了因應文化大革命對中國傳統文化的破壞，以「復興中華文化」為宗旨，而設立起來的。為了反制文革，總會特地請當時最好的學者，對四書、詩經、周易、老莊、春秋等進行今註今譯，以推廣典籍閱讀。當時聘請的學者，包括了南懷瑾、屈萬里、林尹、王夢鷗、史次耘、陳鼓應等，堪稱一時之選，連續出版了諸子百家的經典。這工作也持續了好幾年。

文化大革命的風暴過去之後，文復會性質慢慢改變，直到李登輝時代，它變成民間文化團體，舉辦一些文化活動。等到民進黨執政，由於去中國化，這些傳統文化的研究被忽略，束之高閣。然而，歷史多麼反諷。當文革過去，在經濟富裕後的現代大陸，由於缺少思想的指引，人們卻開始重讀古代典籍，而有諸子百家講堂與各種當代閱讀，古書今讀，竟成顯學。當年搞文革的卻已經悄悄的「復興中華文化」了。

反觀臺灣，這些由學養深厚的專家所寫的典籍今註今譯，卻因政治原因未受到重視。現在回頭看經典，細心體會古代的智慧，而不是用政治符號去切割知識典籍，我們才會開始懂得謙卑。歷史這樣長，而我們只是風中的塵埃。一如聖嚴法師所留下的偈：「無事忙中過，空裡有哭笑。」能留下的，只是無形的智慧，美麗的詩句，和千年的夢想。

當政治的風暴過去之後，什麼會留存下來？時間有多殘酷，我不知道。我只知道，中國傳統經典的生命，一定會生存得比政權更遠，更深，更厚。

我只知道，當古老的「禮義廉恥」，成為二十一世紀反貪腐抗議群眾運動的標語時，整個中華文明已經走向另一個階段。那是作為人的價值觀的百劫回歸，那是自信自省的開端。古老的，或許比現代更新、更有力，更象徵著數千年文明的總結。

而我們，只是千年文明裡的小小學生，仍在古老的經籍中，探詢著生命終極的意義，並且，尋找前行的力量。

《古籍今註今譯》總統推薦版序

中華文化精深博大，傳承頌讀，達數千年，源遠流長，影響深遠。當今之世，海內海外，莫不重新體認肯定固有傳統，中華文化歷久彌新、累積智慧的價值，更獲普世推崇。

語言的定義與運用，隨著時代的變動而轉化；古籍的價值與傳承，也須給予新的註釋與解析。商務印書館在先父王雲五先生的主持下，民國一〇年代曾經選譯註解數十種學生國學叢書，流傳至今。

臺灣商務印書館在臺成立六十餘年，繼承上海商務印書館傳統精神，以「宏揚文化、匡輔教育」為已任。五〇年代，王雲五先生自行政院副院長卸任，重新主持臺灣商務印書館，仍以「出版好書，匡輔教育」為宗旨。當時適逢國立編譯館中華叢書編審委員會編成《資治通鑑今註》（李宗侗、夏德儀等校註），委請臺灣商務印書館出版，全書十五冊，千餘萬言，一年之間，全部問世。

王雲五先生認為，「今註資治通鑑，雖較學生國學叢書已進一步，然因若干古籍，文義晦澀，今註之外，能有今譯，則相互為用，今註可明個別意義，今譯更有助於通達大體，寧非更進一步歟？」

因此，他於民國五十七年決定編纂「經部今註今譯」第一集十種，包括：詩經、尚書、周易、周禮、禮記、春秋左氏傳、大學、中庸、論語、孟子，後來又加上老子、莊子，共計十二種，改稱《古籍今註今譯》，參與註譯的學者，均為一時之選。

臺灣商務印書館以純民間企業的出版社，來肩負中華文化古籍的今註今譯工作，確實相當辛苦。中華文化復興運動總會（國家文化總會前身）成立後，一向由總統擔任會長，號召推動文化復興重任，素有成效。六〇年代，王雲五先生承蒙層峰賞識，委以重任，擔任文復會副會長。他乃將古籍今註今譯列入文復會工作計畫，廣邀文史學者碩彥，參與註解經典古籍的行列。文復會與國立編譯館中華叢書編審委員會攜手合作，列出四十二種古籍，除了已出版的第一批十二種是由王雲五先生主編外，文復會與國立編譯館主編的有二十一種，另有八種雖列入出版計畫，卻因各種因素沒有完稿出版。臺灣商務印書館另外約請學者註譯了九種，加上《資治通鑑今註》，共計出版古籍今註今譯四十三種。茲將書名及註譯者姓名臚列如下，以誌其盛：

序號	書名	註譯者	主編	初版時間
1	尚書	屈萬里	王雲五（臺灣商務印書館）	五八年九月
2	詩經	馬持盈	王雲五（臺灣商務印書館）	六〇年七月
3	周易	南懷瑾	王雲五（臺灣商務印書館）	六三年十二月
4	周禮	林尹	王雲五（臺灣商務印書館）	六一年九月
5	禮記	王夢鷗	王雲五（臺灣商務印書館）	七三年一月
6	春秋左氏傳	李宗侗	王雲五（臺灣商務印書館）	六〇年一月
7	大學	宋天正	王雲五（臺灣商務印書館）	六六年二月
8	中庸	宋天正	王雲五（臺灣商務印書館）	六六年二月
9	論語	毛子水	王雲五（臺灣商務印書館）	六四年十月
10	孟子	史次耘	王雲五（臺灣商務印書館）	六二年二月
11	老子	陳鼓應	王雲五（臺灣商務印書館）	五九年五月

12	莊子	陳鼓應	王雲五（臺灣商務印書館）	六四年十二月
13	大戴禮記	高明	文復會、國立編譯館	六四年四月
14	春秋公羊傳	李宗侗	文復會、國立編譯館	六二年五月
15	春秋穀梁傳	薛安勤	文復會、國立編譯館	八三年八月
16	韓詩外傳	賴炎元	文復會、國立編譯館	六一年九月
17	孝經	黃得時	文復會、國立編譯館	六一年七月
18	列女傳	張敬	文復會、國立編譯館	八三年六月
19	新序	盧元駿	文復會、國立編譯館	六四年四月
20	說苑	盧元駿	文復會、國立編譯館	六六年二月
21	墨子	李漁叔	文復會、國立編譯館	六三年五月
22	荀子	熊公哲	文復會、國立編譯館	六四年九月
23	韓非子	邵增樺	文復會、國立編譯館	七一年九月
24	管子	李勉	文復會、國立編譯館	七七年七月
25	孫子	魏汝霖	文復會、國立編譯館	六一年八月
26	史記	馬持盈	文復會、國立編譯館	六八年七月
27	商君書	賀凌虛	文復會、國立編譯館	七六年三月
28	太公六韜	徐培根	文復會、國立編譯館	六五年二月
29	黃石公三略	魏汝霖	文復會、國立編譯館	六四年六月
30	司馬法	劉仲平	文復會、國立編譯館	六四年十一月
31	尉繚子	劉仲平	文復會、國立編譯館	六四年十一月
32	吳子	傅紹傑	文復會、國立編譯館	六五年四月
33	唐太宗李衛公問對	曾振	文復會、國立編譯館	六四年九月
34	資治通鑑今註	李宗侗等	國立編譯館	五五年十月
35	春秋繁露	賴炎元	文復會、國立編譯館	七三年五月

36	公孫龍子	陳癸淼	文復會、國立編譯館	七五年一月
37	晏子春秋	王更生	文復會、國立編譯館	七六年八月
38	呂氏春秋	林品石	文復會、國立編譯館	七四年二月
39	黃帝四經	陳鼓應	臺灣商務印書館	八四年六月
40	人物志	陳喬楚	文復會、國立編譯館	八五年十二月
41	近思錄、大學問	古清美	文復會、國立編譯館	八九年九月
42	抱朴子內篇	陳飛龍	文復會、國立編譯館	九〇年一月
43	抱朴子外篇	陳飛龍	文復會、國立編譯館	九一年一月
44	四書（合訂本）	楊亮功等	王雲五（臺灣商務印書館）	六八年四月

已列計畫而未出版：

序號	書名	譯註者	主編	
1	國語	張以仁	文復會、國立編譯館	
2	戰國策	程發軔	文復會、國立編譯館	
3	淮南子	于大成	文復會、國立編譯館	
4	論衡	阮廷焯	文復會、國立編譯館	
5	楚辭	楊向時	文復會、國立編譯館	
6	文心雕龍	余培林	文復會、國立編譯館	
7	說文解字	趙友培	國立編譯館	
8	世說新語	楊向時	國立編譯館	

民國七十年，文復會秘書長陳奇祿先生、國立編譯館與臺灣商務印書館再度合作，將當時已出版的二十九種古籍今註今譯，商請原註譯學者和適當人選重加修訂再版，使整套古籍今註今譯更加完善。

九十八年春，國家文化總會秘書長楊渡先生，約請臺灣商務印書館總編輯方鵬程研商，計議重新編輯出版《古籍今註今譯》，懇請總統會長撰寫序言予以推薦，並繼續約聘學者註譯古籍，協助青年學子與國人閱讀古籍，重新體認固有傳統與智慧，推廣發揚中華文化。

臺灣商務印書館經過詳細規劃後，決定與國家文化總會、國立編譯館再度合作，重新編印《古籍今註今譯》，首批十二冊，以儒家文化四書五經為主，在今年十一月十二日中華文化復興節出版，以後每三個月出版一批，將來並在適當時機推出電子版本，使青年學子與海內外想要了解中華文化的人士，有適當的版本可研讀。二十一世紀必將是中華文化復興的新時代，讓我們共同努力。

臺灣商務印書館董事長**王學哲**謹序　民國九十八年九月

編纂古籍今註今譯序

由於語言文字習俗之演變，古代文字原為通俗者，在今日頗多不可解。以故，讀古書者，尤以在具有數千年文化之我國中，往往苦其文義之難通。余為協助現代青年對古書之閱讀，在距今四十餘年前，曾為本館創編學生國學叢書數十種，其凡例如左：

一、中學以上國文功課，重在課外閱讀，自力攻求；教師則為之指導焉耳。惟重篇巨帙，釋解紛繁，得失互見，將使學生披沙而得金，貫散以成統，殊非時力所許；是有需乎經過整理之書篇矣。本館鑒此，遂有學生國學叢書之輯。

一、本叢書所收，均重要著作，略舉大凡；經部如詩、禮、春秋；史部如史、漢、五代；子部如莊、孟、荀、韓，並皆列入；文辭則上溯漢、魏，下迄五代；詩歌則陶、謝、李、杜，均有單本；詞則多採五代、兩宋；曲則擷取元、明大家；傳奇、小說，亦選其英。

一、諸書選輯各篇，以足以表見其書，其作家之思想精神、文學技術者為準；其無關宏旨者，從刪削。所選之篇類不省節，以免割裂之病。

一、諸書均為分段落，作句讀，以便省覽。

一、諸書均有註釋；古籍異釋紛如，即採其較長者。

一、諸書較為罕見之字，均注音切，並附注音字母，以便諷誦。

一、諸書卷首，均有新序，述作者生平，本書概要。凡所以示學生研究門徑者，不厭其詳。

然而此一叢書，僅各選輯全書之若干片段，猶之嘗其一臠，而未窺全豹。及民國五十三年，余謝政後重主本館，適國立編譯館有今註資治通鑑之編纂，甫出版三冊，以經費及流通兩方面，均有借助於出版家之必要，商之於余，以其係就全書詳註，足以彌補余四十年前編纂學生國學叢書之闕，遂予接受。甫歲餘，而全書十有五冊，千餘萬言，已全部問世矣。

余又以今註資治通鑑，雖較學生國學叢書已進一步，然因若干古籍，文義晦澀，今註以外，能有今譯，則相互為用，今註可明個別意義，今譯更有助於通達大體，寧非更進一步歟？

幾經考慮，乃於五十六年秋決定編纂經部今註今譯第一集十種，其凡例如左：

一、經部今註今譯第一集，暫定十種，其書名及白文字數如左。

詩　　經　　三九一二四字

尚　　書　　二五七〇〇字

周　　易　　二四二〇七字

周　　禮　　四五八〇六字

禮　　記　　九九〇二〇字

春秋左氏傳　一九六八四五字

大　學　一七四七字

中　庸　三五四五字

論　語　一二七〇〇字

孟　子　三四六八五字

以上共白文四八三三七九字

二、今註仿資治通鑑今註體例，除對單字詞語詳加註釋外，地名必註今名，年份兼註公元，衣冠文物莫不詳釋，必要時並附古今比較地圖與衣冠文物圖案。

三、全書白文四十七萬餘字，今註假定佔白文百分之七十，今譯等於白文百分之一百三十，合計白文連註譯約為一百四十餘萬言。

四、各書按其分量及難易，分別定期於半年內，一年內或一年半內繳清全稿。

五、各書除付稿費外，倘銷數超過二千部者，所有超出之部數，均加送版稅百分之十。

稍後，中華文化復興運動推行委員會制定工作實施計畫，余以古籍之有待於今註今譯者，不限於經部，且此種艱巨工作，不宜由獨一出版家擔任，因即本此原則，向推行委員會建議，幸承接納，經於工作計畫中加入古籍今註今譯一項，並由其學術研究出版促進委員會決議，選定第一期應行今註今譯之古籍約三十種，除本館已先後擔任經部十種及子部二種外，徵求各出版家分別擔任。深盼羣起共鳴，一集告成，二集繼之，則於復興中華文化，定有相當貢獻。

本館所任之古籍今註今譯十有二種，經慎選專家定約從事，閱時最久者將及二年，較短者不下一年，則以屬稿諸君，無不敬恭將事，求備求詳；迄今祇有尚書及禮記二種繳稿，所有註譯字數，均超出原預算甚多，以禮記一書言，竟超過倍數以上。茲當第一種之尚書今註今譯排印完成，問世有日，謹述緣起及經過如右。

王雲五

民國五十八年九月二十五日

自序

王雲五先生近年有古籍今註今譯的提議，嘉惠後學實在並非淺鮮。今註這兩個字實在是十二年前，我對張曉峯先生注資治通鑑時所建議的，經過十一年的工夫，由我及朋友同學生合力完成，但後任教育部長並無充足的校刊費用能將全書刊行，於是就商諸商務印書館，王雲五先生欣然答應為之完成。就是因為這種原因，他也用今註這個名字。至於今譯乃為王老先生所獨創。我所擔任的是春秋左傳今註今譯，對此書我當在序中略有說明。

㈠隋書經籍志載有春秋左氏解誼三十一卷，漢九江太守服虔注。他所分卷數與杜預的春秋左傳經傳集解三十卷不同。杜預書亦載於隋書經籍志，自唐作正義就用了他，遂為唐後學者通用的書。今也照服虔例分為三十一卷，所不同的是莊公杜預只有一卷，而我分為二卷，其餘如僖公三卷，襄公六卷，昭公七卷，與杜預相同。我固然不能詳悉服虔的分卷方法，但我只能想到莊公可以分為二卷而已。

㈡至於左氏春秋的作者，是否即論語公冶長篇之「左丘明恥之，丘亦恥之」所說的左丘明？據姚鼐說：左氏之書，非出一人所成。自左丘明作傳以授曾申，申傳吳起，起傳其子期，期傳楚人鐸椒，椒傳趙人虞卿，虞卿傳荀卿。蓋後人屢有附益，其為丘明說經之舊，及為後所益者，今不知孰為多寡矣。余考其書，於魏氏事造飾尤甚，竊以為吳起為之者蓋尤多。夫魏絳在晉悼公時，甫佐新軍，在七人下耳，安得平鄭之後，賜欒獨以與絳？魏獻子合諸侯於位之人，而述其為政之美，詞不恤其夸，此豈信史所為論本事而為之傳者耶？國風之魏，至季札時，亡久矣，與邶、鄘、鄶等，而札胡獨美之曰：「以德輔此，則明主也」。此與「魏大名」「公侯子孫必復其始」之談，皆造飾以媚魏君者耳。又明主之稱，乃三晉簒位後之稱，非季札時所宜有，適以見其誣焉耳。自東漢以來，其書獨重，世皆溺其文詞，宋儒頗知其言之不盡信，然遂以譏及左氏，則過矣。彼儒者親承孔子學以授其徒，言亦約耳，烏知後人增飾若是之多也哉！若乃其文既富，則以存賢人君子之法言，三代之典章，雖不必丘明所記，而固已足貴，君子擇焉可也。（見左傳補注序）

㈢孔子春秋與左氏春秋實在是兩部書，所以顧炎武日知錄也說：「春秋因魯史而修者也；故所書晉事，自文公主夏盟，交於中國，則以創列之史參之，而一從周正；自惠公以前，則間用夏正，其不出一人明矣。」左氏春秋是集合各國的史書而成，此種議論實由唐朝趙匡發其端，他在「春秋集傳纂例」一書中說：「蓋左氏廣集諸國之史釋春秋，傳成以後，蓋其弟子及門人見嘉謀事迹多不入傳或有雖入而復不同，故各隨國編之而成此書，以廣異聞爾。」所說集諸國之史甚確，但說「以釋春秋」則非，然較為春秋作傳比較更近於真相。不如說他們是兩部書更可靠。並且左丘明雙姓與左氏春秋的左不同，所以朱熹在「語類」中就以為「左氏倚相之後」，所以後來記載楚事甚多。並且比如隱公元年，春秋所記共七條，而左氏春秋就有十三條，有時春秋有而左氏春秋沒有的。也有相反的時候。這些皆能證兩書的不同。

細看春秋與左氏春秋皆開始自魯隱公，而所書紀年只以晉國事而論，亦始於晉文侯，早過於曲沃莊伯，而杜預曾見過真本紀年，他在後序中說：「曲沃莊伯三十一年十一月，魯隱公之元年正月也。」就是公元前七百二十二年，從此以後各國史料始見豐富，這也不足為奇怪的事。觀詩經中，雅多作於西周，彼時東方列國尚無國風，衛武公所作抑篇尚用雅的詩調，即因衛尚無他自有的詩調。國風的開始在於平王東遷以後，由此可見。東遷是在公元前七百七十年。再以出土的銅器而論，東周時代者多屬列國的作品，與西周銅器多屬王室者不同。由此觀之，東遷以後，文化中心也隨著政治中心而漸向東方轉移，列國的史料開始愈加發達，這也是自然的現象。漢書藝文志尚載有「公羊外傳五十篇，公羊雜記八十三篇，穀梁外傳二十篇」，內容雖然不能詳細知道，大約也是記載同左氏春秋相類的故事。

㈣再細研究，兩書不太相連，並非如公羊傳穀梁傳的為的解釋春秋而作。茲舉一兩條為例作證據。比如桓公元年末尾說：⑴「宋華父督見孔父之妻于路，目逆而送之，曰『美而艷。』」而二年開首就說⑵「宋華督攻孔氏，殺孔父而取其妻。」可見⑴同⑵兩條本來相連，後經劉歆或杜預兩書相合後，始有現在的現象。又如桓公五年⑴「冬，淳于公如曹，度其國危，遂不復。」六年就說：⑵「春，自曹來朝，書曰『實來』，不復其國也」此類尚多，舉此例以概其餘。

所謂左氏春秋是「以列國之史參之」，這話甚有道理。比如宋國的事常舉六官的姓名，晉事常舉三軍或六軍帥佐的姓名，必是抄自宋晉各國史官所記載的。

至於漢以後又發生劉歆請立左氏傳於學官的問題，見漢書三十六卷楚元王傳，劉向是楚元王的玄孫，而劉歆是他的兒子。他移書太常博士書責讓他們，他又將左氏傳與公羊穀梁二傳並列為釋經的傳。其實漢朝學官已近於功名的途徑，多立一科目則舊者必有所畏懼，因此必引起爭端，所謂「利祿之途然也」就是這種理由，書甚長現在不能博引，閱者可翻楚元王傳即能明白，所以在此不必細講。因為這種原因，劉歆必須將左氏春秋改為春秋左氏傳，而博士弟子必說「左氏不傳春秋」，以示抵制。至西晉杜預更「分經之年與傳之年相附」（見杜預春秋序）遂成現行的體系，杜並解釋為「故傳或先經以始事，或後經以終義（見上序中）以辨別兩書的不同各點，而不欲說他們是兩部書。自唐以後遂相仍而不改，商務此書也不好例外；若獨創一格，反使讀者莫名其妙了，只在序中略說明我的見解。

至於編纂的經過亦當略述如後，最初今註由我口述而由文長徐女士筆錄，至於今譯則由劉翠溶女士擔任，這是僖公二十八年城濮之戰以前的情形。這時劉女士往美國哈佛大學讀書，自隱公元年至僖公二十八年共九十一年，恰與春秋二百四十二年的三分之一相近。以後我自己寫了幾年就由我口述而由李敏慧女士筆錄，輔以其妹李素貞襄助抄寫，以底於成，特記於此並誌對諸位的感謝。後又請中央研究院史語所黃慶樂技士為畫得春秋時代全圖，以成全書。

高陽李宗侗序　民國五十九年二月夏正元旦

目次

【上冊】

【中冊】

【下冊】

卷二十一　昭公一

昭公元年（公元前五百四十一年）

昭公名裯，襄公子，母齊歸，在位三十二年，薨于乾侯，諡法威儀恭明曰昭。

(一)經元年春王正月，公即位㊀。

【今註】㊀此經無傳。

【今譯】昭公元年春王正月昭公行即位典禮。

(二)經叔孫豹會晉趙武、楚公子圍，齊國弱，宋向戌、衛齊惡、陳公子招、蔡公孫歸生、鄭罕虎、許人、曹人於虢。

傳楚公子圍聘于鄭。且取於公孫段氏，伍舉㊀為介。將入館，鄭人惡之，使行人子羽與之言，乃館於外，既聘，將以眾逆㊁，子產患之，使子羽辭曰：「以敝邑褊小，不足以容從者，請墠聽命㊂。」令尹命大宰伯州犁對曰：「君辱貺寡大夫圍，謂圍將使豐氏㊃撫有而室，圍布几筵告於莊共之廟而來。若野賜之，是委君貺於草莽也，是寡大夫不得列於諸卿也。不寧唯是，又使圍蒙其先君㊄，將不得為寡君老，其蔑以復矣，唯大夫圖之。」子羽曰：「小國無罪，恃實其罪㊅，將恃大國之安靖己，而無乃包藏禍心以圖之。小國失恃而懲諸侯，使莫不憾者，距違君命，而有所壅塞，不行是懼。不然敝邑館人之屬也，其敢愛豐氏之祧。」伍舉知其有備也，請垂櫜而入㊆，許之。正月乙未，入逆而出，遂會於虢㊇，尋宋之盟也。祁午㊈謂趙文子曰：「宋之盟，楚人得志於晉㊉，今令尹之不信，諸侯之所聞也。子弗戒懼，又如宋⑪，子木之信稱於諸侯，猶詐晉而駕焉⑫，況不信之尤者乎？楚重得志於晉，晉之恥也。子相晉國以為盟主，於今七年矣。再合諸侯⑬，三合大夫⑭，服齊狄⑮，寧東夏，平秦亂⑯，城淳于⑰，師徒不頓，國家不罷，民無謗讟，諸侯無怨，天無大災，子之力也。有令名矣，而終之以恥，午也是懼，吾子其不可以不戒？」文子曰：「武受賜矣！然宋之盟子木有禍人之心，武有仁人之心，是楚所以駕於晉也。今武猶是心也，楚又行僭[一八]，非所害也。武將信以為本，循而行之，譬如農夫，是穮是蔉[一九]，雖有饑饉，必有豐年。且吾聞之，能信不為人下，吾未能也。詩曰：『不僭不賊，鮮不為則[二〇]。』信也。能為人則者，不為人下矣。吾不能是難，楚不為患？」楚令尹請用牲，讀舊書加于牲上而已，晉人許之。三月甲辰盟，楚公子圍設服離衛[二一]，叔孫穆子曰：「楚公子美矣，君哉。」鄭子皮曰：「二執戈者前矣！」蔡子家曰：「蒲宮有前[二二]，不亦可乎？」楚伯州犁曰：「此行也，辭而假之寡君。」鄭行人揮曰：「假不反矣！」伯州犁曰：「子姑憂子晳之欲背誕也！」子羽曰：「當璧猶在，假而不反，子其無憂乎？」齊國子[二三]曰：「吾代二子愍矣！」陳公子招曰：「不憂何成，二子樂矣！」衛齊子[二四]曰：「苟或知之，雖憂何害？」宋合左師曰：「大國令，小國共，吾知共而已。」晉樂王鮒曰：「小旻之卒章善矣，吾從之。」退會，子羽謂子皮曰：「叔孫絞而婉㉕。宋左師簡而禮，樂王鮒字而敬㉖，子與子家持之㉗，皆保世之主也。齊、衛、陳大夫，其不免乎？國子代人憂，子招樂憂，齊子雖憂弗害。夫弗及而憂，與可憂而樂，與憂而弗害，皆取憂之道也，憂必及之，大誓曰：『民之所欲，天必從之。』三大夫兆憂，能無至乎？言以知物，其是之謂矣。」

【今註】㈠伍舉：椒舉。㈡將以眾逆：帶著軍隊來迎接。㈢請墠聽命：請在城外築一個土壇舉行婚禮。㈣豐氏：公孫段。㈤使圍蒙其先君：這是欺騙楚國的先君，要不在女家的廟中行婚禮。㈥恃實其罪：這是依仗著大國而沒有防備就成了罪狀。㈦垂櫜而入：弓袋裏不要裝著弓進來。㈧虢：鄭地。在今河南省汜水縣。㈨祁午：祁奚的兒子。㈩楚人得志於晉：得志是指著先歃血。⑪又如宋：恐怕楚人又跟宋盟得志一樣。⑫猶詐晉而駕焉：指著楚國衣服裏穿甲。⑬再合諸侯：襄公二十五年會夷儀，二十六年會澶淵。⑭三合大夫：襄公二十七年會于宋，三十年會澶淵及現在會虢。⑮服齊狄：襄公二十八年，齊侯同白狄朝於晉。⑯平秦亂：襄公二十六年秦晉和好。⑰城淳于：襄公二十九年城杞國的淳于。⑱楚又行僭：楚國又行不信的舉動。⑲是穮是蓘：穮是種地，蓘音（ㄍㄨㄣˇ）。先去草後種苗。⑳不僭不賊，鮮不為則：這是詩經大雅的一句詩，人君不犯差錯，不賊害人民，人民就以他為法則。㉑公子圍設服離衛：設是君服，兩個人拿著戈在前面。㉒蒲宮有前：王子圍在會將蒲草做成殿屋。在蒲宮就有兩個執戈的人在前。㉓齊國子：國弱。㉔齊子：齊惡。㉕叔孫絞而婉：叔孫豹是切實而婉轉。㉖字而敬：能夠愛而有恭敬。㉗子與子家持之：子是子皮，子家是蔡公孫歸生，持之是中立。

【今譯】 楚國的公子圍，來鄭國聘問，並且在公孫段氏娶妻，伍舉做副使。他們將入鄭都城居住。因為鄭人心裏，很是厭惡他們，便派了行人子羽，和他們說明情形。楚國才就住在城外。既然已聘問了，楚國就要想帥兵入鄭都迎女，子產很是憂慮；差子羽來辭謝說：「因為我國地方狹小，不能容納你們跟來的人，請在城外設墠，舉行婚禮，我聽命便了。」公子圍派太宰伯州犂答說：「蒙你厚賜敝國大夫公子圍，對他說『將使豐氏做你的妻子』公子圍便陳設了祭酒，在莊王共王廟裏禱告，才來到鄭國，若是在城外設墠，便使我在曠野受賜，這是棄掉你的厚賜，在那草莽的裏面了。假使這樣，敝國的大夫再沒有面目，置身在諸卿的班位了，不但如此，還要使公子圍欺蔽自己的先王，將要不能夠做楚國的大臣，沒法再回到國裏去了。請你給他籌劃一下罷！」子羽說：「小國素來沒有什麼過失，依靠著大國，一毫沒有設備。這實在是他的過失。鄭國和楚結婚，本欲靠著楚國來安定國家。如何你包藏禍心，反要打算暗攻我國，因為我國失了依靠，所以使諸侯信仰楚國的，若把鄭國來當做警戒，弄到沒有一個不恨楚國的行詐；從此楚國國王的命令，阻礙難行，這是鄭國所最恐怕的事情。假使楚國沒有別的意思，那麼，我國對你楚國，本和守舍的人相類，那裏敢愛惜豐氏的遠祖廟，不使你舉行婚禮呢！」伍舉聽了這話，知道鄭國已有了防備，便請倒掛了弓衣表示沒有弓在裏面，走進都城中，子產才肯允許他。正月乙未這天，進入鄭國都城去迎接豐氏出來，就在虢的地方開會，重申宋的盟誓。祁午對趙武說：「在宋的盟誓的時候，楚國人對晉國很得到好處，現在令尹沒有信用，諸侯全都知道，你要不戒備我恐怕又跟宋的盟誓一樣，楚國會得到志，屈建的信用，全都為諸侯所推崇，他猶且利用晉國，而欺負他，何況這種很沒有信用的人民？楚國若仍舊得志於晉國，這是晉國的恥辱。你為晉國的宰相做盟主，至現在已經七年了。兩次會合諸侯，三次會合大夫，使齊國同狄國全都服從，東夏也安寧，又削平秦國的亂事，修治杞國的淳于城，軍隊全沒有勞苦，國家也沒有疲倦，人民也沒有怨望，諸侯也沒有怨望，天也沒有降下大災，這是你趙武的力量，你就有了好名氣了。可惜是到了末了，反得到恥辱，我祁午為這個事很害怕，你不可以不警戒。」趙武就說：「我趙武很受到了恩賜，但是宋那個盟誓的時候屈建有禍人的意思，我趙武的心是仁慈的，所以楚國就駕在晉國的上面。現在我趙武的心仍舊相同，楚國仍舊背信，就不會為晉國的害處，我以信實為本份，遵著這條路來辦，譬如農夫一樣，在地裏把荒草除去，然後再種好的苗，雖然偶爾有饑饉，但是必然會得到豐年。並且我聽說過，能夠保持信實就不會在人的底下，我還沒有能夠保持信實，詩經大雅有一句詩說：『若無差錯，也不害人，沒有不能夠作法則的。』這是因為信用的緣故。能夠為人法則的，就永遠不會在人底下。我不能夠保持信用這是很困難，楚國人不會有什麼禍患。」楚國令尹圍請求用牛，讀舊的盟誓加到牛上而已，晉國人答應了。三月甲辰就盟誓了。楚令尹公子圍穿著君的衣服兩個人拿著戈在前面保護。叔孫豹說：「楚國的公子很美，等於是個君。」鄭國子皮說：「兩個拿著戈的在前面。」蔡國子家說：「住在蒲草坐在王宮前面兩個拿著戈不也可以嗎？」楚國伯州犂說：「這次出使，他是從楚國君借來的。」鄭國行人揮說：「借來的就不送回去了。」伯州犂說：「你姑且對於子晳要反叛的事發愁吧。」子羽說：「當璧猶在，假用而不送回去，你還不發愁嗎？」齊國的國弱說：「我實在為王子圍同伯州犂可憐。」陳公子招說：「不發愁怎麼能成功呢？二個人全都高興了。」衛國的齊惡說：「假設知道，雖然發愁，有什麼妨害？」宋國的向戌說：「大國下命令，小國恭敬，我祇知道恭敬罷了。」晉國的樂王鮒說：「詩經小雅小旻的末一章說得很對，我就遵從著他。」退了會，子羽同子皮說：「叔孫豹是絞而婉。宋國的向戌簡而禮。樂王鮒愛而敬，你跟子家保持中立，都是保全幾代的主人。齊、衛、陳各大夫，恐怕不免於禍災。國弱替人來發愁，陳國的公子招，高興人發愁，齊惡雖然發愁，不害怕，憂不及己而妄憂，可憂而高興，同發愁而不害怕，這全是取到憂慮的原因。憂愁一定上身。大誓說過：『人民所需要的，天必定使他達到。』三位大夫有憂的預兆，憂能夠不來嗎？說話能夠知道事情，就是這一種。」

㈢經　三月取鄆。

傳　季武子伐莒，取鄆，莒人告於會，楚告於晉曰：「尋盟未退㈠，而魯伐莒瀆齊盟，請戮其使。」樂桓子㈡相趙文子，欲求貨於叔孫而為之請，使請帶焉㊂，弗與。梁其踁㊃，曰：「貨以藩身，子何愛焉？」叔孫曰：「諸侯之會，衛社稷也。我以貨免，魯必受師㊄，是禍之也，何衛之為？人之有牆以蔽惡也，牆之隙壞，誰之咎也？衛而惡之，吾又甚焉。雖怨季孫㊅，魯國何罪？叔出季處，有自來矣，吾又誰怨？然鮒也賄，弗與不已。」召使者裂裳帛而與之曰：「帶其褊矣㊆。」趙孟聞之曰：「臨患不忘國，忠也。思難不越官，信也㊇。圖國忘死，貞也。謀主三者，義也㊈，有是四者，又何戮乎？」乃請諸楚曰：「魯雖有罪，其執事不辟難，畏威而敬命矣，子若免之，以勸左右可也。若子之羣吏，處不辟污，出不逃難，其何患之有？患之所生，污而不治，難而不守，所由來也。能是二者，又何患焉？不靖其能，其誰從之？魯叔孫豹可謂能矣，請免之，以靖能者。子會而赦有罪，又賞其賢，諸侯其誰不欣焉望楚而歸之？視遠如邇，疆埸之邑，一彼一此，何常之有？王伯之令也。引其封疆，而樹之官，舉之表旗，而著之制令。過則有刑，猶不可壹。於是乎虞有三苗〔一〇〕，夏有觀扈〔一一〕，商有姺邳〔一二〕，周有徐奄〔一三〕。自無令王，諸侯逐進，狎主齊盟，其又可壹乎？恤大舍小，足以為盟主，又焉用之〔一四〕？封疆之削，何國蔑有？主齊盟者誰能辯焉？吳濮有釁。楚之執事，豈其顧盟？莒之疆事，楚勿與知，諸侯無煩，不亦可乎？莒魯爭鄆為日久矣，苟無大害於其社稷，可無亢也。去煩宥善，莫不競勸，子其圖之。」固請諸楚，楚人許之，乃免叔孫。令尹享趙孟，賦大明之首章〔一五〕，趙孟賦小宛之二章〔一六〕。事畢，趙孟謂叔向曰：「令尹自以為王矣，何如？」對曰：「王弱，令尹彊，其可哉，雖可不終。」趙孟曰：「何故？」對曰：「彊以克弱而安之，彊不義也〔一七〕，不義而彊，其斃必速。詩曰：『赫赫宗周，褒姒滅之〔一八〕。』令尹為王，必求諸侯，晉少懦矣，諸侯將往。若獲諸侯，其虐滋甚，民弗堪也，將何以終？夫以彊取，不義而克，必以為道〔一九〕，道以淫虐，弗可久已矣。」

【今註】㊀尋盟未退：尋弭兵的盟誓，還沒有完。㊁樂桓子：即樂王鮒。㊂使請帶焉：不好明說賄賂，所以執事請求一條帶子為名。㊃梁其踁：叔孫的家臣。㊄魯必受師：魯國必定被討伐。㊅雖怨季孫：雖然怨恨季孫宿的伐莒國。㊆帶其褊矣：帶子已經完了。㊇思難不越官，信也：意思是說叔孫氏每回出國，季孫氏每回守住國家。㊈謀主三者，義也：三者指著忠信貞。㊉三苗：虞曾經遷三苗到三危山。⑪觀扈：一統志說「觀在今山東省觀城縣西。扈在今陝西省鄠縣北二里。」⑫姺邳：姺是商代的侯國，邳在今山東省邳縣境。⑬徐奄：在今安徽省泗縣北八十里，有大徐城。奄的故城在今曲阜縣東二里。⑭又焉用之：何必管這些小事情。⑮大明之首章：詩經大雅的頭一篇。⑯小宛之二章：小雅的詩第二章意思說天命一去就不會回來，用以告誡令尹。⑰彊不義也：這是彊壯而不合義禮。⑱赫赫宗周，褒姒滅之：詩經小雅的一句話。很強盛的西周就被幽王的后褒姒來把他滅了。⑲必以為道：必以不義為正道。

【今譯】季孫宿討伐莒國，取了鄆這地方，莒國人告到會場，楚人告訴晉國說：「現在剛開會還沒有散，而魯國伐莒國違反了盟誓，請把他的代表殺掉。」樂王鮒輔佐著趙文子，想從叔孫豹得到賄賂，就為他請求，叫人請求衣服帶子為示意，叔孫豹不肯給他。他的家臣梁其踁說：「貨是用做保護身體，你何必那麼重視貨物呢？」叔孫豹說：「諸侯開會是為的保護國家，我若是以賄賂得免罪，魯國必要受討伐，這是對國家的禍害，有什麼保護呢？人有牆是擋著惡事，牆有洞這是誰的過錯呢？保衛他而又害了他，我的罪過更大了。我雖然不滿意季孫的伐莒國，魯國有什麼罪過呢？叔孫氏出外，而季孫氏守在國裏，自古以來都是如此，我能夠怨誰呢？但是樂王鮒好賄，不給他賄賂，他永遠不罷休。」叫他派的人來，把綢子撕裂了給他看說：「帶子已經沒有了。」趙武聽見就說：「遇到禍難而不忘了國家，這是忠臣。遇見禍難，而不想逃避官職，這是信用。為國家而忘了死，這是忠貞。這三件忠信貞合起來是義，合到這四種，還能夠殺他嗎？」就請求楚國說：「魯國雖然有罪，但是他的代表不躲避禍難，怕威嚴，而敬從命令，你若能把他免了，以勸你的人們這就可以了，若是楚國的各種官史，處在楚國不怕事情，出去也不逃避禍難，這又有什麼患難，患所以發生是由於有勞辱之事而不去辦，遇見難而不守著職務，就是從這裏來的。能夠這兩件事又何必憂患呢！安靖了賢能，大家全隨從他，魯國叔孫豹可以說賢能啊。請免了他的罪，以安靖能幹的人。你開會而赦免有罪的人。又賞賜他的賢能，諸侯們誰不欣然，而歸到楚國？疆埸的事情，看遠處跟近處一樣，天天的變化，這有什麼常呢？王伯的命令，引證他的封界給他樹立了官職，樹立表示疆界的旌旗，為諸侯製作法令，使互不侵犯，過此就有刑罰，這樣子尚且不能劃一，所以虞有三苗，夏有觀扈，商有姺邳，周有徐奄。自從沒有有名的王者以後，諸侯全部競爭，全都想著掌管盟誓，那又怎麼能夠劃一呢？祇注意大事，捨去小事就可以做盟主，何必專注意小事呢？各國的封疆沒有一國沒有問題的，主持盟誓的，誰又能夠分別清楚，吳國同濮國如果有問題，楚國的官吏豈能真正保持著盟誓？莒國的封疆，楚國不必知道，諸侯不必管這閒事，不也可以嗎？莒國同魯國爭鄆這地方已經很久了，假如沒有大害於他們的國家，可以不必管他。去掉煩事，宥免善人，大家全都勸服了，你何不細想想。」晉國堅持要求楚國。楚國答應他了。就赦免叔孫豹。楚國令尹宴享趙武，賦詩經大明的頭一章，趙武賦小宛的第二章。事情完了以後，趙武問叔向說：「令尹自以為等於王了，你看怎麼樣。」叔向說：「王弱令尹強，這是可以的，雖然可以，但是不會完。」趙武說：「什麼緣故。」回答說：「彊克弱而安定他，這是彊而不義的。不義而又彊，他死得必定快。詩經小雅說的，『有名的宗周被褒姒滅亡，這是彊而不義。』令尹做了王以後，必定各處求諸侯，晉國已經軟弱了，諸侯將往楚國。如果得到諸侯，他虐待得更厲害，人民受不了，將怎麼完呢！以強力取得，不義而成功，必以不義為正道，不義加上淫虐，這個樣子，不能夠久了。」

(四)傳夏四月，趙孟、叔孫豹、曹大夫入于鄭，鄭伯兼享之。子皮戒趙孟㊀，禮終，趙孟賦瓠葉㊁，子皮遂戒穆叔，且告之㊂。穆叔曰：「趙孟欲一獻㊃，子其從之。」子皮曰：「敢乎？」穆叔曰：「夫人之所欲也，又何不敢。」及享，具五獻之籩豆於幕下㊄，趙孟辭，私於子產曰：「武請於冢宰㊅矣。」乃用一獻，趙孟為客，禮終乃宴。穆叔賦鵲巢㊆。趙孟曰：「武不堪也！」又賦采蘩㊇。曰：「小國為蘩，大國省穡而用之，其何實非命。」子皮賦野有死麕之卒章㊈。趙孟賦常棣㊉，且曰：「吾兄弟比以安，尨也可使無吠。」穆叔，子皮，及曹大夫興拜，舉兕爵曰：「小國賴子，知免於戾矣。」飲酒樂，趙孟出曰：「吾不復此矣！」天王使劉定公勞趙孟於穎㈡，館於雒汭㈢。劉子曰：「美哉禹功，明德遠矣！微禹吾其魚乎？吾與子弁冕端委以治民，臨諸侯，禹之力也！子盍亦遠績禹功，而大庇民乎？」對曰：「老夫罪戾是懼，焉能恤遠？吾儕偷食，朝不謀夕，何其長也。」劉子歸以語王曰：「諺所謂老將知而耄及之者㈢。其趙孟之謂乎？為晉正卿以主諸侯，而儕於隸人，朝不謀夕，棄神人矣。神怒民叛，何以能久？趙孟不復年矣？神怒不歆其祀，民叛不即其事，祀事不從，又何以年？」

【今註】 ㈠子皮戒趙孟：子皮預先告訴趙武享宴的日期。㈡瓠葉：這是小雅的一篇詩。意思是說雖然菜蔬很賤，但是也可以享宴賓客。㈢且告之：並且告訴趙武賦的瓠葉詩。㈣趙孟欲一獻：趙孟祇想獻一次。㈤具五獻之籩豆於幕下：就預備好五獻的器具在帳幕底下。㈥冢宰：指子皮。㈦鵲巢：是召南的一篇詩。㈧采蘩：召南的一篇詩。㈨野有死麕之卒章：召南一篇詩卒章中有句話不要使狗叫。㈩常棣：詩經小雅意思說凡今之人莫如兄弟。㈡潁：即潁水。㈢雒汭：在今河南省鞏縣東北二十里，汜水縣界入河。㈢諺所謂老將知而耄及之者：耄是八十。剛剛老了，而他已經昏亂的有如八十歲的人。

【今譯】夏四月，晉趙武，魯叔孫豹，曹大夫開會完了，路過鄭國，鄭伯一起來宴享他們。鄭國的子皮告訴趙武宴享的時期，等到說完以後，趙武就歌唱瓠葉這篇詩。子皮又去告訴叔孫豹，並且告訴他趙武歌詩的情形，叔孫豹就說：「趙武祇想要一獻，你不如從他辦吧！」子皮說：「敢嗎？」叔孫豹說：「他要想如此，有什麼不敢呢？」到了宴享的時候，在帳房底下，預備好了五獻的籩豆，趙武就謙辭。並且偷著對子產說：「我曾經請教過子皮了。」於是就用一獻的禮節，趙武做主客，等到禮節完了以後，就吃飯。叔孫豹就歌唱鵲巢這篇詩。趙武說：「我不敢當。」叔孫豹又唱采蘩這首詩，並且說：「小國微薄猶如蘩菜，大國能愛惜用之，小國又何敢不聽命呢？」子皮就歌唱野有死麕的末了一章，趙武就歌唱常棣這篇詩，並且說：「我們兄弟的國家，能夠安寧就可使這狗不叫。」叔孫豹，子皮及曹大夫全都立起拜謝。舉起大酒杯說：「我們小國仰賴著你，知道不會有罪了。」喝酒很歡樂，趙武出去時就說：「我以後不會再看見這種樂趣了。」周天王派劉定公到潁去勞苦趙武，住在雒汭。劉定公就說：「禹的功勞，真很美大，他的德行也很遠大，要不是禹，我們全部變成魚了。我與你穿著官服來治理人民，會合諸侯，這全是禹的力量，你何不以遠處效法禹的功勞，而大庇護人民呢？」趙武就說：「我這個老年人，祇怕得到罪惡，何能往遠處計算呢？我混口飯吃，早晨尚不能知道晚上怎麼樣，這有多長呢？」劉定公回去就告訴周王說：「俗話所說老將來了，而他已昏亂如八十歲。這不就是趙武這個人嗎？他是晉國的正卿，主持諸侯們的事，而等於一個普通人一樣，早晨尚不知道晚上怎麼辦，這是等於把神人全丟掉了。神人發怒，人民全反叛怎麼樣能夠長久呢？趙武沒方法見明年了。神全怒了不受他的貢獻，人民反叛不好好做事，祭祀同事情全不能辦，又怎麼樣能過年。」

㈤傳　叔孫歸㈠，曾夭御季孫以勞之，旦及日中不出。曾夭謂曾阜㈡曰：「旦及日中，吾知罪矣。魯以相忍為國也，忍其外不忍其內，焉用之？」阜曰：「數月於外，一旦於是，庸何傷？賈而欲贏而惡囂乎㈢，」阜謂叔孫曰：「可以出矣。」叔孫指楹曰：「雖惡是，其可去乎？」乃出見之。

【今註】㈠叔孫歸：叔孫由虢的會盟回來。㈡曾阜：叔孫氏家臣。㈢賈而欲贏而惡囂乎：等於做生意想到得錢就不怕外人的嚷嚷。

【今譯】叔孫豹開會回來，曾夭給季孫趕了車去慰勞他，從早晨到中午，叔孫也不出來。曾夭對曾阜說：「由早晨到中午，我們已經知道得罪叔孫了，魯國是用相忍為國家的，在外邊相忍，而在裏邊不相忍，這怎麼辦呢？」曾阜說：「幾個月勞苦在外面，一天這個樣子，這有什麼關係，等於做商人的想賺錢，尚怕人吵鬧嗎？」曾阜進去對叔孫豹說：「可以出去了。」叔孫豹指著柱子說：「雖然討厭他，能夠去掉他嗎？」就出去見季孫了。

(六)傳 鄭徐吾犯(一)之妹美，公孫楚(二)聘之矣，公孫黑又使強委禽焉(三)。犯懼告子產。子產曰：「是國無政，非子之患也。唯所欲與。」犯請於二子，請使女擇焉，皆許之。子皙(四)盛飾入，布幣而出。子南戎服入，左右射，超乘而出。女自房觀之曰：「子皙信美矣，抑子南夫也(五)。夫夫婦婦所謂順也。」適子南氏。子皙怒，既而櫜甲以見子南，欲殺之而取其妻。子南知之，執戈逐之，及衝擊之以戈(六)，子皙傷而歸告大夫曰：「我好見之，不知其有異志也，故傷。」大夫皆謀之，子產曰：「直鈞(七)，幼賤有罪，罪在楚也。」乃執子南而數之曰：「國之大節有五，女皆奸之。畏君之威，聽其政，尊其貴，事其長，養其親，五者所以為國也。今君在國，女用兵焉，不畏威也。奸國之紀，不聽政也。子皙上大夫，女嬖大夫，而弗下之，不尊貴也。幼而不忌，不事長也。兵其從兄，不養親也。君曰余不女忍殺，宥女以遠，勉速行乎，無重而罪。」

五月庚辰，鄭放游楚於吳。將行子南，子產咨於大叔㈧。大叔曰：「吉不能亢身，焉能亢宗？彼國政也，非私難也。子圖鄭國，利則行之，又何疑焉？周公殺管叔而蔡㈨蔡叔，夫豈不愛，王室故也。吉若獲戾，子將行之，何有於諸游？」

【今註】㈠徐吾犯：鄭大夫。㈡公孫楚：子南是穆公的孫子。㈢公孫黑又使強委禽焉：子皙又派人強迫訂婚。㈣子皙：公孫黑。㈤抑子南夫也：而子南是一個丈夫。㈥及衝擊之以戈：到了兩道相交的地方，用戈打傷子皙。㈦直鈞：兩人相等的情形。㈧子產咨於大叔：子產來問游吉，游吉是公孫楚的哥哥的兒子。㈨蔡：放逐。

【今譯】鄭大夫徐吾犯的妹子，相貌很美麗，公孫楚已經聘定了。公孫黑又派人硬去送禮定親。徐吾犯畏懼得很，便告訴子產，子產說：「這是鄭國政令不正的緣故，不是你的憂患，你只心上要給誰便給誰罷。」犯便去請求二子，說要使妹子自己選擇。兩人都允許了他。子皙便裝飾得很好看的進去，排列了禮物才出來，子南卻穿了軍服進去，向左右射了一會箭，才跳上車子出來。女子從房內看了說：「子皙果真是個美男子，但子南到底是丈夫呢！做丈夫的像丈夫，做婦人的像婦人，這才說得上順當，」就嫁給子南氏；子皙便大怒。後來子皙裏面穿了鎧甲去見子南，要想殺死他，娶他的妻子，子南知道了，便拿了長戈去追趕子晳，追到通行的大道上，子南用長戈擊他，子晳著了傷才回家去，告訴諸大夫說：「我好好去見他，卻不知他別有心念，所以受了傷。」大夫都聚攏來商量。子產說：「論曲直，兩人都一樣；只年紀小名位卑的，卻有應得的罪，罪在楚呢！」便使人拘執子南，卻責備他說：「國家的大名節有五種，你都犯了。我們要怕君的威武；聽從他的政令；尊重他所貴的大臣；敬事長輩；恭養親屬。這五種大道理，是靠他治平國家的。如今有君主在國中，你卻擅自用兵器，這便是不畏君的威武；犯國家的法紀，傷害他人，這便是不聽從政令；子晳是上大夫，你只是得寵的大夫，卻不肯讓他，這便是不尊敬貴重的大臣；你年幼不知顧忌，這便是不能敬事長輩；用兵器傷害堂兄，這便是不能恭養親屬。君王意思說：『我捨不得殺你，只饒你使你遠地去，你自己明白，趕快走罷，不要再加重你的罪了。』」五月庚辰那天，鄭國攆趕游楚到吳國去。快要打發子南走了，子產再去問明了太叔，太叔說：「我吉不能保護自己的身子，那裏能夠保護族人呢？他這事倒是國家的政令，並不是私家的冤仇。你治了鄭國只於國有利的，便該去幹，為什麼還要疑心呢，從前周公攝政，殺掉管叔，趕掉蔡叔，他難道是不愛兄弟麼！也因為了王室的緣故，我吉如果犯了罪，你還要依法執行。對於他們這許多姓游的，有什麼不可以的。

(七)經　夏秦伯之弟鍼出奔晉。

傳　秦后子有寵於桓，如二君於景㈠，其母曰：「弗去懼選㈡？」

癸卯，鍼適晉，其車千乘。書曰秦伯之弟鍼出奔晉，罪秦伯也㊂。后子享晉侯，造舟于河㊃，十里舍車㊄，歸取酬幣㊅，終事八反㊆。司馬侯問焉，曰：「子之車盡於此而已乎？」對曰：「此之謂多矣，若能少此，吾何以得見？」女叔齊以告公，且曰：「秦公子必歸。臣聞君子能知其過必有令圖，令圖天所贊也。」后子見趙孟，趙孟曰：「吾子其曷歸㊇？」對曰：「鍼懼選於寡君，是以在此，將待嗣君。」趙孟曰：「秦君何如？」對曰：「無道。」趙孟曰：「亡乎？」對曰：「何為？一世無道，國未艾㊈也。國於天地，有與立焉，不數世淫，弗能斃也。」趙孟曰：「天乎！」對曰：「有焉。」趙孟曰：「其幾何？」對曰：「鍼聞之，國無道而年穀和熟，天贊之也，鮮不五稔。」趙孟視蔭曰：「朝夕不相及，誰能待五。」后子出而告人曰：「趙孟將死矣。主民翫歲而愒日，其與幾何？」

【今註】 ㊀秦后子有寵於桓，如二君於景：秦后子是秦桓公的兒子，他甚得桓公的寵愛，等到景公即位，他的地位同君一樣。㈡弗去懼選：你若不離開，恐怕要被數罪殺戮。㈢罪秦伯也：這是以為秦伯的罪狀。㈣造舟于河：把船連起來等於一個橋樑可以過渡。㈤十里舍車：每一舍有八輛車，為的八次往返。㈥歸取酬幣：來回去拿送的貨幣，因為一共用九次貨幣。㈦終事八反：等到宴會完了，一共來回八次。㈧吾子其曷歸：問你何時可以回去。㈨艾：絕。

【今譯】秦景公的弟弟秦鍼，甚為秦桓公所寵愛，等到秦景公做君的時候，他的地位等於君一樣。他的母親說：「你的勢力太大了，你若不離開秦國恐怕要被殺。」癸卯，他逃到晉國去，他有隨從的車一千輛。春秋上寫著秦伯的弟弟秦鍼逃到晉國，這是加罪給秦伯。秦鍼給晉侯宴享，在黃河上把船相連，成了橋樑，每一舍有八輛車，從秦國的首都到晉國的首都，來回去拿貨幣，來回了八次。司馬侯問他說：「你的車就祇有這點嗎？」回答說：「這可以算做多了，若比這個少，我怎麼能夠見你呢？」司馬侯就告訴晉侯說：「秦國公子必定要回國。我聽見說君子要能知道他的過錯，必定有好的圖謀，好的圖謀是天所讚許的。」秦鍼見到趙武。趙武問他：「你幾時可以回去？」他回答說：「我因為怕被我們的君所害，所以在這裏，我要等到將來的君。」趙孟就說：「秦君怎麼樣呢？」他回答說：「無道！」趙孟說：「會亡國嗎？」回答說：「為什麼呢？一代無道國尚不至於斷絕，國在天地間，可以立的。不是幾代的荒淫，不能夠完的。」趙孟說：「天啊！」回答說：「有這件。」趙孟說：「那麼能夠多久呢？」回答說：「我聽見說：國若無道，而年穀全都很豐盛，這是天幫助他，至少有五。」趙孟看看太陽說：「早晨不見得能夠保持晚上，誰還能夠等待五年。」秦鍼出去告訴旁人說：「趙孟將死了。主持人民的人貪戀一年一日，那能夠幾時呢！」

(八)經 六月丁巳邾子華卒㈠。

【今註】㈠無經無傳。

【今譯】六月丁巳邾子華死了。

(九)傳 鄭為游楚亂故，六月丁巳，鄭伯及其大夫盟于公孫段氏，罕虎、公孫僑、公孫段、印段、游吉、駟帶私盟於閨門之外，實薰隧㈠。公孫黑強與於盟，使大史書其名，且曰七子㈡，子產弗討。

【今註】㈠薰隧：閨門城外的道名。㈡七子：子晳為的自比喻六卿一樣，所以稱為七子。

【今譯】鄭國因為游楚的亂的緣故，六月丁巳，鄭伯同他的大夫在公孫段氏盟誓，罕虎、公孫僑、公孫段、印段、游吉、駟帶，私盟於閨門的外邊，實在就是薰隧。公孫黑強迫著要參加盟誓，使史官寫上他的名字，並且稱為七子，子產也不加以討伐。

(十)經 晉荀吳帥師敗狄于大鹵。

傳 晉中行穆子敗無終㈠及羣狄於大原㈡，崇卒也㈢。將戰，魏舒曰：「彼徒我車，所遇又阨㈣，與什共車必克㈤，困諸阨又克㈥，請皆卒㈦，自我始。」乃毀車以為行，五乘為三伍㈧。荀吳之嬖人不肯即卒，斬以徇。為五陳以相離，兩於前，伍於後，專為右角，參為左角，偏為前拒㈨以誘之。翟人笑之，未陳而薄之，大敗之。

【今註】㈠無終：山名。今山西省之東北境。㈡大原：今山西省太原縣。㈢崇卒也：聚練兵卒。㈣所遇又阨：地險要不便於走車。㈤以什共車必克：用十個人抵擋一車必定能打勝。㈥困諸阨又克：使車困在險要地方，更能打勝仗。㈦請皆卒：全去掉車變成步卒。㈧五乘為三伍：五輛車就變成十五個人。㈨兩於前，伍於後，專為右角，參為左角，偏為前拒：這些全都是臨時用的名稱。

【今譯】晉國荀吳在太原打敗了無終同羣狄，這是用步卒作戰的。將要打仗的時候，魏舒就說：「他是步兵，我是用車戰，所過的地勢又很險要，拿十個人抵抗一個車必定打勝，把車困在險要中更能打勝，全把車去掉，改成步兵，從我開始。」於是棄車為步陣，五輛車改為十五個人。荀吳喜歡的人不肯改，魏舒把他殺掉。改成五個陣式，兩於前，伍於後，專為右角，參為左角，偏為前拒來引誘翟人。翟人譏笑他們，沒有擺成陣就打起來了。翟人大敗。

(十)經 秋莒去疾自齊入于莒，莒展輿出奔吳。

(十一)經 叔弓帥師疆鄆田。

傳 莒展輿立而奪羣公子秩，公子召去疾于齊，秋齊公子鉏納去疾，展輿奔吳㈠。叔弓帥師疆鄆田，因莒亂也。於是莒務婁、瞀胡及公子滅明㈡，以大厖與常儀靡㈢奔齊。君子曰：「莒展之不立，棄人也夫㈣。人可棄乎？詩曰：『無競維人。』善矣。」

【今註】㈠展輿奔吳：因為他是吳國的外孫。㈡莒務婁、瞀胡及公子滅明：這三個全是展輿的黨羽。㈢大厖、常儀靡：皆莒地。彙纂說：「在今山東省莒縣北境。」㈣棄人也夫：奪掉羣公子地位這就是等於放棄人民。

【今譯】莒國的展輿做君以後，奪掉很多公子的職位，公子們到齊國去叫公子去疾，秋天，齊國的公子鉏把去疾送回莒國，展輿逃到吳國去了。魯國的叔弓率著軍隊劃鄆的田地及疆界，因為莒國亂的緣故。這時候莒國的務婁、瞀胡及公子滅明把大厖跟常儀靡兩個地方逃到齊國去。君子說：「莒展之不能立為君，他是丟掉人了。人可以不要嗎？詩經周頌上說：『得到人就國家強盛。』這話說得很對。」

㈢傳晉侯有疾，鄭伯使公孫僑如晉聘，且問疾，叔向問焉，曰：「寡君之疾病，卜人曰：『實沈，臺駘為祟！』史莫之知。敢問此何神也？」子產曰：「昔高辛氏有二子，伯曰閼伯，季曰實沈，居於曠林㈠，不相能也，日尋干戈，以相征討。后帝不臧，遷閼伯于商丘㈡，主辰，商人是因，故辰為商星。遷實沈于大夏㈢，主參，唐人是因，以服事夏商。其季世曰唐叔虞，當武王邑姜方震大叔，夢帝謂己，餘命而子曰虞，將與之唐，屬諸參而蕃育其子孫，及生有文在其手曰虞，遂以命之。及成王滅唐而封大叔焉，故參為晉星。由是觀之，則實沈參神也。昔金天氏有裔子曰昧，為玄冥師，生允格、臺駘。臺駘能業其官㈣，宣汾洮，障大澤，以處大原㈤，帝用嘉之，封諸汾川，沈、姒、蓐、黃實守其祀㈥，今晉主汾而滅之矣。由是觀之則臺駘汾神也。抑此二者不及君身。山川之神則水旱癘疫之災，於是乎禜之，日月星辰之神，則雪霜風雨之不時，於是乎禜之。若君身則亦出入飲食哀樂之事也，山川星辰之神，又何為焉？僑聞之，君子有四時，朝以聽政，晝以訪問，夕以脩令，夜以安身，於是乎節宣其氣，勿使有所壅閉湫底以露其體，茲心不爽，而昏亂百度，今無乃壹之，則生疾矣。僑又聞之，內官不及同姓，其生不殖，美先盡矣，則相生疾㊆，君子是以惡之。故志曰：『買妾不知其姓則卜之。』違此二者，古之所慎也。男女辨姓，禮之大司也。今君內實有四姬焉，其無乃是也乎？若由是二者，弗可為也已。四姬有省猶可，無則必生疾矣。」叔向曰：「善哉！肸未之聞也，此皆然矣。」叔向出，行人揮送之，叔向問鄭故焉，且問子晳。對曰：「其與幾何！無禮而好陵人，怙富而卑其上，弗能久矣。」晉侯聞子產之言曰：「博物君子也。」重賄之。晉侯求醫於秦，秦伯使醫和視之曰：「疾不可為也，是謂近女室㊇，疾如蠱，非鬼非食，惑以喪志㊈，良臣將死，天命不祐。」公曰：「女不可近乎？」對曰：「節之。先王之樂所以節百事也，故有五節㊉，遲速本末以相及，中聲以降，五降之後，不容彈矣。於是有煩手淫聲，慆堙心耳，乃忘平和，君子弗聽也。物亦如之，至於煩乃舍也已，無以生疾。君子之近琴瑟，以儀節也，非以慆心也。天有六氣㈡，降生五味㈢，發為五色㈢，徵為五聲㈣，淫生六疾。六氣曰陰、陽、風、雨、晦、明也，分為四時，序為五節，過則為菑。陰淫寒疾，陽淫熱疾，風淫末疾，雨淫腹疾，晦淫惑疾，明淫心疾，女陽物而晦時，淫則生內熱惑蠱之疾。今君不節不時，能無及此乎？」出告趙孟，趙孟曰：「誰當良臣？」對曰：「主是謂矣，主相晉國於今八年，晉國無亂，諸侯無闕，可謂良矣。和聞之國之大臣，榮其寵祿，任其寵節，有菑禍興而無改焉，必受其咎。今君至於淫以生疾，將不能圖恤社稷，禍孰大焉？主不能禦，吾是以云也。」趙孟曰：「何謂蠱？」對曰：「淫溺禍亂之所生也，於文皿蟲為蠱，穀之飛亦為蠱，在周易，女惑男，風落山，謂之蠱䷑，皆同物也。」趙孟曰：「良醫也。」厚其禮而歸之。

【今註】㈠曠林：今河南新鄭之東北二十五里有林鄉城，即棐林或北林：疑即閼伯初居之曠林。㈡商丘：即宋都，在今河南省商邱縣。㈢大夏：指今山西夏縣東北十五里之夏墟。㈣臺駘能業其官：臺駘可以接著他的事業。㈤大原：程發軔氏以為在今新絳聞喜縣一帶，大澤即董澤在今聞喜縣東北。㈥沈、姒、蓐、黃實守其祀：這四國全都在汾水洮水之間。㈦美先盡矣，則相生疾：同姓的相近就會互相的生長疾病。㈧近女室，疾如蠱：這個斷句是王念孫所斷的句讀，我以為應該改成近女生，這就是因為同姓相近的原故。㈨非鬼非食，惑以喪志：這不是鬼也不是飲食的關係，使他去掉他的意志。㈩故有五節：五聲的節奏。㈡天有六氣：指著陰陽風雨同晦明。㈢降生五味：五味就是甜鹹苦辣酸。㈢發為五色：五色是白青黑赤黃。㈣徵為五聲：五聲是指宮商角徵羽。

【今譯】晉平公有了病了，鄭伯派子產到晉國聘問，並且問候晉侯的病。叔向問子產說：「我們君的疾病，據占卜的人說：『實沈臺駘做祟！』史臣也不知道這是何種神？」子產說：「從前高辛氏有兩個兒子，大的叫閼伯，小的叫實沈，住在曠林這地方，兩個人不親善，天天互相打仗。帝堯不贊成，就把閼伯遷到商丘，主持大火這星宿，商人就由這兒來的，所以辰是商星。遷實沈于大夏，主持參星，唐人就出在這裏，以服事夏朝同商朝。唐人末了一代叫唐叔虞，周武王夫人邑姜有大叔的時候，夢見上帝對她說：我命你的兒子名叫虞，我要把唐國給他，把參星給他，而發展他的子孫。到了生他以後，他的手上有紋叫虞，所以就給他取了名字。後來成王滅了唐國封了大叔，所以參做晉星。由這些條來看實沈就是參神。另外金天氏有個後人叫做昧，是水神，生了允格、臺駘。臺駘能夠接續他的官職疏通汾洮二水，陂障大澤，就處在大原這個地方，上帝就喜歡他，封他在汾川這地方，沈、姒、蓐、黃四國就守他的祭祀，現在晉國主持汾水把這四國全滅掉了，由這裏看起來臺駘就是汾神。但是這些個全跟你君沒有關係。山川的神，發生水旱癘疫時，就去祭祀，日月星辰的神雪霜風雨不調時，就去祭祀。祇是君的身體，就是出入飲食哀樂不節而生病，山川星辰的神管不著，我公孫僑聽見說，君子有四時，早晨聽政事，白天訪問可否，晚上來修明命令，夜里是安身體。如此就宣散他的氣，不使他有所壅閉，弱了身體。此心不明，百事昏亂。現在恐怕是把四時的節日全變成一個，就會生了病了。我僑又聽見說，內裏的嬖女不能夠用同姓的，這種生長不會繁殖，因為美滿全碰在一塊，就會生了病，所以君子很不喜歡他。所以古書說：『買妾的時候，不知道他的姓就占卜。』違背了這二條，這是古人很謹慎的事。男女要分辨姓，這是很大的禮節。現在你君有同姓的姬妾四個人恐怕就是這個。若是由這兩種沒有辦法。四姬能省去仍舊可以，不然就必定要生病。」叔向說：「很好，我從前沒有聽說過，這些全對了。」叔向出來，行人揮送他，叔向問鄭國的情形，又問公孫黑。回答說：「他不久就要失敗。沒有禮貌而好欺負人，自己以為富而瞧不起上邊人，這恐怕不能長久了。」晉平公聽見子產的話說：「這是博物的君子。」就重重的賄賂他。晉平公派人去秦國求醫生。秦伯派了醫和看了後說：「這個病沒法治了，這個叫近同姓的女子，病同蠱症一樣，並不是由於鬼神，也不是食物，迷惑女子丟掉志向，良臣將死，可見晉侯不為天命所保祐。」晉平公說：「女不可以近嗎？」回答說：「要有節制。先王的音樂，為的是使百事有節，所以有五聲的節奏，遲速以相連，中聲以下降，五降以後，就沒法彈奏了。於是就有煩手淫聲，慆堙心耳，忘掉了平和，君子全不能聽。物件也如此，至於煩就捨棄，要不捨棄就生病。君子所以近琴瑟，所以做心的儀節。天有六氣，降生了五味，發為五色，有宮商角徵羽五聲，太過就生了六種病。六種氣稱陰、陽、風、雨、晦、明。分為四時，序為五節，過則為菑。陰淫寒疾、陽淫熱疾，風淫末疾，雨淫腹疾，晦淫惑疾、明淫心疾，女陽物而晦時，淫則生內熱惑蠱之疾。現在君不節不時，能夠不生這種病嗎？」出去告訴趙孟。趙孟問說：「誰是良臣。」回答說：「你就是。你做晉國的宰相八年的功夫，晉國沒有亂子，諸侯也沒有亂子，可以說是良臣。我聽見說國的大臣，享受厚祿，身負重任，遇到災禍發生而不能改善，必定受到災害。現在晉君生了病，這個禍很大，而你沒有方法抵抗，我所以這麼說。」趙孟又問：「什麼叫做蠱。」回答說：「淫溺惑亂所生的緣故，在文字上說皿蟲叫做蠱，穀變的蟲子飛也叫蠱。在周易上說，女的引誘男的，風落山也叫蠱，這全是同類的事物。」趙孟說：「好醫生。」加厚禮來送他回秦國。

㈣經葬邾悼公㊀。

【今註】㊀此經無傳。

【今譯】給邾悼公行葬禮。

(去)經冬十有一月，己酉楚子麇卒。

傳楚公子圍使公子黑肱伯州犁城犨、櫟、郟㊀，鄭人懼。子產曰：「不害，令尹將行大事，而先除二子也。禍不及鄭，何患焉？」冬，楚公子圍將聘于鄭，伍舉為介，未出竟，聞王有疾而還，伍舉遂聘。十一月己酉，公子圍至，入問王疾，縊而弒之，遂殺其二子幕及平夏㊁，右尹子干㊂，出奔晉，宮廄尹子晳㊃出奔鄭，殺大宰伯州犁于郟，葬王于郟，謂之郟敖。使赴于鄭，伍舉問應為後之辭焉，對曰：「寡大夫圍。」伍舉更之曰：「共王之子圍為長。」子干奔晉，從車五乘，叔向使與秦公子同食，皆百人之餼㊄。趙文子曰：「秦公子富。」叔向曰：「底祿以德，德鈞以年，年同以尊，公子以國，不聞以富。且夫以千乘去其國，彊禦已甚。詩曰：『不侮鰥寡，不畏彊禦㊅。』秦楚匹也。」使后子與子干齒。辭曰：「鍼懼選，楚公子不獲，是以皆來，亦唯命。且臣與羈齒無乃不可乎？史佚有言曰：『非羈何忌？』」楚靈王即位，薳罷為令尹，薳啟彊為大宰。鄭游吉如楚，葬郟敖，且聘立君。歸謂子產曰：「具行器矣。楚王汰侈，而自說其事，必合諸侯，吾往無日矣。」子產曰：「不數年未能也。」十二月，晉既烝。趙孟適南陽，將會孟子餘㊆。甲辰朔，烝于溫。庚戌卒，鄭伯如晉弔，及雍乃復。

【今註】㊀犨、櫟、郟：彙纂說：「犨今河南魯山縣東南五十里有犨縣故城。櫟今河南禹縣。郟今河南郟縣。」㊁幕及平夏：幕同平夏全是郟敖的兒子。㊂子干：王子比。㊃子晳：公子黑肱，他因為在鄭的邊上築城就逃到鄭國。㊄百人之餼：給他一百人的食糧。㊅不侮鰥寡不畏彊禦：這是詩經大雅的一句詩不欺負沒有太太的人或寡婦，也不怕有力量的人。㊆孟子餘：趙武的曾祖。

【今譯】楚國公子圍使公子黑肱同伯州犁把犨櫟郟三個城修好，鄭國人害怕了。子產說：「不要緊，令尹將辦大的事情，把他們二人先除去。這種禍亂不會牽連到鄭國，你們何必害怕呢？」冬天，楚公子圍將到鄭國聘問，伍舉做副使。沒有到楚國邊境外，聽見楚王有病，他就回去了，伍舉就接著聘問下去。十一月己酉這天，公子圍到楚國都城進去問候王的病狀，用帽子纓絞死楚王，同時把他的兩個兒子幕同平夏也殺了。王子比逃到晉國去。宮廄尹黑肱逃到鄭國，殺了太宰伯州犁在郟這地方，就把王葬在郟這地方稱他為郟敖。叫人到鄭國訃告，伍舉就問使者應立為楚後之辭怎麼樣說法，回答說：

「寡大夫圍。」伍舉改了他的文詞說：「共王的兒子圍最長。」王子比逃到晉國，跟著有車輛五個，叔向使他的俸祿與秦公子相同，他們的俸祿全夠養一百人。趙武說：「秦公子有錢。」叔向說：「給俸祿是論德行，德行相同論年齡，年齡相同就以尊卑來算，公子是以國家尊卑來看，不聽見說他是否富足不富足。並且拿車千輛離開他的國家，可見他已經很強。詩經說過：『不欺負鰥寡，也不怕強有力的人。』秦楚是相等的國家。」叫秦鍼跟王子同列而坐。秦鍼就說：「我鍼是罪有所得，楚國公子在楚國待不住，所以都來到晉國，我們祇好聽著主人的命令。並且我同羈旅的客人同列似乎不可以的。史佚有句話說：『不是羈旅為什麼尊敬他呢？』」楚靈王即位以後，使薳罷做令尹，薳啟彊做太宰。鄭國的游吉到楚國為郟敖行葬禮，並且為新立的君聘問。回來就告訴子產說：「可以預備行裝了。楚王很驕侈，而很高興他的事情，必定要會合諸侯，我們前往不論日子了。」子產說：「不幾年，他不能會合諸侯。」十二月，晉國既行烝祭禮。趙孟往南陽，將祭他的曾祖，甲辰朔在溫這地方行烝祭禮。庚戌死了，鄭伯到晉國去弔問，到了雍這地方就回來。

昭公二年（公元前五百四十年）

㈠經　春，晉侯使韓起來聘。

傳　二年春，晉侯使韓宣子來聘，且告為政而來見，禮也。觀書於大史氏，見易象與魯春秋，曰：「周禮盡在魯矣！吾乃今知周公之德，與周之所以王也！」公享之，季武子賦緜之卒章㈠，韓子賦角弓㈡。季武子拜曰：「敢拜子之彌縫敝邑，寡君有望矣。」武子賦節之卒章㈢。既享，宴于季氏，有嘉樹焉，宣子譽之。武子曰：「宿敢不封殖此樹，以無忘角弓。」遂賦甘棠。宣子曰：「起不堪也，無以及召公。」宣子遂如齊納幣，見子雅，子雅召子旗㈣，使見宣子。宣子曰：「非保家之主也，不臣。」見子尾，子尾見彊㈤，宣子謂之如子旗。大夫多笑之，唯晏子信之，曰：「夫子㈥君子也，君子有信，其有以知之矣。」自齊聘於衛，衛侯享之，北宮文子賦淇澳㈦，宣子賦木瓜㈧。夏四月韓須㈨如齊逆女，齊陳無宇送女致少姜。少姜有寵於晉侯，晉侯謂之少齊。謂陳無宇非卿，執諸中都㈩。少姜為之請曰：「送從逆班，畏大國也，猶有所易，是以亂作⑪。」

【今註】㈠賦緜之卒章：緜是詩經大雅篇名，意在文王有四輔，文王以比晉君，四輔以比韓起。㈡

角弓：是詩小雅的一篇，意謂「兄弟婚姻無相遠矣。」㊂節之卒章：是詩小雅的一篇，卒章言晉德能畜萬邦。㊃子旗：子雅的兒子。㊄彊：子尾的兒子。㊅夫子：指韓起。㊆淇澳：是衛風的一篇詩，意指韓起德行可比衛武公。㊇木瓜：同是衛風，意在厚報以為好。㊈韓須：韓起的兒子。㊉中都：江永說「水經注沁水篇云『光溝水逕中都亭南，又南逕中都亭西，注於沁水。』地在野王縣，今河南沁陽縣東南，中都應在此，正當由齊適晉必經之地。」㊁猶有所易，是以亂作：言齊怕晉，改變禮法，以至於此，這是少姜所用客氣話。

【今譯】昭公二年，春天，晉侯派韓起來聘問，且告訴他已經掌管政權，為這個來見，這是很合於禮的。在太史氏看書，看見易象同魯國的春秋就說：「周禮全在魯國了。我現在才知道周公的德性，與周的所以能夠稱王。」昭公宴享他，季孫宿歌唱緜的末一段，韓起歌唱角弓這篇詩。季孫宿拜謝說：「我敢拜謝你補合我們的國家，我們的寡君很有希望了。」季孫宿歌唱節的最末一章。既然享禮完了以後，在季氏家復宴，季氏有一棵好的樹，韓起稱讚它，季孫宿說：「我敢不盡心培植這棵樹，以便不要忘了角弓這篇詩。」就歌唱甘棠。韓起說：「我夠不上，比不上召公。」韓起就到齊國去納訂婚的禮幣，看見子雅，子雅叫他兒子子旗來見韓起。韓起說：「這個人不是保家的人，他沒有做臣的樣子。」又看見子尾，子尾使他看他的兒子高彊，韓起批評他跟對子旗一樣。大夫們聽了這話都非笑他，祇有晏嬰信服他的話說：「韓起是個君子，君子是有信實的，所以他能夠知道。」從齊國到衛國聘問，衛侯宴享他，北宮佗歌唱淇澳這篇詩，韓起答以木瓜這篇詩。夏天四月韓起的兒子韓須到齊國迎接少姜，齊國陳無宇送少姜到晉國，少姜頗被晉侯的寵愛，稱少姜為少齊。稱陳無宇不是卿，把他在中都這地方逮起來。少姜替他說話說：「送的人跟迎的人班次相同，這是怕大國的緣故，為此改易禮制，所以亂子就來了。」

(二)

經 夏，叔弓如晉。

傳 叔弓聘于晉，報宣子也。晉侯使郊勞㈠，辭曰：「寡君使弓來繼舊好，固曰女無敢為賓，徹命㈡於執事，敝邑弘矣，敢辱郊使，請辭。」致館辭曰：「寡君命下臣來繼舊好，好合使成，臣之祿也，敢辱大館㈢。」叔向曰：「子叔子知禮哉！吾聞之曰：『忠信，禮之器也。卑讓，禮之宗也。』辭不忘國，忠信也。先國後己，卑讓也。詩曰：『敬慎威儀，以近有德㈣。』夫子近德矣。」

【今註】㈠郊勞：照聘禮，使人到，地主派人至郊外行郊勞禮。㈡徹命：達到命令。㈢臣之祿也，敢辱大館：這是臣的榮祿，不敢再接受館舍。㈣敬慎威儀，以近有德：這是詩大雅中的一句，意思是說恭敬慎重對於威儀，以接近有德行的人。

【今譯】叔弓到晉國聘問，是為的回報韓起的，晉侯派人到郊外慰勞他，他辭謝說：「我的君使弓來繼續舊的好，再三說你不要做賓客，把命令達到執事官，我們的國君就滿意了，那裏敢接受郊勞，請辭謝。」給他住的地方，也辭謝說：「我國的君叫我來繼續舊的和好，和好成功這是我的榮祿，那裏敢羞辱大的館舍。」叔向說：「子叔子很懂得禮。我聽見說：『忠信是禮的器。卑讓是禮的宗。』言辭不忘國家，這是忠信。先說國家而後自己，這是卑讓。詩經說過：『恭敬慎重對於威儀，以接近有德的人。』這位夫子可謂近於德性。」

(三)經　秋，鄭殺其大夫公孫黑。

傳　秋，鄭公孫黑將作亂，欲去游氏而代其位，傷疾作而不果。駟氏與諸大夫欲殺之。子產在鄙，聞之懼弗及，乘遽而至(一)，使吏數之曰：「伯有之亂(二)，以大國之事而未爾討也，爾有亂心無厭，國不女堪，專伐伯有，而罪一也。兄弟爭室(三)，而罪二也。薰隧之盟，女矯君位(四)，而罪三也。有死罪三，何以堪之？不速死，大刑將至。」再拜稽首辭曰：「死在朝夕，無助天為虐。」子產曰：「人誰不死，凶人不終，命也。作凶事，為凶人，不助天，其助凶人乎？」請以印為褚師(五)。子產曰：「印也若才，君將任之。不才，將朝夕從女。女罪之不恤，而又何請焉？不速死，司寇將至。」七月壬寅縊，尸諸周氏之衢，加木焉㈥。

【今註】㈠乘遽而至：坐驛車快來。㈡伯有之亂：見襄公三十一年。㈢兄弟爭室：指爭娶徐吾犯的妹妹。㈣女矯君位：指使太史寫七子事。㈤請以印為褚師：要求用公孫黑的兒子印做市官。㈥加木焉：上邊加上木牌寫明罪狀。

【今譯】秋天，鄭國的公孫黑將作亂事，想去掉游氏而接代他的位子，可惜他以前受的傷發作，就不能辦這件事。他的族人跟諸大夫全要殺他。子產在鄉下聽見說了，怕趕不上，就趕緊坐著驛車跑來了，叫小吏數說他的罪狀說：「伯有的亂事，因為大國的事情勞苦而沒能夠討伐你，你的亂心是無厭的，國家全受不住，專伐伯有，這是第一件罪狀。兄弟爭娶徐吾犯的妹妹，這是第二件罪狀，薰隧的盟誓，你冒充君的位子，這是第三件罪狀。有這三件死罪，你怎麼受得了呢？你要不快死，大刑罰就來了。」公孫黑就再叩頭說：「我的死亡在早晨或晚上，你不要幫著天做虐人。」子產就說：「人誰不死呢？凶人不得善終，這合於命運的，作凶事，做凶人，我不幫助天，還能幫助凶人嗎？」公孫黑請把他的兒子做市官。子產說：「印要有才幹，君將任用他。要沒有才幹，將早晨晚上跟著你去，你的罪惡還不憐恤嗎？你還有什麼請求呢？你要不快死了，司寇將來了。」七月壬寅這天上吊自殺，把他屍首擺在周氏的胡同裏，把他的罪狀寫在木頭上。

(四)經 冬，公如晉，至河乃復。

(五)經 季孫宿如晉。

傳 晉少姜卒，公如晉，及河，晉侯使士文伯來辭曰：「非伉儷也，請君無辱。」公還，季孫宿遂致服焉。叔向言陳無宇於晉侯曰：「彼何罪？君使公族逆之，齊使上大夫送之，猶曰不共，君求以貪，國則不共，而執其使，君刑已頗㈠，何以為盟主？且少姜有辭。」冬十月，陳無宇歸。

【今註】㈠君刑已頗：你的刑罰已經不公平。

【今譯】晉少姜死了，魯昭公到晉國去，到了黃河邊，晉侯派士文伯來辭謝說：「不是正式的伉儷，請你不要親來勞問。」昭公就回來，讓季孫宿留在那裏致送喪服。叔向對晉侯說陳無宇：「他有什麼罪呢？你使公族大夫來迎接，齊國使上大夫來送，這你還說不恭敬，你的要求太貪心了，晉國也不恭敬，又把他的使臣逮起來，你的刑罰已經不公平，這怎麼樣能做盟主呢？並且少姜很有理由。」冬天十月，陳無宇回到齊國。

(六)傳 十一月，鄭印段如晉弔。

【今譯】十一月，鄭國的印段到晉國弔喪。

昭公三年（公元前五百三十九年）

（一）傳三年春王正月，鄭游吉如晉，送少姜之葬，梁丙與張趯㈠見之。梁丙曰：「甚矣哉，子之為此來也㈡！」子大叔曰：「將得已乎？昔文襄之霸也，其務不煩諸侯，令諸侯三歲而聘，五歲而朝，有事而會，不協而盟，君薨大夫弔，卿共葬事，夫人，士弔，大夫送葬，足以昭禮命事謀闕而已，無加命矣。今嬖寵之喪，不敢擇位而數於守適，唯懼獲戾，豈敢憚煩，少姜有寵而死，齊必繼室，今茲吾又將來賀，不唯此行也。」張趯曰：「善哉，吾得聞此數也！然自今，子其無事矣。譬如火焉㈢，火中寒暑乃退，此其極也，能無退乎？晉將失諸侯，諸侯求煩不獲。」二大夫退，子大叔告人曰：「張趯有知，其猶在君子之後乎？」

【今註】㈠梁丙張趯：二人皆晉大夫。㈡子之為此來也：因為卿的地位而為晉公的妾下葬，這是超過禮節的。㊂譬如火焉：火是心星。

【今譯】三年春王正月，鄭國游吉到晉國去送少姜的葬禮，梁丙跟張趯看見游吉。梁丙說：「你這次來在禮數上真是太過了。」游吉說：「那有什麼辦法呢？從前文公襄公霸業的時候，這類葬禮不麻煩諸侯，叫諸侯們三歲來聘問，五歲來朝見，有事情就來商量，不調和就來盟誓，君死了大夫來弔，卿參加葬事，夫人死了，士來弔，大夫來送葬禮，這足以昭禮節，命事情謀算闕失，不過如此，沒有再有增加。現在嬖寵的喪事，不敢說他低下，而等於嫡夫人一樣，祇怕得罪晉國，豈敢怕麻煩呢？少姜有寵死了，齊國必將女兒送來，以後我也將來祝賀，不祇這趟。」張趯說：「好啊！我聽到朝會弔喪的禮數了，恐怕自從今天以後，你大約就沒事情了。譬如心星一樣，等到夏天，寒暑也就退了，這已經到了極點，能不退嗎？晉國將丟掉諸侯了，諸侯因為煩不得。」二位大夫退了以後，子大叔告人說：「張趯有智慧，可算是個憫時憂國的君子了。」

㈡經　丁未滕子原卒。

傳　丁未滕子原卒，同盟故書名。

【今譯】丁未，滕子原死了，因為同盟的緣故，所以寫上他的名字。

㈢傳　齊侯使晏嬰請繼室於晉，曰：「寡君使嬰曰：『寡人願事君，朝夕不倦，將奉質幣，以無失時，則國家多難，是以不獲㈠。不腆先君之適，以備內官，焜燿寡人之望，則又無祿，早世隕命，寡人失望，君若不忘先君之好，惠顧齊國，辱收寡人，徼福於大公、丁公照臨敝邑，鎮撫其社稷，則猶有先君之適，及遺姑姊妹若而人，君若不棄敝邑，而辱使董振，擇之以備嬪嬙，寡人之望也。」韓宣子使叔向對曰：「寡君之願也。寡君不能獨任其社稷之事，未有伉儷在縗絰之中，是以未敢請，君有辱命，惠莫大焉。若惠顧敝邑，撫有晉國，賜之內主，豈惟寡君，舉羣臣實受其貺，其自唐叔以下，實寵嘉之。」既成昏㈡，晏子受禮，叔向從之宴，相與語。叔向曰：「齊其何如？」晏子曰：「此季世也，吾弗知，齊其為陳氏矣。公棄其民而歸於陳氏，齊舊四量，豆、區、釜、鍾，四升為豆，各自其四以登於釜，釜小則鍾，陳氏三量皆登一焉，鍾乃大矣。以家量貸而以公量收之㈢，山木如市，弗加於山，魚鹽蜃蛤，弗加於海。民參其力，二入於公，而衣食其一㈣。

公聚朽蠹，而三老凍餒㊄。國之諸市，屨賤踊貴㊅，民人痛疾，而或燠休之，其愛之如父母，而歸之如流水，欲無獲民，將焉辟之？箕伯、直柄、虞遂、伯戲㊆，其相胡公大姬已在齊矣。」叔向曰：「然，雖吾公室，今亦季世也，戎馬不駕，卿無軍行，公乘無人，卒列無長，庶民罷敝，而宮室滋侈，道殣相望，而女富溢尤㊇。民聞公命，如逃寇讎，欒、郤、胥、原、狐、續、慶、伯㊈，降在皁隸。政在家門，民無所依，君日不悛，以樂慆憂，公室之卑，其何日之有？讒鼎㊉之銘曰：『昧旦丕顯，後世猶怠。』況日不悛，其能久乎？」晏子曰：「子將若何？」叔向曰：「晉之公族盡矣。肸聞之，公室將卑，其宗族枝葉先落，則公從之。肸之宗十一族，唯羊舌氏在而已。肸又無子㊁，公室無度，幸而得死，豈其獲祀。」初，景公欲更晏子之宅，曰：「子之宅近市，湫隘囂塵，不可以居，請更諸爽塏者。」辭曰：「君之先臣容焉，臣不足以嗣之，於臣侈矣。且小人近市，朝夕得所求，小人之利也，敢煩里旅。」公笑曰：「子近市，識貴賤乎？」對曰：「既利之，敢不識乎。」公曰：「何貴何賤。」於是景公繁於刑，有鬻踊者，故對曰：「踊貴屨賤。」既已告於君，故與叔向語而稱之，景公為是省於刑。君子曰：「仁人之言，其利博哉！晏子一言而齊侯省刑。詩曰：『君子如祉，亂庶遄已㊂。』其是之謂乎。」及晏子如晉，公更其宅，反則成矣。既拜，乃毀之而為里室，皆如其舊，則使宅人反之。且諺曰：「非宅是卜，唯鄰是卜。二三子先卜鄰矣，違卜不祥。君子不犯非禮，小人不犯不祥，古之制也，吾敢違諸乎？」卒復其舊宅。公弗許，因陳桓子以請，乃許之。

【今註】㊀是以不獲：不能夠自己來朝見。㊁既成昏：晉國許齊國成昏。㊂以家量貸而以公量收之：用陳氏的家量來借給百姓，而拿公家的量來收，因此所借的數量多，而收的數量少。㊃二入於公，而衣食其一：三分之二歸到公家，可見賦稅很重，剩下的三分之一來做衣食之用。㊄三老凍餒：三老指上壽中壽下壽皆在八十歲以上的人，全都不被養過。㊅屨賤踊貴：穿的鞋全很便宜，斬斷腳穿的踊就貴。㊆箕伯、直柄、虞遂、伯戲：全都是舜的後人，陳國的胡公的祖先。㊇道殣相望，而女富溢尤：路上餓死的人相連不斷，而女子被寵的富有的很。㊈欒、郤、胥、原、狐、續、慶、伯：這八姓全是晉國的舊臣。㊉讒鼎：是鼎的名字。㊀肸又無子：我又沒有好的兒子。㊁君子如祉，亂庶遄已：這是詩經小雅的一句詩。意思說君子如有福，亂庶就可以被阻住。

【今譯】 齊侯派大夫晏嬰到晉國去，請求仍拿齊女做晉侯的繼室，說道：「寡君吩咐嬰說：『寡人情願服事君王，朝夜不敢懈怠，將捧了贄見的幣帛，不致錯失時機，那麼因為國家多難，所以不能自己來。我先君有個不厚實的嫡女，充了你君的內官，正靠他光耀寡人的威望，卻又沒有幸福，早日死亡，大失寡人的期望。君王如果不忘先君的舊好，肯加恩惠於齊國，收受我寡人，靠我們齊國太公丁公的福，或者你君仍肯照顧敝邑，鎮撫他的社稷，那末還有先君嫡夫人的女兒，以及其餘的姑姊妹一般人在這裏，君如果不棄掉敝邑，遣個使臣來，認真選擇好了，充著女官，這是寡人的希望呢。」韓宣子派叔向答說：「這是寡君的願望。寡君不能獨自擔任國家的事情，沒有了伉儷只因尚在縗絰之中，所以不敢來請。現在你君既有命令賜下，恩惠就沒有再大的了，若果真惠顧敝邑，安撫晉國，賜他一個內主，豈但寡君受惠，就是羣臣也都受賜不少呢。從唐叔以下列位祖宗，也都榮寵的。」婚約既成以後，晏嬰受宴請的禮，叔向陪著他，當宴會的時候，大家談話。叔向說：「齊國的盛衰怎樣？」晏子說：「此刻已是末世了，我不知道旁的，只知齊國將來定要變成陳氏了，公家不體恤人民，卻都歸附到陳氏去；齊國從前的量器，共分四等，名叫豆、區、釜、鍾，四升是一豆，四豆是一區，四區成為一釜，十釜就是一鍾，陳氏的量器，只分三等，都比舊容量加上一成，一鍾便大得不少了。他用私家的量器借給他人，卻用公家的量器收回來；山中的樹木到市上去賣，價錢卻仍像山中一樣；魚鹽蜃蛤這些種東西，在市上去賣，價也仍和在海邊一樣；倘把齊國人民的氣力分成三份，那麼倒有兩份是歸公家的，自己只吃著一份；公家倉庫中，堆著爛的爛，蛀的蛀，那三老卻凍餓著，國中的各市上，鞋子反而賤，斬斷腳用的撐棒反而貴，人民感受了痛苦，所以常聽得痛念的聲音；有時便想念陳氏，愛他像父母一樣，歸附他像流水一般，要他得不到民心，還有那裏可去避呢？他的遠祖箕伯、直柄、虞遂、伯戲和胡公太姬的神靈，怕都已在齊國了。」叔向說：「是的，但是我的公室，現在也是末世了，戎馬不駕，不能再出去征討不服，諸卿也不預備兵隊，公的兵事，沒有稱職的人手，兵隊中也沒有稱職的官長；人民窮困，破敗得不堪；那宮室卻越加奢侈，道路上餓死的人，一望不絕。那女子被寵的富足，卻格外過分；人民聽得公家的命令，好像碰到寇讎一般，逃避也來不及；欒、郤、胥、原、狐、續、慶、伯，這八族舊臣的子孫，都降做皁隸的賤官；政權都在大夫私家手中，人民沒有了依靠，君王還不改過，只在逸樂中藏積起憂患來；這種公室的低微下去，不是就在目前嗎？讒鼎的銘詞上說：『很早的起來，打算擴大顯揚，到後世還要鬆懈呢。』況且天天不改，還能夠長久麼？」晏子就說：「那麼你將來打算怎麼樣呢？」叔向說：「晉國的公族，早已經沒有了，肸聽說公室將要低微，他的宗族像樹枝般必須先凋落，然後公室方才因此衰落。肸的宗人共有十一族，現在只有羊舌氏還存在罷了。肸又沒有好的兒子，公室也並沒有法度，幸得善終於願已足，難道還想有祭祀麼？」

當初齊景公要把晏子的住宅改過，對他說：「你的住屋接近市街，又低潮狹小，又嘈雜汙穢，不可以居住的了，請你換在高爽乾燥的地方罷。」晏子辭謝說：「君的先臣住在此地，臣還夠不上接住下去呢，在臣已覺得奢侈的了。而且小人近在市上，朝晚可得些要的東西，這也是小人的便利，那敢煩勞眾人給我造屋呢？」公笑說：「你既近在市上，識得東西的貴賤麼？」晏子回答道：「既然以他為便利，怎敢不識貴賤。」景公說：「那麼什麼東西貴，什麼東西賤？」這時候景公正濫用刑罰，有賣被斬斷腳撐的棒的，所以晏子回答說：「撐腳棒倒貴，鞋子倒賤。」既已告訴了君，所以和叔向談天的時候，他便說起此事，景公也因此減少刑罰。君子說：「仁人的說話，利益實在廣大的。晏子祇說了一句話，齊侯便因此減刑。詩經上說：『君子能夠行福，禍亂庶幾立刻停止。』就是這等說法麼？」等到晏子出使到晉國，景公便把他的屋改造過，及至他回到齊國來，屋早已造成了，晏子便謝君主賜建新屋的恩，後來便又把屋拆毀，卻恢復舊時巷中的小屋，都和從前一樣，使住屋的人各還本宅，並且引了俗語說：「不是卜房屋的，是要卜良鄰的，你們已經卜著鄰了，違背了卜辭，是不祥的，君子不肯冒犯非禮，小人不敢冒犯不祥：這是古時的制度，我敢違背他麼？」終究恢復了舊宅的樣子。景公不許他，靠了陳桓子去請求，方才允許他的。

㈣傳夏四月，鄭伯如晉，公孫段相，甚敬而卑，禮無違者。晉侯嘉焉，授之以策曰：「子豐有勞於晉國，余聞而弗忘，賜女州田，以胙乃舊勳。」伯石再拜稽首，受策以出。君子曰：

「禮，其人之急也乎！伯石之汏也，一為禮於晉，猶荷其祿，況以禮終始乎？詩曰：『人而無禮，胡不遄死㈠。』其是之謂乎？」初州縣欒豹之邑也，及欒氏亡，范宣子、趙文子、韓宣子皆欲之。文子曰：「溫吾縣也。」二宣子㈡曰：「自郤稱以別三傳矣，晉之別縣不唯州，誰獲治之？」文子病之，乃舍之。二子曰：「吾不可以正議而自與也。」皆舍之。及文子為政，趙獲㈢曰：「可以取州矣。」文子曰：「退，二子之言義也。違義禍也，余不能治余縣又焉用州，其以徼禍也。」君子曰：「弗知實難，知而弗從，禍莫大焉。」有言州必死。豐氏故主韓氏㈣。伯石之獲州也，韓宣子為之請之，為其復取之之故。

【今註】㈠人而無禮，胡不遄死：這是詩經大雅的一句詩。意思說人若沒有禮貌，為什麼不死掉。

㈡二宣子：范宣子同韓宣子。㈢趙獲：趙武的兒子。㈣豐氏故主韓氏：豐氏每到晉國的時候就住到韓氏家裏。

【今譯】夏天四月，鄭伯到晉國去，公孫段相禮很恭敬而謙卑，禮沒有違背。晉侯很嘉賞，給他一個策書說：「你的父親子豐，在晉國很有功勞，我聽見說以後就不敢忘，賞給你州這塊田地，以不忘你的舊勳勞。」公孫段冉拜叩頭受了這個策封出來。君子說：「論禮，是很要緊的，公孫段很驕傲，到晉國舉行禮節，就得俸祿，況拿禮節來始終呢？詩經上說：『人要沒有禮，不如死呢？』恐怕就指的這件事。」因為以前州是欒豹的封邑，等到欒氏亡了以後，士匄、趙武、韓起，全都想得到它。趙武說：「溫是我的縣。」士匄同韓起也說：「自從郤稱以後已經傳了三個人家，晉所分的縣不祇州，誰能夠全追取回來治理它？」趙武也覺得不妥，就不要了。士匄同韓起說：「我不能因為議論正而自己要。」全都不要了。等到趙武掌政權的時候，他的兒子趙獲說：「可以拿州這地方了。」趙武說：「退下去，他們兩人所說的話，很合於義。違背了義就是禍亂。我不能治我的縣，又何必用州，那祇是來引起禍亂。」君子說：「不知道該怎麼做，實在為難，知道而不聽從，這禍害更大。」有說州的地方必定死。豐氏本來到晉國去的時候就以韓氏為主。公孫段得到州的緣故，是由於韓起為他申請，為的以後他能再拿的緣故。

㈤經　夏叔弓如滕。

㈥經　五月葬滕成公。

傳　五月叔弓如滕，葬滕成公，子服椒為介，及郊遇懿伯之忌，敬子不入㈠，惠伯㈡曰：「公事有公利，無私忌，椒請先入。」

乃先受館，敬子從之。

【今註】㈠懿伯之忌，敬子不入：懿伯是服椒的叔父，遇見了他叔父的仇人，叔弓就不肯進到都城。㈡惠伯：就是子服椒。

【今譯】五月，叔弓到滕國去，為的滕成公的葬禮，子服椒做副使，到了郊外遇見服椒叔父的仇人，叔弓不肯進去，子服椒說：「公事祇有公利沒有私人的仇人，我請先進去。」就進去先接受館舍，叔弓自然遵從他了。

㈦傳　晉韓起如齊逆女，公孫蠆為少姜之有寵也，以其子更公女而嫁公子。人謂宣子，子尾欺晉，晉胡受之。宣子曰：「我欲得齊，而遠其寵，寵將來乎？」

【今譯】晉國韓起到齊國為晉侯娶夫人，子尾因為少姜很有寵幸，就把他的女兒替換了齊景公的女兒，而另把齊景公的女兒嫁給別人。有人對韓起說子尾欺騙晉國，晉國為什麼接受他呢？韓起說：「我很願意得到齊國，而把他的幸臣子尾拋棄遠了，那麼寵幸可以來嗎？」

㈧傳　秋七月，鄭罕虎如晉，賀夫人，且告曰：「楚人日徵敝邑以不朝立王㈠之故，敝邑之往，則畏執事，其謂寡君而固有外心。其不往，則宋之盟云，進退罪也。寡君使虎布之。」宣子使叔向對曰：「君若辱有寡君，在楚何害？脩宋盟也。君苟思盟，寡君乃知免於戾矣。君若不有寡君，雖朝夕辱於敝邑，寡君猜焉。君實有心，何辱命焉？君其往也，苟有寡君，在楚猶在晉也。」張趯使謂大叔曰：「自子之歸也，小人糞除先人之敝廬，曰子其將來。今子皮實來，小人失望。」大叔曰：「吉賤不獲來㈡畏大國尊夫人也。且孟㈢曰而將無事，吉庶幾焉。」

【今註】㈠不朝立王：因為楚靈王新立，鄭國沒有上朝。㈡吉賤不獲來：我因為不是上卿，所以不能夠來。㈢孟：張趯。

【今譯】秋天七月，鄭國的子皮到晉國去，賀他娶夫人，並且告訴他說：「楚國日日徵召敝國，說我們不朝新立的靈王的緣故，我們要去到楚國，又怕晉國說我們有事奉楚國的心。要是不去，在宋的盟誓又說過，晉楚的人交相見，所以怎麼樣全都不好，寡君叫我來陳布這事。」韓起叫叔向回答說：「你若心中有晉國，朝楚國有什麼不好呢？這是為的脩整在宋的盟誓。你若假設想到這個盟誓，我們晉國的君也就知道免除了罪戾。你要是心不在晉國，就是早晚全在我們這裏，我們的晉君也很懷疑了。你若實在有事奉晉國的心，何必又來告訴呢？你可以去楚國。假設心裏有晉國，你在楚國同在晉國一樣。」張趯叫人去告訴游吉說：「自從你回到鄭國以後，我就掃除我們先人的房子，心裏說你不久將來了，現在子皮來了，我很失望。」游吉說：「我吉賤不能夠來，因為怕大國而且尊敬夫人。並且張趯說過你將沒有事了，我游吉很想照這句話來辦。」

(九)經秋小邾子來朝。

傳小邾穆公來朝，季武子欲卑之。穆叔曰：「不可。曹滕二邾實不忘我好，敬以逆之，猶懼其貳，又卑一睦焉㊀，逆羣好也，其如舊而加敬焉。志曰能敬無災，又曰敬逆來者，天所福也。」季孫從之。

【今註】㊀卑一睦焉：使一個與我們和好的人降低，和好的人指著小邾。

【今譯】小邾穆公來魯國朝見，季孫宿想著不以禮來招待他。叔孫豹說：「不可以。曹滕同二邾全是不忘我們的好處，恭敬來迎接他，還怕他有貳心，現在又對小邾看不起，這是把羣好全得罪，應當是如舊再加上恭敬，古書上說能恭敬就沒有災害，又說對來的人全恭敬，這是天所降福的。」季孫就聽了。

㈩經 八月大雩。

傳 八月大雩，旱也。

【今譯】 八月魯國大求雨，這是因為旱的緣故。

⑪經 冬大雨雹㈠。

【今註】 ㈠此經無傳。

【今譯】 冬天，大雨雹。

⑫經 北燕伯款出奔齊。

傳 齊侯田於莒，盧蒲嫳見泣，且請曰：「余髮如此種種㈠，余奚能為？」公曰：「諾，吾告二子㈡。」歸而告之。子尾欲復之，子雅不可曰：「彼其髮短，而心甚長，其或寢處我矣。」九月，子雅放盧蒲嫳于北燕。燕簡公多嬖寵，欲去諸大夫而立其寵人。冬，燕大夫比㈢以殺公之外嬖，公懼奔齊。書曰北燕伯款出奔齊，罪之也。

【今註】㈠余髮如此種種：我的頭髮這麼短，已經衰老了。㈡二子：指子雅子尾。㈢燕大夫比：燕大夫聯合起來。

【今譯】齊景公到莒國去打獵，盧蒲嫳見到他哭了，並且要求說：「我的頭髮這樣子短，還能夠害人嗎？」齊景公說：「好了，我告訴子尾子雅吧！」回去就告訴他們。子尾想著叫他回來，子雅不肯，說：「他的頭髮很短，但是他的心很長，他還想害我們。」九月，子雅驅逐盧蒲嫳到北燕去。北燕的簡公很多寵愛的人，想罷去各大夫而立他喜愛的人。冬天，北燕的大夫聯合起來把他的寵臣們殺掉。燕簡公害了怕了，逃到齊國去。春秋上寫著說北燕伯款逃到齊國去，這是他有罪的緣故。

㈡　傳　十月，鄭伯如楚，子產相。楚子享之，賦吉日。既享，子產乃具田備，王以田江南之夢㈠。

【今註】㈠江南之夢：雲夢是分成兩個，在江南的號稱夢。

【今譯】十月，鄭伯到楚國去，子產相禮。楚王來享宴他們，歌唱吉日。既然享宴了以後，子產就預備田獵的器具，預備到江南的夢去打獵。

㈣　傳　齊公孫竈卒。司馬竈㈠見晏子曰：「又喪子雅矣。」晏子曰：「惜也，子旗不免，殆哉！姜族弱矣，而嬀將始昌。二惠競爽猶可，又弱一个焉，姜其危哉！」

【今註】㊀司馬竈：齊大夫。

【今譯】齊國子雅死了。齊國大夫司馬竈看見晏嬰說：「又丟掉子雅了。」晏嬰說：「可惜！子旗也不能夠免，真是危險！姜族全都弱了，而嬀族將昌盛。子尾子雅一起來，還可以，又去掉一個，薑姓真是危險。」

卷二十二　昭公二

昭公四年（公元前五百三十八年）

㈠經　春王正月，大雨雹。

【今註】此經無傳。

【今譯】春天正月，魯國下了很多的雹。

㈡經　夏楚子、蔡侯、陳侯、鄭伯、許男、徐子、滕子、頓子、胡子、沈子、小邾子、宋世子佐淮夷會于申。

傳　春王正月，許男如楚，楚子止之，遂止鄭伯，復田江南，許男與焉。使椒舉如晉求諸侯，二君㊀待之。椒舉致命曰：「寡君使舉曰：日君有惠，賜盟于宋，曰：『晉楚之從，交相見也。』以歲之不易，寡人願結驩於二三君，使舉請間。君若苟無四方之虞，則願假寵以請於諸侯。」晉侯欲勿許，司馬侯曰：「不可，楚王方侈，天或者欲逞其心以厚其毒，而降之罰，未可知也！其使能終，亦未可知也。晉楚唯天所相，不可與爭，君其許之，而脩德以待其歸。若歸於德，吾猶將事之，況諸侯乎？若適淫虐，楚將棄之，吾又誰與爭？」曰：「晉有三不殆，其何敵之有？國險而多馬，齊楚多難，有是三者，何鄉而不濟？」對曰：「恃險與馬，而虞鄰國之難，是三殆也。四嶽㊁三塗㊂陽城㊃大室㊄荊山㊅中南㊆九州之險也，是不一姓。冀之北土，馬之所生，無興國焉。恃險與馬，不可以為固也，從古以然。是以先王務脩德音以享神人，不聞其務險與馬也。鄰國之難，不可虞也。或多難以固其國，啟其疆土！或無難以喪其國，失其守宇。若何虞難？齊有仲孫之難，而獲桓公，至今賴之。晉有里丕之難，而獲文公，是以為盟主。衛邢無難，敵亦喪之。故人之難，不可虞也。恃此三者而不脩政德，亡於不暇，又何能濟？君其許之，紂作淫虐，文王惠和，殷是以隕，周是以興。夫豈爭諸侯？」乃許楚使，使叔向對曰：「寡君有社稷之事，是以不獲春秋時見，諸侯君實有之，何辱命焉。」椒舉遂請昏，晉侯許之，楚子問於子產曰：「晉其許我諸侯乎？」對曰：「許君。晉君少安，不在諸侯。其大夫多求，莫匡其君，在宋之盟，又曰如一，若不許君，將焉用之？」王曰：「諸侯其來乎？」對曰：「必來，從宋之盟，承君之歡，不畏大國，何故不來？不來者其魯、衛、曹、邾乎？曹畏宋，邾畏魯，魯衛偪於齊而親於晉，唯是不來。其餘君之所及也，誰敢不至？」王曰：「然則吾所求者無不可乎？」對曰：「求逞於人不可，與人同欲盡濟。」

【今註】㊀二君：鄭伯同許男。㊁四嶽：東嶽岱西嶽華南嶽衡北嶽恒。㊂三塗：彙纂說：「在河南省陸渾縣故城東南八十里。」㊃陽城：一統志說：「在今河南登封縣東南三十八里，俗名車嶺山。」㊄大室：一統志說：「嵩山在河南登封縣北十里，有三十六峰，東曰太室、西曰少室。」㊅荊山：在新城沶鄉縣南。㊆中南：左傳地名補註：「終南山在長安南五十里。」

【今譯】昭公四年春王正月，許男到楚國去，楚子就叫他停留在那裏預備跟他一同去打獵。又叫鄭伯停住，再到江南打獵，許男也參加了。使椒舉到晉國去，請他准許諸侯來會，鄭許兩個君在等待他。椒舉告訴晉國說：「寡君叫我來說：以前你曾經在宋的地方會盟，說：『晉楚所屬的諸侯，得互相見面。』因為常有困難，我很願意同兩三君見面，使舉來問你有無空閒。你假設沒有各國的事情，很希望你幫助請各諸侯來。」晉平公不想答應，司馬侯說：「不可以，楚王正在奢侈，天或者要滿足他的欲望，增加他的罪惡，再降給他處罰，這也未可知道。或者能讓他善終，也未可以知道。晉和楚國祇有天可幫助的，這不可以跟他爭，你不如答應他。而自己修德行以等到他的歸宿。要歸到德行，我們晉國還將事奉他，何況諸侯呢？要暴虐百姓，楚國人將不要他，我還跟誰爭呢？」晉平公說：「晉國有三件不怕的事情，還怕誰能夠抵抗呢？國家有險要，而晉國馬匹甚多，而齊國同楚國全有禍難，有這三種，到那裏也能成功呢！」回答說：「仗著險要跟馬匹，再加上鄰國的禍難，這是三種可怕的事情。四嶽、三塗、陽城、大室、荊山、中南這是九州的險要，但是不是一姓所有。冀的北方是馬所生長的地方，並沒有興旺的國家，仗著險要同馬不能做保險，自古就是如此。所以先王務必修德，以通神人，不聽見他祇要險要與馬。鄰國的困難，不可以希望他，或者是多難以完固他的國，增加他的疆土，或沒有難失掉他的國家土地。為什麼希望人家有難呢？齊國有公孫無知的難，就出了齊桓公，到現在全仰仗著他。晉國有里丕的難，而出了文公，做了盟主。衛國同邢國尚沒有禍亂，而強敵也把他喪亡了。所以人家的禍難不可以希望，仗著這三件事，而不修理政治德性，祇有覆亡又怎麼能成功？你不如答應他。商紂是淫虐，文王是惠和，商所以滅，周所以興起。豈在於爭諸侯嗎？」就答應了楚國。使叔向回答說：「我因為有國家的事，所以不能夠常跟你相見，至於諸侯，全由他們，你何必來問我。」椒舉同時替楚王請求婚姻，晉平公也答應他了。楚王問子產說：「晉還答應把諸侯給我們嗎？」回答說：「准許你。晉君現在想安樂，不在諸侯的身上，他大夫們都求富，沒有人能夠匡正他的君。並且在宋的盟誓說晉楚相等，要不答應你那有什麼辦法呢？」王又問他：「諸侯來嗎？」回答說：「必定來，依從宋的盟誓，奉承楚國的歡樂，不怕大國晉，為什麼不來呢？不來的祇有魯衛曹邾他們。曹國怕宋國，邾國怕魯國，魯國同衛國離齊國偪近，而對於晉國親善，所以不來，其餘的諸侯，全是你的威勢所能達到的。」王又問說：「然則我所求於人的沒有不可以嗎？」子產回答說：「求快意於人不可以，跟人全都同心全可以成功。」

㈢傳大雨雹，季武子問於申豐㈠，曰：「雹可禦乎？」對曰：「聖人在上無雹，雖有不為災，古者日在北陸㈡而藏冰，西陸㈢朝覿而出之。其藏冰也，深山窮谷，固陰沍寒，於是乎取之。其出之也，朝之祿位，賓食喪祭，於是乎用之。其藏之也，黑牡秬黍，以享司寒。其出之也，桃弧棘矢，以除其災。其出入也時，食肉之祿，冰皆與焉。大夫命婦，喪浴用冰，祭寒而藏之，獻羔而啟之，公始用之，火出而畢賦㈣。自命夫命婦至於老疾，無不受冰。山人取之，縣人傳之，輿人納之，隸人藏之。夫冰以風壯，而以風出，其藏之也周，其用之也徧，則冬無愆陽，夏無伏陰，春無淒風，秋無苦雨，雷出不震，無菑霜雹，癘疾不降，民不夭札。今藏川池之冰棄而不用，風不越而殺，雷不發而震，雹之為菑，誰能禦之？七月之卒章，藏冰之道也㊄。」

【今註】㊀申豐：魯大夫。㊁日在北陸：謂夏正十二月。㊂西陸：謂夏正三月。㊃火出而畢賦：火星出現在舊曆三月四月中。就把冰全獻完。㊄七月之卒章，藏冰之道也：七月是詩經豳風末了一章，就是藏冰的道理。

【今譯】　大下雹子，季孫宿問申豐說：「可以使雹子停止嗎？」他回答說：「要是聖人在上面就沒有雹子，就是有也不會做災害。古的時候在夏正十二月，就把冰藏起來，到了夏正三月，早晨把冰拿出來，藏冰的時候，在深山窮窪的地方，陰地很冷的地方去找尋他，等著冰出來的時候，在朝廷上有祿位，賓食喪祭就來用他。藏的時侯用黑顏色的牲口同黑黍，這是祭祀管寒的神。拿出冰的時候，用桃的弧棘的箭，以消除他的災害。他出進全按著規矩，吃肉的官人，冰全都參加。大夫同他的妻子們，死了以後用冰來沐浴，祭享寒流藏著他，獻羔羊來開啟他，公有優先權，先用他，等著火星出現的時候，就全都出來。自命夫以下至於老病的，沒有不受到冰的。虞官來取他，縣人來傳送他，輿人來接納，賤官來收藏。冰因為風來堅固，因為風而出現，收藏著很周密，用的也很普徧，冬天沒有疾病，夏天沒有冷病，春天沒有寒風，秋天沒有苦雨，雷出不震驚，沒有災同霜雹，疾病也不下來，人民不會短命。現在藏著在川池的冰，廢棄而不用，風不散而為害，雷不發就震擊，雹的為災害，誰能夠抵抗呢？詩經七月末了的一章，就講的藏冰的道理。」

㈣經　楚人執徐子。

傳　夏諸侯如楚，魯衛曹邾不會。曹邾辭以難，公辭以時祭，衛侯辭以疾。鄭伯先待于申㊀。六月丙午，楚子合諸侯于申。椒舉言於楚子曰：「臣聞諸侯無歸，禮以為歸。今君始得諸侯，其慎禮矣。霸之濟否，在此會也，夏啟有鈞臺之享㊁，商湯有景亳之命㊂，周武有孟津㊃之誓，成有岐陽㊄之蒐，康有酆宮㊅之朝，穆有塗山㊆之會，齊桓有召陵之師，晉文有踐土之盟，君其何用？宋向戌、鄭公孫僑在，諸侯之良也，君其選焉。」王曰：「吾用齊桓。」王使問禮於左師與子產。左師曰：「小國習之，大國用之，敢不薦聞。」獻公合諸侯之禮六。子產曰：「小國共職，敢不薦守。」獻伯子男會公之禮六。君子謂合左師善守先代，子產善相小國。王使椒舉侍於後以規過，卒事不規，王問其故，對曰：「禮吾未見者有六焉，又何以規？」宋大子佐後至，王田於武城，久而弗見，椒舉請辭焉。王使往曰：「屬有宗祧之事於武城㈧，寡君將墮幣焉，敢謝後見㈨。」徐子，吳出也，以為貳焉，故執諸申。楚子示諸侯侈。椒舉曰：「夫六王二公之事㈩，皆所以示諸侯禮也，諸侯所由用命也。夏桀為仍之會，有緡㈡叛之，商紂為黎之蒐，東夷㈢叛之，周幽為大室之盟，戎狄叛之，皆所以示諸侯汰也，諸侯所由弃命也。今君以汰，無乃不濟乎？」王弗聽。子產見左師曰：「吾不患楚矣，汰而愎諫，不過十年。」左師曰：「然，不十年侈，其惡不遠。遠惡而後棄，善可如之，德遠而後興。」

【今註】㈠申：楚地，今河南省南陽縣北二十里有申城。㈡夏啟有鈞臺之享：一統志說：「鈞臺在禹縣城南十五里，一稱夏臺。」㈢景亳之命，方輿紀要說：「在今河南偃師縣西十四里。」㈣孟津：今河南孟津縣西南三十里。㊄岐陽：在陝西省岐山縣東北五十里。㊅酆宮：一統志說：「今陝西鄠縣東三十五里有酆宮。㊆塗山：一統志說：「在安徽省懷遠縣東南八里。」㊇屬有宗祧之事於武城：因為宗廟的祭祀所以到武城去打獵。武城是楚地，在今南陽縣北有武亭。㊈寡君將墮幣焉，敢謝後見：言將待輸幣之時乃相見，見既在後故遣我來敢謝後見。㊉夫六王二公之事：六王是指著夏啟、商湯、周武王、成王、康王、穆王，二公是齊桓、晉文。㊁緡：仍國之姓，在山東金鄉縣東北二十五里有緡城阜。㊂東夷：東方的國家。

【今譯】夏天，諸侯全到楚國去，魯衛曹邾四國不參加開會。曹邾說有困難，魯昭公說有祭祀，衛襄公說有病，鄭伯先在申的地方等著。六月丙午，楚王在申這地方會諸侯。椒舉對楚靈王說：「我聽說諸侯沒有歸宿，以禮為歸宿，現在你剛得到諸侯，必定要慎重禮節。霸權的成功與否，皆以此會為關鍵。夏啟有鈞臺的享宴，商湯有景亳的命令，周武王有孟津的盟誓。周成王有岐陽的大閱兵，周康王有在酆宮的朝見，穆王有塗山的會盟，齊桓公有召陵的出兵，晉文公有踐土的盟誓，你用那一種呢？宋國向戌，鄭國的公孫僑在會中，這是諸侯良善的人，你可以問他們。」楚靈王說：「我用齊桓公。」楚王使人問禮於向戌同子產。向戌說：「小國練習，大國來用，我敢不說所聽見的嗎？」獻上公合諸侯的禮六種。子產說：「小國是看這個職守，我敢不貢獻所守的嗎？」獻上伯子男會公侯的禮六種。君子說合左師向戌很會守先代的典禮，子產很會為小國的相禮。楚王叫椒舉站到後面，以等到有錯誤的來說，結果到末了也不規勸，楚王問他什麼緣故，他回答說：「我所沒有見的禮就是這六種，又怎麼樣來規勸呢？」宋國的太子佐最後來，楚王在武城打獵，久沒有見他，椒舉想讓王辭謝不見，王叫他去說：「現在為祭祀宗廟，所以在武城打獵，將來拿著布幣再見。」徐子是吳國的外甥子，以為他有貳心，就把他在申的地方逮起來。楚王對諸侯表現很奢侈，椒舉就說：「夏啟、商湯、周武、成、康、穆六王的事情以及齊桓、晉文兩公的事情，皆所以表現給諸侯看禮節，諸侯也因此就聽從命令。夏桀在仍國開會時，有緡就反叛了，商紂在黎國閱兵，東夷就反叛了，周幽王在大室盟會，戎狄全反叛了，皆因為對諸侯表現太奢侈，所以諸侯全不聽他的命令，現在你也用奢侈，恐怕不能成功吧！」楚靈王也不聽。子產見著向戌說：「我不怕楚國了，奢侈而剛愎，最多不過十年。」向戌說：「對了，不十年的奢侈，他的惡不會遠播，惡遠播了人家全都放棄他，善也跟著一樣，德遠播了就會興起。」

(五)經　秋七月，楚子、蔡侯、陳侯、許男、頓子、胡子、沈子、淮夷伐吳，執齊慶封殺之。遂滅賴。

傳　秋七月楚子以諸侯伐吳，宋大子、鄭伯先歸，宋華費遂，鄭大夫從，使屈申圍朱方㈠。八月甲申克之，執齊慶封，而盡滅其族。將戮慶封，椒舉曰：「臣聞無瑕者可以戮人。慶封惟逆命是以在此，其肯從於戮乎？播於諸侯，焉用之？」王弗聽，負之斧鉞，以徇於諸侯，使言曰：「無或如齊慶封，弒其君，弱其孤，以盟其大夫。」慶封曰：「無或如楚共王之庶子圍，弒其君兄之子麇而代之，以盟諸侯。」王使速殺之，遂以諸侯滅賴。賴子面縛銜璧，士袒，輿櫬從之，造於中軍。王問諸椒舉，對曰：「成王克許㊁，許僖公如是，王親釋其縛，受其璧，焚其櫬。」王從之，遷賴於鄢，楚子欲遷許於賴，使鬬韋龜與公子弃疾城之而還。申無宇曰：「楚禍之首將在此矣。召諸侯而來，伐國而克，城竟莫校，王心不違，民其居乎？民之不處，其誰堪之？不堪王命，乃禍亂也。」

【今註】㊀朱方：在江蘇省丹徒縣。㊁成王克許：這是楚成王打勝許國，在魯僖公六年。

【今譯】秋七月，楚靈王率領諸侯們來伐吳國，宋國太子，鄭伯先回國，宋華費遂同鄭大夫隨從著去伐吳國，叫屈申圍了朱方這地方。八月甲申這天把他佔據，把齊國的慶封逮住，將他的族人全部殺掉，將殺慶封的時候，椒舉說：「我聽見說沒有過錯的人才可以殺人。慶封因為不聽從命令，所以在這裏，他還肯默默被殺戮嗎？萬一他把你的過錯傳播於諸侯，殺了他又有什麼用處？」楚王不聽，給他背上斧鉞，叫他在諸侯面前徇行，並且說：「不要跟齊國的慶封一樣，把自己的君殺掉，削弱他的孤寡，而盟他的大夫。」慶封就說：「不要跟楚共王的庶子圍一樣，把他哥哥的兒子君殺掉，替代他來盟諸侯。」楚王叫趕緊把他殺了，就拿諸侯的兵力滅了賴國。賴國子爵前面縛著雙手，口中銜著玉石，士赤著背，抬著棺材到中軍帳下。王問椒舉，回答說：「楚成王打勝了許國，許僖公就這樣的辦法。成王給他解開綑的繩子，接受玉石，把他棺材燒掉。」靈王就這樣辦。把賴遷到鄢的地方，楚王又想把許國遷到賴國，叫鬬韋龜與公子棄疾給他修城，就回來了。申無宇說：「楚國禍亂的開始就在這裏。叫諸侯他們就來，討伐一個國家成功，在外修城池沒有諸侯敢爭，像這般隨心所欲，人民還能安居嗎？人民不安居，誰能受得了呢？不受王的命令就是禍亂。」

(六)經 九月取鄫。

傳 九月取鄫，言易也，莒亂，著丘公立而不撫鄫，鄫叛而來，故曰取。凡克邑不用師徒曰取。

【今譯】九月取鄫，這意思是說很容易。莒國亂了，著丘公立了以後，不安撫鄫國，鄫國反叛而來，所以叫做取。凡是不用軍隊，佔領地方就叫取。

(七)傳 鄭子產作丘賦㈠，國人謗之，曰：「其父死於路，己為蠆尾㈡，以令於國，國將若之何？」子寬㈢以告。子產曰：「何害？苟利社稷，死生以之，且吾聞為善者不改其度，故能有濟也。民不可逞，度不可改。詩曰：『禮義不愆，何恤於人言？』吾不遷矣。」渾罕曰：「國氏其先亡乎？君子作法於涼，其敝猶貪，作法於貪，敝將若之何？姬在列者，蔡及曹滕其先亡乎，偪而無禮，鄭先衛亡，偪而無法，政不率法而制於心，民各有心，何上之有？」

【今註】㈠丘賦：每十六井當出馬一匹牛三頭。㈡已為蠆尾：蠆音（ㄔㄞˋ）。蠍子的尾巴。㈢子寬：鄭大夫。

【今譯】鄭國子產作丘賦，國人很誹謗他說：「他父親被殺了，他還毒害百姓，來命令國家，國將怎麼辦呢？」鄭大夫子寬告訴子產。子產說：「這有什麼害呢？祇要對國家有利益，死生全不管。並且我聽說為人善的不改他的法度，所以能成功。民不可以放縱，度不可以改變。逸詩上說：『禮只要不錯，何怕人家說話。』我是不改的。」子寬就說：「子產恐怕要先滅亡了，君子作法的時候薄，他的弊病猶在於貪，作法於貪上，這弊病怎麼辦呢？姬姓在諸侯裏頭的，蔡及曹滕是先亡的，因為受他國逼迫而自身又無禮。鄭國在衛國之前亡，因為受他國逼迫而自身又沒有法度。施政不遵守法律，而好惡由心，民各有心，還有什麼尊上呢？」

(八)傳 冬，吳伐楚，入棘、櫟、麻㊀，以報朱方之役。楚沈尹射奔命於夏汭，咸尹宜咎㊁城鍾離，薳啟彊城巢，然丹城州來。東國水不可以城，彭生㊂罷賴之師。

【今註】㊀棘、櫟、麻：程發軔說「則棘、櫟、麻三邑亦應在壽春之東，………故麻邑不在黃州之麻，而以碭山之麻最合。」至於櫟邑與栗通假，一統志說：「栗縣故城，不今夏邑縣治」。㊁咸尹宜咎：宜咎本來是陳大夫，襄公二十四年奔楚。㊂彭生：楚大夫。

【今譯】冬天，吳伐楚，入棘櫟麻，為的報復朱方的戰役。楚國沈尹射逃命到夏汭，咸尹宜咎修鍾離城，薳啟彊修巢這城，然丹修州來的城。在楚國東邊以上三城都有水沒方法修，所以彭生取消對賴國出兵。

(九)經 冬十有二月乙卯叔孫豹卒。

傳 初穆子去叔孫氏，及庚宗㊀，遇婦人，使私為食而宿焉。問其行，告之故，哭而送之。適齊娶於國氏，生孟丙，仲壬，夢天壓己弗勝，顧而見人，黑而上僂，深目而豭喙㊁，號之曰：「牛助余！」乃勝之。旦而皆召其徒，無之。且曰志之。及宣伯奔齊，饋之。宣伯曰：「魯以先子之故，將存吾宗，必召女。召女何如？」對曰：「願之久矣。」魯人召之，不告而歸，既立，所宿庚宗之婦人獻以雉，問其姓㊂，對曰：「余子長矣，能奉雉而從我矣。」召而見之，則所夢也。未問其名，號之曰牛，曰：「唯。」皆召其徒使視之，遂使為豎，有寵，長使為政。公孫明㊃知叔孫於齊，歸未逆國姜，子明取之。故怒㊄。其子長而後使逆之。田於丘蕕㊅，遂遇疾焉。豎牛欲亂其室而有之，強與孟盟，不可。叔孫為孟鍾曰：「爾未際㊆，饗大夫以落之。」既具，使豎牛請日，入弗謁。出命之日，及賓至，聞鍾聲，牛曰：「孟有北婦人之客㊇。」怒將往，牛止之，賓出，使拘而殺諸外㊈。牛又強與仲盟，不可。仲與公御萊書㊉觀於公，公與之環。使牛入示之㊁，入不示，出命佩之。牛謂叔孫，見仲而何㊂。叔孫曰：「何為？」曰：「不見既自見矣，公與之環，而佩之矣。」遂逐之，奔齊。疾急，命召仲，牛許而不召，杜洩見，告之飢渴，授之戈。

對曰：「求之而至，又何去焉？」豎牛曰：「夫子疾病，不欲見人。」使寘饋于个而退。牛弗進，則置虛命徹。十二月癸丑，叔孫不食。乙卯卒，牛立昭子㊂而相之，公使杜洩葬叔孫。豎牛賂叔仲昭子與南遺，使惡杜洩於季孫而去之。杜洩將以路葬㊃，且盡卿禮。南遺謂季孫曰：「叔孫未乘路，葬焉用之？且冢卿無路，介卿以葬，不亦左乎？」季孫曰：「然。」使杜洩舍路，不可，曰：「夫子受命於朝而聘于王，王思舊勳而賜之路，復命而致之君，君不敢逆王命而復賜之，使三官書之。吾子為司徒，實書名。夫子為司馬與工正，書服，孟孫為司空，以書勳，今死而弗以，是弃君命也。書在公府而弗以，是廢三官也。若命服生弗敢服，死又不以，將焉用之？」乃使以葬。季孫謀去中軍，豎牛曰：「夫子固欲去之。」

【今註】㊀庚宗：彙纂說：「今山東泗水縣東有庚宗亭與費縣接界。」㊁黑而上僂，深目而豭喙：面色很黑而他的肩膀是彎曲的，眼睛很深而嘴巴像豬。㊂問其姓：問她有沒有兒子。㊃公孫明：齊大夫。㊄故怒：怒其妻國姜。㊅丘蕕：在山東省疑在魯之北境。㊆爾未際：你沒有同諸位大夫接見過。㈧孟有北婦人之客：孟丙他請公孫明為客人。㈨使拘而殺諸外：就叫牛把孟丙殺在城外。㈩萊書：魯昭公趕車的與仲同往公宮。㈡使牛入示之：使牛拿進去給叔孫豹看。㈢牛謂叔孫，見仲而何：牛告訴叔孫：令仲壬去見國君意下如何？㈢昭子：叔孫豹的庶子叔孫婼。㈣杜洩將以路葬：杜洩拿周王所賞給叔孫的車來葬他。

【今譯】　當初叔孫豹避僑如的患難，離開叔孫氏奔往齊國，到了庚宗地方，碰著一個婦人，差她私下弄些食物吃了，便和她同宿。那婦人問他到什麼地方去？便告訴了緣故。那婦人卻哭了送他的行。既到齊國以後，便娶妻於國氏，生了孟丙，仲壬。他一天夢著天壓自己，氣力支撐不住了，一回頭去，卻見一人，面色很黑，上肩是彎下的，眼睛很深，嘴巴像豬一般，穆子便喊他說：「牛來幫我！」才撐過來。到第二日，天亮了，將跟隨都召集攏來，卻沒有一個和牛相像的人，就對那些人說：「這事你們都給我記著。」等到僑如也奔到齊國去，穆子送食物給他吃。僑如說：「魯國因為我們先人的功勞，將要存留我們的宗族，一定來召你的，你便怎樣？」穆子回答說：「希望他來召已經好久了！」後來魯人果然來召他，他便不告訴僑如就回去了。既然立做卿以後，他那宿過庚宗的婦人，獻給他一隻野雞，穆子問他有兒子嗎，婦人回答說：「我的兒子已經大了，能夠捧了野雞跟我來了。」便喊他來一看，那知就是夢中所看見的，便不問他叫什麼名字，喊他叫「牛」。那孩子便答應一聲！「唯！」叔孫豹便喊那些跟隨，使他們來看。就叫他做個小僮，很寵用他，等到牛長大了，便叫他管理家政。齊大夫公孫明本和叔孫很要好的，叔孫回國去，卻不來迎接國姜，子明就把她娶了去，所以叔孫豹很怒。他的兒子年長了，叔孫方才使人去迎接他們，叔孫豹有一天在丘蕕地方打獵，就生了病，豎牛要想擾亂他的家室，據為己有，強迫孟丙和他訂盟，孟丙不肯，叔孫本替孟丙鑄了口鐘，對他說：「你還沒有和諸大夫交際過，可以在塗鐘縫落成的時候，宴會那些大夫了！」孟丙既備辦了酒筵，便使豎牛進去向父親要個日期，豎牛進去後，卻不告明叔孫，出來便詐說一個日期。等到賓客都來了，叔孫聽得打鐘的聲音，便詫怪問豎牛，牛說：「孟丙有你北方那個婦人的堂客在家中呢！」叔孫便大怒，要去看他。豎牛攔阻他，不放他出去，及賓客既去，便使他拘執起來，殺孟丙在門外。牛又強迫和仲壬訂盟，仲也不肯，後來仲和昭公的御士萊書遊觀在公的宮中，公賞賜他一隻玉環。仲壬便使豎牛拿玉環給叔孫觀看，牛進去了，不給他看。出來就詐稱叫你佩戴了吧！牛一面又對叔孫說：「叫仲壬去見國君，怎麼樣？」叔孫說：「這是什麼話？」牛說：「你不使他引見，他已自己去引見過了，公給他玉環，他已經佩戴的了！」叔孫便把他驅逐出境，仲壬就逃到齊國去。叔孫病重了，叫他去叫仲壬回來，牛應許了卻並不去叫，管家杜洩進去見，叔孫告訴他飢餓口渴，給他一把長槍，叫他去殺牛。杜洩回答說：「你只向他要食物，他自會來的，為什麼要去掉他呢？」豎牛後來就索性說：「穆子害了病，不喜歡見人。」便一概不見，使他們送食物的，只放在東西廂便退出去，牛卻並不將食物送進去，只把倒空的食器放在那裏，便叫他們撤去。十二月癸丑那天，叔孫得不到食物，乙卯那天便死了，牛就立了昭子，自己做他的家相。昭公派杜洩去葬叔孫。豎牛便私賄叔仲昭子，和季氏的家臣南遺，使他們在季孫那裏說杜洩的壞話，要想除去他。杜洩正要用路車葬叔孫，而且都要用卿禮。南遺便對季孫說：「叔孫活著的時候，還沒有乘過路車，葬的時候為什麼倒要用起來呢？而且最長的卿尚且沒有路車，次卿倒要用路車葬，在禮法上不是說不過去麼？」季孫說：「是的。」便使杜洩不要用路車，杜洩不肯，他說：「夫子是受命在朝中，去朝聘過天王的，天王因他有禮，想念他先人的舊功，才賞給他路車，他不敢自乘，復命的時候，送進君主那裏，君主不敢違背王命，仍舊賞給了他。使三位官員記錄下來，那時你做司徒，是寫定名位的，我們夫子做司馬兼作工正，記上車服的器用，孟孫做司空，是記功勞的，如今死了再不用，這分明是棄掉君命了。紀錄的文書還在公府中，仍舊不用，這分明是廢掉三官了。若是王命的服，活著的時候不敢穿，死了又不用他，還有什麼用處呢？」季孫便使他拿去葬。季孫後來又打算廢去中軍，豎牛說：「夫子本來早想廢去他的。」

昭公五年（即公元前五百三十七年）

㈠經　五年春王正月，舍中軍。

傳　五年春王正月，舍中軍，卑公室也㊀。毀中軍于施氏，成諸臧氏。初作中軍，三分公室，而各取其一。季氏盡征之㊁，叔孫氏臣其子弟㊂，孟氏取其半焉㊃。及其舍之也，四分公室，季氏擇二，二子各一，皆盡征之，而貢于公㊄。以書使杜洩告於殯（六）曰：「子固欲毀中軍，既毀之矣，敢告。」杜洩曰：「夫子唯不欲毀也，故盟諸僖閎，詛五父之衢。」受其書而投之，帥士而哭之。叔仲子謂季孫曰：「帶受命於子叔孫曰：『葬鮮者自西門（七）。』」季孫命杜洩（八）。杜洩曰：「卿喪自朝，魯禮也。吾子為國政，未改禮而又遷之，羣臣懼死，不敢自也（九）。」既葬而行。仲至自齊，季孫欲立之。南遺曰：「叔孫氏厚則季氏薄，彼實家亂，子勿與知，不亦可乎？」南遺使國人助豎牛以攻諸大庫之庭（一〇），司宮射之，中目而死。豎牛取東鄙三十邑以與南遺。昭子即位，朝其家眾曰：「豎牛禍叔孫氏，使亂大從，殺適立庶，又披其邑，將以赦罪，罪莫大焉！必速殺之。」豎牛懼奔齊，孟仲之子殺諸塞關（一一）之外，投其首於寧風（一二）之棘上。仲尼曰：「叔孫昭子之不勞，不可能也。周任有言曰：『為政者不賞私勞，不罰私怨。』詩云：『有覺德行，四國順之（一三）。』」初，穆子之生也，莊叔以周易筮之，遇明夷☷☲之謙☷☶（一四），以示卜楚丘，曰「是將行（一五），而歸為子祀。以讒人入，其名曰牛，卒以餒死。明夷、日也，日之數十，故有十時，亦當十位。自王已下，其二為公，其三為卿，日上其中，食日為二，旦日為三，明夷之謙，明而未融，其當旦乎？故曰為子祀。日之謙當鳥，故曰明夷于飛。明之未融，故曰垂其翼。象日之動，故曰君子于行。當三在旦，故曰三日不食。離、火也，艮、山也，離為火，火焚山，山敗。於人為言，敗言為讒，故曰有攸往。純離為牛，世亂讒勝，勝將適離，故曰其名曰牛。謙不足，飛不翔，垂不峻，翼不廣，故曰其為子復乎。吾子亞卿也，抑少不終。」

【今註】㊀卑公室也：這是將公室降低。㊁季氏盡征之：一點不歸給公家。㊂叔孫氏臣其子弟：以他的子弟歸叔孫氏，以他的父兄歸公家。㊃孟氏取其半焉：孟氏更以子弟的一半歸公家。㊄而貢于公：國中的人民皆屬於三家，只隨意貢獻給公而已。㊅以書使杜洩告於殯：用信使杜洩告知叔孫豹的殯。㊆葬鮮者自西門：鮮者是指不能善終的人，下葬的出都城西門。㊇季孫命杜洩：命以叔孫的喪禮自西門出。㊈不敢自也：不敢遵從這種辦法。㊉大庫之庭：曲阜原是大庭氏之虛，在原地作庫，所以稱為大庭氏之庫，外邊空地因稱為大庫之庭。⑪塞關：齊魯邊界上關口。⑫寧風：杜預以為齊地，程發軔先生則以為祭祀名，俟考。㊂有覺德行，四國順之：這是詩大雅中的一句詩，意思是說德行直則四方全順從他。㊃遇明夷䷣之謙䷎：遇見從明夷卦變到謙卦。㊄是將行：他將出奔。

【今譯】五年春王正月，舍去中軍，這是為的降卑公室。毀中軍之議開始于施氏，完成于臧氏。最初作中軍，三分公室，三家各分一份。季孫全都徵收他們，叔孫氏祇把他子弟作臣，孟孫氏祇拿他子弟的一半。等到舍中軍的時候，四分公家，季孫氏選其中的兩份，叔孫氏同孟孫氏各分一份，全都把他徵收，祇對公家獻貢。寫了一封信叫杜洩在叔孫氏的棺材前面讀過：「你很願意毀中軍，現在已經毀了，特別告訴你。」杜洩說：「他因為不願意毀中軍，所以到僖公的廟門去盟誓，又到五父的道上去詛咒。」接到他這封信，扔到地下，率他的家眾去哭。叔仲帶對季孫說：「帶聽見叔孫說過：『給不壽終的人下葬，由國都的西門。』」季孫告訴杜洩如此做。杜洩就說：「卿的喪事由朝中出來。這是魯國素來行的禮，你現在掌國的政權，沒有改禮，而又換了新辦法，大家怕死，不敢遵從。」等著給叔孫下葬以後，杜洩就走了。叔孫的兒子仲從齊國回來，季孫想立他為叔孫的後人。南遺說：「叔孫氏要厚，季孫氏就薄了，他是家中有亂事，你不管不也可以嗎？」南遺叫國裏人幫著豎牛在大庫的庭上攻打仲壬，司宮射他，恰好中在眼睛，就死了。豎牛取了叔孫氏的東部三十邑給了南遺，叔孫婼即位，告訴他家裏眾人說：「豎牛禍害了叔孫氏，使亂了大的順序，殺了嫡出，立了庶出，又分散他的田邑，他還想減輕罪，他的罪狀沒有再大的。必定把他殺掉。」豎牛害怕了逃到齊國去。孟丙的兒子及仲壬的兒子把他殺在塞關的外頭，將他的腦袋扔到寧風的棘草上。仲尼就說：「叔孫婼要不居功是不能夠的，周任說一句話：『做政治的人不賞對私人有功的人，也不罰對私人有怨的人。』詩經大雅一句詩說：『有德行的人，四國全都順他。』」當初，叔孫豹生的時候，他的父親叫人拿周易來占卜，遇見明夷的卦變到謙卦，他給占卦的人卜楚丘看，說：「他先要出奔，然後回來，給你奉祭祀，跟著回來的有一個壞人，這個叫做牛，末了要餓死。明夷就等於日，日是有十數，所以有十個時辰，也等於十個位置，由壬以下數起來，第二是公，第三是卿，日最高是最盛明，是王位。食時之日，是公位。早晨的位置第三，是卿，明夷變到謙，天明而沒有完全出太陽，這是早晨，所以說回來給你奉祭祀。日光不足的時候當鳥，所以說明夷于飛。天明而沒有完全亮，所以說垂著翅膀，表示太陽的動作，所以說君子要出奔。當三在早晨，所以說三天不吃東西，離是火、艮是山，離是火，火燒了山，山就毀。在人是講話，毀了說話，就是讒言，所以說主人有說話必定是讒言。純正的離卦等於牛，世事亂了，讒言就多了，多了就到了離，所以說叫做牛。謙不夠，飛也不高，翅膀垂下，也不夠寬廣，所以說將做你的後人，你雖是次卿，到末了不得善終。」

(二) 經 楚殺其大夫屈申。

傳 楚子以屈申為貳於吳，乃殺之。以屈生㈠為莫敖，使與令尹子蕩如晉逆女。過鄭，鄭伯勞子蕩于汜㈡，勞屈生于菟氏㈢。晉侯送女于邢邱㈣，子產相鄭伯會晉侯于邢邱。

【今註】㈠屈生：屈建的兒子。㈡汜：鄭地，即南汜，在今河南省襄城縣。㈢菟氏：鄭地，寰宇記說菟氏城在河南尉氏縣西北四十里。㈣邢邱：晉地，在今河南省溫縣東二十里。

【今譯】楚靈王以為屈申是同吳國有貳心，把他殺掉。叫屈生做莫敖，使他同令尹子蕩到晉國去迎接女子。回來過鄭國，鄭伯郊勞子蕩在汜這地方，郊勞屈生在菟氏這地方。晉侯送女兒一直到邢邱，子產給鄭伯相禮，到邢邱會見晉平公。

㈢經 公如晉。

傳 公如晉㈠，自郊勞至于贈賄㈡，無失禮㈢。晉侯謂女叔齊曰：「魯侯不亦善于禮乎？」對曰：「魯侯焉知禮。」公曰：「何為自郊勞至于贈賄，禮無違者，何故不知？」對曰：「是儀也，不可謂禮。禮所以守其國，行其政令，無失其民者也。今政令在家㈣，不能取也，有子家羈㈤，不能用也。奸大國之盟，陵虐小國㈥，利人之難㈦，不知其私。公室四分㈧，民食於他。思莫在公，不圖其終，為國君，難將及身，不恤其所。

禮之本末，將於此乎在，而屑屑焉習儀以亟，言善於禮，不亦遠乎？」君子謂叔侯於是乎知禮。

【今註】㈠公如晉：初即位所以往晉朝見。㈡自郊勞至于贈賄：初到晉國時有郊勞禮，以後尚有各種贈賄的禮。㈢無失禮：各種禮節皆沒有錯誤。㈣今政令在家：魯國的政令皆為各大夫所掌管。㈤子家羈：莊公的玄孫子家懿伯。㈥陵虐小國：指著伐莒國取鄆地。㈦利人之難：指乘莒亂遂取鄫。㈧公室四分：四分公室指今年的事。

【今譯】魯昭公到晉國去，從郊勞一直到送禮，他全沒有失錯的地方。晉平公問司馬侯說：「魯侯豈不也對於禮很善嗎？」回答說：「魯侯那裏知道禮。」晉平公說：「為什麼從郊勞至於送禮，沒有違禮，怎可說不知道？」他說：「這是儀節，不可以叫做禮。禮是為的所以守他的國家，行他的政令，不丟掉他的人民。現在政令全在他大夫的手中，他沒法取回，又有子家羈，他沒法用他。違反大國的盟誓，欺凌小國，還以鄰國的困難為利，而不知道他自已有困難。公室四分，人民到三家去吃飯，沒有人民想著公家，不知道末了什麼樣子，身為國君，禍難將到他身上，他不去操心。禮的本末，就在恤民憂國上，而去研究儀節，說他善於禮，這不是很遠了嗎？」君子說司馬侯是很懂禮的。

㈣傳晉韓宣子如楚送女，叔向為介，鄭子皮，子太叔勞諸索氏㈠。

太叔謂叔向曰：「楚王汏侈已甚，子其戒之。」叔向曰：「汏侈已甚，身之災也，焉能及人？若奉吾幣帛，慎吾威儀，守之以信，行之以禮，敬始而思終，終無不復㈡。從而不失儀，敬而不失威，道之以訓辭，奉之以舊法，考之以先王，度之以二國㈢，雖汏侈，若我何？」及楚，楚子朝其大夫曰：「晉、吾仇敵也，苟得志焉，無恤其他。今其來者，上卿上大夫也。若吾以韓起為閽㈣，以羊舌肸為司宮㈤，足以辱晉，吾亦得志矣，可乎？」大夫莫對。薳啟彊曰：「可。苟有所備，何故不可？恥匹夫不可以無備，況恥國乎？是以聖王務行禮，不求恥人。朝聘有珪，享頫有璋，小有述職，大有巡功，設機而不倚，爵盈而不飲，宴有好貨，飧有陪鼎，入有郊勞，出有贈賄，禮之至也。國家之敗，失之道也，則禍亂興。城濮之役㈥，晉無楚備，以敗於邲㈦。邲之役，楚無晉備，以敗於鄢㈧。自鄢以來，晉不失備，而加之以禮，重之以睦，是以楚弗能報而求親焉。既獲姻親，又欲恥之，以召寇讎，備之若何？誰其重此，若有其人，恥之可也。若其未有，君亦圖之。晉之事君，臣曰可矣。求諸侯而麇至（九），求昏而薦女（一〇），君親送之，上卿及上大夫致之，猶欲恥之，君其亦有備矣，不然奈何？韓起之下，趙成、中行吳（一一）、魏舒、范鞅、知盈；羊舌肸之下，祁午、張趯、籍談、女齊、梁丙、張骼、輔躒、苗賁皇，皆諸侯之選也（一二）。韓襄（一三）為公族大夫，韓須（一四）受命而使矣。箕襄、邢帶（一五）、叔禽、叔椒、子羽（一六），皆大家也。韓賦七邑，皆成縣也（一七）。羊舌四族（一八），皆彊家也。晉人若喪韓起楊肸，五卿八大夫（一九）輔韓須楊石（二〇），因其十家九縣，長轂九百，其餘四十縣遺守四千，奮其武怒，以雪其大恥。伯華謀之，中行伯（二一）魏舒帥之，其蔑不濟矣。君將以親易怨，實無禮而速寇，而未有其備，使羣臣往遺之禽，以逞君心，何不可之有？」王曰：「不穀之過也，大夫無辱。」厚為韓子禮，王欲敖叔向以其所不知而不能，亦厚其禮。韓起反，鄭伯勞諸圉（二二），辭不敢見，禮也。

【今註】㈠索氏：一統志說：「大索城今滎陽縣治，小索城在縣北四里。」㈡終無不復：凡事全可以從新的再做。㈢度之以二國：省度晉楚兩國的情形再做。㈣若吾以韓起為閽：把韓起的腳斬掉使他看守門。㈤司宮：太監。㈥城濮之役：在僖公二十八年。㈦以敗於邲：在宣公十二年。㈧以敗於鄢：成公十六年。㈨求諸侯而麇至：要求諸侯就一羣的來。㈩求昏而薦女：求婚姻就把女子送來。⑪趙成中行吳：趙成是趙武的兒子，中行吳即荀吳，荀偃的兒子。⑫諸侯之選也：這些個人全是在各國重要的人物。⑬韓襄：韓無忌的兒子。⑭韓須：韓起的兒子。⑮箕襄、邢帶：這二人是韓氏的同族。⑯叔禽、叔椒、子羽：全是韓起的庶子。⑰皆成縣：成縣指著有一百輛戰車的縣。⑱羊舌四族：銅鞮伯華叔向叔魚叔虎兄弟四人。⑲五卿八大夫：五卿是指趙成以下的人，八大夫指祁午以下的人。⑳輔韓須楊石：楊石是羊舌肸的兒子。㉑中行伯：即荀吳。㉒圉：一統志說：「在今河南省杞縣南五十里。」

【今譯】晉國韓起到楚國送女兒，叔向做副使，鄭國的子皮游吉到索氏郊勞，游吉對叔向說：「楚王奢侈已經很厲害，你要警戒。」叔向說：「奢侈已經很厲害，這是身體的災害，焉能害到旁人？我拿著我的貨幣，謹慎我的威儀，言語有信，以禮節來行使，恭敬從事，始終如一，這樣，沒有事不可以再辦的。順從而不失掉儀節，恭敬而不失掉威嚴，稱說先王的訓辭，用舊法來辦理，再拿先王的事情來考正，度晉楚兩國的形勢來行使，他雖然奢侈，對我有什麼辦法呢？」到了楚國，楚王對他大夫們說：「晉國是我的仇敵，假使得了志向，其他的事情全不管。現在他來的是上卿同上大夫，我要把韓起的腳剁掉，叫他看守門戶，將叔向做太監，這可以羞辱晉國，我也可以得志向，你們以為可以不可以。」大夫們都不敢回答。薳啟彊說：「可以。假設有預備，為什麼不可以。羞辱一個人，還不可以沒有預備，何況羞辱一個國家呢？所以聖王祇講求行禮，而不求羞辱旁人。朝聘的時候有玉珪，享宴的時候有玉璋，小的有述職，大的有巡守，為的行禮，設一個機而不倚靠，酒杯滿了而不喝，請客的時候送禮物，吃飯的時候有陪鼎，進來時有郊勞，出去時有送禮，這是禮的極致。國家失敗的原故，是沒有道理，禍亂就興起。城濮之戰晉國戰勝而沒有防備楚國，所以在邲之戰打敗了。邲以後楚國沒有防備晉國，就被打敗了在鄢陵。自從鄢陵以後，晉國不失掉防備，而加上禮節，再加上和睦，所以楚國不能夠報復，祇好要求婚姻，既然得到婚姻，又想羞辱他，以致招來了敵人，那麼怎麼樣防備呢？要有預備，來羞辱他也可以。要尚沒有，你要細想一想，晉國的事奉你，我以為可以了，要求諸侯，而諸侯全來，求婚姻而奉獻女子，晉國的君親自送來，而上卿及上大夫也送來，你還想羞辱他，你應該有防備了，要不然怎麼辦呢？韓起之下，趙成、中行吳、魏舒、范鞅、知盈；羊舌肸之下，祁午、張趯、籍談、女齊、梁丙、張骼、輔躒、苗賁皇，全是諸侯的精良。韓襄做公族大夫，韓須也受命來出使。箕襄、邢帶、叔禽、叔椒、子羽全是大家。韓家管七個邑，全都是百乘的縣。羊舌四家，全都是彊家。晉人若丟掉韓起、叔向、五卿八個大夫，輔佐著韓起的兒子韓須，叔向的兒子楊石，用他的十家九縣，九百輛車，其餘四十縣剩下四千輛車，用武力來表達憤怒，以報他的大羞恥。叔向的哥哥伯華來計謀，荀吳、魏舒率領著，這沒有不成功的，你將以親戚變成怨，實在無禮，而且招致寇仇，而沒有預備，叫我們大家被他來逮捕，以快樂你的心，這沒有什麼不可以的。」楚王說：「這是我的錯，你不要以為羞辱。」於是加厚韓起的禮節，王想驕傲叔向問他不能知道的事情也不能夠，也加厚他的禮節。韓起回去了，鄭伯在圉這地方慰勞他，他辭謝不敢見，這是合禮的。

㈤傳　鄭罕虎如齊，娶於子尾氏。晏子驟見之，陳桓子問其故，對曰：「能用善人，民之主也。」

【今譯】鄭子皮到齊國去，娶子尾氏的女兒。晏嬰急急去見他。陳無宇問他為什麼要見他。他回答說：「能用好的人，可以為人民的尊長。」

㈥經　夏、莒牟夷以牟婁及防茲來奔。

傳　夏，莒牟夷以牟婁㈠及防茲㈡來奔，牟夷非卿而書，尊地也。莒人愬于晉，晉侯欲止公。范獻子曰：「不可。人朝而執之，誘也。討不以師，而誘以成之，惰也。為盟主而犯此二者，無乃不可乎？請歸之，間而以師討焉。」乃歸公。秋八月，公至自晉。莒人來討，不設備。戊辰，叔弓敗諸蚡泉㈢，莒未陳也。

【今註】㈠牟婁：莒地，在今山東省諸城縣十五里之董家崖頭村。㈡防茲：皆是莒地，山東通志說：「防亭在諸城縣東北柴溝社東南之防亭。」而彙纂說：「茲在山東省諸城縣西北。」㈢蚡泉：魯地，續山東考古錄說：沂水縣西南一百二十里有盆泉縣志說即蚡泉。

【今譯】夏天，莒牟夷用牟婁同防茲逃奔魯國，牟夷不是卿而寫在春秋上，因為尊重地的原因。莒國人告到晉國，晉侯想不許魯昭公回國。范鞅說：「不可，人家來上朝而執著他，這是引誘。討伐不用軍隊，而用引誘成功，這是慢惰。盟主而用這兩種手段，似乎是不可以的？請將他送回魯國去，有暇再用軍隊去討伐他。」就將魯昭公送回。秋七月，公從晉國回來。莒國人來討伐他，而不設備，戊辰、叔弓在蚡泉打敗他，莒軍隊尚未擺成陣勢。

(九)經秦伯㈠卒。

【今註】㈠此經無傳。

【今譯】秦景公死了。

(十)經冬，楚子、蔡侯、陳侯、許男、頓子、沈子，徐人、越人伐吳。

傳冬十月，楚子以諸侯及東夷伐吳，以報棘櫟麻之役㈠，薳射以繁揚㈡之師會於夏汭㈢，越大夫常壽過帥師會楚子于瑣㈣。聞吳師出，薳啟彊帥師從之，遽不設備，吳人敗諸鵲岸㈤，楚子以馹至於羅汭㈥。吳子使其弟蹶由犒師，楚人執之，將以釁鼓。王使問焉，曰：「女卜來吉乎？」對曰：「吉。寡君聞君將治兵於敝邑，卜之守龜曰：『余亟使人犒師，請行以觀王怒之疾徐而為之備，尚克知之。』龜兆告吉曰：『克可知也。』君若驩焉好逆使臣，滋敝邑休殆，而忘其死亡無日矣。今君奮焉震電馮怒，虐執我臣，將以釁鼓，則吳知所備矣。敝邑雖羸，若早修完，其可以息師。難易有備，可謂吉矣。且吳社稷是卜，豈為一人？使臣獲釁軍鼓，而敝邑知備，以禦不虞，其為吉孰大焉？國之守龜，其何事不卜？一臧一否，其誰能常之。城濮之兆其報在泌。今此行也，其庸有報志。」乃弗殺。楚師濟於羅汭，沈尹赤會楚子，次於萊山㈦，薳射帥繁陽之師先入南懷，楚師從之，及汝清㈧。吳不可入，楚子遂觀兵於坻箕之山㈨。是行也，吳早設備，楚無功而還，以蹶由歸。楚子懼吳，使沈尹射待命于巢，薳啟彊待命于雩婁，禮也。

【今註】㊀此役見昭公四年。㊁繁揚：原屬蔡，一作繁陽，據一統志說，在今河南省新蔡縣北。㊂夏汭：楚地，在今安徽省鳳臺縣西南。㊃瑣：楚地，在今安徽省霍邱縣東。㊄鵲岸：楚地，方輿紀要說「鵲頭鎮在安徽銅陵縣，縣北十里有鵲頭山，楚伐吳敗於鵲岸是也。」㊅羅汭：顧棟高說「羅汭在今河南羅山縣境。」㊆萊山：顧棟高說：「萊山在河南光山縣南一百五十里。」㊇南懷、汝清：左傳地名補註說：「汝清即汝水入淮之口，在河南息縣東南，安徽阜陽縣西南，固始縣之朱臯鎮，汝水入淮處，亦謂之淮口。」或者以為汝清應在合肥縣北百里之清北鎮，亦是一說。㊈坻箕山：寰宇記說：「安徽巢縣南三十七里之踟躕山，即坻箕山。」

【今譯】冬天十月中，楚王率領諸侯，和東夷的兵士去伐吳，算是報復棘櫟麻那次的戰爭。薳射領了繁揚的軍隊，在夏汭的地方會合。越大夫常壽過，領兵來會楚王在瑣的地方。聽說吳國已經出兵了，薳啟彊便領兵跟著吳師，吳人沒有設下防備，敗於鵲岸那裏。楚王騎了馹站的馬到羅汭去。吳王派他的弟弟蹶由去犒勞楚師，楚人把他捉住，將要殺了塗血在鼓上，楚王便故意使人問他說：「你占卜了來，吉利的麼？」蹶由回答說：「吉利的，寡君聽得你君將要治兵在我敝邑，用守國的龜占卜，禱告說：『我趕緊派人去犒勞楚軍，順便察看楚王的怒容厲害不厲害，藉此做戰守的防備，能夠有些分曉？』龜的象兆是吉的，並且說：『可以有分曉的。』現在你君如果快活了，好好的迎接使臣，那末恰正是使敝邑添上懈怠，卻忘掉要死，國的滅亡便沒有幾日了。如今你君王的憤怒，像雷電一般的大發起來，虐待著使臣，將要把他殺了，塗在鼓上，那末吳國恰正知道要防備了，敝邑雖是衰弱，如果早日完備了器具，也是可停歇你楚師的。酌量了時勢的難易，有了相當的防備，可以說是吉利的了。並且吳國是專為國家卜的，難道衹為我一個人嗎？我使臣的血雖塗在軍鼓，敝邑卻知道了防守，得抵敵不測的禍，這樣的吉利難道還有再大的麼？守國的龜那一件事不拿他占卜，有的吉，有的凶，也那裏能有一定。城濮的戰爭，你們楚國的卜是吉的，但報復卻在邲那次戰爭，如今這次戰爭，吳國或者也有報楚的意思呢！」楚王便不殺他，楚兵渡過羅汭，沈尹赤來同楚王會兵，兵宿在萊山那裏。薳射領了繁揚的兵，先進南懷去，楚師跟著前去。到了汝清地方，看見吳國果然有防備了，攻打不進。楚王便閱兵在坻箕的山上，這一次戰爭吳國早設下防備。楚人沒有功勞便回去，只捉了個蹶由歸國，楚王有些怕吳國，派沈尹射等候命令在巢的地方，派薳啟彊等侯命令在雩婁的地方，這是很合於禮的。

(八)傳 秦后子復歸於秦，景公卒故也。

【今譯】 秦伯的弟弟再回到秦國，因為秦景公死的原故。

昭公六年（公元前五百三十六年）

(一)經 春王正月，杞伯益姑卒。

(二)經 葬秦景公。

傳春王正月，杞文公卒，弔如同盟禮也。大夫如秦，葬景公，禮也。

【今譯】六年春王正月，杞文公死了，祭弔他同普通的盟友一樣，這是合於禮的。大夫們到秦國去，給秦景公行葬禮，這也是合於禮的。

(三)傳三月，鄭人鑄刑書㈠，叔向使詒子產書曰：「始吾有虞於子，今則已矣。昔先王議事以制，不為刑辟，懼民之有爭心也，猶不可禁禦，是故閑之以義，糾之以政，行之以禮，守之以信，奉之以仁，制為祿位，以勸其從，嚴斷刑罰，以威其淫。懼其未也，故誨之以忠，聳之以行，教之以務，使之以和，臨之以敬，涖之以彊，斷之以剛，猶求聖哲之上，明察之官，忠信之長，慈惠之師，民於是乎可任使也，而不生禍亂。民知有辟，則不忌於上，並有爭心，以徵於書，而徼幸以成之，弗可為矣。夏有亂政，而作禹刑。商有亂政，而作湯刑。周有亂政，而作九刑。三辟之興，皆叔世也。今吾子相鄭國，作封洫㈡，立謗政㈢，制參辟，鑄刑書，將以靖民，不亦難乎？詩曰：『儀式刑文王之德，日靖四方㈣。』又曰：『儀刑文王，萬邦作孚㈤。』如是何辟之有？民知爭端矣，將棄禮而徵於書，錐刀之末，將盡爭之，亂獄滋豐，賄賂並行，終子之世，鄭其敗乎。肸聞之，國將亡必多制，其此之謂乎。」復書曰：「若吾子之言，僑不才，不能及子孫，吾以救世也。既不承命，敢忘大惠。」士文伯曰：「火見，鄭其火乎？火未出而作火以鑄刑器，藏爭辟焉，火如象之不火何為？」

【今註】㈠鄭人鑄刑書：把刑典鑄到鼎上。㈡作封洫：這件事在魯襄公三十年。㈢立謗政：在昭公四年所謂作丘賦。㈣儀式刑文王之德，日靖四方：這是詩經周頌一句詩。意思是說用文王的德性做樣式，所以能夠成安定四方的功勞。㈤儀刑文王，萬邦作孚：詩經大雅一句詩。意思說用文王為法度，所以天下人全信服他。

【今譯】三月，鄭人鑄刑書。晉國叔向叫人給子產信說：「自初我以你為準度，現在已經不了。從前先王拿制度來商量事情，不用刑罰，是因為怕人民有爭奪的心，但如此尚沒有方法禁止，所以更加上用義來防閑，用政令來糾正，用禮來推行，教人民守信，保持仁心，再加上祿位，以勸他聽從，嚴斷刑罰，以制裁他的放肆。還恐怕做得不夠，再教給他忠實，拿行為教他恐懼，教給他當時所急的事情，使用人民全都和氣，再加上恭敬，更加上堅強，用剛毅來斷決，另外求聖哲的上司，明察的官吏、忠信的長官、慈惠的師傅，這時間人民就可以聽候任使，而不生禍亂。人民知道有法律，就不恨上邊的人，而且有爭論的心，他們考察書冊，徼幸達成目的，這樣政府就沒有辦法治理了。夏朝有亂政，方才作禹刑。商朝有亂政，方才作湯刑，周有亂政，才作九刑。這三種刑書的興起，全在晚年。現在你相鄭國，作封洫的政策，再加上作丘賦，用三代末世的方法鑄作刑書，祇想著安定人民，這不也很難嗎？據詩經周頌裏說：『用文王的德性，可以每天安定四方的人。』又說：『以文王為法，各邦國全都信服。』這樣子有什麼法律的規定呢？人民只知道爭端，將放棄禮，而以刑書為證據，各種的小事全都要去爭，獄增加，賄賂全都行使，在你的時代裏，鄭國要滅亡了。我聽見說國家將亡的時候，必定製造很多制度，恐怕就是這件事情。」子產回信說：「根據你的這句話說，僑沒有才幹不能夠顧及子孫，我是所以救世的。既然你不贊成，但是我不敢忘你的恩惠。」士文伯說：「火星出來，鄭國恐怕就要遭火。火沒有出現，而作了火來鑄造刑器，刑器大家全藏著，再加上火星，那麼怎麼能夠不著火呢？」

(四)經 夏季孫宿如晉。

傳 夏，季孫宿如晉，拜莒田也。晉侯享之，有加籩㊀。武子退，使行人告曰：「小國之事大國也，苟免於討，不敢求貺。得貺不過三獻，今豆有加，下臣弗堪，無乃戾也。」韓宣子曰：「寡君以為驩也。」對曰：「寡君猶未敢，況下臣君之隸也，敢聞加貺。」固請徹加而後卒事。晉人以為知禮，重其好貨。

【今註】㊀有加籩：各種籩豆的數量比平常增加。

【今譯】夏天，季孫宿到晉國去，拜謝莒國的田地。晉平公來宴享他，籩豆比常數目增加。季孫宿退下，使行人告訴說：「小國的事奉大國，苟免於被討伐，不敢要求增加好處。就說好處也不敢超過三獻，現在籩豆有增加，我實在不敢當，恐怕這是罪惡了。」韓起說：「寡君以為這是增加歡樂。」回答說：「寡君尚且不敢當，何況我下臣是你的屬隸呢？」就要求取消增加的籩豆，然後行禮完成。晉國人以為他很懂禮，多送他貨幣。

㈤經　葬杞文公㊀。

【今註】㊀此經無傳。

【今譯】給杞文公行葬禮。

㈥經宋華合比出奔衛。

傳宋寺人柳有寵㈠，大子佐惡之。華合比曰：「我殺之。」柳聞之，乃坎用牲埋書，而告公曰：「合比將納亡人之族㈡，既盟于北郭矣。」公使視之有焉，遂逐華合比，合比奔衛。於是華亥㈢欲代右師，乃與寺人柳比，從為之徵曰：「聞之久矣！」公使代之㈣，見於左師，左師曰：「女夫也必亡。女喪而宗室，於人何有，人亦於女何有？詩曰：『宗子維城，毋俾城壞，毋獨斯畏。』女其畏哉。」

【今註】㈠有寵：為宋平公所寵愛。㈡亡人之族：亡人指華臣，在襄公十七年由宋國逃到衛國。㈢華亥：華合比的弟弟。㈣公使代之：替代華合比為右師。

【今譯】宋國寺人柳有寵於宋平公，太子佐很恨他。華合比就說：「我來殺他。」寺人柳聽見了，就作了一個坎，加上牛好像盟誓的樣子，埋下盟書，然後告訴平公說：「合比將納逃亡者的黨羽，居然在北郭盟誓了。」平公使人去察看，果然有，就將華合比驅逐，華合比逃到衛國。這時間華合比的弟弟華亥想著代理右師，就跟寺人柳相聯繫，並來作證說：「聽見已經很久了！」宋平公就叫他替代作右師。他看見向戌，向戌對他說：「你這人必定會滅亡的。你毀掉你的本家，對旁人有什麼關係，人也對你有什麼關係。詩經大雅有句話：『宗子等於一個城一樣，不要把城毀掉，城毀了，就有可畏之事。』你是要畏懼的。」

(七)**傳** 六月丙戌，鄭災。

【今譯】 六月丙戌，鄭國發生火災。

(八)**傳** 楚公子棄疾如晉，報韓子也㈠，過鄭，鄭罕虎、公孫僑、游吉從鄭伯以勞諸柤㈡，辭不敢見。固請見之，見如見王㈢，以其乘馬八匹私面。見子皮如上卿㈣，以馬六匹。見子產以馬四匹，見子大叔以馬二匹。禁芻牧採樵，不入田，不樵樹，不采蓺，不抽屋，不強匄。誓曰：「有犯命者，君子廢，小人降。」舍不為暴主不慁賓，往來如是，鄭三卿㈤皆知其將為王也。韓宣子之適楚也，楚人弗逆。公子棄疾及晉竟，晉侯將亦弗逆。叔向曰：「楚辟我衷㈥，若何效辟？詩曰：『爾之教矣，民胥效矣㈦。』從我而已，焉用效人之辟？書曰：『聖作則㈧』無寧以善人為則，而則人之辟乎？匹夫為善，民猶則之，況國君乎？」晉侯說，乃逆之。

【今註】㊀報韓子也：報前年韓起送晉女到楚國。㊁祖：鄭地，在今新鄭縣南境，為楚鄭往來的道路。㊂見如見王：見鄭伯跟見楚王一樣的恭敬。㊃見子皮如上卿：看見子皮如見楚國的上卿一樣。㊄鄭三卿：是子皮、子產及游吉。㊅楚辟我衷：楚國不合理，而我們很規矩。㊆爾之教矣，民胥效矣：詩經小雅的一句詩。你要教訓他們，人民就自然仿效。㊇聖作則：這是一句逸書。聖人規定法則。

【今譯】楚國公子棄疾到晉國去，報答韓起的送女。經過鄭國，鄭國子皮、子產、游吉跟隨鄭伯到祖這地方來慰勞他，他辭了不敢見。固請見他，他看見鄭伯如見楚王一樣。拿著馬八匹私見鄭伯，見子皮如見楚國的上卿用馬六匹。見子產用馬四匹，見游吉用馬二匹。禁止採樹，不能侵犯田地，也不毀掉樹木，不采種子，不毀掉房子，不強求物件。並且宣誓說：「有犯了這個命令的，君子就廢黜，小人更降職。」住的地方不施暴行，主人不以賓客為患，往來皆是如此，鄭國子皮子產游吉全都知道他將要做王了。韓起到楚國去，楚國人不派人迎接，公子棄疾到了晉國邊境，晉侯也想著不迎接。叔向說：「楚國是邪辟，我們是依規矩做，為何要仿效邪辟？詩經小雅說：『你的教訓，人民全都仿效。』這是遵從我，何必仿效人家邪辟？逸書上說：『聖人作法則。』寧可以善人作法則，尚能仿效人家的邪辟嗎？匹夫作好事，人民猶效法他，何況一個國君呢？」晉侯高興了，就來迎接他。

(九) 經 秋九月大雩。

傳 秋九月，大雩，旱也。

【今譯】秋九月，魯國行求雨的典禮，因為旱災的緣故。

(十) 經 楚薳罷帥師伐吳。

傳 徐儀楚㈠聘于楚，楚子執之，逃歸。懼其叛也，使薳洩㈡伐徐，吳人救之。令尹子蕩帥師伐吳，師于豫章，而次於乾谿㈢，吳人敗其師於房鍾㈣，獲宮廐尹棄疾㈤，子蕩歸罪於薳洩而殺之。

【今註】㈠儀楚：徐大夫。㈡薳洩：楚大夫。㈢乾谿：江南通志說：「在今安徽亳縣東南七十里。」㈣房鍾：吳地。在今安徽省鳳臺縣西北百里，近蒙城界。㈤宮廐尹棄疾：這是鬬韋龜的父親。

【今譯】徐大夫儀楚到楚國聘問，楚王把他逮起來，逃回去了。又恐怕他反叛，就使薳洩伐徐國，吳國人來救援他。令尹子蕩就率領軍隊去伐吳國，到了豫章，而住到乾谿這地方，吳人打敗他的軍隊在房鍾，捕獲宮廐尹棄疾，子蕩說是薳洩的罪過，把他殺掉。

(十一) 經 冬叔弓如楚。

傳冬，叔弓如楚聘，且弔敗也。

【今譯】冬天，叔弓到楚國去聘問，並且弔他為吳國所打敗。

(十二)經齊侯伐北燕。

傳十一月，齊侯如晉，請伐北燕也，士匄相士鞅逆諸河，禮也。晉侯許之。十二月，齊侯遂伐北燕，將納簡公㊀，晏子曰：「不入，燕有君矣。民不貳，吾君賄，左右諂諛，作大事不以信，未嘗可也。」

【今註】㊀簡公：是北燕的君，自從昭公三年就出奔到齊國。

【今譯】十一月，齊景公到晉國去，請求討伐北燕，士匄為士鞅相禮，到了河邊去迎接，這很合於禮的。晉平公答應他了。十二月，齊景公就伐北燕，將納簡公。晏嬰說：「不能進去，燕人已經有君了。人民不能夠有貳心，我們的君好賄賂，左右巴結君，作大事情不用信實，這是不可以的。」

昭公七年（公元前五百三十五年）

(一)經春王正月，暨齊平。

傳春王正月，暨齊平，齊求之也。癸巳，齊侯次於虢㈠，燕人行成曰：「敝邑知罪，敢不聽命。先君之敝器，請以謝罪。」公孫晳㈡曰：「受服而退，俟釁而動，可也。」二月戊午，盟于濡上㈢。燕人歸燕姬，賂以瑤罋，玉櫝，斝耳㈣，不克而還。

【今註】㈠虢：方輿紀要說：「虢與郭通，在河北任邱縣西十七里。」㈡公孫晳：齊大夫。㈢濡上：在河北任邱縣西北，容城東南。㈣瑤罋、玉櫝、斝耳：這幾件全都是玉器。

【今譯】七年春王正月，北燕國同齊國和平，這是齊國的要求。癸巳，齊景公到了虢的地方，燕人要求說：「我們已經知道罪過了，我敢不聽從命令。先君的物件，請以此來謝罪。」齊大夫公孫晳說：「受服而退兵，等著機會再動，就可以了。」二月戊午在濡水上盟誓。燕人把燕姬送給齊國，再拿很多件玉器來行賄賂。齊國沒有納簡公，就回國了。

(二)傳楚子之為令尹也，為王旌以田，芋尹無宇斷之曰：「一國兩君，其誰堪之！」及即位，為章華之宮㈠，納亡人以實之，無宇之閽入焉，無宇執之，有司弗與，曰：「執人於王宮，其罪大矣。」執而謁諸王㈡，王將飲酒。無宇辭曰：「天子經略，諸侯正封，古之制也。封略之內，何非君土？食土之毛，誰非君臣？故詩曰：『普天之下，莫非王土，率土之濱，莫非王臣㊂。』天有十日，人有十等，下所以事上，上所以共神也。故王臣公，公臣大夫，大夫臣士，士臣皁，皁臣輿，輿臣隸，隸臣僚，僚臣僕，僕臣臺，馬有圉，牛有牧，以待百事。今有司曰：『女胡執人於王宮？』將焉執之？周文王之法曰：『有亡荒閱㊃』所以得天下也。吾先君文王㊄作僕區之法，曰：『盜所隱器，與盜同罪。』所以封汝也㊅。若從有司，是無所執逃臣也。逃而舍之，是無陪臺也，王事無乃闕乎？昔武王數紂之罪，以告諸侯曰：『紂為天下逋逃主，萃淵藪㊆。』故夫致死焉。君王始求諸侯而則紂，無乃不可乎？若以二文之法取之，盜有所在矣㊇。」王曰：「取而臣以往，盜有寵，未可得也。」遂赦之。

【今註】㊀章華之宮：彙纂說：「在湖北監利縣東五里，有華容城。」㊁執而謁諸王：把陳無宇逮起來去見楚靈王。㊂普天之下，莫非王土，率土之濱，莫非王臣：這是詩經小雅的一句詩。在天下裏頭沒有不是王的土地，在土地的上邊沒有不是王的臣子的。㈣有亡荒閱：凡是有逃的人就要大檢查。㈤先君文王：指楚文王。㈥所以封汝也：所以他的封疆到了汝水的邊上。㈦紂為天下逋逃主，萃淵藪：這是尚書武成篇的一句話，商紂是天下逃人所聚集的地方。㈧盜有所在矣：意思是說靈王也是強盜。

【今譯】　楚王做令尹的時候，做了一個王的旗子來打獵，芋尹無宇把它斬斷了說：「一國兩個君，這怎麼能夠忍受呢？」到了即位以後，修了章華的宮殿，召納很多逃亡的人以充實他，無宇的看門的逃到那裏去，無宇想逮他，管宮殿的人不給他，並且說：「在王宮裏逮人，這個罪過很大。」把無宇逮起來，去見楚靈王，楚王正要飲酒。無宇就說：「天子是經略天下，諸侯正他的封疆，這是自古以來的制度。在封略裏面，那件不是君的土地？食土的毛草，誰不是君的臣子。所以詩經上說：『普天的底下沒有不是王的土地，土地邊上沒有不是王的臣子。』天有十日，人有十等，這是下面所以事奉上面，上面所以事奉神的。所以王臣公、公臣大夫、大夫臣士、士臣皁、皁臣輿、輿臣隸、隸臣僚、僚臣僕、僕臣臺、馬有圉、牛有牧，以待百事。現在有管司的人說：『你為什麼在王宮裏逮人？』這樣的話，到那裏才能逮捕他？周文王的法律說：『有的逃亡人要大檢查』所以周文王得到天下。我們的先君楚文王作僕區法律說：『隱藏贓物，這跟強盜同樣罪。』所以封楚國到汝水。要從著有司所說的話，這是沒有辦法逮捕逃臣了。逃出去的而舍掉，這是等於沒有陪臺，王事不也很闕失嗎？從前周武王數商紂的罪狀，告訴諸侯說：『紂是天下逋逃集會的地方。』所以天下人全都反對他。你現在剛求諸侯，而以紂為法則，這是不可以的吧？要是拿周文王同楚文王的法律來辦，盜就可以找出來了。」王就說：「把你看門的拿走吧！盜有寵幸，你不可以得。」就把無宇赦掉。

㈢經三月公如楚。

傳楚子成章華之臺，願以諸侯落之。大宰薳啟彊曰：「臣能得魯侯。」薳啟彊來召公辭曰：「昔先君成公命我先大夫嬰齊曰：『吾不忘先君之好，將使衡父照臨楚國，鎮撫其社稷，以輯寧爾民。』嬰齊受命于蜀㈠，奉承以來，弗敢失隕，而致諸宗祧，曰我先君共王引領北望，日月以冀，傳序相授，於今四王矣㈡。嘉惠未至，唯襄公之辱臨我喪，孤與其二三臣，悼心失圖，社稷之不皇，況能懷思君德。今君若步玉趾，辱見寡君，寵靈楚國，以信蜀之役，致君之嘉惠，是寡君既受貺矣，何蜀之敢望，其先君鬼神實嘉賴之，豈唯寡君？君若不來，使臣請問行期㈢，寡君將承質幣而見于蜀，以請先君之貺。」公將往，夢襄公祖。梓愼曰：「君不果行，襄公之適楚也，夢周公祖而行，今襄公實祖，君其不行。」子服惠伯曰：「行。先君未嘗適楚，故周公祖以道之。襄公適楚矣，而祖以道君，不行何之？」三月，公如楚，鄭伯勞于師之梁㊃，孟僖子為介，不能相儀，及楚不能答郊勞。

【今註】㊀蜀：蜀盟在成公二年。㊁今四王矣：四王是楚共王、楚康王、郟敖、楚靈王。㊂使臣請問行期：意思是問魯國要同楚國開戰的日期。㊃師之梁：鄭國城門。

【今譯】楚王做成了章華的臺，願意跟諸侯共同來祭祀。太宰薳啟彊說：「我可以叫魯侯來。」薳啟彊來叫魯昭公，他的理由是說：「以前魯國的先君成公告訴我們的先大夫嬰齊說：『我不忘了先君的要好，將派衡父到楚國來，鎮撫楚國的國家，使你的人民全安寧。』嬰齊在蜀這地方接到你的盟誓，以後也不敢忘掉，把成公的話告訴楚國的宗廟。我們先君共王永遠向北方仰望，希望魯國的來朝見，一直相傳到現在，已經四個王子，而你的好處沒有來到，祇有魯襄公到來參加我們康王喪事，我跟我們的羣臣正是哀痛的時候，那時國家正在惶恐，尚能想你的德嗎？現在你若能夠勞步來見我們的寡君，使楚國得到恩惠，這可以證明蜀的盟誓有效，這是你的嘉禮，我們寡君也受賜不小，何必再有蜀的盟誓同樣的希望，則先君的鬼神們全都很嘉寵，豈祇寡君，你要是不來，敢請問你伐楚的日期。寡君將拿著貨幣再見於蜀的地方，請問先君們從前的故事。」魯昭公將要去，夢見魯襄公祭道神。梓慎就說：「你走不成。襄公到楚國去的時候，夢見周公祭道神，方才去了。現在襄公又祖祭道神，你就不能去了。子服惠伯說：「可以去。先君沒有到楚國去過，所以周公祭道神，引著他去，襄公已經去過楚國，而祭道神，以引導你，你不去，將往那裏去？」三月，昭公到楚國去，鄭伯在師之梁的城門去勞問他，仲孫貜做副使，他不能相儀節，到了楚國，又不能應對楚國郊勞的事。

㈣經 叔孫婼如齊，涖盟誓。

【今註】㊀此經無傳。

【今譯】叔孫婼到齊國參加盟誓。

㈤經 夏四月甲辰朔，日有食之。

傳 夏四月甲辰朔，日有食之。晉侯問於士文伯曰：「誰將當日食？」對曰：「魯衛惡之，衛大魯小。」公曰：「何故？」對曰：「去衛地，如魯地，於是有災，魯實受之。其大咎其衛君乎？魯將上卿。」公曰：「詩所謂彼日而食，于何不臧者何也。」對曰：「不善政之謂也。國無政，不用善，則自取謫于日月之災，故政不可不慎也，務三而已。一曰擇人，二曰因民，三曰從時。」

【今譯】夏四月甲辰朔，有日蝕。晉平公問士文伯說：「誰對這日蝕有關係。」回答說：「魯同衛有凶事，衛國災害大，魯國災害小。」公問他：「什麼原故。」回答說：「先在衛國後在魯國，於是有災害，魯國實在得到。最大的災害是在衛君，魯將有上卿受禍。」晉平公說：「詩經所說他那個日蝕為什麼不好，這怎麼講？」回答說：「這是政治不好的關係。國裏沒有善政，不用善人，則引出日的災害，所以政治不可以不慎重，這衹在於三件事，一是選擇人，二是因為人民的好處，三是順著事時的好處。」

㈥傳晉人來治杞田㊀，季孫將以成與之㊁，謝息㊂為孟孫守，不可，曰：「人有言曰：『雖有挈缾之知，守不假器。禮也㊃。』夫子從君而守臣喪邑，雖吾子亦有猜焉㊄。」季孫曰：「君之在楚，於晉罪也。又不聽晉，魯罪重矣，晉師必至，吾無以待之，不如與之，閒晉而取諸杞，吾與子桃㊅，成反誰敢有之，是得二成也，魯無憂，而孟孫益邑，子何病焉？」辭以無山，與之萊柞㊆，乃遷于桃。晉人為杞取成。

【今註】㊀晉人來治杞田：因為從前汝叔侯沒有全部歸還。現在乘著魯昭公到楚國去，晉國又來要求全部歸還。㊁將以成與之：成是孟孫的封邑，本來是杞田。㊂謝息：孟僖子的家臣。㊃雖有挈缾之知，守不假器，禮也：雖然為的是一個在井裏汲水的小器物，看守掌管的人也不能借用給旁人。㈤雖吾子亦有猜焉：就是季孫也疑心我不忠實。㈥桃：江永說：「以桃鄉與萊柞相去不遠，此年應為桃鄉，非桃墟。」㈦萊柞：二個山名。

【今譯】　晉國人來治理杞國的田地，季孫想把成這個地方給他，謝息替孟孫守成，他認為不可把成給晉，他說：「以前有句話：『雖有汲水的小器物，看守的不能夠換東西。這是合禮的。』孟孫氏跟君去到楚國，而我丟掉田邑，就是你也會懷疑我不忠心。」季孫說：「國君在楚國，晉國很懷恨。又不聽晉國的命令，魯國的罪狀很重，晉國軍隊必將來伐魯國，魯國沒有方法對待他，不如把成給他，等著有機會的時候，再從杞國拿回來，另外我給你桃這地方，將來成再回來時，誰敢佔領他，這是等於得到兩個成，魯國沒有憂患，而孟孫增加田邑，你又何必怕呢？」謝息說沒有山，又給他萊柞兩山，謝息就遷到桃這地方。晉人為杞拿到了成。

㈦傳楚子享公于新臺，使長鬣者相，好以大屈㈠，既而悔之，薳啟彊聞之，見公，公語之。拜賀。公曰：「何賀？」對曰：「齊與晉、越欲此久矣，寡君無適與也，而傳諸君。君其備禦三鄰，慎守寶矣，敢不賀乎？」公懼，乃反之。

【今註】　㈠好以大屈：大屈是弓名。

【今譯】　楚王在章華宮裏頭宴享魯昭公，使長鬍子的人相禮，宴享以後，就送給昭公大屈的弓，後來又後悔了。薳啟彊聽說這事，就謁見魯昭公，昭公告訴他這件事情，就下拜賀喜。魯昭公說：「你何必道賀。」回答說：「齊國晉國同越國想這弓很久了，寡君不知道給誰好，祇好給你，你祇好防備這三個鄰君，謹慎的看守保護，我敢不賀喜嗎？」昭公害怕了，就把大屈送還給楚王。

(八)傳　鄭子產聘于晉，晉侯疾，韓宣子逆客，私焉曰：「寡君寢疾於今三月矣，並走羣望，有加而無瘳。今夢黃熊入於寢門，其何厲鬼也？」對曰：「以君之明，子為大政，其何厲之有？昔堯殛鯀于羽山㈠，其神化為黃熊以入于羽淵，實為夏郊，三代祀之。晉為盟主，其或者未之祀也乎？」韓子祀夏郊，晉侯有間，賜子產莒之二方鼎。子產為豐施歸州田於韓宣子，曰：「日君以夫公孫段為能任其事，而賜之州田，今無祿早世，不獲久享君德，其子弗敢有，不敢以聞於君，私致諸子。」宣子辭。子產曰：「古人有言曰：『其父析薪，其子弗克負荷。』施將懼不能任其先人之祿，其況能任大國之賜。縱吾子為政而可，後之人若屬有疆場之言，敝邑獲戾，而豐氏受其大討。吾子取州，是免敝邑於戾，而建置豐氏也，敢以為請。」宣子受之，以告晉侯，晉侯以與宣子。宣子為初言，病有之，以易原縣於樂大心。

【今註】㊀昔堯殛鯀于羽山：方輿紀要說：「郯城縣東七十里，與江南贛榆縣接界處有羽山，山前有羽潭，一名羽池。左傳鯀化為黃熊。入於羽淵是也。」

【今譯】鄭國的子產到晉國聘問，晉平公病了，韓起迎接客人，偷著問他說：「寡君已經病了三個月，到各處祈禱，病祇有增加而沒有減輕。現在夢見黃熊到寢門裏頭，這是屬於那一種厲鬼呢？」回答說：「以晉君的英明，你又掌握國家大政，這有什麼厲鬼呢？從前堯的時候在羽山殺掉鯀，他的神變成了一個黃的怪獸，到了羽淵裏邊，實為夏的祭祀，後來夏殷周三代全都祭祀他。現在晉國做盟主，或者沒有祭祀他罷？」韓起就祭祀鯀，晉侯的病漸漸好了，賞給子產莒國做的二個方鼎。子產因為公孫段已死，替豐施送還州田給晉大夫韓起，並且說：「從前你們晉君當那個公孫段是能擔任他父親的事情的，卻賜給他州田，現在他沒有福祿，早就過世了，不能久享你君的恩德，他的兒子也不敢再有這州田，但不敢上達君聽，所以私下把這田給了你。」韓起就推辭，子產說：「古人有句話：『他的父親砍了木柴，他的兒子不能負擔。』豐施將來恐怕不能承受他先人的福祿呢？況且能承受大國的賞賜麼？縱然你握政的時候是不要緊，但是後來的人，如果恰正有了疆界上的爭端，那末敝邑反而要得罪，那豐氏也反而要受大討伐了。你拿了這州田去，就是免去敝邑的罪，並且是存立豐氏的呢！所以敢來請求。」韓起便受那州田，並報告晉侯，晉侯還是給了韓起。韓起想起從前與趙文子爭州田的話，現在不便接受州田，就用州田來換樂大心的原田。

(九) 傳 鄭人相驚以伯有，曰：「伯有至矣。」則皆走不知所往。鑄刑書之歲二月㊀，或夢伯有介而行，曰：「壬子，余將殺帶也。明年壬寅，余又將殺段也。」及壬子，駟帶卒，國人益懼。齊燕平之月，壬寅，公孫段卒，國人愈懼。其明月，子產立公孫洩㊁，及良止㊂以撫之，乃止。子大叔問其故，子產曰：「鬼有所歸，乃不為厲，吾為之歸也。」大叔曰：「公孫洩何為？」子產曰：「說也。為身無義而圖說，從政有所反之以取媚也。不媚不信，不信，民不從也。」及子產適晉，趙景子㊃問焉，曰：「伯有猶能為鬼乎？」子產曰：「能。人生始化曰魄，既生魄陽曰魂㊄。用物精多則魂魄強，是以有精爽至於神明。匹夫匹婦強死，其魂魄猶能馮依於人以為淫厲，況良霄，我先君穆公之冑，子良之孫，子耳之子，敝邑之卿，從政三世矣，鄭雖無腆，抑諺曰：『蕞爾國㈥。』而三世執其政柄，其用物也弘矣，其取精也多矣，其族又大所馮厚矣，而強死能為鬼，不亦宜乎？」

【今註】㈠鑄刑書之歲二月：在魯昭公六年。㈡公孫洩：子孔的兒子。㈢良止：伯有的兒子。㈣趙景子：即趙成。㈤人生始化曰魄，既生魄陽曰魂：這一說是等於說人有兩個魂魄，這與近代初民社會的說法完全相同。可見他的來源是很古老的。㈥蕞爾國：很小的國。

【今譯】鄭國人大家拿伯有互相嚇人，都說：「伯有來了，」便都嚇得逃走，不知逃到那裏去才好。鑄刑書那年的二月中，有人看見伯有著了盔甲向前走，並且說：「壬子那天，我就要殺死駟帶；明年壬寅那天，我又要殺死公孫段。」到了壬子那天，駟帶果然死了，國人就越發害怕；齊國和燕國講和的那月壬寅，公孫段果然也死了，國人就更加害怕。下一月，子產便立公孫洩和良止做大夫，藉以安撫他們，方才沒有這等驚嚇。游吉問這是什麼緣故？子產說：「鬼有了歸宿便不會出來作怪了，我是替他做個歸宿呢！」游吉說：「那末立公孫洩又為什麼呢？」子產說：「這是為解說起見，伯有本身是無義的，到立他的兒子做大夫，未免說不過去，現在要想謀算個解說，就連公孫洩一同立著，總算是法外施恩，存了誅絕的後代。行政有時應反了做去，討人民的好，不討他好，他便不相信你，不相信你，他們便要不服從你。」後來子產到晉國去聘問，趙成問他說：「你們的伯有還能作怪麼？」子產說：「能夠的，一個人起初化生的叫做魄，既然生了魄，動著生起陽氣，便叫做魂，所用各種東西的精華多了，魂魄就會強起來。所以有一種靈性，會弄得像神明一般；一般的男子女人，如果橫死了，他的魂魄還能依靠在活人身上，做一種邪祟呢！況且我們的伯有是我先君穆公的後代，是子良的孫子，子耳的兒子，又是敝邑的卿，當了鄭國的政權已經三代了。鄭國雖不富足，不過像俗語說：『彈子般的小國。』卻有三代當了他的政權。他用著的東西，一定很大了，他吸取的精華，一定也很多了。他的宗族又大，所憑藉的一定很貴重了，結局卻弄成一個橫死，能夠作怪，不也應該麼？」

(十)傳 子皮之族飲酒無度，故馬師氏與子皮氏有惡㈠。齊師還自燕之月，罕朔㈡殺罕魋㈢，罕朔奔晉。韓宣子問其位於子產，子產曰：「君之羈臣，苟得容以逃死，何位之敢擇？卿違從大夫之位，罪人以其罪降，古之制也。朔於敝邑亞大夫也，其官馬師也，獲戾而逃，唯執政所寘之，得免其死，為惠大矣，又敢求位。」宣子為子產之敏也，使從嬖大夫。

【今註】㈠馬師氏與子皮氏有惡：馬師氏是公孫鉏的兒子罕朔，他同子皮同族。㈡罕朔：即馬師氏。㈢罕魋：子皮的弟弟。

【今譯】子皮的族人飲酒無數量，所以罕朔之家跟子皮氏有惡感，齊國軍隊從燕國回來那月，罕朔殺了子皮的弟弟罕魋，罕朔逃到晉國去。韓起問子產晉國應給罕朔何種官位。子產說：「你的羈旅的臣，祇能逃於死亡，還有什麼位置可選擇呢？卿要逃出就從大夫的位置，罪人還拿他的罪來降低，這是自古以來的制度。罕朔在我們鄭國是亞大夫，他的官是馬師。得到罪行而逃亡，就聽你們所命的，能免掉他的死亡，這種恩惠已經很大了，還敢要求位置嗎？」韓起因為子產的敏捷，叫罕朔追隨在嬖大夫的位置。

(十一) 經 秋八月戊辰衛侯惡卒。

傳 秋八月，衛襄公卒。晉大夫言於范獻子曰：「衛事晉為睦，晉不禮焉。庇其賊人，而取其地㊀，故諸侯貳。詩曰：『鵰鴒在原，兄弟急難㊁。』又曰：『死喪之威，兄弟孔懷。』兄弟之不睦，於是乎不弔，況遠人誰敢歸之？今又不禮於衛之嗣，衛必叛我，是絕諸侯也。」獻子以告韓宣子，宣子說，使獻子如衛弔，且反戚田。衛齊惡告喪于周，且請命，王使臣簡公㊂如衛弔，且追命襄公曰：「叔父陟恪，在我先王之左右，以佐事上帝，余敢忘高圉亞圉㊃。」

【今註】 ㊀庇其賊人，而取其地：庇護他的賊人孫林父，而佔領衛國的田地戚。㊁鵰鴒在原，兄弟急難：這是詩經小雅的一句詩。意思是說鶺鴒在野地裏，弟兄們遇見外侮全互相幫忙。㊂簡公：周王的卿士。㊃余敢忘高圉亞圉：杜預說二圉是殷的諸侯，也是受殷王的追命的。我以為他是太王以後追命的。

【今譯】秋天八月，衛襄公死了。晉大夫對士鞅說：「衛國事奉晉國最和睦，晉國不大理會他。而庇護他的賊人孫林父，又佔領他的地方戚，所以諸侯全有貳心。詩經小雅說：『鶺鴒鳥在平原，兄弟有急難彼此相救。』又說：『死喪的不幸事件，兄弟宜有懷思。』兄弟的不和睦，就常常不弔恤，何況遠路的人，誰還敢來？現在對於衛的新君又不禮貌，衛必定反叛我，這是跟諸侯斷絕。」士鞅告訴韓起，韓起高興了就派士鞅到衛國去弔恤，並且還給衛國戚的田地。衛國齊惡到周告喪，且請追命。周王派臣簡公到衛國弔恤，並且追命襄公說：「叔父上天，在我先王的左右，以輔佐事上帝，我敢忘了高圉亞圉。」

(十二)經　九月，公至自楚。

傳　九月，公至自楚，孟僖子病不能相禮，乃講學之，苟能禮者從之。及其將死也，召其大夫曰：「禮，人之幹也，無禮無以立。吾聞將有達者曰孔丘，聖人之後也，而滅於宋㊀，其祖弗父何以有宋而授厲公㊁，及正考父㊂，佐戴、武、宣，三命茲益共。故其鼎銘云：『一命而僂，再命而傴，三命而俯，循牆而走，亦莫余敢侮？饘於是，鬻於是，以餬余口。』其共也如是。臧孫紇有言曰：『聖人有明德者，若不當世，其後必有達人。』今其將在孔丘乎？我若獲沒，必屬說㊃，與何忌㊄於夫子，使事之，而學禮焉，以定其位。」故孟懿子與南宮敬叔師事仲尼。仲尼曰：「能補過者，君子也。詩曰：『君子是則是效㊅。』孟僖子可則效已矣。」

【今註】㊀滅於宋：孔子六代祖孔父嘉為華父督所殺，他的孫子逃到魯國。㊁以有宋而授厲公：弗父何是宋閔公的兒子，宋厲公的哥哥，他本來應當做宋國的君，但是他讓位給厲公。㊂正考父：弗父何的曾孫。㊃說：南宮敬叔。㊄何忌：孟懿子。㊅君子是則是效：這是詩經小雅的一句詩。意思是說君子是能仿效的。

【今譯】昭公從楚國回到魯國，孟僖子因為覺著不能相禮為恥辱，便講求儀式，而且學習他。如果有懂得禮的人，便從他做先生。等到快要死的時候，召他屬下的大夫，吩咐說：「人的有禮，好像木的有幹，一個人沒有禮便不能立身在世上了。我聽說將有個達人叫孔丘的，他是聖人成湯的後代。他的六世祖孔父嘉被殺於宋國，他的高祖弗父何是宋閔公的長子，應當立做宋君的，卻讓位於厲公。到了正考父，又幫著戴公武公宣公，三次受了君命做正卿，位雖高卻越發恭敬。所以考父廟中的鼎銘上說：『初命時候，他的身容便彎一些，再命做大夫，他的身容便再彎一些，三命做正卿，他的身容便俯下了。沿了牆才走，也沒有那個敢欺侮我；吃乾粥薄粥在這鼎中，聊以餬我的口。』他的謙恭竟到這般的。臧武仲有句話說：『聖人有明德在身的，若不能當大位，他的子孫一定會有達人的。』現在恐怕就在孔丘身上罷！我如果得能到善終，一定要囑託南宮敬叔和孟懿子給夫子，使他們從著他學了禮，穩定他的職位哩？」所以孟懿子和南宮敬叔都事奉仲尼做先生的。仲尼說：「能補過的，便是君子。詩經上說：『君子可以給人做法則，可以給他人仿效的。』像孟僖子的人，真可以給人作法則，仿效的了！」

㈲傳　單獻公弃親用羈㊀。

【今註】㊀單獻公弃親用羈：單獻公是周卿士單靖公的兒子，不大用他的親屬，專門用寄客。

【今譯】單獻公不要他的親屬專門用寄客。

㈣經　冬十有一月癸未季孫宿卒。

傳　冬十月，辛酉，襄頃之族殺獻公而立成公。十一月，季武子卒，晉侯謂伯瑕㊀曰：「吾所問日食從矣，可常乎？」對曰：

「不可，六物不同，民心不壹，事序不類，官職不則，同始異終，胡可常也？詩曰：『或燕燕居息，或憔悴事國㊁。』其異終也如是。」公曰：「何謂六物？」對曰：「歲、時、日、月、星、辰，是謂也。」公曰：「多語寡人辰而莫同，何謂辰？」對曰：「日月之會是謂辰，故以配日。」

【今註】㊀伯瑕：士文伯。㊁或燕燕居息，或憔悴事國：這是詩經小雅一句詩。意思是說或者在那裏舒服的休息或者勞苦的事奉國家。

【今譯】冬天十月辛酉，襄頃的族人殺獻公而立了他弟弟成公。十一月，季孫宿死了，晉平公對士文伯說：「我所問日蝕的事情已驗了，可以常以此占卜嗎？」回答說：「不可以，六件事物不一樣，民心也不一樣，事序也不相類，官職也沒有一定的法則，始相同，末了就不一樣，怎能常以此占卜？詩經上說：『或燕燕的安居，或憔悴的忙國家事。』可見相終不太一樣。」晉平公問說：「什麼是六件事物？」回答說：「歲、時、日、月、星、辰就是六物。」晉平公說：「很多人對我說辰而講得不一樣，什麼叫做辰？」回答說：「日月之會就是辰，所以配合日子。」

㈤ 經 十有二月癸亥葬衛襄公。

傳 衛襄公夫人姜氏無子，嬖人婤姶生孟縶，孔成子夢康叔謂己立元㈠，余使羈㈡之孫圉與史苟相之。史朝亦夢康叔謂己，余將命而子苟與孔烝鉏之曾孫圉相元，史朝見成子，告之夢，夢協。晉韓宣子為政，聘于諸侯之歲，婤姶生子，名之曰元，孟縶之足不良能行，孔成子以周易筮之曰：「元尚享衛國，主其社稷。」遇屯䷂。又曰：「余尚立縶，尚克嘉之。」遇屯䷂之比䷇。以示史朝，史朝曰：「元亨，又何疑焉？」成子曰：「非長之謂乎？」對曰：「康叔名之，可謂長矣，孟非人也，將不列於宗，不可謂長。且其繇曰：『利建侯。』嗣吉何建，建非嗣也？二卦皆云。子其建之，康叔命之，二卦告之，筮襲於夢，武王所用也，弗從何為？弱足者居，侯主社稷，臨祭祀，奉民人，事鬼神，從會朝，又焉得居？各以所利，不亦可乎？」故孔成子立靈公。十二月癸亥，葬衛襄公。

【今註】 ㈠元：孟縶之弟，是衛靈公。杜預說夢時元未生。㈡羈：孔成子烝鉏的兒子。

【今譯】 衛襄公的夫人姜氏沒有兒子，喜歡的妾婤姶生了一個兒子叫孟縶，孔烝鉏夢見康叔告訴他：「可以立元為君。我叫你的曾孫圉和史朝的兒子史苟來輔佐他。」史朝也夢見康叔告訴他：「我將命令你的兒子苟跟孔烝鉏的曾孫圉輔佐著元。」史朝見著孔烝鉏告訴他的夢。他們兩人的夢相同。晉國韓起掌政權，到諸侯聘問的時候，婤姶生了兒子名叫元。孟縶的腳是跛的，孔烝鉏拿周易占卜說：「元還能夠享有衛國，主持他的國家。」遇見屯卦。又占卜說：「我想著立縶。」遇見屯卦變到比卦，他給史朝看，史朝說：「元亨有什麼可疑呢？」孔烝鉏說：「不是長的關係嗎？」史朝說：「康叔給他的名字，可以說是長，孟縶不是正常人，將不列到宗裏，不可以說是長子。並且占的卦說：『利建侯。』長子嗣位，又何必建，建可見不是長子嗣位，兩個卦全都這麼說。你就立元吧，康叔給他名字，兩個卦告訴他，占卜跟做夢一樣，這是周武王所說的，你為什麼不從他呢？不能走路的住在家裏，侯是主持國家，主持祭祀，聽從人民，事奉鬼神，常去開會，又安能住在家裏？各自從他的利益，這不也可以嗎？」所以孔烝鉏立了靈公元。十二月癸亥給衛襄公下葬。

卷二十三　昭公三

昭公八年（公元前五百三十四年）

(一)傳八年春石言于晉魏榆㊀，晉侯問於師曠曰：「石何故言？」對曰：「石不能言，或馮焉，不然，民聽濫也。抑臣又聞之曰：『作事不時，怨讟動於民，則有非言之物而言。』今宮室崇侈，民力彫盡，怨讟並作，莫保其性㊁，石言不亦宜乎？」於是晉侯方築虒祁之宮㊂。叔向曰：「子野㊃之言，君子哉！君子之言信而有徵，故怨遠於其身，小人之言僭而無徵，故怨咎及之。詩曰：『哀哉不能言，匪舌是出，唯躬是瘁。哿矣能言，巧言如流，俾躬處休。』其是之謂乎？是宮也成，諸侯必叛，君必有咎，夫子知之矣。」

【今註】㊀魏榆：晉地。彙纂說：「今山西省榆次縣西北，有榆次故城，通典謂即晉魏榆邑。」㊁莫保其性：春秋時性與生尚通用，莫保其性即莫保其生，人民不能自己保全他的生命。㊂虒祁之宮：

方輿紀要說：「宮在今山西曲沃縣西南四十九里，新絳縣南六里。」㈣子野：是師曠字。

【今譯】晉國魏榆地方，有石塊會說話。晉侯問師曠說：「石頭為什麼會講話？」師曠回答說：「石頭不會說話的，或者有鬼神在石上了。否則便是人民聽錯了瞎說。不過臣又聽得他人說：『興造土木的事情，妨害了人民耕種的時候，便有怨恨的說話，動在民間。那末就有不會說話的東西，卻也會說話了。』如今宮室又高大又奢華，人民的精力用盡。怨恨的說話，四面興起來，人民都不能保全自己的性命，石塊會說話，不是應當的麼？」在這時候，晉侯正在建造虒祁宮。叔向聽了這話就說：「師曠的話，真是君子說的話。君子的話，是確實有證據的。所以怨恨總遠離著他，小人的話，是過分沒有證據的，所以仇怨總累及他。詩小雅雨無正篇有這樣的話：『可悲啊，不能言理的人，並不是不用舌說話，因言而無信，所以自取瘁病。能言理的人，說來頭頭是道，處身安逸。』就是這個道理了。大約這一所宮造成了，諸侯一定要叛變不服了，君王一定要有災殃的，師曠已經早知道了！」

㈡經陳侯之弟招殺陳世子偃師，夏四月辛丑陳侯溺卒。

㈢經楚人執陳行人干徵師殺之，陳公子留出奔鄭。

傳陳哀公元妃鄭姬生悼大子偃師，二妃生公子留，下妃生公子勝。二妃嬖，留有寵，屬諸徒招與公子過㈠，哀公有廢疾，三月甲申，公子招公子過殺悼大子偃師而立公子留。夏四月辛亥，哀公縊。干徵師㈡赴于楚，且告有立君。公子勝愬之于楚㈢，楚人執而殺之㈣，公子留奔鄭。書曰：「陳侯之弟招殺陳世子偃師。」罪在招也。「楚人執陳行人干徵師殺之。」罪不在行人也。

【今註】㈠招、過：這兩人全都是哀公的弟弟。㈡干徵師：陳大夫。㈢公子勝愬之于楚：告訴楚國招同過殺了偃師。㈣楚人執而殺之：殺干徵師。

【今譯】陳哀公的元妃鄭姬生了悼太子偃師，第二妃子生了公子留，下妃生公子勝。二妃很得寵，所以他的兒子也很得寵愛，哀公就把他交給司徒招和公子過，這全是哀公的弟弟。哀公有不好治的病，三月甲申，公子招同公子過殺了悼太子偃師，而立了公子留為君。夏四月辛亥，哀公自己上吊。陳大夫干徵師到楚國去訃告，並且告訴已經立了君。公子勝並且告訴楚人說公子招同公子過殺了太子偃師，楚國人殺了干徵師，公子留就逃到鄭國去。春秋上寫著：「陳侯之弟招殺陳世子偃師。」這個罪在公子招的身上。「楚國人把陳行人干徵師殺掉。」罪狀不在陳國行人。

㈣經叔弓如晉。

傳叔弓如晉，賀虒祁㈠也。游吉相鄭伯以如晉，亦賀虒祁也。史趙見子大叔曰：「甚哉其相蒙也！可弔也，而又賀之。」子大叔曰：「若何弔也？其非唯我賀，將天下實賀㈡。」

【今註】㈠虒祁：虒音（ㄙ）。宮名。㈡將天下實賀：天下諸侯全都怕晉國，所以來賀的不祇是鄭國。

【今譯】叔弓到晉國去，賀喜虒祁宮修成。鄭國游吉為鄭伯相禮到晉國去，也是為的賀虒祁宮的修成。史趙看見游吉說：「這真是很相蒙蔽，這是一件可弔的事，而又去賀他。」游吉說：「為什麼可弔呢？不祇是我賀，天下全應當來賀。」

㈤經 秋蒐于紅。

傳 秋，大蒐于紅㈠，自根牟至于商衛㈡，革車千乘。

【今註】㈠紅：方輿紀要說：「泰安有紅亭，即昭公八年大蒐於紅是也。」㈡根牟、商、衛：根牟在山東省沂水縣南。所謂商衛即魯與宋衛接境之界。商即宋，王國維在「釋商」篇中說的甚詳細。

【今譯】秋天，在紅這地方大閱兵，從根牟起一直到宋國同衛國的邊境上，共列有戰車一千輛。

㈥經 大雩㈠。

【今註】㈠此經無傳。

【今譯】魯國行求雨的典禮。

㈦經　陳人殺其大夫公子過。

㈧經　冬十月壬午楚師滅陳，執陳公子招放之于越殺陳孔奐。

㈨經　葬陳哀公。

傳　七月甲戌，齊子尾卒，子旗欲治其室，丁丑殺梁嬰㈠。八月庚戌，逐子成、子工、子車㈡，皆來奔。而立子良氏之宰。其臣曰：「孺子㈢長，而相吾室，欲兼我也。」授甲將攻之。陳桓子善於子尾，亦授甲將助之。或告子旗，子旗不信，則數人告。將往，又數人告於道，遂如陳氏，桓子將出矣，聞之而還，游服而逆之㈣，請命，對曰：「聞彊氏授甲將攻子，子聞諸？」曰：「弗聞。」「子盍亦授甲，無宇㈤請從。」子旗曰：「子胡然？彼孺子也。吾誨之，猶懼其不濟，吾又寵秩之㈥，其若先人何？子盍謂之㈦。周書曰：『惠不惠，茂不茂㈧。』康叔所以服弘大也。」桓子稽顙曰：「頃靈福子，吾猶有望。」遂和之如初㊈。陳公子招歸罪於公子過而殺之。九月，楚公子弃疾帥師奉孫吳㊉圍陳，宋戴惡㊁會之。冬十一月壬午，滅陳。輿嬖袁克殺馬毀玉以葬，楚人將殺之，請寘之㊂，既又請私，私於幄，加絰於顙而逃。使穿封戌為陳公，曰：「城麇之役不諂。」侍飲酒於王，王曰：「城麇之役，女知寡人之及此，女其辟寡人乎？」對曰：「若知君之及此，臣必致死禮以息楚。」晉侯問於史趙曰：「陳其遂亡乎？」對曰：「未也。」公曰：「何故？」對曰：「陳顓頊之族也，歲在鶉火，是以卒滅，陳將如之。今在析木之津，猶將復由，且陳氏得政于齊，而後陳卒亡。自幕至于瞽瞍無違命，舜重之以明德，寘德於遂，遂世守之，及胡公不淫，故周賜之姓，使祀虞帝。臣聞盛德必百世祀，虞之世數未也，繼守將在齊，其兆既存矣。」

【今註】㊀梁嬰：本子尾的家宰。㊁子成、子工、子車：皆齊大夫。子成同子工是齊頃公的兒子。子車是齊頃公的孫子。㊂孺子：指著子良，子尾之子。㊃游服而逆之：換上遊戲的衣服去迎接他。

㈤無宇：是陳桓子的名字。㈥吾又寵秩之：我給他立宰來幫助他。㈦子盍謂之：你何不告訴他，叫他不要攻擊我。㈧惠不惠，茂不茂：這是周書康誥的一句話。意思說對於沒有恩惠的加恩惠，對於不勤勉的勸他勤勉。㈨遂和之如初：調和欒氏同商氏兩家。㈩孫吳：悼太子偃師的兒子惠公。⑪戴惡：宋大夫。⑫請寘之：不要管馬同玉。

【今譯】七月甲戌，齊國的子尾死了。子旗想要併管子尾的家政，丁丑殺掉子尾的家宰梁嬰。八月庚戌驅逐子成、子工、子車，全都逃奔到魯國來。子旗為子良立了家宰。子良的家臣說：「子良已經長大了，你們想管著我們的家，就想兼併我們。」率領著軍隊將攻子旗。陳無宇素來跟子尾相善，也預備了軍隊去幫助他。有人去告訴子旗，子旗不相信，就有幾人來告訴他。將往子良家去的時候，又碰見好幾個人在路上告訴他，子旗就到陳家去了，陳無宇這時將要出來，聽見子旗來了，就趕緊回來換了便服來迎接他。子旗問陳無宇到那裏去，他回答說：「聽見子良要率領軍隊來攻打你，你聽見過嗎？」子旗說：「沒有聽見。」陳無宇說：「你應該趕緊率領軍隊，無宇也可以隨從你。」子旗說：「你為什麼如此？他是一個小孩。我教誨他，尚怕不能成功，所以又為他立家宰，我若去攻他，怎麼對得起先人呢？你為什麼不對他說，使他不要攻擊我。康誥說過：『叫不惠的人，教給他恩惠，不能夠勉勵的使他勉勵。』康叔因此能夠行大政。」陳無宇叩頭說：「希望齊頃公同齊靈公加福給你，也希望你加惠給我。」遂使兩家和平如從前一樣。陳國公子招把罪狀全歸到公子過身上，把他殺掉。九月，楚國公子棄疾率領軍隊侍奉著悼太子偃師的兒子孫吳去圍了陳國，宋國大夫戴惡率軍隊會合他。

冬十一月壬午，滅了陳國。陳侯喜歡的人袁克想著殺馬毀玉石以葬陳哀公，楚人將要殺他，他就請把馬同玉石擱到旁邊。後來又請私盡君臣的恩禮，在帳篷裏加經在頭上，然後逃走。派穿封戌做陳公，說：「城麇這件事你不巴結我。」他事奉著靈王喝酒，楚王說：「城麇那件事，你要早知道我能做王，你是不是會躲避我呢？」回答說：「要知道你來日會做王，我一定要殺你，以安定楚國。」晉侯問史趙說：「陳就這樣亡了嗎？」回答說：「沒有。」晉平公說：「為什麼呢？」回答說：「陳國顓頊的族，顓頊是在鶉火那年滅了，陳也同他一樣。現在在析木之津，又將從新興起來。現在陳氏在齊國得掌政權，所以以後陳才亡國。由舜的先人幕起一直到舜的父親瞽瞍，他們沒有違了天命，後來舜加上明德，這個德性一直得到遂，遂輩輩的看守。到了胡公滿不荒淫，所以周給他姓，叫他祭奉舜。我聽見說盛德的人，必定有百世的祭祀，虞還沒有到這數目，接著興起的人將在齊國，這個預兆已經存在了。」

昭公九年（即公元前五百三十三年）

(一)經 九年春，叔弓會楚子于陳。

傳 九年春，叔弓、宋華亥、鄭游吉、衛趙黶會楚子于陳。

【今譯】 九年春，叔弓、宋華亥、鄭游吉、衛趙黶和楚王會于陳國。

(二)經 許遷于夷。

傳 二月庚申，楚公子弃疾遷許于夷，實城父㊀，取州來淮北之田㊁以益之。伍舉授許男田，然丹遷城父人於陳，以夷濮西田益之㊂，遷方城外人於許。

【今註】㊀夷，實城父：今安徽省渦陽縣西北有城父故城。㊁州來淮北之田：正義說「州來邑民，有田在淮北者，許國盡遷于夷，夷田少，故取以益之。」州來在安徽省鳳台縣治。㊂以夷濮西田益之：水經注：「夏肥水，上承河水，東南逕城父縣故城，春秋所謂夷田，在濮水西者也。」

【今譯】二月庚申，楚公子棄疾遷許到夷這地方，這就是城父，取州來淮北的田，以增加許的田地。伍舉授許男的田地，然丹遷城父人到陳國去，把濮西的田地增加，遷方城外的人到許國去。

(三)傳 周甘人㊀與晉閻嘉爭閻田，晉梁丙、張趯率陰戎伐穎㊁，王使詹桓伯㊂辭於晉曰：「我自夏以后稷，魏、駘㊃、芮、岐、畢，吾西土也。及武王克商，蒲姑、商奄㊄，吾東土也，巴、濮、楚、鄧㊅，吾南土也，肅慎、燕亳㊆，吾北土也，吾何邇封之有？文武成康之建母弟以蕃屏周，亦其廢隊是為，豈如弁髦而因以敝之。先王居檮杌於四裔，以禦螭魅，故允姓之姦居于瓜州㈧，伯父惠公歸自秦而誘以來，使偪我諸姬，入我郊甸，則戎焉取之。戎有中國，誰之咎也？后稷封殖天下，今戎制之，不亦難乎？伯父圖之。我在伯父，猶衣服之有冠冕，木水之有本源，民人之有謀主也，伯父若裂冠毀冕，拔本塞源，專弃謀主，雖戎狄其何有余一人？」叔向謂宣子曰：「文之伯也，豈能改物㈨？翼載天子而加之以共。自文以來，世有衰德，而暴滅宗周，以宣示其侈，諸侯之貳，不亦宜乎？且王辭直，子其圖之。」宣子說，王有姻喪，使趙成如周弔，且致閻田與襚，反潁俘。王亦使賓滑㈩執甘大夫襄以說於晉，晉人禮而歸之。

【今註】㈠甘人：就是周甘大夫襄。㈡潁：周邑，在今河南省登封縣境。㈢詹桓伯：周大夫。㈣駘：武功縣志：「古邰城，在今縣南八里，后稷始封之國也。」㈤蒲姑、商奄：服虔曰：「蒲姑，齊也。商奄，魯也。」一統志說：在今山東博興縣東北十五里。商奄江永說在今山東省曲阜縣東二里。㈥巴、濮、楚、鄧：巴在今四川省重慶。濮在今湖北省石首縣。楚初居丹陽。鄧在今湖北省襄陽縣東北。㈦肅慎：在今吉林省。㈧瓜州：在今甘肅敦煌。㈨豈能改物：尚能改正朔易服色麼？㈩賓滑：周大夫。

【今譯】周的甘人跟晉國的閻嘉爭奪閻田，晉國的梁丙、張趯率陰戎去伐潁的地方，周王叫詹桓伯到晉國去責讓說：「我自夏朝做后稷的官，魏、駘、芮、岐、畢是我的西土。到武王滅了商以後，蒲姑、商奄就是我的東方土地。巴、濮、楚、鄧是我的南方土地。肅慎、燕亳是我的北方土地。我有什麼近封的？文王、武王、成王、康王封建母弟是為周室的屏障，也是恐怕後代會廢墜衰敗，他們就可共謀救助。豈能如童子加冠成禮之後就將始冠丟棄。先王叫壞的人住到四面，以抵抗壞人，所以允姓的姦人住到瓜州，伯父惠公從秦國回來引誘戎人過來，使戎人偪迫我的各姬姓，一直到王室的近處，否則戎人怎能取得周地？戎佔據中國，是誰的過錯？后稷當初封殖天下，現在反而成了戎人畜牧之地，這真是我的難題。伯父還是細想想。我對於伯父等於衣服有帽子，木水有根源，人民有謀主，伯父你若毀掉帽子，棄掉根源，放棄謀主，那麼戎狄眼中更沒有我了。」叔向對韓起說：「文公稱霸的時候，豈能改正朔易服色？事奉天子更加恭敬。自文公以來，輩輩有衰微的德性，而毀掉天子，以宣示他的奢侈，諸侯有貳心，不也應當嗎？且王的文辭很有理，你還是要細想想。」韓起高興了，因為周王有親戚的喪事，就叫趙成到周去弔恤，並且還把閻的田地同葬衣，以及潁的俘虜退回去，周王也叫大夫賓滑逮起甘大夫襄以對晉國解釋，晉國人禮遣他回來。

㈣ 經 夏四月，陳災。

傳 夏四月陳災。鄭裨竈曰：「五年，陳將復封，封五十二年而遂亡。」子產問其故，對曰：「陳水屬也㈠，火水妃也，而楚所相也㈡，今火出而火陳，逐楚而建陳也，妃以五成，故曰五年。歲及鶉火而後陳卒亡，楚克有之，天之道也，故曰五十二年。」

【今註】㈠陳水屬也：陳是顓頊的後人，所以說他屬於水。㈡而楚所相也：楚是祝融八姓，所以他管理水。

【今譯】夏四月，陳國有火災。鄭國裨竈說：「五年以後，陳將又被封，五十二年就完全滅亡。」子產問他什麼原故，回答說：「陳是屬於水，火是水的妃子，而楚國所管理的，現在心星出來，而陳國著火，這是驅逐楚國而重新建立陳國，妃是拿五來算，所以是五年。五次歲星到了鶉火，而後陳國就完全滅亡，楚國就完全佔有他，這也是合於天的道理，所以說是五十二年。」

㈤ 傳 晉荀盈如齊逆女㈠，還，六月卒于戲陽㈡。殯于絳，未葬，晉侯飲酒樂，膳宰屠蒯趨入，請佐公使尊，許之。而遂酌以飲工㈢，曰：「女為君耳，將司聰也。辰在子卯㈣，謂之疾日，君徹宴樂，學人舍業，為疾故也。君之卿佐是謂股肱，股肱或虧，何痛如之？女弗聞而樂，是不聰也。」又飲外嬖嬖叔㊄曰：「女為君目，將司明也。服以旌禮㊅，禮以行事，事有其物，物有其容，今君之容，非其物也㊆，而女不見，是不明也。」亦自飲也，曰：「味以行氣，氣以實志，志以定言，言以出令。臣實司味㊇，二御失官，而君弗命，臣之罪也。」公說，徹酒。初，公欲廢知氏而立其外嬖，為是悛而止。秋八月，使荀躒㊈佐下軍以說焉。

【今註】 ㊀荀盈如齊逆女：他往齊國去迎接他的夫人。㊁戲陽：衛地，一統志說「在今河南內黃縣北」，另據河南通志說：「在安陽縣東二十五里。」因為兩縣壤地相接近。㊂以飲工：工是樂師師曠，屠蒯使他飲酒。㊃辰在子卯：傳說紂在甲子這天死，夏桀在乙卯這天死，所以俗以為凶日。㊄外嬖嬖叔：外邑的嬖大夫，按禮記以為李調。㊅服以旌禮：衣服以表示禮。㊆非其物也：晉國有卿喪，而晉君飲酒奏樂，所以說非其物。㊇臣實司味：膳夫當然是掌管和味的。㊈荀躒：是荀盈的兒子。

【今譯】 晉國荀盈到齊國去迎接他的夫人，回來六月就死在戲陽這地方。後來在絳這地方出殯，還沒有下葬。晉平公喝酒很樂，廚子頭目屠蒯進去了，請求斟酒佐飲，晉平公答應他了。他就酌酒給師曠喝，並且說：「你是君的耳朵，將管理君的耳聰。日子在子卯這天，叫做壞的日子，君取消了宴樂，學人全離開功課，為的疾日的關係。現在君的卿佐等於股肱一樣，股肱壞了，這是怎麼樣的痛苦，你不注意這件事，而反作樂，這是不聽明的。」又給晉平公的外嬖嬖叔飲酒說：「你是君的眼睛，等於管看事情。衣服是表示禮，禮為的辦事，事全有他的物類，物類有他的容貌，現在君的容貌不合於他的物類，而你看不見，這是目不明。」又自己喝了盃酒說：「味道是行氣的，氣味是安定志向，志向是安定言語，言語以發出命令，我實在是管味道的，他們兩人未盡到職責，而君不發令處分，這是我的罪過。」晉平公聽說很高興，撤除喝酒。最初，他想廢掉知氏，而立他外嬖的臣，因為這原故，就改變了。八月叫荀躒為下卿佐，用來解釋這件事。

㈥經　秋仲孫貜如齊。

傳　孟僖子如齊殷聘㊀，禮也。

【今註】㊀殷聘：自襄公二十年叔老聘齊至今已二十年，殷是盛大的意思。

【今譯】仲孫貜到齊國去，為的加以聘問，合於禮的。

㈦經　冬築朗囿。

傳冬，築郎囿㈠，書時也，季平子欲其速成也。叔孫昭子曰：「詩曰：『經始勿亟，庶民子來㈡。』焉用速成，其以勦民㈢也。無囿猶可，無民其可乎？」

【今註】㈠郎囿：在曲阜縣近處，與郎臺相近。㈡經始勿亟，庶民子來：大雅靈臺詩的一句，意思是說雖非急於要成，可是人民自動的全來作。㈢勦民：勞苦人民。

【今譯】冬天，修築郎囿，這為的說是很合於時宜，季孫意如願意他趕緊成功。叔孫婼說：「詩經大雅說：『開始不要很快，庶民全都來了。』何必趕緊成功，專為他勞苦人民。沒有花園還可以，沒有人民可以嗎？」

昭公十年（即公元前五百三十二年）

㈠經十年，春王正月。

傳十年春王正月，有星出于婺女㈠，鄭裨竈言於子產曰：「七月戊子，晉君將死。今茲歲在顓頊之虛㈡，姜氏任氏實守其地，居其維首㈢，而有妖星焉，告邑姜也，邑姜晉之妣也。天以七紀，戊子逢公以登㈣，星斯於是乎出，吾是以譏之。」

【今註】㊀有星出于婺女：杜預說星是「客星」在婺女星中出現。㊁今茲歲在顓頊之虛：現在歲星行經玄枵，玄枵也名為顓頊之虛。㊂居其維首：客星在玄枵的首。㊃戊子逢公以登：逢公是商代諸侯，葬在齊國地方。

【今譯】十年，春王正月，有一個星在婺女星羣中出現，鄭國裨竈對子產說：「晉國君七月戊子這天將死。今年歲星在玄枵，這個地方是由姜氏同任氏看守的，在他的開首，就有妖星，這是通知邑姜，邑姜是晉國的始妣。天上分為七紀，戊子這天逢公出來了，恰好星星也出來，我所以很譏笑這件事。」

(二)經　齊欒施來奔。

傳　齊惠欒高氏㊀皆嗜酒，信內多怨㊁，彊於陳鮑而惡之。夏，有告陳桓子曰：「子旗、子良將攻陳鮑。」亦告鮑氏。桓子授甲而如鮑氏，遭子良醉而騁㊂，遂見文子㊃，則亦授甲矣。使視二子㊄，則皆將飲酒㊅。桓子曰：「彼雖不信，聞我授甲，則必逐我。及其飲酒也，先伐諸。」陳鮑方睦，遂伐欒高氏。子良曰：「先得公，陳鮑焉往？」遂伐虎門㊆。晏平仲端委立于虎門之外。四族㊇召之，無所往。其徒曰：「助陳鮑乎？」

曰：「何善焉。」「助欒高乎？」曰：「庸愈乎？」「然則歸乎？」曰：「君伐焉歸？」公召之而後入。公卜使王黑以靈姑銔率㈨，吉，請斷三尺焉而用之。五月庚辰，戰于稷⑩，欒高敗，又敗諸莊。國人追之，又敗諸鹿門⑪，欒施高彊來奔。陳鮑分其室。晏子謂桓子必致諸公，讓德之主也，讓之謂懿德⑫。凡有血氣必有爭心，故利不可強，思義為愈。義利之本也。蘊利生孽，姑使無蘊乎？可以滋長。桓子盡致諸公，而請老于莒。桓子召子山⑬，私具幄幕器用從者之衣屨，而反棘焉⑭。子商亦如之，而反其邑。子周亦如之，而與之夫于⑮。反子城、子公、公孫捷⑯而皆益其祿。凡公子公孫之無祿者，私分之邑，國之貧約孤寡者私與之粟。曰：「詩云：『陳錫載周⑰。』能施也。桓公是以霸。」公與桓子莒之旁邑，辭。穆孟姬⑱為之請高唐，陳氏始大。

【今註】 ㈠齊惠欒高氏：按世本齊惠公有二子：子欒、子高，以後為欒氏高氏。㈡信內多怨：信婦人的話而外多怨望。㈢遭子良醉而騁：恰遇見子良醉，陳桓子遂乘馬快走。㈣文子：就是鮑國。㈤

二子：子旗、子良。⑥將飲酒：校勘記說：「石經、宋本、淳熙本、岳本、纂圖本、監本、毛本從作將是也。」今照改從之。⑦遂伐虎門：虎門是公宮的門。⑧四族：就是欒氏、高氏、陳氏、鮑氏。⑨公卜使王黑以靈姑銔率：王黑是齊大夫，靈姑銔是公所用旗名為交龍形，音處。⑩稷：齊都城中祭后稷的地方，戰國時有稷下，當離此不遠。⑪鹿門：齊國都城城門名。⑫讓謂之懿德：按阮刊誤作「謂懿德」，今據四部叢刊宋本增補。⑬子山：子商的兒子，為襄公三十一年所逐羣公子中的一個。⑭而反棘焉：將他的封邑棘還給他，據山東通志說：「在臨淄縣西北境，有棘里亭。」⑮夫于：山東通志說：「今山東長山縣南三十里，有夫于村。」⑯子城、子公、公孫捷：子城，頃公的兒子；公孫捷，頃公的孫子。⑰陳錫載周：詩大雅的一句，意思是說文王能布大利於天下，並能行之周徧。⑱孟穆姬：景公的母親。

【今譯】　齊國欒氏高氏全都很喜歡喝酒，很聽信女人的話，並且對外多怨恨，他比陳鮑兩氏有勢力而又恨他們。夏天，有人告訴陳無宇說：「子旗同子良將攻打陳鮑兩氏。」也告訴鮑氏如此說。陳無宇領著軍隊到鮑氏去，碰見子良喝醉了，就趕緊走開，去見鮑國，那知鮑國也已經預備軍隊了。叫人看子旗同子良，他們全將喝酒。陳無宇說：「他們所說的雖不可靠，但是聽見我們預備軍隊，則必定要打我們，不如乘著他們飲酒的時候先打他們。」陳鮑這時方很和睦，就打欒高氏。子良說：「先得到齊景公，陳鮑將要往那裏去。」於是就攻打虎門。晏嬰穿著朝服，立在虎門的外頭。欒、高、陳、鮑四族來叫他，全都不去。他的屬下說：「幫助陳鮑嗎？」回答說：「有什麼好處？」「幫助欒高嗎？」說：「也差不多少。」「那麼就回去嗎？」說：「公在這兒打仗，到那裏去呢？」公叫他進去，就進宮了。齊景公占卜，派齊大夫王黑拿著靈姑銔的旗子打仗，很吉祥，請把他斷了三尺再用。五月庚辰，在稷那地方打仗，欒高打敗，又在大車道上打，他又打敗。齊國人追逐他，又把他們打敗在鹿門城門，於是子旗和子良逃奔到魯國。陳鮑分了他的家產。晏嬰告訴陳無宇，必定要交給齊景公，讓是德行的主要，讓就是懿德。凡有血氣的必有爭心，所以好處不可以強取，想到義更好。義是利的本源。盲目求利是有害的，不要唯利是求吧，求利會滋長災害。陳無宇把他全交給景公，請歸老到莒這地方去。陳無宇叫子山來，給他各種的器具，隨從人的衣服，把原封邑棘這地方還給他。對子商也是如此辦理，把原封邑還給他。對子周也如此，又給他夫于的地方。叫回子城、子公、公孫捷，全給他們增加俸祿。凡公子公孫沒有俸祿的，陳無宇偷著給他田地，國裏頭窮苦的，就給他粟。陳無宇說：「詩經大雅說：『周文王把大利普徧施給天下。』就因為文王能施捨的關係，齊桓公也就因能施捨稱了霸主。」齊景公給陳無宇莒旁邊的邑，他辭謝不受。景公的母親替他要請高唐這地方，陳氏才開始發展。

(三)經　秋七月，季孫意如，叔弓、仲孫貜帥師伐莒。

傳　秋七月，平子伐莒，取郠㈠，獻俘，始用人於亳社。臧武仲在齊聞之曰：「周公其不饗魯祭乎？周公饗義，魯無義。詩曰：

『德音孔昭，視民不佻㊁。』佻之謂甚矣，而壹用之㊂，將誰福哉？」

【今註】㊀郠：莒邑，彙纂說：「在今山東沂水縣東境。」㊁德音孔昭，視民不佻：這是詩經小雅中的詩句，意思是說他的德行聲譽很盛，必能厚愛人民。㊂而壹用之：將人民與畜生同類用。

【今譯】秋天七月，季孫意如伐莒，佔據郠的地方，獻俘囚，用人來祭亳社。臧孫紇在齊國聽見說：「周公要不饗魯國祭祀了？周公是饗義，魯國沒義。詩經小雅說：『他的德行聲譽很盛，看見人民沒有不愛。』不愛就不成，而把人同畜生一起用，將誰給他福祿呢？」

㈣經　戊子，晉侯彪卒。

㈤經　九月，叔孫婼如晉。

㈥經　葬晉平公。

傳　戊子，晉平公卒。鄭伯如晉，及河，晉人辭之，游吉遂如晉。九月，叔孫婼、齊國弱、宋華定、衛北宮喜、鄭罕虎、許人、曹人、莒人、邾人、薛人、杞人、小邾人如晉，葬平公也。鄭子皮將以幣行㊀。子產曰：「喪焉用幣？用幣必百兩㊁，百兩必千人，千人至將不行，不行必盡用之㈢，幾千人而國不亡？」子皮固請以行。既葬，諸侯之大夫欲因見新君。叔孫昭子曰：「非禮也。」弗聽，叔向辭之曰：「大夫之事畢矣，而又命孤，孤斬焉在衰絰之中，其以嘉服見，則喪禮未畢，其以喪服見，是重受弔也，大夫其若之何？」皆無辭以見。子皮盡用其幣，歸謂子羽曰：「非知之實難，將在行之。夫子知之矣，我則不足，書曰：『欲敗度，縱敗禮㈣。』我之謂矣。夫子知度與禮矣，我實縱欲而不能自克也。」昭子至自晉，大夫皆見，高彊見而退。昭子語諸大夫曰：「為人子不可不慎也哉。昔慶封亡，子尾多受邑，而稍致諸君，君以為忠而甚寵之。將死，疾于公宮㈤，輦而歸，君親推之㈥。其子不能任，是以在此。忠為令德，其子弗能任，罪猶及之，難不慎也。喪夫人之力，棄德曠宗，以及其身，不書乎？詩曰：『不自我先，不自我後㈦。』其是之謂乎。」

【今註】㈠鄭子皮將以幣行：見新君所用的贄幣。㈡百兩：載幣必須用車百輛。㈢不行必盡用之：

若不能見新君，勢必將所帶費用用完。㊃欲敗度，縱敗禮：這是逸書中的一句，意思是私欲使法度敗壞，放縱使禮節敗壞。㊄疾于公宮：子尾在齊景公宮中有了病。㊅君親推之：阮刊本誤作「吾親推之」，今從四部叢刊本改正。㊆不自我先，不自我後：這是詩經小雅的一句詩，意思是不在我以前，也不在我以後。

【今譯】 戊子這天，晉平公死了。鄭伯到晉國去，到了河邊，晉國人辭謝他。游吉就到晉國去了。九月，魯國叔孫婼、齊國弱、宋華定、衛北宮喜、鄭子皮、許人、曹人、莒人、邾人、薛人、杞人、小邾人都到晉國去給晉平公行葬禮。鄭國子皮將帶著貨幣去。子產說：「喪事何必用幣呢？用幣必定有一百輛車，一百輛車必定一千個人，一千個人到了將不得行見新君之禮，勢必將所帶費用用完。假使有幾次千人之行，國家那能不亡呢？」子皮一定要求帶著走。既而晉平公下葬以後，諸侯各大夫們，想著見新的君。叔孫婼說：「這不合於禮的。」大家全不聽。晉國的叔向辭謝說：「你們的事現在全完了，又想見我新君，而我新君還在居喪期中，假設穿著禮服來見，現在喪禮還沒有完；穿著喪服來見，等於再受弔。你們怎麼辦呢？」他們全沒法回答。子皮用盡了他的貨幣，回到鄭國告訴子羽說：「不是知道的難，實在是辦的難。子產已經知道了，我就不夠。逸書說：『私欲敗了法度，驕縱敗了禮節。』我就是如此，子產知道度跟禮，我實在驕縱欲望，而不能克制自己。」叔孫婼從晉國回來，大夫們全來見。子良一見就走了。叔孫婼告訴大夫們說：「做人的兒子不可以不謹慎。從前慶封敗亡了，子尾得的邑很多，慢慢的還給齊景公，齊君以為他很忠心，很寵愛他。子尾將死時，是在公的宮中病了，把他用車推回去，齊景公親自推他。而他的兒子不能擔任，所以在魯國。忠是令德，他的兒子不能擔任，終於受罪，這是他不謹慎的緣故。丟掉他父親的力量，丟掉德行，而毀掉宗，連到他自己身上，這不是有害嗎？詩經說：『不在我以前，也不在我以後。』就是指著這件事說的。」

(七)經 十有二月甲子，宋公成卒。

傳 冬十二月，宋平公卒。初，元公㈠惡寺人柳，欲殺之，及喪，柳熾炭于位，將至則去之。比葬，又有寵。

【今註】㈠元公：宋平公的太子佐。

【今譯】冬十二月，宋平公死了。最初他的兒子元公，不喜歡寺人柳，想把他殺掉，至發生了喪事，寺人柳在他的位子燒炭暖地，等到元公來時，就去掉炭，等到下葬以後，就有了寵愛。

昭公十有一年（公元前五百三十一年）

(一)經 春王二月叔弓如宋。

(二)經 葬宋平公。

傳 春王二月，叔弓如宋，葬平公也。

【今譯】十一年春王二月，叔弓到宋國去，為的宋平公的葬禮。

(三)經夏四月丁巳，楚子虔誘蔡侯般殺之于申，楚公子弃疾帥師圍蔡。

傳景王問於萇弘曰：「今茲諸侯何實吉，何實凶？」對曰：「蔡凶，此蔡侯般弒其君之歲也，歲在豕韋，弗過此矣。楚將有之，然壅也(一)。歲及大梁，蔡復楚凶，天之道也。」楚子在申，召蔡靈侯，靈侯將往，蔡大夫曰：『王貪而無信，唯蔡於感(二)，今幣重而言甘，誘我也，不如無往。』蔡侯不可。三月丙申，楚子伏甲而饗蔡侯於申，醉而執之。夏四月丁巳，殺之，刑其士七十人。公子弃疾帥師圍蔡。韓宣子問於叔向曰：「楚其克乎？」對曰：「克哉。蔡侯獲罪於其君(三)，而不能其民，天將假手於楚以斃之，何故不克？然肸聞之，不信以幸，不可再也。楚王奉孫吳以討於陳曰：『將定而國。』陳人聽命，而遂縣之。今又誘蔡而殺其君，以圍其國，雖幸而克，必受其咎，弗能久矣！桀克有緡以喪其國，紂克東夷而隕其身，楚小位下而亟暴於二王，能無咎乎？天之假助不善，非祚之也，厚其凶惡，而降之罰也。且譬之如天，其有五材而將用之，力盡而斃之，是以無拯，不可沒振㊃。」

【今註】㊀壅也：這是壅積壞事。㊁唯蔡於感：感通憾。就是他常恨蔡國。㊂蔡侯獲罪於其君：就是指著蔡侯曾經弒自己的父親而做君。㊃不可沒振：不可以再振興。

【今譯】周景王問周大夫萇弘說：「今年那個諸侯是吉，那個諸侯是凶。」他回答說：「蔡國凶，這就是蔡侯般殺他君那一年，那一年歲星在豕韋，不能再過這一年了。楚國將佔據他，這是蔡侯累積壞事的後果。等到歲星到了大梁，蔡侯就將復國，那時楚國凶，這是天的道理。」楚靈王在申這地方，召見蔡靈侯，蔡靈侯想去，蔡大夫們說：『楚王貪心而沒有信實，祇是恨蔡國，現在他的布幣很重而說的話很好聽，這是引誘我，不如不要去。』蔡侯不聽。三月丙申，楚王埋伏下軍隊，而饗宴蔡靈侯在申這地方，把他灌醉就逮捕起來。夏四月丁巳，把他殺了，同時殺了他的人七十個。派了公子棄疾去圍了蔡國都城。韓起問叔向說：「楚國能夠成功嗎？」回答說：「一定成功。蔡靈侯殺他的父親而自立，又不能施德於人民，上天想利用楚國來殺他，為什麼不可以成功呢？但是我聽見說，用不信實幸而成功，可一而不可再。楚王奉孫吳去討伐陳國說：『我將安定你的國家。』陳人就聽從他的命令，楚國就把他變成縣。現在引誘蔡國，可是把他的君殺掉，又圍了他的都城，雖然幸而成功，必受到他的禍難，不能夠長久了！從前夏桀對有緡成功了，而丟掉他的國家，商紂對東夷成功了，而自己毀了他的身體，楚國較小，而位置較低下，但是他比桀紂兩個王全都壞，能夠沒有罪咎嗎？上天有時幫助不善的人，這不是使他可以長久，是增加他的凶惡，然後下降懲罰。譬如上天一樣，他有金、木、水、火、土五種材料，全可以用，等到力量盡的時候就毀了他，所以是沒有救的，壞了以後，沒有方法再重新振興起來。」

(四) 經 五月甲申，夫人歸氏薨。

(五) 經 大蒐于比蒲。

傳 五月，齊歸薨㈠。大蒐于比蒲㈡，非禮也。

【今註】㈠齊歸：是昭公的母親。齊是謚號，歸是姓。㈡比蒲：即魯國東門外的蒲圃。

【今譯】五月昭公的母親齊歸死了。魯國在比蒲這地方打獵，這也不是合禮的。

(六) 經 仲孫貜會邾子盟于祲祥。

傳 孟僖子會邾莊公，盟於祲祥㈠脩好，禮也。泉丘㈡人有女，夢以其帷幕孟氏之廟，遂奔僖子，其僚從之。盟于清丘之社曰：「有子無相棄也。」僖子使助薳氏之簉㈢。反自祲祥，宿于薳氏，生懿子及南宮敬叔於泉丘人㈣，其僚無子，使字敬叔。

【今註】㈠祲祥：在今山東省滋陽縣境。㈡泉丘：在今山東省寧陽泗水間。㈢助薳氏之簉：幫助薳氏的副妾。副妾是第二等的妾。㈣生懿子及南宮敬叔於泉丘人：他討泉丘人生了孟懿子同南宮敬叔。杜預說似乎是雙生。

【今譯】仲孫貜同邾莊公在祲祥這地方盟會修好，這是合於禮的。泉丘人有個女子，夢見用她的帷帳來罩到孟氏的廟上，她就奔去找孟孫貜，她的鄰女跟她一同去，二女在清丘之社盟誓說：「有了兒子，誰也不能拋棄誰。」孟孫貜叫她們幫助他的副妾薳氏。從祲祥回來，就在薳氏那兒住著，泉丘女子生了孟懿子同南宮敬叔，她的鄰女沒有兒子，就叫她養著敬叔。

(七)傳楚師在蔡，晉荀吳謂韓宣子曰：「不能救陳，又不能救蔡，物以無親，晉之不能，亦可知也。已為盟主，而不恤亡國，將焉用之？」

【今譯】楚國軍隊在蔡國都城，晉國荀吳對韓起說：「不能夠救陳，又不能救蔡，對各種人事，全不親愛，晉國的無能力，也就可以知道，做盟主而不憐恤亡的國家，那有什麼用處呢？」

(八)經秋季孫意如，會晉韓起，齊國弱，宋華亥，衛北宮佗，鄭罕虎，曹人、杞人于厥憖。

傳秋，會于厥憖㊀，謀救蔡也。鄭子皮將行，子產曰：「行不遠，不能救蔡也。蔡小而不順，楚大而不德，天將棄蔡以壅楚，盈而罰之㊁，蔡必亡矣，且喪君而能守者鮮矣！三年王其有咎乎？美惡周必復，王惡周矣㊂。」晉人使狐父㊃請蔡于楚，弗許。

【今註】㊀厥憖：大事表說：「在今河南省新鄉縣境。」㊁盈而罰之：使楚的惡貫滿盈再來懲罰他。㊂王惡周矣：王的罪惡已經到歲星一周。㊃狐父：晉大夫。

【今譯】秋天，在厥憖會盟，這是打算救蔡國。鄭國子皮將去，子產說：「到蔡國的路並不遠，此去也不能救蔡國。蔡國小而不順從，楚國大而沒有道德。上天將丟掉蔡國，以增加楚國的壞事，楚國壞事滿了，上天就降給他懲罰。蔡必定亡了，並且丟掉了君而能守著國家，這是很少的，三年以後楚王恐怕將有災殃，美同惡祇能轉一個圈，楚王的惡已經轉一圈了。」晉國派他的大夫狐父請求釋放蔡國，楚國不答應。

(九)傳單子會韓宣子于戚，視下言徐，叔向曰：「單子其將死乎？朝有著定㊀，會有表，衣有襘，帶有結。會朝之言必聞于表著之位，所以昭事序也。視不過結繪之中，所以道容貌也。言以命之，容貌以明之，失則有闕。今單子為王官伯而命事於會，視不登帶，言不過步，貌不道容而言不昭矣。不道不共，不昭不從，無守氣矣。」

【今註】㈠朝有著定：每上朝的時候，有一定的地位。

【今譯】周國的卿士單成公到戚這地方會見晉國的韓起，眼睛向下看而說話很慢。叔向就說：「單成公恐怕要死了。上朝的時候必有定次，開會時一定有表位，衣服上有領子，帶子上有結，朝會說的話必定是表位的地方能聽見，所以使人能夠明白事理。看東西不過領子同衣帶的中間，所以表示他的容貌。語言以表示命令，用容貌來說明，失掉就有闕失。現在單成公做周王的卿士，而來這裏開會，眼睛不在帶子以上，說的話使聽見的人不能超過一步，貌不能說明他的樣子，而言語不能使人聽見。不道就不恭，不使人聽見就不能服從，這已經沒有守體的神氣了。」

㈩經　九月己亥葬我小君齊歸。

傳　九月，葬齊歸，公不慼。晉士之送葬者歸以語史趙。史趙曰：「必為魯郊㈠。」侍者曰：「何故？」曰：「歸姓也。不思親，祖不歸也。」叔向曰：「魯公室其卑乎？君有大喪，國不廢蒐，有三年之喪而無一日之慼，國不恤喪，不忌君也。君無慼容，不顧親也。國不忌君，君不顧親，能無卑乎？殆其失國。」

【今註】㊀必為魯郊：必定在魯國的郊外。

【今譯】九月，葬齊歸，昭公不難過。晉國人來送葬的回去告訴史趙，史趙說：「昭公必定被趕出到郊野去。」旁邊人問：「這什麼原故？」史趙說：「他是歸姓之子，不想他的母親，祖先不會來保佑。」叔向說：「魯國的公室恐怕要卑下了？國君有大的喪事，而國家不廢除在比蒲的大蒐，有三年的喪事，而沒有一天的慼慼，國家不憐恤喪事，這是不怕魯君，國君沒有悲慼的容貌，是不管他的母親。國家不怕君，君不管他的母親，能不卑下嗎？恐怕要丟掉國家了。」

(十一) 經 冬十有一月丁酉楚師滅蔡，執蔡世子有以歸用之。

傳 冬十一月，楚子滅蔡，用隱大子于岡山㊀，申無宇曰：「不祥，五牲不相為用，況用諸侯乎？王必悔之。」

【今註】㊀用隱大子于岡山：把蔡靈公的太子，在岡山來用做祭祀。岡山是地名，方輿紀要說：「今河南上蔡縣東十五里有蔡岡，是為岡山。」隱太子是蔡侯廬的父親。

【今譯】　冬十一月，楚王把蔡國滅掉，用隱太子在岡山祭祀，申無宇說：「這不祥，牛、羊、雞、犬、豕五牲不能互相使用，何況用諸侯呢？王將來必定後悔。」

(十二) 傳 十二月單成公卒。

【今譯】　十二月單成公死了。

(十三) 傳 楚子城陳，蔡不羹㈠，使棄疾為蔡公。王問於申無宇曰：「棄疾在蔡何如？」對曰：「擇子莫如父，擇臣莫如君。鄭莊公城櫟㈡而寘子元焉，使昭公不立。齊桓公城穀㈢而寘管仲焉，至于今賴之。臣聞五大不在邊，五細不在庭，親不在外，羈不在內。今棄疾在外，鄭丹在內㈣，君其少戒。」王曰：「國有大城何如？」對曰：「鄭京櫟實殺曼伯，宋蕭亳實殺子游㈤，齊渠丘實殺無知㈥，衛蒲戚實出獻公㈦。若由是觀之則害於國。末大必折，尾大不掉㈧，君所知也。」

【今註】　㈠不羹：一統志說：「東不羹在河南舞陽縣西北，西不羹在襄城縣東南二十里，俗呼堯城。」㈡櫟：在今河南省禹縣。㈢穀：齊邑，今山東省東阿縣治。㈣鄭丹在內：在襄公十九年，鄭丹奔到楚國去。㈤宋蕭亳實殺子游：在魯莊公十二年時。㈥齊渠丘實殺無知：在魯莊公九年。㈦衛蒲戚實出獻公：蒲是甯殖的邑，戚是孫林父的邑。就把衛獻公驅逐出去，在魯襄公十四年。㈧末大必折，尾大不掉：末端要是太大了必定折斷，尾巴大了就沒法周旋。

【今譯】 楚子大修陳蔡兩個不羹的城，派棄疾做蔡公。楚王就問申無宇說：「棄疾在蔡怎麼樣？」回答說：「選擇兒子莫如父親，選擇臣莫如君。鄭莊公修了櫟這個城，而把子元擱在那裏，就因此昭公不能立。齊桓公修穀這個城，而將管仲擺在那裏，到現在全仰仗著他。我聽見說五種大臣不能在邊疆上，五種小臣不能在朝廷裏邊，親不能在外面，逃來的人不能在裏面。現在棄疾在外面，鄭丹在裏面，你可以稍為戒備戒備了。」王又說：「國家有大城怎麼樣？」回答說：「鄭國的京櫟兩城，實在殺了曼伯，宋國的蕭亳兩城，實在殺了子游，齊國渠丘實在殺了無知，衛國蒲戚兩城，實在使獻公出奔，要由這裏看起來，大城就有害於國家。樹的末尾大必定斷，魚的尾大就沒有方法轉，這是亦所知道的。」

昭公十有二年（公元前五百三十年）

㈠經　**春，齊高偃帥師納北燕伯于陽。**

傳齊高偃納北燕伯款于唐，因其眾也㈠。

【今註】㈠因其眾也：因為唐地眾人希望他回來。

【今譯】十二年春天，齊國的高偃把北燕伯款送回到唐，這是因為唐地眾人希望他回來。

㈡經三月壬申，鄭伯嘉卒。

傳三月，鄭簡公卒，將為葬除㈠，及游氏之廟，將毀焉。子大叔使其除徒執用以立，而無庸毀，曰：「子產過女，而問何故不毀。乃曰：『不忍廟也。』諾，將毀矣。」既如是，子產乃使辟之。司墓之室有當道者㈡，毀之則朝而堋㈢，弗毀則日中而堋，子大叔請毀之曰：「無若諸侯之賓何？」子產曰：「諸侯之賓能來會吾喪，豈憚日中？無損於賓而民不害，何故不為？」遂弗毀，日中而葬。君子謂子產於是乎知禮，禮無毀人以自成也。

【今註】㈠將為葬除：為的下葬開除道路。㈡司墓之室有當道者：管墓地的人住的房子，有擋著道路的。㈢毀之則朝而堋：要毀了這個房子，早晨就可以下棺材。

【今譯】三月，鄭簡公死了，將為葬事而除道路，到了游氏的廟中，將把廟毀掉。游吉叫他們的人拿著毀廟用具站到那裏，但是不要將廟毀掉，就告訴他們說：「子產要來了，問你們為什麼不毀廟，就說：『這是不忍毀這廟。』如果你們答應諾，那就要毀廟了。」既然這樣回答，子產就叫他們避開這裏。有一個管墳的房子，恰好擋著這個道路，要毀掉他，早晨就可以下棺材，要不毀就中午才能下棺材，游吉請求毀掉這個房屋，說：「不要使諸侯的客人因為這個原故，而留得過久？」子產就說：「諸侯的客人可以來會同我們下葬，難道怕過了中午，既然對賓客沒有損失，對人民沒有害處，為什麼不做呢？」於是就沒有毀，中午才下葬。君子說子產很知道禮，論禮是不要毀人以自己成全。

(三)經 夏宋公使華定來聘。

傳 夏宋華定來聘，通嗣君也，享之，為賦蓼蕭㈠，弗知又不答賦。昭子曰：「必亡。宴語之不懷，寵光之不宣，令德之不知，同福之不受，將何以在？」

【今註】㈠蓼蕭：這是詩經小雅的一篇。

【今譯】夏天宋國華定來聘問，這是為的宋元公新即位的緣故。給他宴享，為他歌唱蓼蕭這篇詩，華定不懂，又不能回答賦詩。叔孫婼說：「他必定逃亡，對於宴會語言也不想，對於優待他也不宣揚，令德也不知道，同享天祿也不接受，他怎麼能夠存在呢？」

㈣傳齊侯、衛侯、鄭伯、如晉，朝嗣君也。

【今譯】齊侯、衛侯、鄭伯全到晉國，為朝晉昭公的緣故。

㈤經公如晉，至河乃復。

傳公如晉，至河乃復。取郠之役㈠，莒人愬于晉，晉有平公之喪，未之治也，故辭公，公子慭㈡遂如晉。晉侯享諸侯，子產相鄭伯，辭於享，請免喪而後聽命。晉人許之，禮也。晉侯以齊侯晏，中行穆子相，投壺，晉侯先。穆子曰：「有酒如淮，有肉如坻，寡君中此，為諸侯師。」中之。齊侯舉矢曰：「有酒如澠，有肉如陵，寡人中此，與君代興。」亦中之。伯瑕謂穆子曰：「子失辭，吾固師諸侯矣，壺何為焉，其以中儁也。齊君弱吾君，歸弗來矣。」穆子曰：「吾軍帥彊禦，卒乘競勸，今猶古也，齊將何事？」公孫傁㈢趨進曰：「日旰君勤，可以出矣。」以齊侯出。

【今註】㈠取郠之役：在魯昭公十年。㈡公子慭：魯大夫。㈢公孫傁：齊大夫。

【今譯】魯昭公也到晉國，到了河邊上就回來了。因為佔領鄆這件事，莒國人到晉國指控魯國，晉國恰好有平公的喪事，所以沒法管這件事，就辭讓昭公不要去，魯大夫公子憖就到晉國去。晉昭公享宴諸侯，子產給鄭伯相禮，鄭伯辭掉享宴，因為鄭簡公還沒有下葬，請求免喪之後再聽從晉國的命令，晉國人答應他，這是很合禮的。晉昭公宴齊侯，荀吳相禮，行投壺的禮節，晉侯先投壺，荀吳說：「有酒跟淮水一樣，跟坻山那麼多的肉，寡君要投壺中了，就做諸侯的師。」投壺果然中了。齊侯也舉起投壺的箭說：「有酒跟澠水那麼多，有肉如山陵，寡人投壺若中了，就跟你晉君代興。」也投中了。伯瑕對荀吳說：「你說錯話了，我已經做諸侯的老師了，壺有什麼用，以為投中就奇怪嗎？齊國君看不起我們君，回去就不再來。」荀吳說：「我的軍隊很強盛，將士全都很努力，現在同古代一樣，齊國有什麼辦法呢？」齊大夫公孫傁跑進去說：「天色已晚，人君也勞累了，我們可以出去了。」就領著齊侯出去。

(六)經　五月葬鄭簡公，楚殺其大夫成熊。

傳　楚子謂成虎若敖之餘也，遂殺之，或譖成虎於楚子，成虎知之而不能行。書曰楚殺其大夫虎，懷寵也㊀。

【今註】㊀懷寵：他因為懷念楚王的寵愛。

【今譯】楚子說成虎是若敖的餘黨，就把他殺掉了。有人對楚王說成虎的壞話，成虎已經知道，但是他不能走。春秋上寫著楚子殺他大夫成虎，這是因為成虎懷念楚王的寵愛。

(七)傳 六月葬鄭簡公。

【今譯】六月葬鄭簡公。

(八)經 秋七月。

傳 晉荀吳偽會齊師者，假道於鮮虞㈠，遂入昔陽㈡。秋八月壬午，滅肥㈢，以肥子緜皐歸。

【今註】㈠鮮虞：友人陳槃先生說：「以昭十五年左傳：『晉荀吳帥師伐鮮虞。』晉語作：『中行穆子帥師伐狄。』荀吳即中行穆子，彼云伐鮮虞，此云伐狄，是鮮虞狄類。」杜注似無誤。又錢大昕通鑑注，引姓譜云：「武王封箕子於朝鮮，支子仲食采於于，因以鮮于為氏。是鮮虞與鮮於，是一非二矣。初封為子姓國，其後晉滅子姓之鮮虞而封以姬姓，故曰先子姓，後姬姓耳。」（見春秋大事表譔異續編四）。㈡昔陽：程發軔先生說：此年之昔陽當以今河北省晉縣為最確。㈢肥：彙纂說：「即今河北藁城縣西南七里之肥累城是也。」

【今譯】晉荀吳假作會合齊國軍隊，在鮮虞借道，就攻入昔陽。秋天八月壬午，滅掉肥，逮著肥子緜皐回到晉國。

(九)傳周原伯絞虐。其輿臣使曹逃㊀。冬十月壬申朔，原輿人逐絞而立公子跪尋㊁，絞奔郊㊂。

【今註】㊀使曹逃：叫他們一羣的逃走。㊁跪尋：是絞的弟弟。㊂郊：周地。案方輿紀要說：「河南鞏縣西南五十八里，有鄩城。周鄩邑也。左傳昭公二十三年『王師晉師圍郊，郊鄩潰。』是年『絞奔郊』應即此。」

【今譯】周國大夫原伯絞暴虐，他的眾臣就使大夥一起逃走。冬天十月壬申朔，原國的眾人驅逐了原伯絞，而立了他弟弟公子跪尋，絞就逃到郊這地方去了。

(十)傳甘簡公㊀無子，立其弟過。過將去成景之族㊁。成景之族賂劉獻公㊂。丙申，殺甘悼公㊃，而立成公之孫鰌。丁酉，殺獻太子之傅庚皮之子過，殺瑕辛于市，及宮嬖綽、王孫沒、劉州鳩、陰忌、老陽子㊄。

【今註】㊀甘簡公：周卿士。㊁成景之族：甘成公同甘景公全是甘過的祖先。㊂劉獻公：劉定公的兒子也是周卿士。㊃甘悼公：即甘過。㊄瑕辛、宮嬖綽、王孫沒、劉州鳩、陰忌、老陽子：六人都是周大夫，全是甘悼公的黨羽。

【今譯】　甘簡公沒有兒子，立了他的弟弟甘過。甘過想著去掉甘成公同甘景公的後人。甘成公同甘景公的後人就賄賂了劉獻公。丙申，殺了甘過，而立了成公的孫子甘鰌。丁酉，殺獻太子的師傅庾皮的兒子過，殺瑕辛在市上，同宮嬖綽、王孫沒、劉州鳩、陰忌、老陽子六人。

(十一) 經　冬十月公子憖出奔齊。

傳　季平子立而不禮於南蒯㈠，南蒯謂子仲㈡：「吾出季氏而歸其室於公，子更其位，我以費為公臣。」子仲許之。南蒯語叔仲穆子㈢，且告之故。季悼子之卒也，叔孫昭子以再命為卿。及平子伐莒克之，更受三命。叔仲子欲構二家，謂平子曰：「三命踰父兄，非禮也。」平子曰：「然。」故使昭子㈣。昭子曰：「叔孫氏有家禍，殺適立庶，故婼也及此。若因禍以斃之，則聞命矣。若不廢君命，則固有著矣㈤。」昭子朝而命吏曰：「婼將與季氏訟，書辭無頗。」季孫懼而歸罪於叔仲子，故叔仲小、南蒯、公子憖謀季氏，憖告公。而遂從公如晉，南蒯懼不克，以費叛如齊。子仲還及衛，聞亂逃，介而先，及郊，聞費叛，遂奔齊。南蒯之將叛也，其鄉人或知之，過之而歎，且言曰：「恤恤乎，湫乎攸乎，深思而淺謀，邇身而遠志，家臣而君圖，有人矣哉！」南蒯枚筮之，遇坤☷☷之比☵☷，曰：「黃裳元吉。」以為大吉也。示子服惠伯曰：「即欲有事，何如？」惠伯曰：「吾嘗學此矣，忠信之事則可，不然必敗。外彊內溫，忠也。和以率貞，信也。故曰：『黃裳元吉。』黃中之色也，裳下之飾也，元善之長也。中不忠不得其色，下不共不得其飾，事不善不得其極。外內倡和為忠，率事以信為共，供養三德為善，非此三者弗當。且夫易不可以占險，將何事也，且可飾乎？中美能黃，上美為元，下美則裳，參成㈥可筮，猶有闕也，筮雖吉未也。」將適費，飲鄉人酒，鄉人或歌之曰：「我有圃生之杞乎？從我者子乎？去我者鄙乎？倍其鄰者恥乎？已乎已乎！非吾黨之士乎？」平子欲使昭子逐叔仲小，小聞之不敢朝，昭子命吏謂小待政於朝，曰：「吾不為怨府。」

【今註】 ㈠南蒯：南遺的兒子，是季孫氏費邑的宰。㈡子仲：公子憖。憖音（ㄧㄣˋ）。㈢叔仲穆子：叔仲帶的兒子叔仲小。㈣昭子：叔孫婼。㈤則固有著矣：現在已經有了明白的位置。㈥參成：三種全完備。

【今譯】　季孫意如立了以後，對南蒯不禮貌，南蒯對公子慭說：「我把季氏趕出去，而把他的家財歸到公家，你替代他的位置，我用費的地方，做公家的臣。」公子慭答應了。南蒯又對叔仲小說這件事，並且告訴他的原故，在季悼子死的時候，叔孫婼以再命令做卿。等到季孫意如伐了莒以後，打勝了仗，他更受到三命。叔仲小想著使季孫同叔孫兩家不和，就對季孫意如說：「三命超過父兄，這是不合禮的。」季孫意如說：「很對。」所以想使叔孫婼自己貶黜。叔孫婼就說：「叔孫氏有家禍，殺嫡而立了庶子，所以我就達到這個地位。要是因為亂事而把我殺掉，那祇好聽從命令。要不廢君的命令，則已經有明白的地位。」叔孫婼上朝對吏說：「婼要跟季氏打官司，你們寫的不要有偏向。」季孫害怕了，就把說的話歸罪給叔仲小，所以叔仲小、南蒯、公子慭謀推翻季氏，公子慭告訴昭公，就同昭公到晉國去，南蒯怕不能成功把費的地方反叛了到齊國去。公子慭回來到了衛國，聽見亂了就逃走，派他的副使先回國，到了城外，聽見費已經反叛，就逃到齊國去。南蒯將反叛的時候，他的鄉人有的知道，過他的門口就嘆息，並且說：「憂愁啊！愁啊！憂啊！深的思想，而淺的計謀，身近而志向很遠，家臣而圖謀君國的事，現在真有這個人啊！」南蒯占卜是何吉凶，遇見坤卦變到比卦，說：「黃裳元吉。」他以為這是很大的吉兆。就給子服惠伯看，說：「就想辦事情，怎麼樣？」子服惠伯說：「我曾研究這個卦，如果忠信的事情就可以成功，要不然必定失敗。外邊強盛而內裏溫和，這是忠。和平以循貞正，這是信。所以說：『黃裳元吉。』黃是中的顏色，裳是下邊的裝飾，元是善的長處。中要不忠實就不得到他的黃顏色，下邊不恭敬就不得到他的裝飾，事情不合禮就不得到他的極端。外內全都相和叫做忠，行事用信實叫做共，供養正直、剛克、柔克三德叫做善，不是這三件事，不能用這個卦。並且這個易卦不可以占險的事情，這是什麼事情呢，還可以裝飾嗎？中美能黃，上美能元，下美則變成裳，這三件事能夠完備，就可以占卦，現在尚有一點闕的地方，占卦雖然好，但是還沒有成功。」南蒯想到費去，飲他的鄉下人的酒，鄉人有的唱歌說：「我的圃中生有杞，從我的人是你，去我的人就變成鄙陋，背他的親戚是羞恥，你要不改，就不是我們黨裏的人。」季孫意如想著使叔孫婼驅逐叔仲小，叔仲小聽見說了不敢上朝，叔孫婼命吏叫小到朝上等待，並且說：「我不要怨望聚集在我身上。」

(十二)經 楚子伐徐。

傳 楚子狩于州來，次於穎尾㈠，使蕩侯、潘子、司馬督、囂尹午，陵尹喜㈡帥師圍徐，以懼吳，楚子次于乾谿㈢，以為之援。雨雪，王皮冠、秦復陶㈣、翠被㈤、豹舄、執鞭以出，僕析父㈥從。右尹子革夕。王見之，去冠被舍鞭，與之語曰：「昔我先王熊繹㈦與呂級㈧王孫牟㈨燮父㈩禽父並事康王，四國皆有分，我獨無有。今吾使人於周，求鼎以為分，王其與我乎？」對曰：「與君王哉，昔我先王熊繹辟在荊山㈡，篳路藍縷以處草莽，跋涉山林以事天子，唯是桃弧棘矢以共禦王事。齊王舅也，晉及魯衛王母弟也，楚是以無分，而彼皆有。今周與四國服事君王，將唯命是從，豈其愛鼎？」王曰：「昔我皇祖伯父昆吾㈢舊許是宅，今鄭人貪賴其田而不我與，我若求之，其與我乎？」對曰：「與君王哉。周不愛鼎，鄭敢愛田。」王曰：「昔諸侯遠我而畏晉，今我大城陳蔡不羹，賦皆千乘，子與有勞焉，諸侯其畏我乎？」對曰：「畏君王哉。是四國者㈢專足畏也，又加之以楚，敢不畏君王哉。」工尹路請曰：「君王命剝圭以為鏚柲，敢請命。」王入視之，析父謂子革：「吾子楚國之望也，今與王言如響，國其若之何？」子革曰：「摩厲以須，王出，吾刃將斬矣。」王出復語，左史倚相趨過。王曰：「是良史也，子善視之，是能讀三墳五典八索九丘。」對曰：「臣嘗問焉，昔穆王欲肆其心，周行天下，將皆必有車轍馬跡焉。祭公謀父作祈招之詩以止王心，王是以獲沒於祇宮。臣問其詩而不知也，若問遠焉，其焉能知之？」王曰：「子能乎？」對曰：「能。其詩曰：『祈招之愔愔，式昭德音，思我王度，式如玉，式如金，形民之力，而無醉飽之心。』」王揖而入，饋不食，寢不寐，數日，不能自克，以及於難。仲尼曰：「古也有志，克己復禮，仁也。信善哉？楚靈王若能如是，豈其辱於乾谿？」

【今註】 ㈠潁尾：在今安徽正陽關北，為壽縣鳳臺穎上三縣接界處。㈡蕩侯、潘子、司馬督、囂尹午、陵尹喜：五人都是楚大夫。㈢乾谿：在安徽亳縣東南七十里。㈣秦復陶：秦國所送羽毛做的衣服。㈤翠被：拿翠羽裝飾的被。㈥僕析父：楚大夫。㈦熊繹：楚國始封的君。㈧呂級：齊太公的兒子丁公。㈨王孫牟：衛康叔的兒子康伯。㈩燮父：晉國唐叔的兒子。⑪荊山：在湖北省南漳縣西。⑫昆吾：江永說先建國在濮陽。⑬四國者：陳蔡二個不羹。

【今譯】 楚王冬天在州來地方打獵，兵馬宿於潁尾地方，順便差蕩侯、潘子、司馬督、囂尹午、陵尹喜領軍隊去圍徐國，借此恐嚇吳國。楚王自己駐紮在乾谿，做五大夫的後援。那時正當下雪，王戴了皮帽子，著了秦國送的羽衣，肩上再披了翠羽的霞帔，著了豹皮做的鞋子，執了馬鞭走出來，僕析父跟在後面。剛巧右尹子革將夜來見，王就見他，去掉皮帽翠被披，丟掉鞭子，和他講談說：「從前我先王熊繹，和呂級王孫牟燮父禽父一同事奉周康王，後來四國都分著珍寶器皿，我國獨沒有。如今我差人到周朝去，要他的九鼎來做我的份兒，王肯給我麼？」子革答說：「給君王的呢！從前我們先王熊繹僻處在荊山地方，坐了柴車，著了破衣服，開闢那草莽，跋涉這山川，去服事天子。只貢些桃弧棘矢給王抵抗那不祥的事。齊是王的母舅，晉和魯衛是王的母弟，楚國所以沒有份兒，他們是都有的。如今周朝和那四國，都來服事你君王了，專聽你君王的命令呢，難道還敢愛九鼎嗎？」靈王說：「從前我皇祖伯父叫昆吾，本是居在許地的，如今鄭人貪靠那許田的出產，不肯給我，我如果去要求，他肯給我的麼？」子革答說：「給君王的呢！周朝尚且不敢愛那九鼎，鄭國敢愛那田麼？」靈王說：「從前諸侯都遠離我，卻怕著晉國，如今我築城在陳蔡不羹，兵車都有一千乘，就是你也有功勞的，諸侯能怕我麼？」子革答說：「怕你君王的呢！單是這陳、蔡、兩不羹四個國，已經夠怕的了；再加上個楚國，那敢不怕你君王呢？」說到這裏就有個工官叫路的，進來請問楚王說：「君王差我破了圭上的玉裝飾斧柄，敢問要怎麼做法？」王便進去看。析父就對子革說：「你是楚國有聲望的人，如今和王講話，好像應聲響，一味依著，國家要怎麼辦呢？」子革說：「磨快了我的刀口等待著王出來，我刀口便要斬下去了！」靈王出來，便再講話；剛巧左史名倚相的在庭中走過，王說：「這倒是個好的史官，你要好好看待他的！他能讀得三墳五典八索九丘這些古書呢！」子革答說：「曾經有一事問他過的，從前周穆王要暢快他的心願，周行天下，要想處處都有他的車馬轍跡。祭公謀父便作祈招一篇的詩，阻住王這心念，穆王因此才得善終於祇宮中。臣問他詩中怎樣說，他卻不知道。如果再問他遠些的事，他那裏能知道呢？」王說：「你能知道麼？」子革答說：「能夠的。他的詩中說：「祈父掌管了甲兵，很能安和不迫，並能昭明周王的德音，使人民想念周王的法式器局，如金玉的堅重。又使周王用民力有個分寸，並沒有過求醉飽的心念。』」靈王聽了這話，就對子革作一個揖，走了進去，吃也不吃，睏也不睏的，接連有好幾天，但終究不能克制自己，所以後來仍遭了難。仲尼說：「從前書上有記過的：『能克制自己，歸到禮法上去，方是仁人。』這句話真正好啊！楚王如果能夠這般，那裏還要受辱在乾谿那裏呢？」

㈢ 經 晉伐鮮虞。

傳 晉伐鮮虞，因肥之役也。

【今譯】晉國討伐鮮虞，是因為肥的戰役。

卷二十四　昭公四

昭公十有三年（公元前五百二十九年）

(一)經　叔弓帥師圍費。

傳　春，叔弓圍費，弗克敗焉㈠。平子怒，令見費人執之以為囚俘。冶區夫㈡曰：「非也。若見費人，寒者衣之，飢者食之，為之令主而共其乏困，費來如歸，南氏亡矣，民將叛之，誰與居邑？若憚之以威，懼之以怒，民疾而叛為之聚也，若諸侯皆然，費人無歸，不親南氏，將焉入矣！」平子從之，費人叛南氏。

【今註】㈠弗克敗焉：他沒有能成功，為費人所敗。㈡冶區夫：魯大夫。

【今譯】十三年春，叔弓圍了費城，沒有能成功，為費人所打敗，季孫意如就發怒，令看見費人就逮起來，做為俘虜。魯大夫冶區夫說：「這不對，要是看見費人，沒有衣服的就給他衣服，沒有吃的人就給他吃飯，做費人的好主人，而供給他的乏困，費人全來這兒歸依你，南氏就亡了。人民將對他反叛，誰肯住在那裏？要是拿威嚴來使他害怕，拿惱怒來威嚇他，這使費人都害怕而叛，聚集到南氏那裏，要是諸侯全這樣辦，費人沒處可去，那麼他不同南氏親近，將到何處去呢？」季孫意如就聽從這話，費人對南氏反叛了。

(二)經夏四月楚公子比自晉歸于楚，弒其君虔于乾谿。楚公子弃疾殺公子比。

傳楚子之為令尹也，殺大司馬薳掩而取其室㈠，及即位，奪薳居田㈡，遷許而質許圍㈢，蔡洧有寵於王，王之滅蔡也，其父死焉㈣，王使與於守而行。申之會㈤，越大夫戮焉，王奪鬬韋龜中犫㈥，又奪成然㈦邑，而使為郊尹，蔓成然故事蔡公，故薳氏之族。及薳居、許圍、蔡洧、蔓成然，皆王所不禮也，因羣喪職之族，啟越大夫常壽過作亂，圍固城克息舟㈧城而居之。觀起之死也，其子從在蔡事朝吳㈨，曰：「今不封蔡，蔡不封矣，我請試之。」以蔡公之命召子干、子晳，及郊而告之情㈩，強與之盟入襲蔡，蔡公將食，見之而逃。觀從使子干食㈡，坎用牲加書而速行㈢，己徇於蔡曰：「蔡公召二子將納之，與之盟而遣之矣，將師而從之㊂。」蔡人聚將執之㊃。辭曰：「失賊成軍，而殺余何益？」乃釋之。朝吳曰：「二三子若能死亡，則如違之㊄，以待所濟；若求安定，則如與之，以濟所欲且違上，何適而可？」眾曰：「與之。」乃奉蔡公，召二子而盟于鄧㊅，依陳蔡人以國。楚公子比、公子黑肱、公子弃疾、蔓成然、蔡朝吳帥陳蔡不羹許葉之師，因四族之徒㊆，以入楚，及郊，陳蔡欲為名，故請為武軍。蔡公知之，曰：「欲速，且役病矣，請藩而已。」乃藩為軍。蔡公使須務牟與史猈㊇先入，因正僕人殺大子祿及公子罷敵㊈。公子比為王，公子黑肱為令尹，次於魚陂㊉。公子弃疾為司馬，先除王宮，使觀從從師于乾谿，而遂告之㉑，且曰：「先歸復所，後者劓。」師及訾梁㉒而潰。王聞羣公子之死也，自投于車下曰：「人之愛其子也，亦如余乎？」侍者曰：「甚焉！小人老而無子，知擠于溝壑矣。」王曰：「余殺人子多矣，能無及此乎？」右尹子革曰：「請待于郊，以聽國人。」王曰：「眾怒不可犯也！」曰：「若入於大都而乞師於諸侯。」王曰：「皆叛矣。」曰：「若亡於諸侯以聽大國之圖君也。」王曰：「大福不再，祇取辱焉。」然丹乃歸于楚。王沿夏將欲入鄢，芋尹無宇之子申亥曰：「吾父再奸王命，王弗誅，惠孰大焉。君不可忍，惠不可棄，吾其從王。」乃求王遇諸棘闈㉓以歸。夏五月癸亥，王縊于芋尹申亥氏，申亥以其二女殉而葬之。觀從謂子干曰：「不殺弃疾，雖得國猶受禍也。」子干曰：「余不忍也。」子玉㉔曰：「人將忍子，吾不忍俟也！」乃行，國每夜駭曰：「王入矣！」乙卯夜，弃疾使周走而呼曰：「王至矣！」國人大驚。使蔓成然走告子干子晳曰：「王至矣！國人殺君司馬，將來矣。君若早自圖也，可以無辱。眾怒如水火焉，不可為謀。」又有呼而走至者曰：「眾至矣！」二子皆自殺。丙辰，弃疾即位，名曰熊居，葬子干於訾，實訾敖。殺囚衣之王服而流諸漢，乃取而葬之，以靖國人。使子旗㉕為令尹。楚師還自徐，吳人敗諸豫章，獲其五帥㉖。平王封陳蔡，復遷邑㉗，致羣賂，施舍寬民，宥罪舉職。召觀從，王曰：「唯爾所欲。」對曰：「臣之先佐開卜。」乃使為卜尹。使枝如子躬聘于鄭，且致犨櫟之田，事畢弗致。鄭人請曰：「聞諸道路，將命寡君以犨櫟，敢請命。」對曰：「臣未聞命。」既復，王問犨櫟，降服而對曰：「臣過失命，未之致也。」王執其手曰：「子毋勤，姑歸，不穀有事其告子也。」他年芊尹申亥以王柩告，乃改葬之。初，靈王卜曰：「余尚得天下。」不吉，投龜詬天而呼曰：「是區區者而不余畀，余必自取之。」民患王之無厭也，故從亂如歸。初，共王無冢適，有寵子五人，無適立焉，乃大有事于羣望，而祈曰：「請神擇於五人者使主社稷。」乃徧以璧見於羣望曰：「當璧而拜者，神所立也，誰敢違之。」既乃與巴姬㉘，密埋璧於大室之庭㉙，使五人齊而長入拜㉚，康王跨之，靈王肘加焉，子干，子皙皆遠之，平王弱，抱而入，再拜皆厭紐㉛。鬬韋龜屬成然焉，且曰：「弃禮違命，楚其危哉！」子干歸，韓宣子問於叔向曰：「子干其濟乎？」對曰：「難。」宣子曰：「同惡相求，如市賈焉，何難？」對曰：「無與同好，誰與同惡？取國有五難，有寵而無人，一也，有人而無主，二也。有主而無謀，三也。有謀而無民，四也。有民而無德，五也。子干在晉十三年矣，晉楚之從不聞達者，可謂無人。族盡親叛，可謂無主。無釁而動，可謂無謀。為羈終世，可謂無民。亡無愛徵，可謂無德。王虐而不忌，楚君子干涉五難以弒舊君，誰能濟之？有楚國者其弃疾乎？君陳蔡，城外屬焉。苛慝不作，盜賊伏隱，私欲不違，民無怨心，先神命之，國民信之。芊姓有亂，必季實立，楚之常也。獲神一也㊂。有民二也，令德三也，寵貴四也，居常五也㊂，有五利以去五難，誰能害之？子干之官則右尹也，數其貴寵則庶子也，以神所命則又遠之，其貴亡矣，其寵弃矣，民無懷焉，國無與焉，將何以立？」宣子曰：「齊桓晉文不亦是乎？」對曰：「齊桓，衛姬之子也，有寵於僖，有鮑叔牙、賓須無、隰朋以為輔佐，有莒衛以為外主，有國高以為內主，從善如流，下善齊肅，不藏賄，不從欲，施舍不倦，求善不厭，是以有國，不亦宜乎？我先君文公，狐季姬之子也，有寵於獻，好學而不貳，生十七年，有士五人，有先大夫子餘、子犯以為腹心，有魏犨賈佗以為股肱，有齊、宋、秦、楚，以為外主，有欒、郤、狐、先以為內主，亡十九年，守志彌篤，惠懷弃民，民從而與之，獻無異親，民無異望㉔，天方相晉，將何以代文？此二君者異於子干。共有寵子㉕，國有奧主，無施於民，無援於外，去晉而不送，歸楚而不逆，何以冀國？」

【今註】㊀殺大司馬薳掩而取其室：這件事在襄公三十年。㊁奪薳居田：薳居是薳掩的本家，奪到薳居的田地。㊂許圍：許大夫。㊃王之滅蔡也，其父死焉：楚靈王滅蔡國在魯昭公十一年。蔡洧的父親被打死。㊄申之會：在魯昭公四年。㊅鬬韋龜中犨：鬬韋龜是令尹子文的玄孫。中犨：在今河南魯山。㊆成然：蔓成然。㊇息州：在河南省息縣東北四十里有固城集。㊈朝吳：蔡大夫，聲子的兒子。㊉及郊而告之情：到了近郊才告訴實情，蔡公不知道這是計謀。⑪觀從使子干食：觀從叫子干在那裏吃飯。⑫坎用牲加書而速行：用牲穿地而祭，立下盟書，叫子罕趕緊走。⑬將師而從之：將率領著軍隊來幫助他。㊃將執之：將把觀從逮起來。㊄則如違之：那麼就不遵守蔡公的命令。㊅鄧：在今河南省郾城縣東南。㊆四族之徒：薳氏、許圍、蔡洧、蔓成然的黨羽。㊇須務牟、史猈：全是楚大夫。㊈大子祿、公子罷敵：全是楚靈王的兒子。㊉魚陂：一統志說：「甘魚陂在湖北省鍾祥縣南。」㊀遂告之：告訴他們對靈王反叛。㊁訾梁：大事表說：「在河南信陽縣界，有訾梁。」㊂棘闈：案方輿紀要：「河南新野鄉，有棘水，經古棘陽城，至縣東南入淯水，轉入於漢。」又說：「棘水自新野縣東，而南流入於淯水，謂之為力口，棘力聲相近，當為棘口也。」案棘闈即棘水之口，與王沿夏入鄢之路為便利。㊃子玉：觀從。㊄子旗：蔓成然。㊅五帥：指著蕩侯、潘子、司馬督、囂尹午、陵尹喜五人。㊆復遷邑：把昭公九年所遷的地方，全遷回去。㊇巴姬：共王的妾。㊈大室之庭：楚國祖廟中間的庭。㊉五人齊而長入拜：五個人齋戒論著長幼去拜。齊音義同齋。㊀再拜皆厭紐：兩次拜全都壓到玉的紐上。㊁獲神一也：當璧紐來拜。㊂居常五也：最小的。㊃獻無異親，民無異望：晉獻公的兒子九個人，這時祇剩下文公。㊄共有寵子：楚共王有寵愛的兒子楚平王。

【今譯】　楚王做令尹的時候，殺了大司馬薳掩，並且佔據他的家財，到了他即王位以後，又奪到薳居的田地，把許國遷居而把許大夫圍做人質，蔡洧為靈王所寵愛，靈王滅蔡的時候，他的父親被打死，靈王到乾谿的時候，就叫蔡洧看守著國家。在申開會時，越大夫被責備了，靈王又奪掉鬬韋龜中犨的地方，又奪掉他的兒子成然的封邑，但使他做郊尹的官，蔓成然本來事奉蔡公，是薳氏的一族。

到了薳居、許圍、蔡洧、蔓成然全是靈王所不禮愛的人，於是乘著沒有職位的各族，導致越大夫常壽過作亂，圍了固城，修了息舟這城而住在那裏。觀起死的時候，他的兒子觀從在蔡事奉以前蔡大夫朝吳，觀從說：「現在要不封蔡國，蔡國永遠不會被封，我請嘗試一下。」拿蔡公的命令叫子干同子晳等到了城外方告訴他們，蔡公並不知道這件事，強迫與他盟誓，進去攻擊蔡城，蔡公正要吃飯，見了他們就逃走了。觀從叫子干在那兒吃飯，自己用牲穿地而祭，立下盟書，叫子干趕緊走，觀從自己就告訴蔡人說：「蔡公叫了子干子晳來，就要把他們納到楚國，同他們盟誓以後，叫他們先走，然後蔡公領著軍隊隨他們去。」蔡國人聚在一塊將把觀從逮起來，他就說：「失掉子干同子晳，而蔡公又已成軍，把我殺了有什麼用處？」就放了他。朝吳說：「你們若能夠為靈王死亡，那就可不遵守蔡公命令，以看事的成敗，若是求著安定，就不如從著觀從，使蔡公能夠成功，並且違背了蔡公有什麼辦法呢？」大家說：「從著他。」就奉蔡公叫了子干、子晳到鄧的地方去盟誓，依靠著陳蔡的人成立國家。楚子干、子晳、公子弃疾、蔓成然、蔡朝吳率陳蔡不羹許葉的軍隊，用薳氏、許圍、蔡洧、蔓成然四族的人民進入楚國，到了都城的郊外，陳蔡想為報仇的名義，請立了一個堡壘，蔡公聽見說：「應該做得快，並且很勞苦，祇搭個竹籬笆。」於是竹籬笆做武軍。蔡公派須務牟與史猈先進了都城，用僕人之長殺了太子祿同公子罷敵。子干做了王，子晳做令尹，暫住到魚陂這地方。公子棄疾做司馬，先來掃除王宮，派觀從到乾谿的軍隊告訴他們，並且說：「先回來的，仍舊做原官，後回來的就削去鼻子。」跟隨靈王的軍隊回到訾梁，就潰散了。他聽見羣公子死了，自己從車上跳下來說：

「旁人喜歡他的兒子，也跟我一樣嗎？」侍從的人說：「比你還厲害啦！小人們老了沒有兒子，就明知道必定等於掉到濠溝裏死了。」靈王說：「我殺別人的兒子很多，能不落到現在這個地步嗎？」子革就說：「請等在城郊以外，看著貴族們歸到那一邊。」靈王說：「眾人全怒了，沒有方法了！」子革又說：「若進到大城而向諸侯請求軍隊。」靈王說：「大城全都反叛了。」子革說：「若逃到旁的國以聽大國的救你。」楚靈王說：「大福祇能有一次，不能再有，祇有等著羞辱了。」子革就回到楚國都城。靈王順著漢水想到鄢城去，芋尹無宇的兒子申亥說：「我的父親兩次違反了王的命令，王不殺他，這恩惠還有再大的嗎？君不可以忍辱，恩惠不可以拋棄，我還是隨從王吧！」就在棘圍遇見王同他回到家裏。夏五月癸亥，靈王在芋申亥家上吊，申亥把他兩個女兒做殉葬。觀從跟子干說：「要不殺弃疾，雖然得了國家，也等於受禍亂。」子干說：「我忍不下心去。」觀從說：「人能夠對你忍心，我不能夠等著。」就走了。楚國每天夜裏全以為王要來。乙卯夜裏，弃疾派人轉著圈走喊著說：「王來了。」貴族們全大驚。叫蔓成然去告訴子干、子晳說：「王來了，國人已經把弃疾殺掉，他們要來殺你們。你若早預備可以不被羞辱。眾人的惱怒跟水火一樣，沒法商量。」又有人喊著跑來說：「很多人來了！」子干、子晳全自殺。丙辰，弃疾就做了王，改名叫熊居，葬子干在訾這地方，稱他為訾敖。殺了一個囚犯，給他穿上王的衣服漂到漢水裏，再撈起來下葬，讓人知道王已死，安定大家情緒。派蔓成然做令尹，楚國軍隊從徐回來，吳國人在豫章把他打敗，得到他的五個將領。平王重新封了陳蔡，恢復九年所遷的邑，並還回從前所許的賄賂，大施捨，赦除罪人，舉了所廢的官職。叫觀從來，平王說：「隨便你要什麼？」回答說：「我的祖上曾經幫助占卜。」就派他做卜尹。叫枝如子躬到鄭國聘問，並且返回犫櫟的田地，等到事情完了，他沒有送還田地。鄭人請求說：「聽見道路傳說，將拿犫櫟還給我們君，敢問怎麼回事？」枝如子躬說：「我沒聽見說過。」等到回來，平王問對犫櫟怎麼辦？他就降服回答說：「我忘了這個命令，並沒有給他們。」平王拿著他的手說：「你不要著急，先回家吧，以後有事我才告訴你。」另一年芋尹申亥拿靈王棺材所在告訴，就把他改葬了。最初時靈王占卜說：「我可以得天下吧！」卜兆不吉，把龜板丟掉衝著天大罵說：「這一點東西，全不給我，我必定自己拿。」人民對靈王的無厭很討厭，所以跟著作亂和回家一樣的高興。最初的時候，共王並沒有嫡長的兒子，有五個兒子全很寵愛，但不知道那個當立，就大祭祀各星辰山川，祈禱說：「請神在這五人裏頭，挑一人來掌管國家。」就拿著玉石去見星辰山川說：「在玉石上邊去拜的這個人，就是神願意立的，誰也不敢違背他。」後來就同他的妾巴姬秘密的把玉埋在祖廟的當中，使五個人吃過個齋，而依著次序去拜。康王跨過玉，靈王手臂加在玉上邊，子干、子晳全都很遠，平王最年輕，抱著他進去，兩次拜全壓到玉石的紐上頭。鬭韋龜聽見說了，就把他的兒子托給平王，並且說：「放棄立長的禮，違背當璧的天命，楚國恐怕很危險了！」子干回楚國，韓起問叔向說：「子干可以成功嗎？」回答說：「很難。」韓起說：「同對一件惡事相求，這等於作生意一樣，這有什麼難處？」叔向又回答說：「沒有他同好的人，誰又跟他同惡呢？取到一個國家有五種難處，有寵愛而沒有賢人，第一件事。有賢人而沒有內主，第二件事。有內主而沒有計謀是第三件事。有計謀而沒有民眾是第四件事。有民眾而沒有德行是第五件事。子干在晉國已經十三年了，晉楚隨從的人不聽見有達人，可以說是沒有人。族也沒有了，親戚全都跟他叛逆，可以說是沒有內主。沒有大的機會而舉動，可說是沒有計謀。終身在外國住著，可以說沒有民眾。逃亡而楚人沒有喜愛他，可以說沒有德行。楚靈王很暴虐，但是沒有什麼畏懼，楚君子干有五種難處，就算殺掉舊君，誰能夠幫助他？做楚國君的大概就是弃疾，做陳蔡兩國的君方城以外全歸他管。他沒有作過壞事，盜賊全都藏了，他不用各人的私欲，去違背民間的事情，人民沒有恨他的心，各種神全都命令他，人民全都信服他。芈姓每逢到亂事，最小的兒子必定立，這是楚國的常情。得到神的命令這是第一件。有人民信仰他是第二件。他沒有做壞政第三件。他的母親有寵第四件。所佔的地位照常第五件。有這五件利去掉了五件難，誰能夠害他？子干的官祇是右尹，論他的貴寵祇是庶子，以神的命令來說又很遠，他的貴重已經沒有了，他的寵愛也拋棄了，人民也沒有懷念他，國裏沒有內主，以什麼方法來立呢？」韓起答說：「齊桓公同晉文公不是也如此嗎？」叔向回答說：「齊桓是齊僖公的妾衛姬的兒子，為僖公所寵愛，有鮑叔牙、賓須無、隰朋做他的輔佐，有莒國、衛國做他的外主，有國高做他的內主。他從善如流水，對於善事非常的嚴敬，清不好賄賂，儉不逞私欲，施捨不倦，求善不厭煩，所以有國家，這不是很應當的嗎？我們先君文公，是狐季姬的兒子，為晉獻公所寵愛，好學而篤志，生了十七年，有士五個人，有先大夫趙衰、狐偃做他的腹心，有魏犨、賈佗給他做股肱，有齊、宋、秦、楚做他的外主，有欒、郤、狐、先做他的內主，逃亡了十九年，他的志向更堅定，晉惠公、晉懷公拋棄了人民，人民祇能跟著文公，獻公沒有旁的親屬，人民沒有旁的希望，天方相著晉國，將怎麼樣替代文公？這兩位君同子干不同，楚共王有寵愛的兒子，國內還有弃疾，而子干對人民沒有施捨，對外沒有援救，離開晉國沒有人歡送，回到楚國沒有人迎接，怎麼樣能夠想得到國家呢？」

(三)經　秋公會劉子、晉侯、齊侯、宋公、衛侯、鄭伯、曹伯、莒子、邾子、滕子、薛伯、杞伯、小邾子于平丘，八月甲戌，同盟于平丘，公不與盟，晉人執季孫意如以歸。

傳　晉成虒祁㈠，諸侯朝而歸者皆有貳心。為取鄆㈡，晉將以諸侯來討。叔向曰：「諸侯不可以不示威。」乃並徵會告于吳。秋，晉侯會吳子于良㈢，水道不可，吳子辭乃還。七月丙寅，治兵于邾南，甲車四千乘，羊舌鮒攝司馬，遂合諸侯于平丘㈣，子產子大叔相鄭伯以會，子產以幄幕九張行，子大叔以四十，既而悔之，每舍損焉，及會亦如之。次于衛地，叔鮒求貨於衛，淫芻蕘者，衛人使屠伯㈤饋叔向羹與一篋錦，曰：「諸侯事晉未敢攜貳，況衛在君之宇下，而敢有異志。芻蕘者異於他日，敢請之㈥。」叔向受羹反錦，曰：「晉有羊舌鮒者，瀆貨無厭，亦將及矣㈦，為此役也，子若以君命賜之，其已。」客從之，未退而禁之。晉人將尋盟，齊人不可。晉侯使叔向告劉獻公曰：「抑齊人不盟，若之何？」對曰：「盟以底信，君苟有信，諸侯不貳，何患焉！告之以文辭，董之以武師，雖齊不許，君庸多矣。天子之老請帥王賦，元戎十乘以先啟行，遲速唯君。」叔向告于齊曰：「諸侯求盟已在此矣，今君弗利寡君以為請。」對曰：「諸侯討貳，則有尋盟，若皆用命，何盟之尋？」叔向曰：「國家之敗，有事而無業，事則不經。有業而無禮，經則不序。有禮而無威，序則不共。有威而不昭，共則不明，不明弃共，百事不終，所由傾覆也。是故明王之制，使諸侯歲聘以志業，間朝以講禮，再朝而會以示威，再會而盟以顯昭明，志業於好，講禮於等，示威於眾，昭明於神，自古以來未之或失也，存亡之道恒由是興。晉禮主盟，懼有不治，奉承齊犧，而布諸君求終事也。君曰余必廢之，何齊之有？唯君圖之，寡君聞命矣。」齊人懼對曰：「小國言之，大國制之，敢不聽從，既聞命矣，敬共以往，遲速唯君。」叔向曰：「諸侯有間矣，不可以不示眾。」八月辛未治兵，建而不旆。壬申，復旆之，諸侯畏之。邾人，莒人，愬于晉曰：「魯朝夕伐，我幾亡矣。我之不共，魯故之以㈧。」晉侯不見公，使叔向來辭曰：「諸侯將以甲戌盟，寡君知不得事君矣，請君無勤。」子服惠伯對曰：「君信蠻夷之訴㈨，以絕兄弟之國，弃周公之後，亦惟君，寡君聞命矣。」叔向曰：「寡君有甲車四千乘在，雖以無道行之，必可畏也，況其率道，其何敵之有？牛雖瘠，僨於豚上，其畏不死㈩，南蒯子仲之憂，其庸可弃乎？若奉晉之眾，用諸侯之師，因邾、莒、杞、鄫之怒，以討魯罪，間其二憂，何求而弗克？」魯人懼聽命。甲戌，同盟于平丘，齊服也。令諸侯日中造于除，癸酉退朝，子產命外僕速張於除，子大叔止之，使侍明日。及夕，子產聞其未張也，使速往乃無所張矣。及盟，子產爭承曰：「昔天子班貢，輕重以列，列尊貢重，周之制也，卑而貢重者，甸服也。鄭伯男也，而使從公侯之貢，懼弗給也，敢以為請，諸侯靖兵好以為事，行理之命，無月不至，貢之無藝，小國有闕，所以得罪也。諸侯脩盟，存小國也。貢獻無極，亡可待也。存亡之制，將在今矣。」自日中以爭，至于昏，晉人許之。既盟，子大叔咎之曰：「諸侯若討，其可瀆乎？」子產曰：「晉政多門，貳偷之不暇，何暇討？國不競亦陵，何國之為？」公不與盟，晉人執季孫意如，以幕蒙之，使狄人守之。司鐸射㊁懷錦奉壺飲冰以蒲伏焉，守者御之，乃與之錦而入。晉人以平子歸，子服湫從。子產歸未至，聞子皮卒，哭且曰：「吾已，無為為善矣，唯夫子知我。」仲尼謂子產於是行也，是以為國基矣。詩曰：「樂只君子，邦家之基㊂。」子產君子之求樂者也。且曰合諸侯，藝貢事，禮也。

【今註】㊀虒祁：在昭公八年。㊁取鄆：在昭公十年。㊂良：方輿紀要說：「今江蘇邳縣北六十里有良城故城。」㊃平丘：衛地。長垣縣志說：「平邱城在今縣城西南五十里。」一統志同。㊄屠伯：衛大夫。㊅敢請之：叫他止住。㊆亦將及矣：他不久也將及禍。㊇魯故之以：因為魯國的緣故。㊈君信蠻夷之訴：你聽信邾國同莒國的告訴。㊉牛雖瘠，僨於豚上，其畏不死：牛雖然很瘦，但是他若爬到豬的身上，也會把豬嚇死。㊁司鐸射：魯大夫。㊂樂只君子，邦家之基：詩經小雅的一句話。君子掌政權，這是邦家的基礎。

【今譯】晉國修虒祁的宮，諸侯朝晉回去的全有背離的心意。為取鄅的地方，晉將率領著諸侯來討魯國。叔向說：「對諸侯不可以不示威。」並且預備開會告訴吳國。秋，晉侯同吳王在良這地方開會，水道不方便，吳人辭謝不來開會。七月丙寅，預備軍隊在邾國南邊，共有車四千輛，羊舌鮒攝司馬的官，就在平丘會合諸侯。子產、游吉為鄭伯相禮來開會。子產做了帳篷九個，游吉先做了四十個，後來又後悔了，每次住的地方，就去掉若干個，到了開會的時候，同子產數目相同。到了衛國的地方，羊舌鮒為了對衛國求賄賂，放任芻蕘的人，衛人使他大夫屠伯送給叔向羹湯同一篋錦緞，並且說：「諸侯事奉晉國，沒有敢有貳心，何況衛國等於在晉國屋宇下，還敢有異心嗎？砍草的人同旁的天情形不同，請把他止住。」叔向受了羹湯，還回他的錦緞說：「晉國有羊舌鮒，想要賄賂，沒有厭心，他也將及於禍了，至於現在這件事，你若以君命來賞賜他，他也就可以止住了。」於是派去的人就照這樣辦沒有退回，羊舌鮒就禁止砍草的人。晉人想著重申從前的盟誓，齊人不贊成。晉侯派叔向告訴王卿士劉獻公說：「齊人不願意盟，怎麼辦？」劉獻公回答說：「盟是為的得到信實，君苟有信實，諸侯沒有貳心，這還有什麼可怕的呢？用文辭來告訴他，並且用武力來督帥他，齊國就是不答應，你的功勞也很大。天子的大夫請率領王的軍隊，元戎十輛在先頭走，早晚全聽你的命令。」叔向告訴齊國說：「諸侯求盟已經在此地，你不贊成，但是寡君就要請求你。」齊國回答說：「諸侯討貳心的，方才有重申盟誓的舉動，若全都服從命令，有什麼盟可以重申呢？」叔向說：「國家的敗壞，在有事而沒有貢賦，事就不能有常，有貢賦而沒有禮，雖有常也不能按著次序。有禮而沒有威望，次序就不恭敬。有威望而不昭明，恭敬就不明顯。不明顯就棄了恭敬，百事全不能到底，就是所以顛覆的原故。所以明王的制度，使諸侯每歲來聘問，以表明他的志業。隔歲來朝貢以講求禮節，再朝貢就開會，以表示威嚴，再開會就盟誓，以顯示昭明，志業於好處，就是為的聘問，講禮就是為的朝貢，示威於眾人是為的開會，昭明於神前為的盟誓，自古代以來沒有變過，存亡的道理就是由這裏興起來的。晉國是諸侯的盟主，恐怕做不好，所以奉承了盟誓的犧牲，而告訴你，這是求把事辦完。你說我必須廢除他，這對齊國有什麼用處呢？希望你細想想。寡君祇有聽從你的命令。」齊人害怕了就回答說：「小國祇是這麼說，大國來制止，敢不聽從你的命令，既然命令如此，我們就恭敬的來，早晚全聽你。」叔向說：「諸侯有間隙可乘了，不可以不表示兵眾。」八月辛未這天，練習戰爭，把旗子設立了，而不加上他的游。壬申，又按上游，諸侯全害怕。邾人、莒人告訴晉國說：「魯國早晚侵伐我，我幾乎要亡國了。我的不能共晉國賦歲，這全是魯國的原故。」晉侯不見魯昭公，使叔向來辭謝魯昭公說：「諸侯將於甲戌盟誓，寡君知道不能事奉你，請你不要勤勞來開會。」子服惠伯對他說：「你信蠻夷的告訴，而絕兄弟國家的關係，捨棄周公的後人，也就聽你的。」叔向說：「寡君有甲車四千輛，就是以沒有道來行使他，也使人可怕，況他用道理來辦，誰能抵擋他呢？牛雖然瘦，倒在豬的身上，會把豬嚇死，南蒯子仲在魯國可憂慮，你們還能忘嗎？若用晉國的眾兵加上諸侯的軍隊，再用邾、莒、杞、鄫的怒氣，來討魯國的罪狀，乘著南蒯子仲的憂慮，求什麼還不能成功呢？」魯人害了怕，就聽從晉國的命令。甲戌，在平丘同盟，這是齊人服從了。令諸侯們日中到盟壇那裏去，癸酉，先朝晉國退下來，子產令僕人趕緊張開帷幕，游吉攔住他待明天再說。到了晚上，子產聽見說還沒有張帷幕，叫他趕緊去張，已經沒有張帷幕的地方了。到了盟誓時，子產對於貢賦的數目很有爭執，他說：「從前天子對於貢賦，輕重論著次序，地位高貢賦就重，這是周的制度，地位低下而貢賦重的是甸服。鄭伯是等於子男的爵位，而使他從著公侯的地位交納貢賦，恐怕沒有方法供給，我敢請求諸侯休息軍隊，彼此交好。而晉國使人來責求貢賦，每月都到鄭國。納的貢賦沒有法制，小國有闕乏，所以得於大國。諸侯舉行盟誓，為的能使小國存在，貢獻無量，國家的滅亡立可實現。存亡的制度全在今天。」由中午爭起一直爭到夜晚，晉人祇好許他。既盟以後，游吉不以為然說：「諸侯若來討伐，這豈可以容易的對付嗎？」子產說：「晉國的政治出自多門，貳心苟且之不暇，還能夠討伐我國嗎？國家要沒有競爭，就會衰弱下去，那還有什麼國家可講？」魯昭公不參加盟誓，晉人逮起了季孫意如，拿帳幕裏起來，使狄國人看守著他。魯大夫司鐸射身上藏著一塊錦緞，奉著水壺擱上冰偷著給季孫去喝，看守的人攔住他，就給他一塊錦就進去了。晉國人把季孫意如領到晉國去，子服湫隨著他。子產回鄭國，沒有到，聽見子皮死了，哭著並且說：「我已經沒有方法做善事了，祇有他知道我。」仲尼說子產這次去可以為國家的根基。詩經說：「這個君子就是邦家的根基。」子產是君子求樂的人。並且說盟主會合諸侯，討論貢事，這合於禮的。

(四)**經** 公至自會㊀。

【今註】㊀此經無傳。

【今譯】魯昭公從開會的地方回來。

(五)**傳** 鮮虞人聞晉師之悉起也，而不警邊，且不脩備，晉荀吳自著雍以上軍侵鮮虞，及中人驅衝競㊀，大獲而歸。

【今註】㊀及中人驅衝競：方輿紀要說：「中山城在唐縣西北十三里，一名中人亭。」用全力把戰車往前衝進。

【今譯】鮮虞人聽見晉國的軍隊全出去，他就不警戒邊疆，而且不修理防備，晉國荀吳由著雍這地方，拿上軍侵略鮮虞，到了中人地方跟敵人用車衝突，得到敵人很多以後就回來。

(六)**經** 蔡侯廬歸于蔡，陳侯吳歸于陳。

傳 楚之滅蔡也，靈王遷許、胡、沈、道、房、申於荊焉，平王即位，既封陳蔡而皆復之，禮也。隱大子之子廬歸于蔡，禮也。悼大子之子吳歸于陳，禮也。

【今譯】楚國軍隊滅了蔡國的時候，楚靈王把許、胡、沈、道、房、申遷到楚國。平王即位以後，既而又封陳國同蔡國，把這些小國也回復了，這是合禮的。隱太子的兒子廬也回到蔡國，這也是合禮的。悼太子的兒子吳回到陳國，也是合禮的。

(七)經 冬十月葬蔡靈公。

傳 冬十月葬蔡靈公，禮也。

【今譯】冬天十月給蔡靈公行葬禮，這是合禮的。

(八)經 公如晉，至河乃復。

傳 公如晉，荀吳謂韓宣子曰：「請侯相朝，講舊好也。執其卿而朝其君，有不好焉，不如辭之。」乃使士景伯辭公于河。

【今譯】魯昭公到晉國，荀吳對韓起說：「請諸侯互相朝見，這是講舊的情好，把他的卿逮起來，而叫他君來朝見，這是很不好的，不如辭掉他。」就叫士景伯到黃河邊上辭謝昭公。

(九)經 吳滅州來。

傳 吳滅州來，令尹子期請伐吳，王弗許，曰：「吾未撫民人，未事鬼神，未修守備，未定國家，而用民力，敗不可悔。州來在吳猶在楚也，子姑待之。」

【今譯】 吳人滅了州來，令尹子期請討伐吳國，楚平王不答應，說：「我還沒有安撫人民，沒有敬祀鬼神，守備全沒修整，國家也沒有安定，而祇用人民的力量，若失敗了，就後悔也來不及。州來屬於吳國等於屬於楚國，你姑且等一等再看。」

(十)傳 季孫猶在晉，子服惠伯私於中行穆子曰：「魯事晉，何以不如夷之小國？魯兄弟也，土地猶大，所命能具，若為夷弃之，使事齊楚，其何瘳於晉？親親與大，賞共罰否，所以為盟主也，子其圖之。諺曰『臣一主二』吾豈無大國？」穆子告韓宣子，且曰：「楚滅陳蔡不能救，而為夷執親，將焉用之？」乃歸季孫。惠伯曰：「寡君未知其罪，合諸侯而執其老，若猶有罪，死命可也。若曰無罪，而惠免之，諸侯不聞，是逃命也，何免之為？請從君惠於會。」宣子患之，謂叔向曰：「子能歸季孫乎？」對曰：「不能，鮒也能。」乃使叔魚。叔魚見季孫曰：「昔鮒也得罪於晉君，自歸於魯君，微武子之賜，不至於今㊀，雖獲歸骨於晉，猶子則肉之，敢不盡情。歸子而不歸，鮒也聞諸吏將為子除館於西河，其若之何？」且泣。平子懼先歸，惠伯待禮。

【今註】㊀武子之賜，不至於今：武子是季平的祖父季孫宿。不至於活到今天。

【今譯】季孫意如還在晉國，子服惠伯私下對荀吳說：「魯國事奉晉國，為什麼不像夷狄的小國邾莒呢？魯國是兄弟國，土地又很大，所受的命令全能做，若因為夷人把魯國放棄了，使他事奉齊國或楚國，這對於晉國有什麼好處呢？親近親屬，接交大國，賞恭敬的，徽罰不恭敬的，所以能做盟主，你何不細想想。俗話說：『一臣必有二主』，我們豈沒有大國可以事奉？」荀吳告訴韓起這些話並且說：「楚國滅了陳蔡兩國，晉國不能去救，並且為夷人逮起了兄弟國，這有什麼用處呢？」就叫季孫回魯國。子服惠伯說：「寡君不知道他犯了什麼罪，會合諸侯而把他的尊卿逮起來，若使魯國有罪，死到晉國的命令好了。若說無罪，而加恩惠把他赦免，諸侯全不知道，這是違反晉國的命令，這有什麼免罪可言？要是跟你到會裏去然後派他回魯國就好了。」韓起以這件事為憂患，對叔向說：「你能使季孫回去嗎？」叔向說：「我不能，但是我的弟弟叔魚能夠。」就派叔魚。叔魚就見季孫說：「我從前得罪了晉君，跑到魯君那裏去，要不是你的祖父幫忙，不能夠到了今天，我現在雖然把骨骸歸到晉國，等於你使他生肉，我敢不用力使你回去嗎？你若不肯回去，我聽見吏人說將給你在西河整理一個房子，那怎麼辦呢？」並且他掉眼淚。季孫意如害怕了，就先回到魯國，子服惠伯仍在晉國等著遣散的禮節。

昭公十四年（即公元前五百二十八年）

(一)經　十有四年春，意如至自晉。

傳　十四年春，意如至自晉，尊晉罪己也㊀。尊晉罪己，禮也。

【今註】㊀尊晉罪己也：尊敬晉國而自己以為有罪。

【今譯】十四年春，季孫意如從晉國回來，春秋所以這樣寫，這是尊敬晉國而表示自己有過。這是很合於禮的。

(二)經　三月，曹伯滕卒㊀。

【今註】㊀有經無傳。

【今譯】三月，曹伯滕死了。

㈢經　夏四月㈠。

【今註】㈠此經無傳。

【今譯】夏天四月。

㈣經　葬曹武公㈠。

【今註】㈠此經無傳。

【今譯】給曹武公下葬。

㈤傳　南蒯之將叛也，盟費人。司徒老祁、慮癸㈠偽廢疾，使請於南蒯曰：「臣願受盟而疾興，若以君靈不死，請待間而盟。」許之。二子因民之欲叛也，請朝眾而盟，遂劫南蒯曰：「羣臣不忘其君㈡，畏子以及今，三年聽命矣。子若弗圖，費人不忍其君，將不能畏子矣。子何所不逞欲，請送子㈢。」請期五日㈣，遂奔齊。侍飲酒於景公，公曰：「叛夫！」對曰：「臣欲張公室也。」子韓晳㊄曰：「家臣而欲張公室，罪莫大焉。」司徒老祁，慮癸來歸費㊅，齊侯使鮑文子致之。

【今註】㊀司徒老祁、慮癸：正義引世族譜說：「司徒老祁為一人，慮癸為一人」。㊁其君：其君指季氏。㊂請送子：請子出奔。㊃請期五日：南蒯請五天以後再出奔。㊄子韓晳：齊大夫。㊅歸費：將費歸還給魯國。

【今譯】南蒯將反叛的時候，要同費人盟誓。司徒老祁和慮癸假裝有病說：「我很願意受盟，不過有病了，若以君的神靈，我得到不至於死，請等到稍為好一點再盟會。」南蒯就答應他。他們兩人因為人民想對季氏反叛，請朝見眾人再盟誓，就劫持南蒯說：「羣臣不能忘了季孫，對你害怕一直到現在，三年工夫聽從你的命令。你若不管，費人也不忍害他的君，也就不怕你了。你什麼地方不能達到欲望，就請送你出奔。」南蒯請等五天，就逃到齊國去。同景公喝酒時，景公罵他說：「你這個叛夫。」他就說：「我是想著擴張公室。」齊大夫子韓晳說：「家臣而想著擴張公室，沒有再比這罪大的。」司徒老祁慮癸將費城歸還魯國，齊侯派鮑文子來護送。

㈥傳夏，楚子使然丹簡上國㊀之兵於宗丘㊁，且撫其民，分貧振窮，長孤幼，養老疾，收介特㊂，救災患，宥孤寡，赦罪戾，詰姦慝，舉淹滯㊃，禮新敍舊，祿勳合親，任良物官。使屈罷簡東國之兵㊄於召陵，亦如之。好於邊疆，息民五年，而後用師，禮也。

【今註】㊀上國：指在楚國都的西方。㊁宗丘：楚地，彙纂說「在今湖北省秭歸縣境。」㊂收介特：介特是單身的人，使他們聚到一起。㊃舉淹滯：把有才德而未敍的敍官。㊄東國之兵：在楚國都東邊的軍隊。

【今譯】夏，楚子使然丹訓練楚國西邊的軍隊在宗丘這地方，並且安撫他的人民，分給窮苦的人財貨，使孤幼的人成長，老病的人全得養，把單身的也收容去，救有災患的人，對於孤寡也寬免他的賦稅，赦掉有罪的人，嚴懲姦邪壞人，把有才德而沒做官的使他做官，對新人禮遇，把舊有的人加敍，有功勞的記在冊上，把九族結合相親，任用好的人。使屈罷訓練楚國都城東邊的兵在召陵這地方，也同然丹一樣。使他們全都對四鄰很要好，使人民安息五年，然後用兵，這是很合於禮的。

(七)經　八月，莒子去疾卒。

傳　秋八月，莒著丘公卒，郊公㊀不慼，國人弗順，欲立著丘公之弟庚與㊁。蒲餘侯㊂惡公子意恢而善於庚與，郊公惡公子鐸而善於意恢。公子鐸因蒲餘侯而與之謀曰：「爾殺意恢，我出君而納庚與。」許之。

【今註】㈠郊公：著丘公的兒子。㈡庚與：就是莒共公。㈢蒲餘侯：莒大夫。

【今譯】秋天八月，莒國的著丘公死了，他的兒子郊公不難過，貴族們全不順從他，想立著丘公的弟弟庚與。莒大夫蒲餘侯不喜歡公子意恢，而對於庚與很要好，郊公不喜歡公子鐸而對於意恢很要好。公子鐸利用蒲餘侯而跟他計謀說：「你把意恢殺掉，我把莒君郊公驅逐出去而叫庚與回來。」答應他了。

㈧傳楚令尹子旗有德於王，不知度，與養氏比而求無厭，王患之。九月甲午，楚子殺鬬成然，而滅養氏之族，使鬬辛㈠居鄖，以無忘舊勳。

【今註】㈠鬬辛：子旗的兒子鄖公辛。

【今譯】楚國令尹子旗對楚平王很有幫助，但是不知道法度，跟養由基的後人聯絡而要求無限，楚平王很憂患。九月甲午，楚平王殺了鬬成然，而滅掉養氏的族人，叫鬬辛住在鄖的地方，以免忘了舊的勳勞。

(九) 經 冬，莒殺其公子意恢。

傳 冬十二月，蒲餘侯茲夫殺莒公子意恢，郊公奔齊。公子鐸逆庚與於齊，齊隰黨公子鉏送之，有賂田㊀。

【今註】 ㊀有賂田：莒國對齊國以田地為賄賂。

【今譯】 冬十二月，蒲餘侯茲夫殺了公子意恢，郊公就逃到齊國去。公子鐸從齊國迎接庚與回來，齊國隰黨公子鉏來送他，莒國就以田地賄賂齊國。

(十) 傳 晉邢侯㊀與雍子㊁爭鄐田㊂，久而無成。士景伯如楚，叔魚攝理㊃，韓宣子命斷舊獄，罪在雍子。雍子納其女於叔魚，叔魚蔽罪邢侯㊄。邢侯怒，殺叔魚雍子於朝。宣子問其罪於叔向。叔向曰：「三人同罪，施生戮死可也。雍子自知其罪，而賂以買直，鮒也鬻獄，邢侯專殺，其罪一也。己惡而掠美為昏㊅，貪以敗官為墨㊆，殺人不忌為賊㊇，夏書曰：『昏墨賊殺』㊈，皋陶之刑也，請從之。」乃施邢侯而尸雍子與叔魚於市。仲尼曰：「叔向古之遺直也。治國制刑，不隱於親，三數叔魚之惡，不為末減，由義也夫㊉，可謂直矣。平丘之會，數其賄也，以寬衛國，晉不為暴，歸魯季孫，稱其詐也，以寬魯國，晉不為虐；邢侯之獄，言其貪也，以正刑書，晉不為頗。三言而除三惡，加三利，殺親益榮，猶義也夫。」

【今註】㊀邢侯：是楚申公巫臣的兒子。㊁雍子：楚國人。㊂鄐田：在今河南省修武縣。㊃叔魚攝理：叔魚代理士景伯的理官。㊄蔽罪邢侯：他斷邢侯有罪。㊅己惡而掠美為昏：自身有罪惡，還掠取他人之美，就是昏亂。㊆貪以敗官為墨：貪心敗壞官常叫作墨。㊇殺人不忌為賊：殺人毫無忌憚叫做賊。㊈昏墨賊殺：這是一句逸書，意思是說昏墨賊三者皆應當處死刑。㊉由義也夫：王引之說：「曰義也夫當作由義也夫，與下之猶義也夫相呼應。」今照改。

【今譯】晉國邢侯跟雍子爭鄐這地方的田地，久而沒有成功。士景伯到楚國去，叔魚代理他職務，韓起叫他把舊的案子全弄清楚，這罪狀全在雍子身上。雍子把他女兒嫁給叔魚，叔魚就斷罪給邢侯，邢侯發怒，就把叔魚同雍子在朝上殺掉。韓起就問叔向如何定罪，叔向說：「三人的罪相同，殺活的定死的罪就可以了。雍子自己知道他的罪狀，用賄賂以買到勝訴，叔魚賣掉法律，邢侯專門殺人，這罪狀相等。自己有罪惡，還掠取他人之美，就是昏亂，貪污敗壞官常這把叫做墨，殺人不怕叫著賊，夏書上說：『昏、墨、賊，都該殺』這是皐陶的刑法，請遵從他。」就殺掉邢侯，而把雍子同叔魚的屍首陳列到市場上。仲尼說：「叔向有古人遺直的風氣，治理國家制有刑法，對於他弟弟不隱藏，三次數說叔魚的壞處沒有把他減少，這是由於義氣的關係，可以說是正直的。平丘會盟時，數說叔魚得到的賄賂，使衛國得以寬展，晉國對此不為暴虐；叫魯國季孫回去，用他的詐術使魯國寬展，晉國也對此不為虐。邢侯這件刑獄，說叔魚的貪心，以正刑法，晉國不為邪。三句話而除了三個壞事加了三個利，殺了他的親信，增加他的榮名，這全是由於義氣的關係。」

昭公十五年（公元前五百二十七年）

(一)經　春王正月吳子夷末卒㈠。

【今註】㈠此經無傳。

【今譯】十五年春天正月，吳王夷末死了。

(二)經　二月癸酉，有事于武宮，籥入，叔弓卒，去樂卒事。

傳　春，將禘于武公，戒百官。梓愼曰：「禘之日其有咎乎？吾見赤黑之祲，非祭祥也，喪氛也，其在涖事乎㈠？」二月癸酉禘，叔弓涖事，籥入而卒，去樂卒事，禮也。

【今註】㈠其在涖事乎：這要應在有關職務的人身上吧。

【今譯】春將在魯武公廟中祭祀，各官全在那裏齋戒。梓慎說：「禘祭那天，恐怕有壞的問題。我看見紅同黑的顏色，這不是祭祀的祥瑞，恐怕是有喪事的惡氣，恐怕是在執事的人上？」二月癸酉禘祭，叔弓來執事，執籥的樂工剛進去，叔弓就死了，於是去掉樂器，做完祭祀，這是很合於禮的。

㈢經夏，蔡朝吳出奔鄭。

傳楚費無極害朝吳之在蔡也㈠，欲去之，乃謂之曰：「王唯信子，故處子於蔡。子亦長矣，而在下位，辱必求之，吾助子請㈡。」又謂其上之人㈢曰：「王唯信吳，故處諸蔡，二三子莫之如也。而在其上，不亦難乎？弗圖必及於難。」夏，蔡人逐朝吳，朝吳出奔鄭。王怒曰：「余唯信吳，故寘諸蔡，且微吳吾不及此，女何故去之？」無極對曰：「臣豈不欲吳，然而前知其為人之異也㈣，吳在蔡，蔡必速飛，去吳所以翦其翼也。」

【今註】㈠費無極害朝吳之在蔡也：費無極不願意蔡大夫朝吳在蔡國。㈡吾助子請：我幫著你請求更大的位子。㈢又謂其上之人：又謂蔡人比朝吳高位的人。㈣然而前知其為人之異也：我以前就知道朝吳這個人有權謀。

【今譯】楚國的費無極頗以朝吳在蔡國為恐懼，想把他去掉，就對他說：「因為王對你很信任，所以叫你住到蔡國，你現在很年長，而在很下的位子，這必要得到恥辱，我幫著你請求更上的位子。」又對蔡國人在上位的人說：「楚王唯獨信任朝吳，所以叫他住到蔡的地方，你們這些人沒有比他再好的。而位子在他的上邊，那不很難辦嗎？你們要不想辦法，必然遭到了禍難。」夏天，蔡國人驅逐朝吳出國，朝吳逃到鄭國。楚王發怒說：「我就是信任朝吳，所以使他住到蔡國，並且要不是朝吳，我不能達到目前的地位，你為什麼把他去掉？」費無極回答說：「我並不是想對朝吳不好，但是我知道他的權謀異常，朝吳在蔡國，蔡國必定能夠很快的飛騰起來，去掉朝吳等於去掉蔡國的翅膀。」

㈣經　六月丁巳朔，日有食之㊀。

【今註】㊀此經無傳。

【今譯】六月丁巳朔，魯國有日蝕。

㈤傳　六月乙丑，王大子壽卒㊀。

【今註】㊀大子壽：周景王的兒子。

【今譯】六月乙丑，周景王的太子壽死了。

㈥傳 秋八月戊寅，王穆后崩㊀。

【今註】㊀穆后：太子壽的母親。

【今譯】秋八月戊寅，太子壽的母親穆后死了。

㈦經 秋晉荀吳帥師伐鮮虞。

傳 晉荀吳帥師伐鮮虞，圍鼓㊀。鼓人或請以城叛，穆子弗許。左右曰：「師徒不勤，而可以獲城，何故不為？」穆子曰：「吾聞諸叔向曰：『好惡不愆，民知所適，事無不濟。』或以吾城叛，吾所甚惡也。人以城來，吾獨何好焉？賞所甚惡，若所好何？若其弗賞，是失信也，何以庇民？力能則進，否則退，量力而行，吾不可以欲城而邇姦，所喪滋多。」使鼓人殺叛人而繕守備。圍鼓三月，鼓人或請降，使其民見。曰：「猶有食色，姑修而城。」軍吏曰：「獲城而弗取，勤民而頓兵，何以事君？」穆子曰：「吾以事君也，獲一邑而教民怠，將焉用邑？邑以賈怠，不如完舊，賈怠無卒，弃舊不祥，鼓人能事其君，我亦能事吾君，率義不爽，好惡不愆，城可獲而民知義所，有死命而無二心，不亦可乎？」鼓人告食竭力盡而後取之，克鼓而反，不戮一人，以鼓子鳶鞮歸㈡。

【今註】㈠鼓：案鼓為祁姓子爵國，在今河北省晉縣。㈡以鼓子鳶鞮歸：鼓的君名字叫鳶鞮回到晉國。

【今譯】晉國荀吳率領軍隊討伐鮮虞，圍了鼓這地方。鼓人有的請以他的城投降，荀吳不答應。他的隨從說：「軍隊不要費力，就可以得到城池，為什麼不做呢？」荀吳說：「我聽過叔向說：『該好則好，該惡則惡，人民就知道往那裏去，事情沒有不成功的。』有人把我的城對敵人投降了，這也是我所反對的。人家拿城來，我為什麼獨自高興呢？賞我們所不高興的事，那麼對於我們所喜歡的事怎麼辦？要是不賞他們，豈不失掉信用，怎麼樣能夠保護人民。力量能夠就往前進，不然就退，本著力量來做，我不能夠祇想要這個城而接近姦人，使丟掉的很多。」使鼓人殺掉他反叛的人，而再修城守備。圍鼓經過三個月，鼓人有的請降的，使他的人民來見。穆子說：「你們還有食色，並不缺糧，姑且修你們的城池。」軍吏就說：「得到城池而不拿，勤勞人民而把軍隊停頓，這方法怎能事奉晉君呢？」荀吳說：「我正是所以事君的方法，得到一個城，而教給人民怠惰，何必用這個城呢？用城來買到怠惰，不如保守舊邑。買到怠惰沒有完，丟掉舊邑的不吉祥，鼓人能夠事奉他的君，我也能夠事奉我的君，行著義沒有差，好惡全都沒有過份，城可以得到，而民知道道義的所在，可以死於君命而沒有兩心，這不也可以嗎？」後來鼓人告訴荀吳說食物全都吃完了，力量也用完了，然後方才佔領著鼓城，拿了鼓城回到晉國，沒有殺掉一個人，把鼓的君鳶鞮帶回到晉國。

(八)經 冬，公如晉。

傳 冬公如晉，平丘之會故也㈠。

【今註】㈠平丘之會故也：因為平丘會盟時，魯昭公不參與，季孫就被緝捕，後來又送回季孫，所以魯昭公往謝。

【今譯】冬天，魯昭公到晉國去，這是平丘的會盟的緣故。

(九)傳 十二月，晉荀躒如周葬穆后，籍談為介。既葬除喪，以文伯宴，樽以魯壺㈠。王曰：「伯氏！諸侯皆有以鎮撫王室，晉獨無有，何也？」文伯揖籍談。對曰：「諸侯之封也，皆受明器於王室，以鎮撫其社稷，故能薦彝器於王。晉居深山，戎狄之與鄰而遠於王室，王靈不及，拜戎不暇，其何以獻器？」王曰：「叔氏而忘諸乎？叔父唐叔，成王之母弟也，其反無分乎？密須之鼓與其大路，文所以大蒐也，闕鞏之甲㈡，武所以克商也。唐叔受之以處參虛，匡有戎狄，其後襄之二路，鏚鉞秬鬯㈢，彤弓虎賁，文公受之，以有南陽之田，撫征東夏㈣，非分而何？夫有勳而不廢，有績而載，奉之以土田，撫之以彝器，旌之以車服，明之以文章，子孫不忘，所謂福也。福祚之不登，叔父焉在㈤？且昔而高祖孫伯黶司晉之典籍㈥，以為大政，故曰籍氏，及辛有之二子董之，晉於是乎有董史，女司典之後也，何故忘之？」籍談不能對。賓出，王曰：「籍父其無後乎？數典而忘其祖㈦。」籍談歸以告叔向，叔向曰：「王其不終乎？吾聞之所樂必卒焉，今王樂憂，若卒以憂，不可謂終。王一歲而有三年之喪二焉，於是乎以喪賓宴，又求彝器，樂憂甚矣，且非禮也。彝器之來，嘉功之由，非由喪也。三年之喪，雖貴遂服，禮也，王雖弗遂，宴樂以早，亦非禮也。禮，王之大經也，一動而失二禮㈧，無大經矣。言以考典，典以志經，忘經而多言舉典㈨，將焉用之？」

【今註】㊀魯壺：魯國所獻的壺樽。㊁密須之鼓、闕鞏之甲：密須是姞姓國，為周文王所伐，闕鞏也是一國名，他產生的盔甲。㊂鉞鉞秬鬯：鉞是斧頭，鉞是金斧頭，秬是黑黍所做，鬯是香酒。㊃撫征東夏：這事在僖公二十八年城濮之戰的時候。㊄福祚之不登，叔父焉在：晉國典籍若不記載福祚，焉在其為叔父，叔父謂晉先公。㊅且昔而高祖孫伯黶司晉之典籍：並且從前你的高祖孫伯黶管晉國的典籍。㊆數典而忘其祖：數說典故而忘了他祖父的事業。㊇一動而失二禮：一個舉動而失掉兩種禮節。㊈忘經而多言舉典：忘了經典而多說話。

【今譯】十二月，晉國荀躒到周都城去給穆后行葬禮，籍談做副使，既經下葬，除掉喪服以後，就對荀躒設宴，席上用魯國所獻的壺。周王說：「伯氏！諸侯全都有貢獻，來鎮撫王室，晉國唯獨沒有，這是什麼原故？」荀躒朝籍談作揖，使他回答，他就回答說：「諸侯受封的時候，皆受到分器於王室，以鎮撫他的國家，所以能夠貢獻彝器給王室。晉國住在深山裏，跟戎狄做鄰居，而對於王室很遠，王的寵靈達不到，為拜戎狄沒有時間，那怎麼樣貢獻彝器呢？」王就說：「叔氏你就忘了嗎？叔父唐叔是成王的母弟，而反倒沒有分器嗎？密須那個鼓跟那個大車，文王所以大蒐用他，闕鞏那個盔甲，武王是用他滅商的。唐叔得到住在參虛晉國的分野，匡正著戎狄，其後周襄王所賞晉文公兩個路車，還有斧鉞同香酒，紅色的弓同虎賁衛隊，晉文公並且得到有南陽的田地，專門管理東夏，這不是分器是什麼呢？有了功勳就不廢掉，有了功績就寫在簡策上，再加上賞給他的土田同彝器，並且有車服，用旌旗來表章，子孫永遠不忘，這就是所謂福。晉國典籍若不記載福祚，焉在其為叔父？並且從前你的高祖孫伯黶，管理晉國的典籍，以做大政治，所以你們的氏叫籍。後來辛有的兩個兒子又管晉國的歷史，這方才有董史。你是管理典籍的後人，你為什麼忘記呢？」籍談沒有方法回答。等到客人出去以後，王就說：「籍談恐怕不能有後人，數說典故，而忘掉他的祖業。」籍談回去便告訴叔向。叔向說：「王恐怕不能夠終，我聽見說所樂的事必死在那上頭，現在王對於憂很喜歡，他要死到憂傷，不可以說是終。王一年而死了王后同太子，這是三年之喪兩個，並且又宴賓客又求彝器，這是很喜歡憂，並且不合禮。彝器來是由於功勳，不是由於喪事。三年的喪，雖然貴為天子，也應當穿，這是照禮而行。王雖然不能穿，但是很早就宴樂，也不是合禮的。禮是王的大經論，一動而失掉兩種禮，沒有大經論了。說言語以考成典故，典故以記載經論，忘記經論而多言語舉典故，有什麼用呢？」

昭公十六年（公元前五百二十六年）

㈠傳　春王正月，公在晉，晉人止公，不書諱之也。

【今譯】春王正月，魯昭公在晉國，晉人不許他回來，不寫到春秋上，因為是避諱的緣故。

㈡經　齊侯伐徐。

㈢經　楚子誘戎蠻子殺之。

傳齊侯伐徐，楚子聞蠻氏之亂也，與蠻子之無質也，使然丹誘戎蠻子嘉㊀殺之，遂取蠻氏，既而復立其子焉，禮也。二月丙申，齊師至於蒲隧㊁，徐人行成，徐子及郯人、莒人會齊侯盟于蒲隧，賂以甲父之鼎㊂。叔孫昭子曰：「諸侯之無伯害哉！齊君之無道也，興師而伐遠方，會之有成而還，莫之亢也，無伯也夫！詩曰：『宗周既滅，靡所止戾，正大夫離居，莫知我肄㊃？』其是之謂乎？」

【今註】㊀戎蠻子嘉：戎蠻王的名字嘉。㊁蒲隧：彙纂說：「在今安徽省泗縣西北。」㊂甲父之鼎：甲父是古代國名，他那裏所產的鼎。㊃宗周既滅，靡所止戾，正大夫離居，莫知我肄：這是詩經小雅的詩。意思是說西周既然被滅了，世亂不知那裏去，執政的大夫也離心分居，沒有懷念人民的。

【今譯】齊侯伐徐，楚王聽見蠻氏的亂，同蠻子的沒有信實，使然丹引誘戎蠻子嘉把他殺掉，就佔領了蠻氏，不久以後又立了他的兒子，這是很合於禮的。二月丙申，齊國的軍隊到達徐國的蒲隧這地方。徐人要求和平，徐子同郯人、莒人同齊侯在蒲隧盟會，用甲父之鼎來賄賂齊侯。叔孫婼說：「諸侯沒有霸主，對小國害處不淺，齊君沒有道理，率領著軍隊去伐遠處的地方，開會以後成功就回去了，沒有人能抵抗，這豈不是沒有霸主的原故。詩經說過：『宗周既然被滅了，就沒有安定的時候，執政的大夫們離心分居，沒有念及我們勞苦的人們？』就是指著現在。」

(四)傳 二月，晉韓起聘于鄭，鄭伯享之，子產戒曰：「苟有位於朝，無有不共恪。」孔張㊀後至，立於客間，執政禦之㊁，適客後，又禦之，適縣間㊂，客從而笑之。事畢，富子㊃諫曰：「夫大國之人不可不慎也，幾為之笑而不陵我。我皆有禮，夫猶鄙我。國而無禮，何以求榮，孔張失位，吾子之恥也。」子產怒曰：「發命之不衷，出令之不信，刑之頗類，獄之放紛，會朝之不敬，使命之不聽，取陵於大國，罷民而無功，罪及而弗知，僑之恥也。孔張，君之昆孫，子孔之後也，執政之嗣也，為嗣大夫，承命以使周於諸侯，國人所尊，諸侯所知，立於朝而祀於家，有祿於國，有賦於軍，喪祭有職，受脤歸脤，其祭在廟，已有著位，在位數世，世守其業，而忘其所，僑焉得恥之？辟邪之人而皆及執政，是先王無刑罰也，子寧以他規我㊄」。

【今註】㊀孔張：子孔的孫子。㊁執政禦之：掌位的人阻止著他。㊂適縣間：到了樂器那部份。

㊃富子：鄭大夫。㊄子寧以他規我：希望你拿旁的事來規正我。

【今譯】二月，晉國韓起到鄭國聘問，鄭伯宴享他。子產戒備他們管事的人說：「假設有地位在朝廷的人，沒有不恭敬的。」孔張最後來了，立到客人中間，管事的人止著他，他就跑到客人後，又止著他，就到了樂器的中間，客人就笑他。等到事情完畢以後，鄭大夫富子諫子產說：「大國的人，不可以不慎重，幾度為他們所笑並且欺負我。我已經很有禮貌，對方尚且賤視我。國家沒有禮，怎麼樣求光榮呢？孔張丟了他的位子，這是你的羞恥。」子產發怒說：「發命令不當，出命令也不信實，刑罰有偏頗，刑獄也紛亂，朝會也不敬，下命令而下邊不聽，受大國的欺陵，人民勞苦而沒有功勞，罪來了而不知道，這是我的恥辱。至於孔張，我們寡君哥哥的孫子，子孔的後人，當過執政的人的後人，做了大夫，受命令到各國去，徧在諸侯各國，他是國人所尊敬，諸侯也全知道，在朝廷上立著而在家中祭祀，在國家有祿位，在軍隊中有出兵，喪事祭祀時有職位，君祭祀時送他祭肉，他有祭祀時就送祭肉給君，他的祭祀在廟中，已經有固定的位子，他已經有好幾代在位，每代守他的事業，而忘了他的地位，我怎麼能夠羞恥呢？不好的人全都連及執政，這是先王沒有刑罰的用處，你為什麼不拿旁的事情規正我呢？」

㈤傳宣子有環，其一在鄭商㊀，宣子謁諸鄭伯，子產弗與，曰：「非官府之守器也，寡君不知。」子大叔子羽謂子產曰：「韓子亦無幾求㈡，晉國亦未可以貳，晉國韓子不可偷也。若屬有讒人交鬭其間，鬼神而助之以興其凶怒，悔之何及？吾子何愛於一環，其以取憎於大國也，盍求而與之。」子產曰：「吾非偷晉而有二心，將終事之，是以弗與，忠信故也。僑聞君子非無賄之難，立而無令名之患。僑聞為國非不能事大字小之難，無禮以定其位之患。夫大國之人令於小國，而皆獲其求，將何以給之？一共一否，為罪滋大。大國之求，無禮以斥之，何饜之有？吾且為鄙邑，則失位矣。若韓子奉命以使，而求玉焉？貪淫甚矣，獨非罪乎？出一玉以起二罪，吾又失位，韓子成貪，將焉用之？且吾以玉賈罪，不亦銳乎㈢？」韓子買諸賈人，既成賈矣，商人曰：「必告君大夫。」韓子請諸子產曰：「日起請夫環，執政弗義，弗敢復也。今買諸商人，商人曰必以聞，敢以為請。」子產對曰：「昔我先君桓公與商人皆出自周，庸次比耦㈣，以艾殺此地，斬之蓬蒿藜藋而共處之，世有盟誓以相信也，曰：『爾無我叛，我無強賈，毋或匄奪，爾有利市寶賄，我勿與知。』恃此質誓，故能相保，以至于今。今吾子以好來辱，而謂敝邑強奪商人，是教敝邑背盟誓也，毋乃不可乎？吾子得玉，而失諸侯，必不為也。若大國令而共無藝㊄，鄭敝邑也，亦弗為也。僑若獻玉，不知所成，敢私布之。」韓子辭玉曰：「起不敏，敢求玉以徼二罪㊅，敢辭之。」

【今註】㊀其一在鄭商：一對的另外一個玉環在鄭國的商人手中。㊁韓子亦無幾求：意思是說韓起並沒有甚多要求。㊂不亦鋭乎：那不是太細小嗎？㊃庸次比耦：合在一塊土地互相耕種。㊄若大國令而共無藝：假設大國命令，要我們無限制的供給。㊅敢求玉以徼二罪：因為求玉而得到兩種罪名。

【今譯】韓起有壹隻玉環，還有一隻在鄭國商人那裏，韓起想取來成為一雙，所以來請求鄭伯。子產卻不肯給他，說：「這不是官庫中保管的東西，寡君不知道。」游吉、子羽對子產說：「韓起的要求，也沒有多少，對晉國也不可以有兩條心呢！晉國的韓起是不可以薄待他的。倘若恰正遇見有說壞話的人，從中挑撥，再加鬼神助虐，弄出一種凶惡的仇恨來，那時後悔也來不及了？你為什麼要愛那隻玉環？難道是要討沒趣在大國麼？何不去求來送給韓起。」子產說：「我不是看輕晉國有了兩條心，正是要想始終服事他，所以不給他的，這全是忠心誠信的緣故啊！僑聽說君子不是無賄的為難，立在官位中，倒是沒有好名聲覺得憂患。僑又聽說治理國家，不是不能服事大國，愛惜小國的為難，倒是沒有禮法安定他名位覺得憂患。他們大國的人，吩咐了小國，如果要求都能獲得，那末將來用什麼東西供給他呢？今日來求供給他們，後日來求便不供給他，那末得罪大國越加大了。大國的要求若出於無禮的，應當要拒絕他們。如果唯命是聽，他們那裏有什麼饜足，只怕我國倒要做他們的邊地了，這不是失掉自己的位置，不成了國家嗎？若韓起果真奉了君命作使臣，卻是私下來求玉環，這是貪淫極了，他難道獨沒有罪麼？拿出一隻玉環來，興起兩種罪惡，我國又失了位置，韓起卻成了貪淫，有什麼好處呢？況且我拿玉去買罪受，那不是太細小了麼？」韓起便向商人處去買，已經講定價錢了，商人說：「這事卻定要告明君大夫的。」韓起便再請託子產說：「前幾天我起來要那玉環，執政以為不相宜，所以也不敢再求了。如今自向商人購買，商人說定要告訴執政的，所以再敢來請求。」子產回答說：「從前我先君桓公，和商人都從周朝畿內東遷的。彼此相從耕種，剷除此地的荒穢，斬掉此地的蓬蒿藜藋，一同居住，世代有約言，大家信守的，約詞上說：『你不可背叛我，我也不來硬買你的東西，不要有什麼討的奪的，你有利市的寶器，我也不來詢問的。』靠了這個信誓，所以能夠大家相保，直到現在，如今你以好意辱臨敝邑，卻要使敝邑強奪商人的寶器，這是教敝邑違背盟誓了，不是不可以的麼？你因得了玉環，卻失掉諸侯，想來也一定不做的。如果大國有了吩咐，我們儘是供給，沒有限制，那末我們鄭國就好像是你晉國的邊鄙了，我們卻也不肯做的。僑如果獻了玉實在不知成個什麼東西，不敢不把私意告訴你。」韓起便辭那玉說：「起實在沒有才學，怎敢因求玉而招兩種罪呢？我敢辭謝這塊玉。」

㈥傳 夏四月，鄭六卿餞宣子於郊，宣子曰：「二三君子請皆賦，起亦以知鄭志。」子齹㊀賦野有蔓草㊁，宣子曰：「孺子善哉！吾有望矣。」子產賦鄭之羔裘㊂，宣子曰：「起不堪也。」子大叔賦褰裳㊃，宣子曰：「起在此，敢勤子至於他人乎？」子大叔拜。宣子曰：「善哉！子之言是。不有是事，其能終乎？」子游賦風雨㊄，子旗賦有女同車㊅，子柳賦蘀兮㊆，宣子喜曰：「鄭其庶乎？二三君子以君命貺起，賦不出鄭志㊇，皆昵燕好也。二三君子數世之主也，可以無懼矣。」宣子皆獻馬焉，而賦我將㊈。子產拜，使五卿皆拜曰：「吾子靖亂，敢不拜德。」宣子私覲於子產以玉與馬曰：「子命起舍夫玉，是賜我玉而免吾死也，敢藉手以拜。」

【今註】㊀子齹：子皮的兒子。㊁野有蔓草：詩經鄭風的一篇。㊂鄭之羔裘：因為詩經中間有兩篇羔裘，一種屬於唐風，一種屬於鄭風。㊃褰裳：詩經鄭風的一篇，中間一句話說：「子不我思，豈無他人？」㊄子游賦風雨：子游是駟帶的兒子，風雨是鄭風的一篇。㊅子旗賦有女同車：子旗是公孫段的兒子，有女同車是鄭風的一篇。㊆子柳賦蘀兮：子柳是印段的兒子，蘀兮也是鄭風的一篇。

㊇賦不出鄭志：所賦的詩沒有超過鄭風的意見。㊈我將：是詩頌的一篇。

【今譯】夏四月，鄭國的六卿，享宴韓起在郊外，韓起說：「你們幾位全都請歌唱詩，使我知道鄭國的志向。」子齹賦野有蔓草這篇詩。韓起就說：「小孩子很好，我有希望了。」子產就歌唱鄭風中的羔裘詩。韓起說：「我不能夠接受這篇詩。」游吉歌唱褰裳這篇詩。韓起說：「起在這裏，敢使你去求他人嗎？」游吉拜謝。韓起說：「很好，你賦這篇詩很對。不是如此的話，晉鄭二國能始終親善嗎？」子游歌唱風雨這篇詩，子旗賦有女同車這篇詩，子柳賦蘀兮這篇詩，韓起高興的說：「鄭國正可以往興盛方面，你們以君令來賞賜我，所歌唱的詩全都沒有出鄭風以外，用以表示親好。你們幾位全都可以幾輩子掌政權，可以不怕了。」韓起每人獻給他一匹馬，而歌唱我將這篇詩。子產拜謝，叫五個卿全都拜，說：「你能安靖四方，敢不拜謝你的恩德。」韓起後來又私見子產，贈給他玉和馬說：「你叫我不要玉，這是把玉賞給我，而使我免了死罪，敢不用玉馬來拜謝。」

㈦經夏，公至自晉。

傳公至自晉，子服昭伯語季平子曰：「晉之公室其將遂卑矣，君幼弱，六卿彊而奢傲，將因是以習，習實為常，能無卑乎？」平子曰：「爾幼，惡識國㈠？」

【今註】㈠爾幼，惡識國：你年輕，怎麼能懂得國家的事情。

【今譯】昭公從晉國回來，子服昭伯告訴季孫意如說：「晉國的公室，恐怕將衰弱了，晉君又弱，六個卿強而奢侈驕傲，將習慣如此，慢慢變成常的事情，能不衰弱嗎？」季孫意如說：「你一個小孩子，怎麼能夠懂得國家的事呢？」

(八)經 秋八月己亥，晉侯夷卒。

傳 秋八月，晉昭公卒。

【今譯】秋天八月，晉昭公死了。

(九)經 九月大雩。

傳 九月大雩，旱也。鄭大旱，使屠擊、祝款、豎柎㈠，有事於桑山㈡，斬其木，不雨。子產曰：「有事於山，蓺山林也㈢，而斬其木，其罪大矣。」奪之官邑。

【今註】㈠屠擊、祝款、豎柎：三個人全是鄭大夫。㈡桑山：在今河南新鄭縣西。㈢蓺山林也：

養護林木。

【今譯】九月魯國求雨，因為旱的緣故。鄭國旱災，派鄭大夫屠擊、祝款、豎柎在祭桑山，拔掉他的樹，也不下雨，子產說：「祭祀山，是為保護林木，使他繁殖，而拔掉樹，這罪過很大。」就奪掉他們三人的官邑。

(十)經 季孫意如如晉。

(土)經 冬十月葬晉昭公。

傳 冬十月，季平子如晉，葬昭公。平子曰：「子服回之言猶信，子服氏有子哉㊀！」

【今註】㊀子服氏有子哉：子服氏家裏有很好的兒子。

【今譯】冬十月，季孫意如到晉國去，給晉昭公行葬禮。季孫意如說：「子服昭伯的話很可靠，子服氏很有賢良的兒子。」

昭公十七年（公元前五百二十五年）

(一)經 春小邾子來朝。

傳春，小邾穆公來朝，公與之燕，季平子賦采菽㊀，穆公賦菁菁者莪㊁。昭子曰：「不有以國，其能久乎？」

【今註】㊀采菽：詩經小雅的一篇。㊁菁菁者莪：詩經小雅的一篇。

【今譯】春天，小邾穆公來魯國朝見，昭公給他燕席，季孫意如就歌唱采叔這篇詩，穆公就歌唱菁菁者莪這篇。叔孫婼說：「他應對有禮，有國一定能夠長久。」

(二)經夏六月甲戌朔，日有食之。

傳夏六月甲戌朔，日有食之，祝史請所用幣。昭子曰：「日有食之，天子不舉，伐鼓於社，諸侯用幣於社，伐鼓於朝，禮也。」平子禦之㊀，曰：「止也。唯正月朔慝未作，日有食之，於是乎有伐鼓用幣，禮也。其餘則否。」大史曰：「在此月也㊁，日過分而未至㊂，三辰有災㊃，於是乎百官降物，君不舉，辟移時，樂奏鼓，祝用幣，史用辭。故夏書曰：『辰不集于房，瞽奏鼓，嗇夫馳，庶人走。』此月朔之謂也。當夏四月是謂孟夏。」平子弗從。昭子退曰：「夫子將有異志，不君君矣㊄。」

【今註】㊀平子禦之：季平子禁止他們這樣做。㊁在此月也：就是指著這個月。㊂日過分而未至：過了春分尚沒有到夏至。㊃三辰有災：三辰是日月星，有了災害。㊄不君君矣：這是他不願意承認魯君是他的君。

【今譯】夏六月甲戌朔，魯國有日蝕，祝史請用何種的幣？叔孫婼說：「遇見日蝕時，天子不用盛饌，在社神上敲鼓，諸侯在社神上用幣，在朝廷上敲鼓，這是照禮的。」季孫意如不以為然，說：「不要這麼說，唯獨正月朔陰氣未作，有日蝕時，方才敲鼓用幣，這是照禮的。其餘不這樣作。」大史說：「就是在這個月。等到太陽過了春分而沒有到了夏至，日月星三辰有了災害，就百官全穿著素衣服，君不盛宴，在日蝕時，避開住的正寢，樂工敲鼓，祝史在社神上用幣，史官用文辭以自責。所以夏書上說：『日月不安於他的地方，樂師就敲鼓，嗇夫就跑，庶人就走路。』這是指著這月的初一。當夏曆四月就叫做孟夏。」季孫意如還不聽從。叔孫婼退下去說：「這個人將有不好的志向，他不以魯君為君了。」

㈢經秋，郯子來朝。

傳秋，郯子來朝，公與之宴，昭子問焉，曰：「少皞氏鳥名官㊀，何故也？」郯子曰：「吾祖也，我知之。昔者黃帝氏以雲紀㊀，故為雲師而雲名。炎帝氏以火紀㊁，故為火師而火名。共工氏以水紀㊃，故為水師而水名。大皞氏以龍紀㊄，故為龍師而龍名。我高祖少皞摯之立也，鳳鳥適至，故紀於鳥，為鳥師而鳥名。鳳鳥氏歷正也㊅，玄鳥氏司分者也㊆，伯趙氏司至者也㊇，青鳥氏司啟者也㊈，丹鳥氏司閉者也㊉，祝鳩氏司徒也⑪，鴡鳩氏司馬也⑫，鳲鳩氏司空也⑬，爽鳩氏司寇也⑭，鶻鳩氏司事也⑮，五鳩鳩民者也。五雉為五工正，利器用，正度量，夷民者也，九扈為九農正，扈民無淫者也。自顓頊以來不能紀遠，乃紀於近，為民師而命以民事，則不能故也。」仲尼聞之，見於郯子而學之，既而告人曰：「吾聞之天子失官，學在四夷，猶信⑯。」

【今註】㊀少皞氏鳥名官：少皞氏拿鳥做他的官名。㊁昔者黃帝氏以雲紀：在從前黃帝是拿雲來紀事。㊂炎帝氏以火紀：炎帝氏是拿火來紀事。㊃共工氏以水紀：共工氏拿水來紀事。㊄大皞氏以龍紀：大皞氏用龍來紀官。㊅鳳鳥氏歷正也：鳳鳥氏是管曆法的。㊆玄鳥氏司分者也：玄鳥氏是管春分到秋分的。㈧伯趙氏司至者也：伯趙就是俗人所稱的伯勞鳥，他是管夏至到冬至。㈨青鳥氏司啟者也：青鳥氏是管立春到立夏。㈩丹鳥氏司閉者也：丹鳥氏是管立秋到立冬。㈡祝鳩氏司徒也：祝鳩氏這鳥等於司徒官。㈢鴡鳩氏司馬也：鴡鳩氏這鳥等於司馬。㈢鳲鳩氏司空也：鳲鳩氏等於司空。㈣爽鳩氏司寇也：爽鳩氏就是鷹，等於司寇的官。㈤鶻鳩氏司事也：鶻鳩氏等於司事的官。㈥天子失官，學在四夷，猶信：天子的官不修其職，就到四夷去學，這是很信實的。

【今譯】秋天，郯子來魯國上朝，昭公跟他吃飯，叔孫婼就問他，說：「少皞氏用鳥為官名，這是什麼原因？」郯子說：「這是我的祖先，所以我知道。從前黃帝是用雲來紀事，所以他的官名全用雲。炎帝用火來紀事，他的官名全用火。共工氏用水來紀事，他的官名全用水。大皞用龍來紀事，他的官名全用龍，我的高祖少皞摯即位時，鳳鳥恰好來了，所以以鳥紀事，官名全都用鳥。鳳鳥氏是歷正之官，玄鳥氏管春分秋分，伯趙氏管夏至冬至，青鳥氏管立春到立夏，丹鳥氏管立秋到立冬，祝鳩氏是司徒，鴡鳩氏是司馬，鳲鳩氏是司空，爽鳩氏是司寇，鶻鳩氏是司事，五鳩是治理人民的。五種雉鳥，等於五個工正，是為的使器用便利，正度量尺寸，使人民和平。九扈做九農正，使安置人民不淫亂。自從顓頊以來沒有方法紀遠的事，就紀近事，官名全與民事有關，因為他也不能夠遠看。」仲尼聽見說，見了郯子同他學習，後來就告訴人說：「我聽說天子的官不修其職，就從四夷去學，這話是可信的。」

㈣經八月晉荀吳帥師滅陸渾之戎。

傳晉侯使屠蒯如周，請有事於雒與三塗㈠。萇弘謂劉子曰：「客容猛，非祭也，其伐戎乎？陸渾氏甚睦於楚，必是故也，君其備之。」乃警戎備。九月丁卯，晉荀吳帥師涉自棘津㈡，使祭史先用牲于雒，陸渾人弗知，師從之。庚午，遂滅陸渾，數之以其貳於楚也。陸渾子奔楚，其眾奔甘鹿㈢，周大獲。宣子夢文公攜荀吳而授之陸渾，故使穆子帥師獻俘于文宮。

【今註】㈠雒與三塗：雒是雒水，三塗是山名，在河南省嵩縣。㈡棘津：江永說：「晉荀吳伐陸渾之戎，雖欲使陸渾人不知，亦不應如此迂迴，且九月丁卯渡棘津，庚午遂滅陸渾，相距三日，豈能如此神速。彙纂所引恐誤。服虔云，『棘津猶孟津也。』似近之。」㈢甘鹿：方輿紀要說：「河南宜陽縣東南五十里，有鹿歸山，在陸渾故城西北。」

【今譯】晉侯叫屠蒯到周去，請祭祀雒水同三塗。萇弘對劉子說：「客人的容貌很猛勇，這不是祭祀，恐怕是伐陸渾的戎？陸渾的戎現在對楚國很和睦，必定是這個原故，你何不防備著！」就戒備了。九月丁卯，晉國荀吳率領著軍隊從棘津渡過黃河，使祭史先用牲祭祀雒水，陸渾人不明白，晉軍就進攻陸渾。庚午這天，把陸渾滅了，數說他為什麼跟楚國相和。陸渾子逃到楚國去，他的眾人逃奔到甘鹿這地方，周國得到他的人民很多。韓起夢見晉文公拉著荀吳，交給他陸渾，所以使荀吳到晉文公廟中獻俘。

㈤經　冬有星孛于大辰。

傳　冬，有星孛于大辰西，及漢。申須曰㊀：「彗所以除舊布新也，天事恒象，今除於火，火出必布焉，諸侯其有火災乎？」梓慎曰：「往年吾見之，是其徵也。火出而見，今茲火出而章，必火入而伏，其居火也久矣，其與不然乎㊁？火出於夏為三月，於商為四月，於周為五月，夏數得天。若火作，其四國當之。在宋、衛、陳、鄭乎？宋，大辰之虛也。陳，大皞之虛也。鄭，祝融之虛也。皆火房也。星孛天漢，漢水祥也。衛顓頊之虛也，故為帝丘，其星為大水，水火之牡也。其以丙子若壬午作乎？水火所以合也。若火入而伏，必以壬午，不過其見之月。」鄭裨竈言於子產曰：「宋衛陳鄭將同日火，若我用瓘斝玉瓚㊂，鄭必不火。」子產弗與。

【今註】㊀申須：魯大夫。㊁其與不然乎：意思說是必然。㊂瓘斝玉瓚：這是玉的杯，瓚是勺玉做的。

【今譯】　冬天有彗星出現在大辰的西邊，東邊一直達到天漢。魯大夫申須說：「彗星是所以除去舊的來換新的，天道時常以象徵來給人看，現在除去是心星，心星出來火就散佈為災，諸侯恐怕有火災了？」梓慎說：「從前我看見過，這是他的象徵。心星出來而發現，現在心星出來而顯出，必定是心星進入而火也沒有了，他經過二年已經很久了，這是必然的事，火出在夏正為三月，在商正是四月，在周正是五月，夏的數目合於天時。要是火發生，恐怕四國全有關係。這就恐怕是宋、衛、陳、鄭嗎？宋是大辰的分野；陳是大皞的分野；鄭是祝融的分野，都是火所住的房舍。這個彗星到了天漢，天漢是水的祥瑞。衛國是顓頊的分野，所以稱為帝丘，他的心星就是大水，水是火的雄，恐怕發作在丙子那天或者壬午那天，這兩天是水火相合的那天。若火回去而藏起來必在壬午，不能超過他所發現的那月。」鄭國裨竈告訴子產說：「宋、衛、陳、鄭四國將同一天著火，我要用珪玉同玉的爵杯，同玉的勺子禳求，鄭必定不會火。」但是子產不相信，不肯答應他用。

(六)經　楚人及吳戰于長岸。

傳　吳伐楚，陽匄㈠為令尹，卜戰不吉。司馬子魚㈡，曰：「我得上流，何故不吉？且楚故司馬令龜，我請改卜。」令曰：「魴也以其屬死之，楚師繼之，尚大克之。」吉。戰于長岸㈢，子魚先死，楚師繼之，大敗吳師，獲其乘舟餘皇㊃，使隨人與後至者守之，環而塹之及泉，盈其隧炭，陳以待命。吳公子光㊄請於其眾曰：「喪先王之乘舟，豈唯光之罪，眾亦有焉。請藉取之以救死。」眾許之。使長鬣者三人潛伏於舟側曰：「我呼餘皇則對。」師夜從之，三呼皆迭對，楚人從而殺之。楚師亂，吳人大敗之，取餘皇以歸。

【今註】 ㊀陽匄：是穆王的曾孫就是令尹子瑕。㊁司馬子魚：是公子魴。㊂長岸：楚地。彙纂說：「今安徽省當塗縣西南三十里，有西梁山，與東梁山夾江相對，如門之闕，亦曰天門山。郡國志：天門山，一名峨眉山，春秋楚獲吳乘舟餘皇處也。」㊃餘皇：船的名字。㊄吳公子光：他是吳王諸樊的兒子。

【今譯】 吳國伐楚國，陽匄做令尹，占卜打仗不吉祥，司馬子魚就說：「我是站著上游地方，為什麼不吉祥？並且楚國舊的辦法，司馬命令龜來占卜，我請改卜。」就令龜說：「我將用我的屬下來戰死，楚國軍隊接著來打，必定能夠戰勝。」得到吉兆，就在長岸這地方作戰，子魚先戰死，楚國軍隊接著他，大打敗了吳國軍隊，捕獲他的大船餘皇，使隨從與後到的人守著它，圍著它挖了一條溝深到泉水，隨著它的出入口，擺上陣，等候命令。吳國公子光對眾人請求說：「丟掉先王所用的乘舟，豈祇是光的罪狀，眾人全都有。請求用方法把舟拿回來，以救我們的死罪。」眾人全答應他。使長鬍子三個人，偷著爬上船的旁邊，說：「我喊餘皇就趕緊回答。」吳軍夜裏跟著他們，喊了三次全都回答，楚國人就把他們殺掉。楚國軍隊就亂了，吳國人把他們大敗了，把餘皇的船拿回去。

卷二十五　昭公五

昭公十八年（公元前五百二十四年）

(一)傳 春王二月乙卯，周毛得殺毛伯過㊀而代之。萇弘曰：「毛得必亡，是昆吾稔之日也，侈故之以㊁。而毛得以濟侈於王都，不亡何待？」

【今註】㊀毛伯過：周大夫。他同毛得同一族。㊁是昆吾稔之日也，侈故之以：這是昆吾死的那個日子，因為他太奢侈的原故。

【今譯】十八年春王二月乙卯，周國的毛得殺了周大夫毛伯過而替代了他。萇弘說：「毛得必定要滅亡，這是昆吾死的那天，他是因為太奢侈。而毛得居然成功，這在王的都城中如此奢侈，不滅亡要等什麼呢？」

(二)經 三月曹伯須卒。

傳 三月曹平公卒。

【今譯】三月，曹平公死了。

㈢經夏五月壬午，宋、衛、陳、鄭災。

傳夏五月，火始昏見㊀，丙子風。梓慎曰：「是謂融風，火之始也，七日其火作乎？」戊寅風甚，壬午大甚，宋、衛、陳、鄭皆火，梓慎登大庭氏之庫㊁以望之，曰：「宋、衛、陳、鄭也。」數日皆來告火。裨竈曰：「不用吾言，鄭又將火㊂。」鄭人請用之，子產不可。子大叔曰：「寶以保民也，若有火，國幾亡，可以救亡，子何愛焉？」子產曰：「天道遠，人道邇，非所及也，何以知之？竈焉知天道？是亦多言矣，豈不或信。」遂不與，亦不復火。鄭之未災也，里析㊃告子產曰：「將有大祥，民震動，國幾亡，吾身泯焉弗良及也。國遷其可乎？」子產曰：「雖可，吾不足以定遷矣。」及火，里析死矣，未葬，子產使輿三十人遷其柩。火作，子產辭晉公子公孫于東門㊄，使司寇出新客，禁舊客勿出於宮，使子寬，子上巡羣屏攝至于大宮㊅，使公孫登徙大龜㊆，使祝史徙主祏於周廟告於先君㈧，使府人庫人各儆其事，商成公儆司宮㈨，出舊宮人寘諸火所不及㈩，司馬司寇列居火道，行火所焮㈡，城下之人伍列登城，明日使野司寇各保其徵㈢，郊人助祝史，除於國北㈢，禳火于玄冥回祿㈣，祈于四鄘㈤，書焚室而寬其征與之材，三日哭，國不市，使行人告於諸侯。宋、衛皆如是，陳不救火，許不弔災，君子是以知陳許之先亡也。

【今註】㈠火始昏見：在晚上心星出現。㈡大庭氏之庫：大庭古國名，在魯城內，魯於其處作庫高顯，故登以望氣。㈢不用吾言，鄭又將火：不用我的話，鄭國又將有火災。㈣里析：鄭大夫。㈤辭晉公子公孫于東門：晉國人新來的尚未進入各都城就不讓他們進來，免除他們知道著火的事情。㈥子寬，子上巡羣屏攝至於大宮：子寬、子上都是鄭大夫。把祭祀的位子遷到祖廟裏。㈦公孫登徙大龜：派開卜的大夫公孫登把占卜用的大龜遷走。㈧使祝史徙主祏於周廟告於先君：叫祝同史把神主的石函遷到周厲王廟中，昭告於先君。㈨商成公儆司宮：商成公是鄭大夫警戒太監們。㈩出舊宮人寘諸火所不及：把從前宮中的女子把她們擺到火燒不到的地方。㈡行火所焮：把火烤著的地方，全去掉。㈢明日使野司寇各保其徵：野司寇是縣士。明日使縣士各保護他徵役的人。㈢郊人助祝史，除於國北：郊人幫助祝史，在國都的北方去掃除。㈣禳火于玄冥回祿：玄冥是水神，回祿是火神，對他們祭祀。㊄祈于四鄘：在各城門祭祀。

【今譯】夏天五月，心星在夜晚出現，丙子颳風。梓慎說：「這叫做融風，是火的開始，經過七天以後，火恐怕就要著起來。」戊寅風颳得更厲害，壬午，很厲害，宋、衛、陳、鄭四國全著起火，梓慎上到大庭氏的庫去遠望，說：「這是宋、衛、陳、鄭四國。」經過幾天以後，他們全派來告訴魯國說他們著火了。裨竈說：「你們要不用我的話，鄭國又要著火。」鄭國人要求聽他的話。子產仍舊不以為然。游吉說：「寶器是保護人民的，要著火，鄭國就幾乎完了，可以用寶物來救亡，你又何必愛惜它呢？」子產說：「天道是很遠的，人道是很近，這連不到一塊，怎麼樣能知道呢？竈怎麼能知道天道？他是常常喜歡說話，豈不有時碰上。」就不給他，鄭國也不再著火。鄭國在沒著火以前，鄭大夫里析告訴子產說：「將有大的變化，人民全被震動，國幾乎而亡，但是我那時已經死了，不能趕上。遷徙國都或者可以有辦法。」子產說：「雖然可以，但我沒有方法定規怎麼遷。」到了著火時，里析已經死了，還沒有下葬，子產就派了三十個人，把他棺材搬走。火發了以後，子產派人把晉國的公子公孫新來的人在東城門那裏擱住他們，不要進來，派司寇叫新來聘問的不要進來，禁止舊的客人不要出去。派鄭大夫子寬、子上巡視各祭祀位置一直到祖廟中，使管理占卜的公孫登把大龜遷走，派祝史搬了成神主的石函到周厲王的廟中，並且敬告各先君，使府人庫人各儆戒他的事務，鄭大夫商成公儆告太監的頭目，把從前先君的宮女擺到火所燒不到的地方，司馬司寇排在火所經過的道路，並且把火所燒著的地方也救護，城下邊的人排著隊伍登到城上，著火的明天，使各縣士保護他所徵發的工人，郊外的人幫助祝史，在國都的北方掃除，並且到水神玄冥，火神回祿去祭禳，還祭都城的四門，將所燒的房子紀錄，並寬免他的賦稅，給他建築的材料，國裏三日哭，全國市場都不開，使行人官到各諸侯去告訴。宋、衛全都如此，陳不救火，許國不弔別人的災，君子所以知道陳國同許國是先要亡國。

㈣經 六月邾人入鄅。

傳 六月鄅㈠人藉稻，邾人襲鄅，鄅人將閉門，邾人羊羅攝其首焉㈡，遂入之，盡俘以歸。鄅子曰：「余無歸矣！」從帑於邾。邾莊公反鄅夫人而舍其女。

【今註】㈠鄅：妘姓國，一統志：「今山東臨沂縣，城北十五里，有開陽城。」㈡攝其首焉：就把他的腦袋斬下來。

【今譯】六月，鄅人藉稻，邾人將襲擊鄅，鄅人將關上城門，邾人羊羅把鄅人關門的斬下他的腦袋就進入鄅國，把他們做成俘虜，就回去了。鄅子說：「我沒法回去了」。就隨著他的妻女到邾國去，邾莊公退還鄅夫人而留下他的女兒。

㈤經 秋，葬曹平公。

傳秋，葬曹平公，往者見周原伯魯㊀焉，與之語不說學。歸以語閔子馬，閔子馬曰：「周其亂乎！夫必多有是說而後及其大人，大人患失而惑，又曰可以無學，無學不害。不害而不學，則苟而可㊁，於是乎下陵上替，能無亂乎？夫學殖也，不學將落，原氏其亡乎？」

【今註】㊀原伯魯：周大夫。㊁則苟而可：因為沒有害處，心裏就苟且。

【今譯】秋天給曹平公下葬，魯人去參加葬禮的，看見周國的大夫原伯魯，跟他談話中，知道他不喜歡讀書，回到魯國告訴閔子馬，閔子馬說：「周恐怕將有亂事發生了，一定是有很多人如此說法，所以傳給他們在位的人，有政權的人恐怕有學問而不能得到道理，於是更惑亂他的意志，又說可以不要學問，沒有學問也沒有害處。沒有害處而不學問，就變成苟且，下位的人侮慢上位的人，上位的人又廢棄其職守，國家能沒有亂嗎？學問等於使苗的生長，不學苗將荒落，原氏恐怕要完了。」

㈥傳七月，鄭子產為火故，大為社，祓禳於四方，振除火災，禮也。乃簡兵大蒐，將為蒐除㊀，子大叔之廟在道南，其寢在道北，其庭小，過期三日，使除徒陳於道南廟北，曰：「子產過女而命速除，乃毀於而鄉。」子產朝，過而怒之，除者南毀。子產及衝使從者止之曰：「毀於北方。」火之作也，子產授兵登陴。子大叔曰：「晉無乃討乎？」子產曰：「吾聞之，小國忘守則危，況有災乎？國之不可小，有備故也。」既晉之邊吏讓鄭曰：「鄭國有災，晉君大夫不敢寧居，卜筮走望，不愛牲玉，鄭之有災，寡君之憂也。今執事撊然授兵登陴，將以誰罪？邊人恐懼，不敢不告。」子產對曰：「若吾子之言，敝邑之災，君之憂也。敝邑失政，天降之災，又懼讒慝之間謀之，以啟貪人，荐為敝邑不利，以重君之憂。幸而不亡，猶可說也，不幸而亡，君雖憂之，亦無及也。鄭有他竟，望走在晉，既事晉矣，其敢有二心？」

【今註】㊀將為蒐除：因為治兵於廟所以把廟外的地，必須擴充。

【今譯】七月，鄭國子產因為著火的緣故，就大治社神廟，四方全都祓除不祥，去掉火災，這是很合禮的。就治兵大蒐，因為廟的地方太小，所以想擴大他。游吉的廟在道的南方，他的寢在道北方，他的庭很小。過了子產規定的工期三天，游吉使工作的人員，在道南廟北那兒工作，就說子產若過來這兒叫你趕緊辦，就向你們的方向去毀。子產上朝去了，路過這裏看見不毀就發了怒，工作的人從南方毀。子產到了那裏，就派他隨從的人，叫他們不要從南方毀，而從北方毀。當初火開始發作時，子產拿著兵器上到城上。游吉就說：「晉國是不是疑心鄭國已經反叛了，要來討伐我。」子產說：「我聽見說過，小的國家忘記了守衛，就發生危險，何況我國有火災呢？國家不可以被輕視，就是因為有防備的原故。」後來晉國的邊吏責讓鄭國說：「鄭國有災害，晉國的君同大夫，全不敢安居，占卜並且走著望著鄭國。不敢愛惜犧牲同玉幣，鄭國有災害，是寡君的憂慮。現在你們居然敢仗著兵器登到城上，這是誰的罪狀？邊人害怕了不敢不告訴你。」子產回答說：「誠如你這句話，我們國的災害，也是你的憂慮。我們國家政治不修明，天降災害給他，又恐怕有人說壞話，開啟有貪念的人，重為我們國家不利，以加重你的憂慮。幸而鄭國不亡，猶可解說，若不幸而亡，你們雖然加憂慮，也來不及了。鄭國雖然有旁的鄰居，每每瞻望晉國，既然已經事奉晉國，還敢有兩種心嗎？」

(七)

經　冬許遷于白羽。

傳　楚左尹王子勝言於楚子曰：「許於鄭仇敵也，而居楚地，以不禮於鄭，晉鄭方睦，鄭若伐許而晉助之，楚喪地矣。君盍遷許，許不專於楚，鄭方有令政㈠。許曰：『余舊國也。』鄭曰：『余俘邑也㈡。』葉在楚國，方城外之蔽也。土不可易，國不可小㊂，許不可俘，讎不可啟，君其圖之？」楚子說。冬，楚子使王子勝遷許於析，實白羽㊃也。

【今註】㊀鄭方有令政：鄭國現在有很好的政治。㊁余俘邑也：鄭國說許國是他所捕獲的地方。㊂國不可小：這是指著鄭國。㊃析，實白羽：一統志說：「析縣故城在河南內鄉縣西北，春秋時，楚白羽地。」

【今譯】楚國的左尹王子勝對楚王說：「許對於鄭國是仇敵，而又住到楚國地方，對於鄭國不禮貌，晉國同鄭國很和好，鄭若討伐許國，而晉幫助他，楚國就丟掉地方。你何不遷許國，使許國不專心事奉楚國，鄭國現在有好的政治。許國說：『我是舊的國家。』鄭國也說：『這是我俘虜的城邑。』葉在楚國是方城外的障蔽。土地不可以輕，國不可以小，許不可以做俘邑，讎敵不可以開啟，你不如細想想。」楚平王聽了這話高興，冬天派王子勝遷許到析這地方，實在就是白羽。

昭公十九年（公元前五百二十三年）

㈠傳十九年春，楚工尹赤遷陰于下陰㊀，令尹子瑕城郟㊁。叔孫昭子曰：「楚不在諸侯矣，其僅自完也，以持其世而已。」

【今註】㊀楚工尹赤遷陰于下陰：工尹楚官名，名赤，陰楚地，紀要說：「湖北光化縣西，漢水北

（西）岸，古陰縣城，春秋曰下陰。」大約是由陰戎而得到這種名稱。㈢郟：彙纂說在今河南省郟縣。

【今譯】十九年春天，楚國的工尹赤把陰遷到下陰去，令尹子瑕修築郟這個城。叔孫婼說：「楚國的目的不在鎮撫諸侯，僅在自己守自己，以過了這一輩子。」

㈡傳 楚子之在蔡㈠也，郥陽㈡封人之女奔之，生大子建。及即位，使伍奢㈢為之師，費無極為少師，無寵焉，欲譖諸王曰：「建可室矣。」王為之聘於秦，無極與逆，勸王娶之。正月，楚夫人嬴氏至自秦。

【今註】㈠楚子之在蔡：正義說：「賈逵云：『楚子在蔡為公時也。』杜以楚子十一年為蔡公，十三年而即位，生子唯一二歲耳，未堪立師傅也。至今七年，未得云『建可室矣』故疑為大夫時聘蔡也。」㈡郥陽：蔡邑，彙纂說：「在今河南新蔡縣境。」㈢伍奢：伍舉的兒子，伍員的父親。

【今譯】楚王在蔡國時，郥陽的封人的女兒逃到楚王那裏去，生了太子建。到了即位以後，使伍奢給他做師傅，費無極做少師，但是不得到寵愛，就告訴王說：「可以為太子建娶妻。」楚平王就替他到秦國聘了一個女子，費無極參加迎接，他又勸著平王自己娶她。正月，楚國夫人嬴氏從秦國來到楚國。

㈢ 經 十有九年春，宋公伐邾。

傳 鄅夫人，宋向戌之女也，故向寧㈠乞師。二月，宋公伐邾圍蟲㈡，三月取之，乃盡歸鄅俘。

【今註】㈠向寧：向戌的兒子。㈡蟲：邾邑，彙纂說：「今山東濟寧縣境。」

【今譯】鄅國夫人，是宋國向戌的女兒，所以向寧請出軍隊去討伐邾國。二月，宋公伐邾國，圍了蟲這地方，三月把他佔領了，邾國就把鄅國的俘虜全都送還。

㈣ 經 夏五月戊辰，許世子止弒其君買。

傳 夏，許悼公瘧。五月戊辰，飲大子止之藥卒，大子奔晉。書曰弒其君。君子曰：「盡心力以事君，舍藥物可也。」

【今譯】夏天，許國悼公發瘧疾。五月戊辰，喝了太子止的藥就死了，太子逃到晉國去。春秋上寫著許國世子止把他的君買弒掉。君子說：「竭盡心力去事奉君上，不必管到藥物就可以了。」

㈤ 經 己卯，地震㈠。

【今註】㈠此經無傳。

【今譯】己卯，魯國地震。

㈥傳 郲人、郳人、徐人會宋公，乙亥，同盟于蟲。楚子為舟師以伐濮㈠，費無極言於楚子曰：「晉之伯也，邇於諸夏，而楚辟陋，故弗能與爭。若大城父城㈡而寘大子焉，以通北方，王收南方，是得天下也。」王說從之，故大子建居于城父。令尹子瑕聘于秦，拜夫人也。

【今註】㈠濮：在今湖北石首縣境。㈡父城：江永說「城父應作父城」。王先謙漢書註說「父城在寶豐縣東四十里。」

【今譯】郲人、郳人、徐人同宋公相會，乙亥，在蟲這地方同盟會。楚平王做舟船去伐濮這地方，費無極對楚平王說：「晉國成霸主，近於中原各國，而楚國的地方很僻遠，所以很難同晉國相爭。若修父城這個城很結實，而把太子擺在那裏，太子可以與北方相通，王就專收南方，這就可以得到全天下。」平王很喜歡就聽了他話，所以太子建住到父城。令尹子瑕到秦國聘問，這是為的拜謝夫人。

㈦經 秋，齊高發帥師伐莒。

傳 秋，齊高發帥師伐莒，莒子奔紀鄣，使孫書㈠伐之。初，莒有婦人，莒子殺其夫，已為嫠婦，及老託於紀鄣，紡焉，以度而去之。及師至則投諸外，或獻諸子占，子占使師夜縋而登，登者六十人，縋絕，師鼓譟，城上之人亦譟，莒共公懼，啟西門而出。七月丙子，齊師入紀。

【今註】㊀孫書：陳無宇的兒子，字子占。

【今譯】秋天，齊國高發率軍隊去討伐莒國，莒子就逃到紀鄣那兒去，就派陳書去伐他。最初的時候，莒國有個女人，他的丈夫被莒子殺掉，她就變成寡婦，等到老時，她就住到紀鄣，織成麻繩，以城高為度，然後藏起來。到了軍隊來了，就扔到外頭，有人把這繩子交給陳書，陳書叫軍隊夜裏沿著這繩子登到城上，已經上了六十個人，繩子就斷了，軍隊大聲喊譟，城上的人也大聲喊譟，莒共公害了怕，就開了西門逃出，七月丙子，齊國軍隊就進入紀國都城。

(八)經冬，葬許悼公㊀。

【今註】㊀此經無傳。

【今譯】冬天，給許悼公下葬。

(九)傳是歲也，鄭駟偃卒。子游㈠娶於晉大夫，生絲弱㈡，其父兄立子瑕㈢。子產憎其為人也，且以為不順，弗許亦弗止，駟氏聳㈣。他日絲以告其舅。冬，晉人使以幣如鄭問駟乞之立，故駟氏懼，駟乞欲逃，子產弗遣，請龜以卜，亦弗予。大夫謀對，子產不待而對客曰：「鄭國不天，寡君之二三臣札瘥夭昏㈤，今又喪我先大夫偃，其子幼弱，其一二父兄懼隊宗主，私族於謀而立長親，寡君與其二三老曰：『抑天實剝亂是，吾何知焉？』諺曰：『無過亂門。』民有亂兵猶憚過之，而況敢知天之所亂？今大夫將問其故，抑寡君實不敢知，其誰實知之？平丘之會㈥，君尋舊盟曰：『無或失職。』若寡君之二三臣，其即世者，晉大夫而專制其位，是晉之縣鄙也，何國之為？」辭客幣而報其使，晉人舍之。

【今註】㈠子游：就是駟偃。㈡生絲弱：他的兒子駟絲甚年輕。㈢子瑕：就是駟偃的叔叔駟乞。㈣聳：深為害怕。㈤札瘥夭昏：賈逵說：「大死曰札，小疫曰瘥，短折曰夭，未名曰昏。」㈥平丘之會：在魯昭公十三年。

【今譯】這一年，鄭國的駟偃死了。他曾經在晉大夫家中娶妻，生絲而年幼，他的父兄們就立了駟偃的叔叔駟乞。子產對他這人很討厭，並且以為不合理，不答應他立，也不反對。於是駟氏全害了怕。另一天，駟絲告訴他的舅舅，他舅舅是晉國人。冬天，晉國派人拿著幣到鄭國問駟乞為什麼立，所以駟氏更害怕，駟乞要想逃走，子產不答應他，請求龜甲來占卜，子產也不給他，大夫們正商量怎麼樣回晉國的話，子產也不等候就回答客人說：「鄭國沒有得到天的降福，我們寡君及二三臣有的是死了，有的是得了病，現在又喪失先大夫駟偃，他的兒子很幼弱，他的父兄們恐怕失掉宗族，就偷著在族中商量而立了年長的，我們的寡君跟他二三個臣子說：『天實在叫他們亂，我又怎麼能夠知道呢？』俗話說：『不要經過亂的人家。』人民對於有兵亂的人還怕過他家，那裏能知道天為什麼叫他亂；現在大夫問的原故，我們寡君實在不敢知道，誰又能知道呢？在平丘會盟時，晉君重申舊的盟誓說：『不要隨便失墮你的職守。』要是我們君的二三個臣子，有死了的，晉國的大夫全都管他的位子，那麼，鄭國就等於晉國的小縣，那還成了什麼國家呢？」於是辭謝客人的幣，而派人去回答晉國的使臣，晉國人衹好不管了。

㈩傳　楚人城州來。沈尹戌㊀曰：「楚人必敗。昔吳滅州來，子旗請伐之。王曰：『吾未撫吾民。』今亦如之。而城州來以挑吳，能無敗乎？」侍者曰：「王施舍不倦，息民五年，可謂撫之矣。」戌曰：「吾聞撫民者節用於內而樹德於外，民樂其性而無寇讎。今宮室無量，民人日駭，勞罷死轉㈡，忘寢與食，非撫之也。」

【今註】㈠沈尹戌：楚莊王的曾孫，葉公諸梁的父親。㈡勞罷死轉：勞苦疲倦，兼有死亡遷徙的苦處。

【今譯】楚國人修了州來的城。沈尹戌說：「楚人必定要失敗。從前吳人滅掉州來，子旗請求去伐他，王就說：『我還沒有安撫我的人民。』現在也跟這情形一樣。而把州來城修好，為的來挑撥吳國，這還能夠不失敗嗎？」左右的人說：「王不倦的施捨，已經休息人民五年，可以說已經安撫人民了。」沈尹戌說：「我聽見安撫人民的人，必定在內部節用，而在外面樹立德行，人民安樂他的生活，而並沒有寇讎。現在宮室很多，人民天天害怕，做的很勞苦，而四面遷徙，忘掉吃飯同睡覺，這不是安撫他。」

㈩傳 鄭大水，龍鬭于時門之外洧淵㈠，國人請為禜焉，子產弗許曰：「我鬭，龍不我覿也。龍鬭我獨何覿焉？禳之則彼其室也。吾無求於龍，龍亦無求於我。」乃止也。

【今註】㊀時門之外洧淵：時門是鄭都城的門，又方輿紀要說：「洧水經密縣東北，入新鄭縣境，會溱水，為雙洎河，即洧淵也。」

【今譯】鄭國發大水，在都城的城門外洧淵的水中，龍在那裏爭鬬。鄭國的貴族請求給他們祈禳，子產不答應說：「我們打仗時，龍看不見我們。龍鬬我們又怎麼能看見？要來禳求他，淵水是龍所應當住的地方。我們對龍沒有求，龍也沒有求於我。」於是就停止了。

(十二)傳 令尹子瑕言蹶由㊀於楚子曰：「彼何罪？諺所謂室於怒市於色者㊁，楚之謂矣。舍前之忿可也。」乃歸蹶由。

【今註】㊀蹶由：他是吳王的弟弟，魯昭公五年為楚靈王所擒。㊁所謂室於怒市於色者：等於在室家中發怒而表現於市上的人。

【今譯】楚國令尹子瑕對楚王說到吳王的弟弟蹶由說：「他有什麼罪呢？俗話所說因為在屋裏發怒，而在市面上生氣，這就是指著楚國說的。捨掉從前的憤怒可以了。」就把蹶由送還吳國。

昭公二十年（公元前五百二十二年）

(一)經 春王正月。

傳春王二月己丑，日南至。梓慎望氛，曰：「今茲宋有亂，國幾亡，三年而後弭。蔡有大喪。」叔孫昭子曰：「然則戴桓也㈠，汏侈無禮已甚，亂所在也。」

【今註】㈠然則戴桓也：那就是戴族同桓族兩族。

【今譯】二十年春王二月，己丑，日南至。梓慎望氣說：「今年宋國有亂，國幾乎亡了，三年而後安定，蔡國將有大喪事。」叔孫婼說：「宋國亂恐怕就是戴、桓兩族，他驕傲奢侈無禮的很厲害，這就是亂的所在。」

㈡經夏，曹公孫會自鄸㈠出奔宋㈡。

【今註】㈠鄸：山東通志說：「在今山東菏澤縣西北三里。」㈡此經無傳。

【今譯】夏天，曹公孫會自鄸逃到宋國去。

㈢傳費無極言於楚子曰：「建與伍奢將以方城之外叛，自以為猶宋、鄭也，齊、晉又交輔之，將以害楚，其事集矣。」王信之，問伍奢。伍奢對曰：「君一過多矣㈠，何信於讒？」王執伍奢。使城父司馬奮揚殺大子，未至，而使遣之。三月，大子建奔宋。王召奮揚，奮揚使城父人㈡執己以至。王曰：「言出於余口，入於爾耳，誰告建也？」對曰：「臣告之。君王命臣曰：『事建如事余。』臣不佞，不能苟貳，奉初以還㈢；不忍後命，故遣之，既而悔之，亦無及已。」王曰：「而敢來何也？」對曰：「使而失命，召而不來，是再奸也，逃無所入。」王曰：「歸，從政如他日。」無極曰：「奢之子材，若在吳，必憂楚國，盍以免其父召之，彼仁必來，不然將為患。」王使召之曰：「來，吾免而父。」棠君尚㈣謂其弟員曰：「爾適吳，我將歸死。吾知不逮㈤，我能死，爾能報。聞免父之命，不可以莫之奔也，親戚為戮，不可以莫之報也。奔死免父，孝也。度功而行，仁也。擇任而往，知也。知死不辟，勇也。父不可弃，名不可廢㈥，爾其勉之，相從為愈㈦。」伍尚歸，奢聞員不來，曰：「楚君大夫其旰食乎？」楚人皆殺之。員如吳；言伐楚之利於州于㈧，公子光㈨曰：「是宗為戮，而欲反其讎，不可從也。」員曰：「彼將有他志，余姑為之求士而鄙以待之。」乃見鱄設諸⑩焉，而耕於鄙。

【今註】㈠君一過多矣：一過是指著納太子建的夫人。㈡城父人：是大夫。㈢奉初以還：自從奉了初次的命令來辦。㈣棠君尚：伍奢的長子伍尚。㈤吾知不逮：我的知識不如你。㈥名不可廢：兄弟二人不可俱死，俱死則名廢。㈦相從為愈：比較在一塊更好。㈧州于：是吳王僚。㈨公子光：是吳王闔廬。⑩鱄設諸：是個勇士。

【今譯】楚大夫費無極對楚平王說：「太子建和伍奢，將要佔據了方城以外的地方造反了，他自以為宛如宋鄭一般，齊晉兩國又互相扶助他，將要來危害楚國，他的各事已經齊集了。」平王聽信了他，便喊伍奢來問，伍奢回答說：「你君做了一次錯事已經多了，為什麼又相信讒言呢？」平王老羞成怒，便拘禁了伍奢，派城父的司馬叫奮揚的去殺太子。奮揚還沒有到城父，就派人趕先去通知太子，叫他逃去。三月中，太子建逃往宋國去。平王便又喊奮揚來問，奮揚派城父人拘執了自己，來到平王面前。平王說：「說話出在我的口中，進入你的耳管裏，沒有第三人知道，到底是那個告訴他的？」奮揚回答說：「臣告訴他的，從前君王吩咐臣說：『服事建，要像服事我一樣。』臣沒有才能，不能忽然間便懷了鬼胎，只知聽初次的吩咐同他交往，不捨得依後來的吩咐，所以叫他逃去的，後來懊悔，卻也來不及了。」平王說：「你還敢來見我，為什麼呢？」奮揚回答說：「既然奉使出去失誤了君命，聽得召喊卻再不來，這是再犯罪了。況且就是想逃，也沒有地方可去。」平王說：「回去罷！幹你的公事，要像從前一樣！」無極又說：「奢的兒子很有材幹，若留他在吳國，將來定要做楚國的禍害。何不託名寬赦他們的父親，去喊他回來呢？他們愛他父親，一定回來的，否則恐怕要為後患！」王便派人去喊說：「來了，我便饒你們的父親。」棠邑大夫伍尚是奢的長子，他便對他的兄弟員說：「你到吳國去，我是要回去死難的，我的聰明不及你，我是能夠死難的，你是能夠報仇的。聽得赦免父親的命令，不可以沒有人趕去的，至親骨肉無故被殺了，不可以沒有人報復的。趕去死求赦免父親，這便是孝，量了能幹的事去幹，這便是仁，選擇能夠擔任的去做，這便是智，明知要死，卻不逃避，這便是勇。父親不可丟掉，我們二人也不可俱死，你務必勉力做去，比較跟了一同去死總要好些。」後來伍尚回去了，奢聽說員不來，就說：「楚國的君王大夫，恐怕要欲食而不遑了！」楚人便都把他父子二人殺死。員既到了吳國，在吳王僚前說伐楚的利益。公子光說：「這是他的宗族被殺，要想報他的仇，是不可依他的。」伍員說：「他大概另有他的心事，我姑且代他找個勇士，自己在邊境上等候他，緩緩的來！」便引見了鱄設諸，自己卻耕田在邊境上。

㈣傳宋元公無信，多私而惡華向。華定，華亥與向寧謀曰：「亡愈於死，先諸？」華亥偽有疾以誘羣公子，公子問之則執之。夏六月丙申，殺公子寅，公子御戎，公子朱，公子固，公孫援，公孫丁，拘向勝，向行於其廩㈠。公如華氏請焉，弗許。遂劫之㈡。癸卯，取大子欒與母弟辰，公子地㈢以為質。公亦取華亥之子無慼，向寧之子羅，華定之子啟，與華氏盟以為質。

【今註】㈠公子寅，公子御戎，公子朱，公子固，公孫援，公孫丁，拘向勝，向行於其廩：這八個人全是宋公的黨羽。㈡遂劫之：就劫持宋公。㈢大子欒母弟辰公子地：太子欒是宋景公。母弟辰同公子地都是元公的弟弟。

【今譯】宋元公沒有信實，多私欲，而不喜歡華向。華定華亥同向寧計謀說：「逃亡豈不比死強，我們先作亂吧！」華亥假裝有病，來引誘羣公子，公子有來問他的病的，必將他逮起來。夏六月丙申，殺公子寅、公子御戎、公子朱、公子固、公孫援、公孫丁，拘捕向勝，向行在他的堆稻穀的屋子裏。宋元公到華氏去請求，不答應。反把元公劫持起來。癸卯，拿太子欒同他弟弟辰，公子地做人質；宋元公也拿到華亥的兒子無慼，向寧的兒子羅，華定的兒子啟，跟華氏盟誓，用他們為人質。

㈤經　秋盜殺衛侯之兄縶。

傳　衛公孟縶狎齊豹㈠，奪之司寇與鄄㈡，有役則反之，無則取之。公孟惡北宮喜、褚師圃，欲去之，公子朝通于襄夫人宣姜㈢，懼而欲以作亂，故齊豹、北宮喜、褚師圃、公子朝作亂。初，齊豹見㊃宗魯於公孟，為驂乘焉，將作亂而謂之曰：「公孟之不善，子所知也，勿與乘，吾將殺之。」對曰：「吾由子事公孟，子假吾名焉㊄，故不吾遠也。雖其不善，吾亦知之，抑以利故不能去，是吾過也。今聞難而逃，是僭子也㊅。子行事乎，吾將死之，以周事子㊆，而歸死於公孟，其可也。」丙辰，衛侯在平壽㊇，公孟有事於蓋獲之門外㊈。齊子氏帷於門外而伏甲焉，使祝鼃寘戈於車薪以當門，使一乘從公孟以出，使華齊御公孟，宗魯驂乘。及閎中，齊氏用戈擊公孟，宗魯以背蔽之，斷肱以中公孟之肩，皆殺之。公聞亂，乘驅自閱門入，慶比御公，公南楚驂乘㊉，使華寅乘貳車⑪，及公宮，鴻駵魋駟乘于公，公載寶以出。褚師子申遇公于馬路之衢，遂從⑫，過齊氏，使華寅肉袒執蓋以當其闕，齊氏射公，中南楚之背，公遂出，寅閉郭門，踰而從公，公如死鳥⑬。析朱鉏⑭宵從竇出，徒行從公。齊侯使公孫青⑮聘于衛，既出聞衛亂，使請所聘。公曰：「猶在竟內，則衛君也。乃將事焉。」遂從諸死鳥，請將事，辭曰：「亡人不佞，失守社稷，越在草莽，吾子無所辱君命。」賓曰：「寡君命下臣於朝曰：『阿下執事⑯。』臣不敢貳。」主人曰：「君若惠顧先君之好，昭臨敝邑，鎮撫其社稷，則有宗祧在。」乃止。衛侯固請見之，不獲命，以其良馬見，為未致使故也，衛侯以為乘馬。賓將掫⑰，主人辭曰：「亡人之憂，不可以及吾子。草莽之中，不足以辱從者，敢辭。」賓曰：「寡君之下臣，君之牧圉也。若不獲扞外役，是不有寡君也。臣懼不免於戾，請以除死。」親執鐸終夕與於燎⑱。齊氏之宰渠子召北宮子，北宮氏之宰不與聞，謀殺渠子，遂伐齊氏滅之。丁巳晦，公入與北宮喜盟于彭水⑲之上。秋七月戊午朔，遂盟國人。八月辛亥，公子朝、褚師圃、子玉霄、子高魴出奔晉。閏月戊辰，殺宣姜。衛侯賜北宮喜謚曰貞子，賜析朱鉏謚曰成子。而以齊氏之墓予之。衛侯告寧于齊，且言子石⑳。齊侯將飲酒，徧賜大夫曰：「二三子之教也。」苑何忌㉒辭曰：「與於青之賞，必及于其罰。在康誥曰：『父子兄弟，罪不相及。』況在羣臣，臣敢貪君賜以干先王。」琴張㉓聞宗魯死，將往弔之，仲尼曰：「齊豹之盜，而孟縶之賊，女何弔焉？君子不食姦，不受亂，不為利疚於回，不以回待人，不蓋不義，不犯非禮。」

【今註】㊀衛公孟縶狎齊豹：公孟縶是靈公的哥哥，齊豹是齊惡的兒子，做衛國的司寇。㊁鄄：衛地，在今山東濮縣。㊂宣姜：是靈公的嫡母。㊃見：給介紹。㊄子假吾名焉：這是借著我的名字，為的使公孟可以親近我。㊅僭子也：使你的話不足信。㊆以周事子：可以完全侍奉你。意謂不泄其密。㊇平壽：在今河北省濮陽縣。㊈蓋獲之門外：蓋獲，衛之郭門。㊉公南楚驂乘：公南楚也坐車上。⑪貳車：衛侯的副車。⑫遂從：就跟著公一同去。⑬死鳥：在今河北省濮陽東南門外。⑭析朱鉏：黑背的孫子。⑮公孫青：齊頃公的孫子。⑯阿下執事：比照衛國的臣下。⑰賓將掫：賓客將在夜裏看守。⑱親執鐸終夕與於燎：他就拿著鈴鐺一夜的工夫點著火以備守衛。⑲彭水：釋地說：「彭水在戚西，首受河，北出東轉，仍注于河，蓋河水在戚西之枝津也。」⑳且言子石：子石是公孫青，說他很有禮貌。㉒苑何忌：齊大夫。㉓琴張：孔子的弟子名叫琴牢，號子開。

【今譯】衛國的公孟縶輕視齊豹，奪掉他的司寇官跟鄄的封邑，有工作就把這地方交還給他，使他任勞，沒有時就拿回來。公孟很不喜歡北宮喜同褚師圃，想要去掉他們。公子朝與襄夫人宣姜相通，害了怕也想作亂。所以齊豹、北宮喜、褚師圃同公子朝作亂。最早的時候，齊豹介紹宗魯給公孟，做公孟的驂乘。將作亂就對他說：「公孟的人不好，你素來所知道，你不要跟他一同坐車，我將殺掉他。」宗魯回答說：「我是因為你的關係而事奉公孟，你說我的名氣很好，所以他很親近我。雖然他不好，我知道，因為利害的關係，我不能離開他，這是我的過錯。現在聽說有禍難，我就逃走，這事使你失掉信用。你就行你的事情吧！我將盡死，以能完全事奉你，我回到公孟那裏去死，這也可以吧！」丙辰，衛侯在平壽，公孟在衛都城的郭門外去祭祀。齊豹的家人在郭門外設上帷帳而藏著軍隊，使祝鼃擺一支槍在一輛車的薪木上，以擋著門，並派一輛車隨著公孟出來，使華齊給公孟駕車，宗魯也坐在車上，到了城門的中間，齊豹的黨羽用槍來打公孟，宗魯用後背來擋著，斷了胳臂肘，又傷了公孟的肩肘，把他兩人全殺掉。衛侯聽見亂，坐車從閱門進入，慶比給公駕著車，公南楚也坐到車上，使華寅乘副車，到了公的宮殿，鴻駵魋又第四個人坐到公的車上，衛侯把他的寶物擱到車上逃出。褚師子申遇見衛侯在馬路的寬街上，就跟著公逃出，經過齊豹家裏，使華寅赤了背拿著蓋，在空缺處保護公，齊豹家人射衛侯，射中南楚的背，公就逃出來，華寅關上郭的門，就跳過牆，仍舊追隨衛侯，衛侯逃到死鳥去。析朱鉏夜裏從水門出去，步行跟著衛侯。齊侯派公孫青到衛國聘問，已經出了齊國，就聽見衛國亂了，再問齊侯怎麼樣聘問法。齊侯說：「若他仍在衛國境內，他仍舊是衛國的君，就可以行聘禮。」於是就跟到死鳥，請執行禮節，衛侯辭謝說：「我沒有才能，丟掉國家，現在逃亡的中間，你不要羞辱你的君命。」客人回答說：「寡君告訴下臣在朝廷上說：『你要遵守像衛國的臣下一樣。』我不敢違背。」主人就說：「你要是顧及先君的舊好，光昭著我們國家，安撫他的社稷，則宗廟仍舊在。」於是就不行聘禮。衛侯想同公孫青相見，公孫青辭謝不得，就拿他的好馬來見，這是因為沒有行禮的關係，衛侯就以這馬做他騎的馬。客人將守夜，主人辭謝說：「這是亡人的憂愁，不能夠連累到你。我是在草莽的中間，不能麻煩你們來守夜，我們不敢當。」賓客又說：「我是寡君的下臣，等於你的放牛馬的人。我若不能得到給你服外邊的工作，這好像不跟寡君相親愛了。我很怕不免於罪戾，請以此除死罪。」親自拿著鐸一夜的功夫在火燎的旁邊守夜。齊豹的宰渠子召北宮喜，北宮喜的宰不報告北宮喜，就把渠子殺掉，盡滅了齊豹家人。丁巳晦，衛侯進國跟北宮喜在彭水盟誓。七月戊午朔，遂盟各貴族。八月辛亥，公子朝、褚師圃、子玉霄、子高魴全逃到晉國去。閏月戊辰，殺掉宣姜。衛侯賞給北宮喜的謚號叫貞子，也賞析朱鉏叫成子。而把齊豹的墓田全給他。衛侯派人到齊國告訴衛國已經安寧，且誇張公孫青的有禮。這時齊侯正要飲酒，因此就徧賜諸大夫說：「這是你們大家教給他的。」苑何忌辭謝說：「我們分享了公孫青的賞，必定也要分享他的罰。康誥說過：『父子兄弟罪惡全不相及。』況且在羣臣們，我很怕貪圖你的賞賜，以干擾先王。」孔子弟子琴張聽見宗魯死了，就想往弔他，仲尼就說：「齊豹的盜行而孟縶的賊亂，都是宗魯促成，你為什麼去弔呢？君子不吃姦人的食物，不受禍亂，不為有利，就存在邪處不去，不以邪對待旁人，不掩蓋不義的事，不做無禮的行為。」

㈥經冬十月宋華亥向寧華定出奔陳。

傳宋華向之亂，公子城㈠，公孫忌，樂舍㈡，司馬彊，向宜、向鄭㈢楚建㈣，郳甲㈤出奔鄭，其徒與華氏戰于鬼閻㈥，敗子城㈦，子城適晉。華亥與其妻必盥而食所質公子者，而後食。公與夫人每日必適華氏，食公子，而後歸。華亥患之，欲歸公子。向寧曰：「唯不信故質其子，若又歸之，死無日矣。」公請於華費遂㈧，將攻華氏，對曰：「臣不敢愛死，無乃求去憂而滋長乎？臣是以懼，敢不聽命。」公曰：「子死亡有命，余不忍其訽㈨。」冬十月，公殺華向之質而改之。戊辰，華向奔陳，華登㈩奔吳。向寧欲殺大子，華亥曰：「干君而出，又殺其子，其誰納我？且歸之有庸⑪。」使少司寇牼以歸⑫，曰：「子之齒長矣，不能事人，以三公子為質必免。」公子既入，華牼將自門行，公遽見之，執其手曰：「余知而無罪也，入復而所⑬。」

【今註】㈠公子城：宋平公的兒子。㈡樂舍：樂喜的孫子。㈢向宜、向鄭：全是向戌的兒子。㈣

楚建：楚平王的太子逃亡在宋國。㊄郳甲：小邾穆公的兒子。㊅鬼閻：寰宇記說：「今河南西華縣東北三十里有閻倉亭。」㊆敗子城：子城為華氏所敗。㊇華費遂：大司馬華氏同族。㊈詢：恥辱。㊉華登：華費遂的兒子。⑪且歸之有庸：可以有功勞。⑫使少司寇牼以歸：少司寇牼把三個兒子全歸還給宋公。⑬入復而所：就回到你所做的官那裏去。

【今譯】宋國華向作亂的時候，公子城、公孫忌、樂舍、司馬彊、向戌的兒子向宜同向鄭，楚平王的兒子太子建，小邾的太子郳甲全都逃到鄭國去，這八個人的部下跟華氏在鬼閻這地方打仗，把子城打敗了，子城逃到晉國。華亥跟他的夫人必定洗手後方給做人質的公子飲食，然後自己再吃。宋公跟夫人每天必到華氏家裏，給公子們吃飯，然後才回來。華亥頗以這事為患，就想把公子們送回。向寧說：「因為宋公不可信，所以把他的兒子做人質，要是把他們送回，我們的死就在眼前了。」宋公向華費遂請求，將派軍隊攻打華氏，他回答說：「我不敢怕死，恐怕這是想去掉憂慮而憂慮更深？我所以害怕，敢不聽從你的命令。」公就說：「我子死亡全都有命，我不能忍受這種恥辱。」冬天十月，宋公殺了華向的人質而攻打他。戊辰這天，華向奔到陳國，華登奔到吳國。向寧想殺太子，華亥說：「得罪了君逃出去，又殺他的兒子，誰還敢叫我們回國呢？並且把他們送回去是有功勞的。」叫少司寇牼把宋元公的三公子全送回去說：「你的年紀大，不能事奉旁人，把三公子送回，可使他們相信我們不會背叛，我們必能免禍。」公子既進到宮門，華牼想逃走，宋公趕緊去看他，拿著他的手說：「我知道你是沒有罪的，仍舊回到你的原職位罷。」

(七)傳齊侯疥遂痁㈠，期而不瘳，諸侯之賓問疾者多在㈡。梁丘據與裔欵㈢言於公曰：「吾事鬼神豐於先君有加矣，今君疾病為諸侯憂，是祝史之罪也。諸侯不知，其謂我不敬。君盍誅於祝固史嚚㈣以辭賓。」公說，告晏子。晏子曰：「日宋之盟㈤，屈建問范會之德於趙武。趙武曰：『夫子之家事治，言於晉國，竭情無私，其祝史祭祀，陳信不愧，其家事無猜，其祝史不祈㈥。』建以語康王，康王曰：『神人無怨，宜夫子之光輔五君㈦以為諸侯主也。』」公曰：「據與欵謂寡人能事鬼神，故欲誅于祝史，子稱是語何故？」對曰：「若有德之君，外內不廢，上下無怨，動無違事，其祝史薦信無愧心矣。是以鬼神用饗，國受其福，祝史與焉。其所以蕃祉老壽者，為信君使也，其言忠信於鬼神。其適遇淫君，外內頗邪，上下怨疾，動作辟違，從欲厭私，高臺深池，撞鐘舞女，斬刈民力，輸掠其聚㈧，以成其違，不恤後人，暴虐淫從，肆行非度，無所還忌㈨，不思謗讟，不憚鬼神，神怒民痛，無悛於心，其祝史薦信是言罪也㊉。其蓋失數美，是矯誣也。進退無辭，則虛以求媚㊁，是以鬼神不饗其國以禍之，祝史與焉。所以夭昏孤疾者，為暴君使也，其言僭嫚於鬼神。」公曰：「然則若之何？」對曰：「不可為也㊂！山林之木，衡鹿守之，澤之萑蒲，舟鮫守之，藪之薪蒸，虞候守之，海之鹽蜃，祈望守之，縣鄙之人，入從其政，偪介之關，暴征其私，承嗣大夫，強易其賄，布常無藝㊂，徵斂無度，宮室日更，淫樂不違，內寵之妾，肆奪於市，外寵之臣，僭令於鄙，私欲養求，不給則應㊃，民人苦病，夫婦皆詛，祝有益也，詛亦有損，聊攝㊄以東，姑尤㊅以西，其為人也多矣，雖其善祝，豈能勝億兆人之詛？君若欲誅於祝史，修德而後可。」公說，使有司寬政毀關，去禁薄，斂己責。

【今註】㊀齊侯疥遂痁：疥是兩日一發的瘧疾，痁是每天一發的瘧疾。㊁多在：很多諸侯派來問病的，全在齊國首都。㊂梁丘據裔欵：這兩人全是受齊景公寵愛的大夫。㊃祝固史嚚：祝是太祝名叫固，史嚚是太史叫嚚。㊄日宋之盟：以前在宋盟誓時。這事在魯襄公二十七年。㊅其祝史不祈：他的祝史沒有什麼祈禱。㈦五君：是晉國的文、襄、靈、成、景五公。㈧輸掠其聚：奪到人民藏的東西。㈨無所還忌：等於沒有什麼顧慮。㈩是言罪也：這是實說君的罪狀。⑪虛以求媚：作謊話對於神求到好處。⑫不可為也：殺祝史也不能有辦法。⑬布常無藝：政治全不按法律。⑭不給則應：若不給他，則說他有罪。⑮聊攝：續山東考古錄說：「古攝邑故城在博平縣西南三十許里，又名郭城。」⑯姑、尤：水道提綱說：「大姑河源出黃縣東南之盧山，南流經萊陽縣西境，又西南流至劉家莊，有小姑河，自西北來會，南流至膠州（膠縣）入海。」

【今譯】 齊景公由於最初是兩日一患的瘧疾，遂變成每天一發的瘧疾，長時間不好，諸侯派來問病的，多在齊國都城。梁丘據同裔欵同齊景公說：「我們事奉鬼神，比從前的君豐富得多。現在你病得厲害，使諸侯全都憂慮，這是祝史的罪過，諸侯不明白，也說我們不恭敬，你何不殺掉祝固史嚚，以辭謝賓客呢？」齊景公很高興，就告訴了晏嬰，晏嬰回答說：「從前在宋這地方盟誓時，楚國的屈建問晉國的趙武，士會的德行到底怎麼樣。趙武說：『他的家事很能治理，在晉國說話，毫沒有私情，他的祝史祭祀，所說的禱告，也沒有愧色，他家裏事不被人家猜疑，他的祝史對於鬼神也沒有什麼祈禱。』屈建拿這話告訴楚康王，康王說：『神人全沒有怨恨，所以他能夠輔佐文、襄、靈、成、景五公，做諸侯的主謀。』」齊景公說：「據同欵說我能夠事奉鬼神，所以想著殺祝史，你告訴我這段話有什麼原故呢？」回答說：「要是有德行的人君，國內國外，事無不舉，上下沒有怨色，舉動全沒有錯誤，所以他的祝史對鬼神就沒有羞愧的心。鬼神很受到享賜，全國受到鬼神所賜的福，祝史在內。

所以能夠發展老壽的原因，就是因為信君所派的使臣，他說的話全可靠；假設遇見淫君，對國內國外全都不正當，上下的人全都怨恨，他的動作全不合理。用私欲以饜足私情，高的臺深的池，敲著鐘，女人歌舞，漸漸削弱人民的力量，奪取人民的錢財，以成他不正當的事情，不憐恤後人，暴虐從淫，專做不合理的事，更無所顧忌，也不怕人誨謗，也不怕鬼神，神也憤怒，人民痛苦，全無動他的心，他的祝史要說實在的話，等於說他的罪，他掩蓋而數說他的好處，這是說謊話。進退沒有話說，則說謊話，以求神來降福，所以鬼神也不願意受他國的享賜，降下禍亂，祝史也在其中。為什麼他們常疾病，就是為的顯暴君的使臣的錯誤，他們所說的話使鬼神不高興。」公說：「那怎麼辦呢？」回答說：「這不是殺祝史所能辦理得好，山林上的木頭，衡鹿的官來看守，水澤的草，舟鮫的官來看守，窪地的薪木，虞候的官來看守，海中的鹽同蜃物，祈望的官來看守，可見這些財利，全歸公所有，人民不能得到，鄉下人進城後，就受許多政令約束，而鄰近的關口，又奪他的私物，歷任的大夫常得到賄賂，辦理政治，也不遵守法律，徵收錢財，沒有數目，官室常常變更，淫樂常常不去，內寵的妾在市面上爭奪，外寵的臣子在邊鄙上假傳命令，私欲常常去求，不給就判他罪，人民全以為病，夫婦們全都詛咒，禱告是有益處，詛咒也有損害，從聊攝往東邊，到姑尤的西邊，詛咒的人很多，就是祝史能夠禱告，豈能勝很多人的詛咒呢？你要想殺祝史，修德行就可以了。」齊景公高興了，使官吏們寬大政權，毀掉各處的關，去除禁止的事。把欠的錢財全部取消。

(八)經 十有一月辛卯，蔡侯盧卒㊀。

【今註】㊀此經無傳。

【今譯】十一月辛卯蔡侯盧死了。

(九)傳 十二月，齊侯田於沛㊀，招虞人㊁以弓，不進，公使執之。辭曰：「昔我先君之田也，旃㊂以招大夫，弓以招士，皮冠以招虞人，臣不見皮冠，故不敢進。」乃舍之。仲尼曰：「守道不如守官，君子韙之。」齊侯至自田，晏子侍于遄臺，子猶㊃馳而造焉。公曰：「唯據與我和夫！」晏子對曰：「據亦同也，焉得為和！」公曰：「和與同異乎？」對曰：「異，和如羹焉，水火醯醢鹽梅以烹魚肉，燀之以薪，宰夫和之，齊之以味，濟其不及，以洩其過，君子食之，以平其心。君臣亦然。君所謂可，而有否焉，臣獻其否，以成其可。君所謂否，而有可焉，臣獻其可，以去其否。是以政平而不干，民無爭心。故詩曰：『亦有和羹，既戒既平，鬷嘏無言，時靡有爭㊄。』

先王之濟五味，和五聲也，以平其心，成其政也。聲亦如味，一氣，二體㈥，三類㈦，四物㈧，五聲㈨，六律㈩，七音⑪，八風⑫，九歌⑬，以相成也。清濁、大小、短長、疾徐、哀樂、剛柔、遲速、高下、出入、周疏以相濟也。君子聽之以平其心，心平德和。故詩曰：『德音不瑕⑭。』今據不然，君所謂可，據亦曰可。君所謂否，據亦曰否。若以水濟水，誰能食之？若琴瑟之專壹，誰能聽之？同之不可也如是！」飲酒樂，公曰：「古而無死，其樂若何？」晏子對曰：「古而無死，則古之樂也，君何得焉？昔爽鳩氏⑮始居此地，季萴⑯因之，有逢伯陵⑰因之，蒲姑氏⑱因之，而後大公因之。古者無死，爽鳩氏之樂，非君所願也。」

【今註】㈠沛：左通補釋引劉熙曰：「水草相半曰沛（見後漢書崔駰傳注）沛即莊八年之貝丘，蓋地多水草，故常田獵於此。」貝丘在山東省博興縣東南。㈡虞人：是管山澤的官名。㈢旃：旌旗。㈣子猶：就是梁丘據。㈤亦有和羹，既戒既平，鬷嘏無言，時靡有爭：這是詩經商頌一句詩，意思是說既然已經有了和羹，就能禁戒，且能平和，總起大政來，皆同和羹一樣不會有爭端。㈥二體：

舞裏分為文武。㈦三類：風雅頌。㈧四物：用四方的物件。㈨五聲：宮商角徵羽。㈩六律：黃鍾大蔟姑洗蕤賓夷則無射。㈡七音：宮商角徵羽加上變宮變徵。㈢八風：八方的風。㈢九歌：六府就是金木水火土穀加上三事正德利用厚生。㈣德音不瑕：詩經豳風的一句語，意思說心內和平則聲譽不會有瑕疵。㈤爽鳩氏：是在山東，他是少皞的司寇。㈥季萴：虞夏的諸侯接代爽鳩氏的。㈦逢伯陵：殷的諸侯姜姓。㈧蒲姑氏：殷周間的諸侯。

【今譯】十二月，齊侯到沛這地方去打獵，用弓來招虞人，他不來，齊景公就把他逮起來。虞人辭謝說：「從前我們先君打獵時用旃招大夫，用弓招士，用皮冠招虞人，我看不見皮冠，所以不敢來。」就放了他。仲尼說：「守道理，不如守官制，君子很以為然。」齊侯從打獵回來，晏子侍立在遄臺上，適值梁丘據也奔跑著來了。齊侯說：「只有梁丘據同我和氣！」晏子答說：「據也不過是同著君意罷了！那裏能夠算得和氣呢？」公說：「和氣與同意異樣的嗎？」晏子答說：「異樣的，和氣是像羹湯一樣的，以水火醋醬梅汁等，烹調起魚肉來，用柴燒他，廚夫把他調和著，使各味能均勻，加他不夠的，減他有餘的，然後君子吃了，方纔可以平著心呢？君臣也是這般的，君所謂可的，卻也有不可的在內，臣該貢獻那不可的，做成君以為可的；君所謂不可的，卻也有可的在內，臣該貢獻那可的，去掉君以為不可的。這樣一來，政治纔可平和不互相牴觸，人民方纔沒有爭心。所以詩經上說：『也有像調和羹湯一樣的，既然小心弄調勻了，那末方能總攬行政的大綱，也沒有話說了，自然上下沒有爭執了。』先王的湊成五味，調和五聲，都是所以平他的心，成功他的政治。聲音也像調味一樣，像激動的一種氣，文武的兩種體裁，風雅頌的三類。四方採用的四種原料，宮商角徵羽的五種發音，陰陽的六種律呂，宮商角徵羽變宮變徵的七種音階，八方來的八種風，六府三事的九種歌，都是要合攏來纔成功的。又像清濁，大小，短長，疾徐，哀樂，剛柔，遲速，高下，出入，周疏，也是要互相調劑的。君子聽了，和平著他的心意，心意既平，道德自然和順無瑕了。所以詩經上說：『德音沒有瑕疵的。』如今梁丘據卻並不是這樣作的，君所說可以的，據也說可以；君所說不可以的，據也說不可以；好像拿水去補救水，那個能夠吃他？又好像琴瑟只有單音是一種聲音，那個能夠聽他？一味同意的不可成事，竟像這般呢！」齊侯飲酒很歡樂，又對晏子道：「從古到今，倘若沒有死這一事，那末這歡樂還不知要怎樣呢？」晏子答說：「從古到今，倘若沒有死，那末也不過一逕是古時的快樂，你君那裏會得到。從前是爽鳩氏起初住在這地方的，季萴繼承他的基業，逢伯陵又繼承季萴的基業，蒲姑氏又繼承逢伯陵的基業，然後姜太公又繼承蒲姑的基業，古時候如果沒有死，那末這是爽鳩氏的快樂，怕不是你君情願的呢？」

㈩傳鄭子產有疾，謂子大叔曰：「我死，子必為政，唯有德者能以寬服民，其次莫如猛。夫火烈民望而畏之，故鮮死焉，水懦弱民狎而翫之，則多死焉，故寬難。」疾數月而卒。大叔為政，不忍猛而寬。鄭國多盜，取人於萑苻之澤㈠。大叔悔之曰：「吾早從夫子不及此。」興徒兵以攻萑苻之盜，盡殺之，盜少止。仲尼曰：「善哉，政寬則民慢，慢則糾之以猛，猛則民殘，殘則施之以寬。寬以濟猛，猛以濟寬，政是以和。詩曰：『民亦勞止，汔可小康，惠此中國，以綏四方㊁。』施之以寬也。『毋從詭隨，以謹無良，式遏寇虐，慘不畏明㊂。』糾之以猛也。『柔遠能邇，以定我王㊃。』平之以和也。又曰：『不競不絿，不剛不柔，布政優優，百祿是遒㊄。』和之至也。」及子產卒，仲尼聞之出涕曰：「古之遺愛也。」

【今註】㊀萑苻之澤：水經注渠水篇：「役人又遷中牟澤，即鄭太叔攻萑苻之盜于是澤。」㊁民亦勞止，汔可小康，惠此中國，以綏四方：這是詩經大雅一句詩，意思是人民已經很勞苦了，應該叫他稍微休息，加恩惠在中國，以使四方安靜。㊂毋從詭隨，以謹無良，式遏寇虐，慘不畏明：不要跟從壞人，要謹慎不善良的人，這樣可以阻住寇虐的人，他是對法度不害怕的。㊃柔遠能邇，以定我王：安定遠處的，就能使近處安定，這是可以使王室安定。㊄不競不絿，不剛不柔，布政優優，百祿是遒：這是詩經商頌一句詩，意思說不競爭也不急性，不剛也不柔，行使政治就可以和平，百祿全可以聚在一塊。

【今譯】鄭大夫子產有了病，對游吉說：「我死了以後你定要當政權的，只有德行的人，方纔能夠拿寬道來服從人民；次一等的，還是嚴厲為妙，講到那火是猛烈得很的，人民望了怕他，因此少有死在那裏的。水是懦弱的，人民看輕了他，就去玩弄他，因此死在那裏的就很多。所以寬大治民，倒是很難的。」病了幾個月，子產果然死了。太叔便當了政權，不忍用猛，卻用寬道，鄭國就此多了盜賊，卻在萑苻之澤中奪財取物。游吉懊悔說：「我早聽了子產的話，就不至於這般了。」便起兵去攻打萑苻的盜賊統統殺死了，盜賊方纔少許止一些。仲尼說：「好呀！政治寬了，人民就要輕慢，輕慢了，再用嚴厲來糾正他；嚴厲了，人民就要傷殘；傷殘了，再用寬來慰撫他，能夠用寬容來救濟嚴厲，用嚴厲來救濟寬容，政治所以就和平了。詩經上說：『人民對於苛政，也勞苦到極點了，他們便可稍些安息了，給好處在這中國，藉此安寧著四方。』這就是施行寬政的意思啊！『不可跟著沒有正心的人，要留意沒有良心的人，藉此遏住強暴不怕王法的人。』這是用嚴厲的方法糾正他的說法啊！『安慰遠地的人，以使近地的依戀著，藉此安定王室。』這就是平治他用和的說法啊！又說：『不要太強；不要太急；不要太硬；不要太軟；發布的政治要和平，百祿自然會集來。』這是和平到極頂的意思啊！」等到子產死掉以後，仲尼聽到這個消息便淌眼淚說：「這是古時留下的仁愛人啊！」

昭公二十有一年（公元前五百二十一年）

(一)傳春，天王將鑄無射㈠，伶州鳩㈡曰：「王其以心疾死乎！夫樂天子之職也，夫音樂之輿也，而鐘音之器也，天子攷㈥，則和於物，物和則嘉成。故和聲入於耳而藏於心，心億則樂㈦，窕則不咸㈧，攷則不容㈨，心是以感，感實生疾。今鐘攷矣，王心弗堪，其能久乎？」

【今註】㈠天王將鑄無射：周景王叫鑄一個鐘，因為合於律的無射，所以叫這鐘為無射。射音亦。㈡伶州鳩：伶是樂官，州鳩是他的名字。伶也作泠。㈢器以鐘之：用器來聚音節。㈣輿以行之：樂用音來行走。㈤小者不窕：小了就不能滿。㈥大者不攷：攷音（ㄏㄨㄚˋ）是橫大的意思。㈦心億則樂：心裏安寧就高興。㈧窕則不咸：太小就不能滿足人心。㈨攷則不容：橫大使心裏不能容納。

【今譯】昭公二十一年，春天，周景王將鑄一個鐘，叫做無射。伶州鳩說：「王恐怕將以心病來死！音樂是天子所職掌，音是樂的車輛，而鐘是音的器皿，天子因風俗以作音樂，而器皿來聚音，用音來行走樂，小的就細而不滿，大的就橫大難進去，和到物件上，物和就樂成。所以和聲進入耳朵，再藏到心裏，心能安寧就樂，小的不能充滿人心，大則心不能容納他，心就發生了感動，感就生了疾病，現在鐘太大了，王的心受不了，尚能長久嗎？」

(二)經　三月葬蔡平公。

傳　三月，葬蔡平公，蔡大子朱失位，位在卑㊀。大夫送葬者歸見昭子，昭子問蔡故。以告。昭子歎曰：「蔡其亡乎！若不亡，是君也必不終。詩曰：『不解于位，民之攸塈㊁。』今蔡侯始即位而適卑，身將從之。」

【今註】㊀位在卑：因為以長幼來分先後，所以他不能在太子的地位。㊁不解于位，民之攸塈：詩經大雅一句詩。要他在他的位子上不懈怠，人民就能夠休息。

【今譯】三月，葬蔡平公，蔡太子朱失掉了位子，位子很低賤。魯國大夫們去送葬的回來，見到叔孫婼，叔孫婼問蔡國的情形，他們就告訴了他。叔孫婼嘆息說：「蔡恐怕要亡了，要是蔡國不亡，這位君必不能終他的事。詩經大雅說過：『在位而不懈怠，人民就能安息了。』現在蔡侯剛即位，而變成了卑賤，他的身體將隨著往卑賤走。」

(三)經　夏，晉侯使士鞅來聘。

傳　夏，晉士鞅來聘，叔孫為政。季孫欲惡諸晉，使有司以齊鮑國歸費之禮為士鞅㊀，士鞅怒曰：「鮑國之位下，其國小，而使鞅從其牢禮，是卑敝邑也，將復諸寡君。」魯人恐，加四牢焉，為十一牢。

【今註】㈠使有司以齊鮑國歸費之禮為士鞅：叫官吏們用齊國的鮑國還歸魯國費的禮節，給士鞅一樣。這件事在昭公十四年，魯人祇給鮑國七牢。

【今譯】夏，晉士鞅來魯國聘問，叔孫婼恰好當政權。季孫意如想使晉國恨叔孫婼，叫官吏們用齊國鮑國歸費的禮式，為士鞅行禮，士鞅大怒說：「鮑國的位子很下，他的國家又比晉國小，而使我從款待他七牢的典禮，這是賤待我們晉國，我要去告訴我們晉君。」魯人害怕，再加上四牢，成了十一牢。

㈣經宋華亥、向寧、華定自陳入于宋南里以叛。

傳宋華費遂生華貙、華多僚、華登，貙為少司馬，多僚為御士，與貙相惡，乃譖諸公曰：「貙將納亡人㈠。」亟言之。公曰：「司馬㈡以吾故亡其良子㈢，死亡有命，吾不可以再亡之。」對曰：「君若愛司馬，則如亡㈣，死如可逃，何遠之有？」公懼使侍人召司馬之侍人宜僚飲之酒，而使告司馬㈤。司馬歎曰：「必多僚也，吾有讒子而弗能殺，吾又不死，抑君有命，可若何？」乃與公謀逐華貙，將使田孟諸而遣之。公飲之酒，厚酬之，賜及從者，司馬亦如之。張匄尤之㈥曰：「必有故。」使子皮㈦承宜僚以劍而訊之，宜僚盡以告，張匄欲殺多僚。子皮曰：「司馬老矣，登之謂甚㈧，吾又重之，不如亡也。」五月丙申，子皮將見司馬而行，則遇多僚御司馬而朝，張匄不勝其怒，遂與子皮、臼任、鄭翩殺多僚，劫司馬以叛，而召亡人。壬寅，華向入，樂大心、豐愆、華牼禦諸橫㈨，華氏居盧門㈩，以南里㈪叛。六月庚午，宋城舊鄘及桑林之門㈫而守之。

【今註】㈠亡人：指華亥等。㈡司馬：指華費遂。㈢良子：指華登。他逃亡到吳國去。㈣君若愛司馬，則如亡：你若真正喜歡大司馬，就不如逃走，失掉國家。㈤而使告司馬：告訴司馬使他驅逐華貙。㈥張匄尤之：張匄是華貙的臣子，他尤以公所賞的重為怪。㈦子皮：華貙。㈧登之謂甚：華登的逃亡甚傷司馬的心。㈨橫：方輿紀要說：「橫城在今河南商邱縣西南。」㈩盧門：杜注說：「盧門東城南門，正東門名揚門。」㈪南里：在今商邱縣城東南。㈫舊鄘，桑林之門：舊鄘在今河南商邱縣。桑林之門是宋城門。

【今譯】　宋國華費遂生了華貙、華多僚、華登，貙做少司馬的官，多僚做宋公駕車的，但是他跟華貙不相合，就在宋公面前說華貙的壞話，說：「他將使華亥等返回宋國。」屢次的說。宋公就說：「大司馬因為我的原故，丟掉他的好的兒子，死亡本來由天命，我不可以使他再逃亡。」回答說：「君若愛大司馬，就不如你逃亡。如果出亡可以免死，又何必怕遠呢？」宋公害怕了，叫他左右人召司馬的侍人宜僚，給他酒喝，並且使他告訴大司馬驅逐華貙。大司馬嘆息說：「一定是多僚說壞話的原故，我有一個壞的兒子，而不能殺他，我又不能死，而君有這種命令，這怎麼辦呢？」就同宋公商量，驅逐華貙，使他到孟諸去打獵，就使他逃亡。宋公給他酒喝，並給他布幣很多，賞賜給他隨從的人，大司馬也如此賞賜。華貙的臣下張匄甚以這種賞賜為怪，就說：「這必有原因。」使華貙用寶劍加到宜僚的背後來訊問他，宜僚把他們的計劃全都告訴他。張匄想殺華多僚。華貙說：「司馬已經很老，華登的逃亡已甚傷司馬的心，我現在又使他傷心，不如逃走吧！」五月丙申，華貙想著見司馬以後就逃亡，恰好遇見華多僚給司馬駕車到朝裏去，張匄不勝惱怒，就同華貙、臼任、鄭翩殺了華多僚。強迫著司馬反叛，而召華亥等人回國。壬寅，華亥、向寧回來，樂大心、豐愆、華牼在橫這地方來抵抗。華氏住在盧門，以南里反叛了。六月庚午，宋國把舊的城牆同桑林的城門重行修好，派軍隊來看守。

(五)經　秋七月壬午朔，日有食之。

(六)經　八月乙亥，叔輒卒。

傳　秋七月壬午朔，日有食之。公問於梓慎曰：「是何物也？禍福何為？」對曰：「二至二分㊀，日有食之不為災。日月之行也，分同道也，至相過也。其他月則為災，陽不克也，故常為水。」於是叔輒哭日食，昭子曰：「子叔將死，非所哭也。」八月，叔輒卒。

【今註】㊀二至二分：二至是冬至夏至，二分是春分秋分。

【今譯】秋天七月，壬午朔，魯國有日蝕。昭公問梓慎說：「這是一件什麼事情？是禍還是福？」回答說：「冬至夏至同春分秋分遇見日蝕，這不成災害。碰見春分秋分時，日夜相等，所以他們就是同道，冬至夏至這是長短到極點，所以他們互相的經過，其他的月分就會作災，這是陽不能勝利，所以常成水災。」這時間叔輒為日蝕而哭，叔孫婼說：「他將死，日蝕不應當哭的。」八月，叔輒就死了。

(七)傳　冬十月，華登以吳師救華氏。齊烏枝鳴㊀戍宋，廚人濮㊁曰：「軍志有之，先人有奪人之心，後人有待其衰，盍及其勞且未定也，伐諸？若入而固，則華氏眾矣，悔無及也。」從之。丙寅，齊師、宋師敗吳師於鴻口㊂，獲其二帥公子苦雂，偃州員㊃，華登帥其餘㊄，以敗宋師。公欲出㊅，廚人濮曰：「吾小人可藉死，而不能送亡，君請待之。」乃徇曰：「揚徽者公徒也㊆。」眾從之。公自楊門㊇見之，下而巡之曰：「國亡君死，二三子之恥也，豈專孤之罪也。」齊烏枝鳴曰：「用少莫如齊致死，齊致死莫如去備㊈，彼多兵矣，請皆用劍。」從之。華氏北㊉，復即之，廚人濮以裳裹首而荷以走曰：「得華登矣！」遂敗華氏于新里(一一)。翟僂新居于新里，既戰說甲于公而歸，華姓居于公里亦如之。十一月癸未，公子城以晉師至，曹翰胡(一二)會晉荀吳，齊苑何忌(一三)，衛公子朝(一四)，救宋，丙戌，與華氏戰于赭丘(一五)，鄭翩(一六)願為鸛，其御願為鵞(一七)，子祿(一八)御公子城，莊堇為右，干犨御呂封人華豹(一九)，張匄為右，相遇，城還。華豹曰：「城也。」城怒而反之(二〇)，將注，豹則關矣，曰：「平公之靈，尚輔相余！」豹射出其間。將注，則又關矣！曰：「不狎鄙㉑。」抽矢㉒，城射之殪㉓。張匄抽殳而下，射之折股，扶伏而擊之，折軫㉔，又射之死。干犫請一矢，城曰：「余言汝於君。」對曰：「不死伍乘，軍之大刑也。干刑而從子，君焉用之？子速諸！」乃射之殪㉕，大敗華氏，圍諸南里。華亥搏膺而呼見華貙曰：「吾為欒氏矣！」貙曰：「子無我迋，不幸而後亡。」使華登如楚乞師，華貙以車十五乘，徒七十人，犯師而出。食於睢上，哭而送之，乃復入㉖。楚薳越帥師將逆華氏，大宰犯諫曰：「諸侯唯宋事其君，今又爭國，釋君而臣是助，無乃不可乎？」王曰：「而告我也後！既許之矣。」

【今註】㈠烏枝鳴：齊大夫。㈡廚人濮：宋國廚邑大夫名叫濮。㈢鴻口：方輿紀要說：「商邱縣東有鴻口亭，即昭公二十一年，齊師敗吳師處。」㈣公子苦雂，偃州員：兩人都是吳國大夫。㈤其餘：吳國的餘師。㈥公欲出：宋公相著要出奔。㈦揚徽者公徒也：把旗子揮著，就是公的軍隊。㈧楊門：宋都城的東門。㈨備：長的兵器。㈩北：等於敗。⑪新里：在商邱縣西。⑫曹翰胡：曹大夫。⑬苑何忌：齊大夫。⑭公子朝：本是衛國大夫，前年出奔晉，現在回到衛國。⑮赭丘：江永說：「華氏以南里叛，南里在宋城內，救宋之師，戰于赭丘，其地蓋近宋都，長平之赭邱，在陳鄭之間，去宋遠，同名耳，非其地。」⑯鄭翩：華氏黨。⑰鸛、鵞：全是陣的名字。⑱子祿：向宜。⑲呂封人華豹：是華氏黨羽。⑳城怒而反之：公子城惱怒回來打仗。㉑不狎鄙：你不讓我與你更迭互射，這是很鄙陋。㉒抽矢：華豹止住不再射。㉓城射之殪：公子城射他，華豹就死了。㉔折軫：折公子城車上的軫木。㉕乃射之殪：就射他，干犨就死了。㉖乃復入：返入南里。

【今譯】冬天十月，華登用吳國的軍隊，來救華氏。齊國的烏枝鳴來宋國戍守，宋國廚邑大夫名叫濮的說：「軍志有句話：先下手就有奪人的心，後下手祇好等待他的衰敗，何不乘著他路上的勞苦，並且沒有安定，來討伐他，若進來而固守，則華氏人很多，後悔恐怕來不及了。」就聽了他的話。丙寅齊國軍隊同宋國軍隊打敗了吳國軍隊在鴻口這地方，捕獲他的兩個統帥，公子苦雂和偃州員。華登帥領吳國剩下的軍隊，打敗了宋國軍隊。宋公打算出奔，廚人濮說：「我們小人可以藉此死在禍難裏，而不能夠送君出亡，請你等一等再說。」他就到各方面去喊叫說：「拿著旗子的是宋公的軍隊。」大家全聽從他的話。宋公從楊門看見國人全揮舞旗子，下來看著他們說：「國家要亡了，人君也死了，這是你們大家的恥辱，豈止是我一個人的罪狀！」齊國大夫烏枝鳴說：「用少數的人不如一起死戰，一起死戰，不如去掉長的兵器，他們的軍隊很多，我們全用劍吧！」聽了他的話，華氏就被打敗了，又追他們，廚人濮用一件衣服裹著人頭，挑著他走，大喊著說：「得到華登了！」就將華氏在新里打敗。翟僂新住在新里，既然打仗以後，他就到宋公那裏脫下甲胄就回來，華妵住在公里也跟他一樣。十一月癸未，公子城領著晉國軍隊來了，曹翰胡會合晉國荀吳，齊國苑何忌，衛國公子朝來救宋國，丙戌這天，跟華氏在赭丘打仗，鄭翩願擺鸛陣，他的駕車的願用鵞陣，向宜給公子城駕車，莊堇作戎右，干犨給呂封人華豹駕車，張匄做戎右，遇到一起，公子城回來，華豹喊說：「這是公子城。」公子城大怒就返回來打仗，將射箭，華豹已開了弓，說：「平公的福靈，應當保護我。」華豹射的箭，出在向宜同公子城的中間，公子城想再射，華豹又拉開弓。公子城說：「不讓我與你更迭互射，是鄙陋。」華豹就止住不射，公子城發出箭，華豹就死了。張匄抽掉殳下了車，公子城射出箭，傷了他的腿股，蒲伏再去打，毀掉公子城的車軫，公子城又射，張匄就死了。干犨請求一箭而死，公子城說：「我對宋公去說。」干犨回答說：「同乘共伍，不一起戰死，這是軍隊裏必須用大刑罰的，干犯了刑罰而跟你去，對君有什麼用呢？你何不趕緊射死我！」就射他一箭，干犨也死了。大打敗了華氏，圍了南里。華亥拍著胸脯，呼喊著見華貙說：「我變成了晉欒氏了！」華貙說：「你不要嚇唬我，不幸而打敗，也不過逃亡而已。」派華登到楚國求軍隊，華貙用車十五輛，步兵七十個人，犯著宋公的軍隊，出去送華登。在睢河上吃飯，哭泣著去送他，然後又回到南里。楚國薳越帥領著軍隊，將迎接華氏，大宰犯諫楚王說：「諸侯裏頭，唯祇宋國事奉他的君很好，現在他們又爭國政，犯了君而幫助臣，似乎是不可以的。」王說：「你告訴我已經晚了，我已答應他們了。」

(八)經　冬蔡侯朱出奔楚。

傳 蔡侯朱出奔楚，費無極取貨於東國㊀，而謂蔡人曰：「朱不用命於楚，君王將立東國，若不先從王欲，楚必圍蔡。」蔡人懼，出朱而立東國。朱愬于楚，楚子將討蔡。無極曰：「平侯與楚有盟，故封。其子㊁有二心，故廢之。靈王殺隱大子，其子與君同惡，德君必甚，又使立之，不亦可乎？且廢置在君，蔡無他矣。」

【今註】㊀東國：隱太子的兒子，平侯廬的弟弟，蔡侯朱的叔叔。㊁其子：指蔡侯朱。

【今譯】蔡侯朱逃到楚國去了，費無極對東國要了很多錢財，他對蔡人說：「朱不聽從楚國的命令，楚王將立東國，要不先服從王的命令，楚國必定包圍蔡都城。」蔡人害怕了，驅逐朱出去，而立了東國。蔡侯朱到楚國告訴，楚王將討蔡國。費無極說：「蔡平侯跟楚國有盟誓，所以封了他，他的兒子蔡侯朱對他不忠，所以把他廢掉。楚靈王殺了隱太子，他的兒子同你同好惡，必以君為好，又立了他不也可以嗎？並且廢立權柄在楚國，蔡國當然沒有旁的用心。」

(九)經 公如晉，至河乃復。

傳 公如晉，及河。鼓叛晉，晉將伐鮮虞，故辭公。

【今譯】昭公到晉國去，到了黃河邊上，恰好遇見鼓國對晉國反叛，晉國將伐鮮虞，所以對魯昭公辭謝。

昭公二十有二年（公元前五百二十年）

(一)經 春，齊侯伐莒。

傳 春王二月，甲子，齊北郭啟㊀帥師伐莒，莒子將戰，苑羊牧之㊁諫曰：「齊帥賤，其求不多，不如下之，大國不可怒也。」弗聽，敗齊師于壽餘㊂。齊侯伐莒，莒子行成，司馬竈㊃如莒涖盟，莒子如齊涖盟。盟于稷門之外，莒於是乎大惡其君。

【今註】㊀北郭啟：齊大夫。㊁苑羊牧之：莒大夫。㊂壽餘：大事表說：「在今山東省安邱縣境。」㊃司馬竈：齊大夫。

【今譯】昭公二十二年春王二月甲子，齊大夫北郭啟率領軍隊討伐莒國，莒子將作戰，莒大夫苑羊牧之諫說：「齊國的統帥很賤，他的要求必定不多，不如我們降下，大國不可以使他發怒。」不聽從，在壽餘這地方打敗了齊國軍隊。齊侯因為生氣，又討伐莒國，莒子要求和平，齊大夫司馬竈到莒國參加盟會，莒子到齊國去盟會，在稷門的外面會盟，莒國人因此就對他的君大怨恨。

㈡經宋華亥、向寧、華定自宋南里出奔楚。

傳楚薳越使告于宋曰：「寡君聞君有不令之臣為君憂，無寧以為宗羞㈠，寡君請受而戮之。」對曰：「孤不佞，不能媚於父兄，以為君憂，拜命之辱。抑君臣日戰，君曰余必臣是助，亦唯命。人有言曰，唯亂門之無過，君若惠保敝邑，無亢不衷㈡，以獎亂人，孤之望也，唯君圖之。」楚人患之。諸侯之戍謀曰：「若華氏知困而致死，楚恥無功而疾戰，非吾利也，不如出之以為楚功，其亦能無為也已。救宋而除其害，又何求？」乃固請出之，宋人從之。己巳，宋華亥、向寧、華定、華貙、華登、皇奄、傷省、臧士平出奔楚。宋公使公孫忌為大司馬㈢，邊卬㈣為大司徒，樂祁㈤為司馬，仲幾㈥為左師，樂大心㈦為右師，樂輓㈧為大司寇，以靖國人。

【今註】㈠無寧以為宗羞：寧可做華氏宗廟的羞恥。㈡無亢不衷：不保護不忠正的人。㈢公孫忌為大司馬：替代華費遂。㈣邊卬：宋平公的曾孫，替代華定。㈤樂祁：子罕的孫子。㈥仲幾：仲左的孫子替代向寧。㈦樂大心：替代華亥。㈧樂輓：子罕的孫子。

【今譯】楚國薳越派人去告訴宋國說：「寡君聽人說你有一個不好的臣，使你憂愁，並且為宗廟的羞恥，寡君願意把他們拿去殺戮。」回答說：「我不好，不能對於父兄們獻媚，因此使君也憂慮，拜謝你派來人命令。但是君臣天天打仗，你說我祇是幫著臣子，那麼我們祇好聽命。人常說的，不要在禍亂的門口經過，你要保護敝邑，不保護不正的人，以獎勸亂人，這是我所希望的，請你再想一想。」這種話楚人很以為患。諸侯的戍兵計謀說：「要是華氏知道無生路而去拚死命，楚國以沒有功勞為羞辱，而趕快的打仗，這全不合我們的利益，不如使華氏他們出去，以作為楚國的功勞，華氏大約也不能再為宋國的禍患。這樣救宋國而除掉他的禍害，那還有何要求呢？」就堅決請求讓華氏向氏離去，宋國人就答應他們。己巳，宋國華亥、向寧、華定、華貙、華登、皇奄、傷省、臧士平逃奔到楚國。宋公派公孫忌替代華費遂作大司馬，邊卬替代華定做大司徒，樂祁做司馬，仲幾替代向寧做左師，樂大心代華亥做右師，樂輓做大司寇，以安定宋國人民。

(三)經　大蒐于昌間㊀。

【今註】㊀此經無傳。

【今譯】魯國在昌間大蒐。

(四)經　夏四月乙丑天王崩。

傳 王子朝賓起㈠有寵於景王，王與賓孟說之，欲立之。劉獻公之庶子伯蚠事單穆公㈡，惡賓孟之為人也，願殺之，又惡王子朝之言，以為亂，願去之。賓孟適郊，見雄雞，自斷其尾，問之侍者，曰：「自憚其犧也㈢。」遽歸告王，且曰：「雞其憚為人用乎？人異於是。犧者實用人，人犧實難，己犧何害㈣？」王弗應。夏四月，王田北山㈤，使公卿皆從，將殺單子、劉子㈥。王有心疾，乙丑崩于榮錡氏㈦。戊辰，劉子摯卒，無子，單子立劉蚠。五月庚辰，見王㈧，遂攻賓起殺之，盟羣王子于單氏。

【今註】㈠王子朝賓起：王子朝是景王的長庶子。賓起王子朝的師傅。㈡單穆公：是單旗。㈢自憚其犧也：他是怕做祭宗廟的犧牲。㈣己犧何害：拿自己親屬做犧牲有什麼害處。意思是使王寵愛王子朝，使他能得立為王。㈤北山：洛陽的北芒。㈥單子、劉子：因為他們兩人不願意立子朝，所以想乘田獵殺他們。㈦榮錡氏：杜預注：「河南鞏縣有榮錡澗。」㈧見王：見王猛。

【今譯】王子朝賓起被周景王所寵愛，王告訴賓起說想立王子朝為太子。劉獻公的庶子劉蚠事奉單旗，他很反對賓起的做人，願意把他殺掉，又很不喜歡王子朝的話，以為可以作亂，願意去掉他。賓起到郊外去，看見雄雞，自己去掉牠的尾巴，問侍從的人，侍從的人說：「這是牠不願意作祭宗廟的犧牲。」回去就告訴王說：「雞恐怕不願意為人所用？人就與這不同。做犧牲實在要用人，用疏遠的人做犧牲實在很難，用自己親屬做犧牲有什麼害處呢？」周景王不回答他。夏四月，王到北芒山去打獵，使公卿們都隨著去，將把單子、劉子殺掉。王有心病，乙丑死在榮錡氏家中。戊辰這天，劉子摯死了，他沒有兒子，單子就立了他的庶子劉蚠。五月庚辰，使他見王猛，就攻打賓起，並殺了他，同各王子在單氏盟誓。

(五)傳晉之取鼓也，既獻㈠，而反鼓子焉，又叛於鮮虞㈡。六月，荀吳略東陽㈢，使師偽羅者，負甲以息於昔陽㈣之門外，遂襲鼓滅之，以鼓子鳶鞮歸，使涉佗㈤守之。

【今註】㈠既獻：獻給宗廟。㈡又叛於鮮虞：又叛了晉國改屬鮮虞。㈢東陽：自朝歌以北至中山為東陽，即今自河南淇縣，北至河北正定。㈣昔陽：鼓國之地，見昭公十二年昔陽及肥。㈤涉佗：是晉大夫。

【今譯】晉國佔據了鼓那地方以後，既然把鼓子獻到晉國的宗廟，又將他送還鼓國，後來他又對晉國反叛，而改屬於鮮虞。六月，荀吳經略東陽，使軍隊假裝著買糧食的人，背負著甲冑，在昔陽的門外去休息，就偷襲了鼓國，把他滅掉，把鼓子鳶鞮帶回到魯國，使晉國大夫涉佗看守鼓這地方。

㈥經六月，叔鞅如京師，葬景王，王室亂。
㈦經劉子、單子以王猛居于皇。
㈧經秋劉子、單子以王猛入于王城。
㈨經冬十月王子猛卒。
傳丁巳，葬景王。王子朝因舊官百工㈠之喪職秩者，與靈景之族以作亂，帥郊要餞㈡之甲，以逐劉子㈢。壬戌，劉子奔揚，單子逆悼王㈣于莊宮以歸。王子還㈤夜取王以如莊宮。癸亥，單子出。王子還與召莊公謀㈥，曰：「不殺單旗不捷，與之重盟必來，背盟而克者多矣。」從之。樊頃子㈦曰：「非言也，必不克。」遂奉王以追單子㈧。及領㈨，大盟而復，殺摯荒以說。劉子如劉，單子亡，乙丑，奔于平時㈩，羣王子追之，單子殺還、姑、發、弱、鬷、延、定、稠⑾，子朝奔京。丙寅伐之，京人奔山，劉子入于王城。辛未，鞏簡公敗績於京。乙亥，甘平公⑿亦敗焉。叔鞅至自京師，言王室之亂也。閔馬父曰：「子朝必不克，其所與者，天所廢也。」單子欲告急於晉。

秋七月戊寅，以王如平時，遂如圃車⑬，次于皇⑭，劉子如劉，單子使王子處⑮守于王城，盟百工于平宮。辛卯，鄩肸⑯伐皇，大敗，獲鄩肸，壬辰，焚諸王城之市⑰。八月辛酉，司徒醜以王師敗績於前城⑱，百工叛。己巳，伐單氏之宮，敗焉⑲。庚午，反伐之⑳。辛未，伐東圉㉑。冬十月丁巳，晉籍談、荀躒帥九州之戎，及焦瑕溫原之師，以納王于王城。庚申，單子劉蚠以王師敗績於郊。前城㉒人敗陸渾於社㉓。十一月乙酉，王子猛㉔卒，不成喪也。己丑，敬王㉕即位，館于子旅氏㉖。

【今註】㊀百工：即百官。㊁郊要餞：方輿紀要說：「鄩城在鞏縣西南五十八里，周鄩邑也，郊與鄩蓋相近。要即青要山。」是前稱近鄩之郊為東郊，此稱近要之郊為西郊，與餞同在澠池新安之間，不必株守紀要之說。㊂劉子：即劉蚠。㊃悼王：王子猛。㊄王子還：是子朝黨羽。㊅召莊公：召伯奐，子朝黨羽。㊆樊頃子：樊齊是單劉的黨羽。㊇遂奉王以追單子：王子還就同悼王去追單子。㊈領：周地。應在今偃師洛陽附近。㊉平時：在偃師鞏縣之間。⑪還、姑、發、弱、鬷、延、定、稠：這八個人全是周靈王同周景王的後人，乘著戰役單子把他們殺掉。⑫鞏簡公，甘平公：這二人全是周卿士。皆為王子朝所敗。⑬圃車：周地，江永說當近鞏縣之皇。⑭皇：方輿紀要說：「訾城在今鞏縣西南四十里，黃亭在訾城北三里，有皇水，春秋昭二十二年，劉子單子以王子猛居于皇，即黃亭也。」㊄王子處：是王子猛的黨羽。㊅鄩肸：王子朝的黨羽。㊆焚諸王城之市：將鄩肸燒在王城的市場上。㊇前城：王子朝所佔領的地方。㊈敗焉：百工為單氏所敗。㊉反伐之：單氏反伐百工。㊀東圉：彙纂說：「周地有東圉西圉，東圉即圉鄉，在洛陽東南。」是百工所在地。㊁前城：水經注說：「伊水自新城，又北逕前城西，即昭公二十二年，晉箕遺濟師取前城者也。」㊂社：注疏說：「在今河南鞏縣西北。」㊃王子猛：即悼王。㊄敬王：王子猛的母弟王子匄。㊅子旅氏：是周大夫。

【今譯】丁巳，給周景王下葬。王子朝利用舊的百官丟掉職務的人，同周靈王周景王的子孫來興起亂事，率領著郊、要、餞三個地方的軍隊，把劉蚠驅逐出去，壬戌，劉蚠逃到揚這地方，單子就從莊王的廟裏，把悼王接回來。王子朝的黨羽王子還夜裏又把悼王送到莊王的廟裏去。癸亥，單子就出奔。王子還就跟召莊公商量說：「不把單旗殺掉，就不能成功，跟他立重要的盟誓，他必定來，背了盟誓而成功的人甚多。」召莊公聽了他的話。單劉黨的樊齊說：「這不成句話，必定不能成功。」王子還就奉著悼王去追單子，到了領這地方，就加上重的盟誓，方才回來，把摯荒殺了，以作解說。劉蚠就逃回他的封邑劉去，單子就逃亡出外，乙丑，他逃到平時。各公子追趕他，單子就在亂中殺掉八個王子，還、姑、發、弱、鬷、延、定、稠。子朝因為他的黨羽死了不少，就逃到京去，丙寅單子伐京，京人逃到山裏，劉蚠再進入王城。辛未，周卿士鞏簡公伐京失敗。乙亥，甘平公也失敗了。魯國的叔鞅從周回到魯國，他說明王室的混亂。魯大夫閔馬父說：「子朝必定不能成功，跟著他一同的人，全都是天所不要的。」單子想著到晉國去告訴周室的危急。秋天七月，戊寅，使悼王到平時，接著到了圃車，又住到皇這地方，劉盆回到劉，單子叫王子處守住王城，同百官們在平王廟中會盟。辛卯，子朝的黨羽鄩肸去伐皇，他大失敗，將鄩肸捕獲，壬辰，把他在王城的市中燒掉。八月辛酉，悼王的司徒名叫醜，用王的軍隊去打前城，失敗了，因此，百官全都反叛。己巳這天，百官討伐單氏，也失敗了。庚午這天，單氏反過來討伐百官，辛未，伐百官所在的地方東圉。冬十月丁巳，晉國的籍談，荀躒率領著陸渾的戎人，同晉國焦瑕溫原的軍隊護送悼王進入王城。庚申，單子、劉盆率領著王師在郊這地方，為子朝的黨羽所敗。歸子朝所管的前城人也在社這地方把陸渾人打敗。十一月乙酉，悼王死了，喪事沒能夠按禮舉行。己丑，敬王即位，住到周大夫子旅氏家中。

(十)經　十有二月，癸酉朔，日有食之㊀。

【今註】㊀此經無傳。

【今譯】十二月癸酉朔，魯國有日蝕。

(土)傳　十二月庚戌，晉籍談、荀躒、賈辛、司馬督帥師軍于陰㊀，于侯氏㊁，于谿泉㊂，次於社㊃，王師軍于汜㊄、于解㊅，次于任人㈦。閏月，晉箕遺、樂徵、右行詭濟師取前城，軍其東南，王師軍于京楚㈧，辛丑，伐京㈨，毀其西南。

【今註】 ㈠陰：江永疑即平陰，在今孟津縣東一里。晉籍談軍隊所駐。㈡侯氏：周地。故城在今偃師縣南四十五里。」㈢谿泉：在今鞏縣西南。㈣社：司馬督軍隊所駐。㈤氾：江永說：「古音凡，今音祀，今河南氾水縣，與鞏縣相接，一稱西氾。」㈥解：彙纂引後漢書郡國志說：「大解城在今洛陽縣南，小解城在縣西南。」㈦任人：任和仍古通用，其地在洛陽，或為仍叔采邑。㈧京楚：在今洛陽之西南。㈨京：周地，在河南省洛陽縣西南。

【今譯】 十二月庚戌，晉國的籍談率領著軍隊在陰的地方，荀躒率領軍隊駐在侯氏，賈辛率領軍隊駐在谿泉，司馬督率軍隊駐在社，王的軍隊駐到氾這地方，解同任人各地。閏月，晉國箕遺、樂徵、右行詭的軍隊渡過洛水，佔領了前城，軍隊在他的東南，王的軍隊駐到京楚的中間，辛丑這天，討伐京的地方，毀了他的西南。

卷二十六　昭公六

昭公二十有三年（公元前五百一十九年）

(一)經　晉人圍郊。

傳　春王正月壬寅朔，二師㊀圍郊。癸卯，郊、鄩㊁潰。丁未，晉師在平陰㊂，王師在澤邑㊃，王使告閒。庚戌還㊄。

【今註】㊀二師：指王師同晉師。㊁鄩：在鞏縣西南五十八里。㊂平陰：在今河南省孟津縣東一里。㊃澤邑：澤即翟泉，在漢洛陽城西北隅。㊄庚戌還：晉師回去。

【今譯】春王正月壬寅初一，周王的軍隊同晉國的軍隊圍了郊這地方。癸卯這天，郊同鄩全都潰散。丁未這天，晉國軍隊在平陰，周王軍隊在澤邑，周王告訴晉國子朝失敗，庚戌這天，晉國軍隊就回國了。

(二)經　叔孫婼如晉。

(三)經　晉人執我行人叔孫婼。

傳郲人城翼㊀，還將自離姑㊁。公孫鉏曰：「魯將御我。」欲自武城還，循山而南。徐鉏、丘弱、茅地㊂，曰：「道下，遇雨將不出，是不歸也。」遂自離姑，武城人塞其前，斷其後之木而弗殊，郲師過之，乃推而蹷之，遂取郲師，獲鉏弱地。

郲人愬于晉，晉人來討。叔孫婼如晉，晉人執之。書曰：「晉人執我行人叔孫婼。」言使人也。晉人使與郲大夫坐㊃，叔孫曰：「列國之卿當小國之君，固周制也。郲又夷也，寡君之命介子服回在，請使當之，不敢廢周制故也。」乃不果坐。韓宣子使郲人取其衆，將以叔孫與之，叔孫聞之，去衆與兵而朝。士彌牟謂韓宣子曰：「子弗良圖，而以叔孫與其讎，叔孫必死之。魯亡叔孫，必亡郲。郲君亡國，將焉歸？子雖悔之何及？所謂盟主，討違命也，若皆相執，焉用盟主？」乃弗與，使各居一館㊄。士伯聽其辭而愬諸宣子，乃皆執之。士伯御叔孫，從者四人，過郲館，以如吏。先歸郲子。士伯曰：「以芻蕘之難，從者之病，將館子於都㊅。」叔孫旦而立期焉㈦，乃館諸箕㈧，舍子服昭伯於他邑。范獻子求貨於叔孫，使請冠焉㈨，取其冠法而與之兩冠曰：「盡矣。」為叔孫故，申豐以貨如晉。叔孫曰：「見我，吾告女所行貨。」見而不出。吏人之與叔孫居於箕者請其吠狗，弗與。及將歸，殺而與之食之。叔孫所館者，雖一日必葺其牆屋，去之如始至。

【今註】㈠翼：山東通志說：「在今山東鄒縣東北費縣界。」㈡離姑：方輿紀要說：「在今山東費縣西南九十里，故武城之南。」㈢徐鉏、丘弱、茅地：三人皆邾大夫。㈣坐：坐在那裏爭辯。㈤使各居一館：使叔孫婼與子服回不同住在一處。㈥都：是指著別都，即是箕這地方。㈦叔孫旦而立期焉：叔孫早晨立在那裏聽候命令，一直到第二天早晨。㈧箕：在今山西蒲縣東北。㈨請冠焉：以請求帽子為理由。

【今譯】邾國人修了翼這城，將從離姑這地方回來，邾大夫公孫鉏說：「魯國將抵抗我。」打算從武城回來，順著山往南走，邾大夫徐鉏、丘弱、茅地說：「這個道路很低下，遇見天下雨，將過不去，就不能回去了。」就從離姑，經過武城回來，武城人以軍隊堵在前面，而把後面的樹切斷，但是沒有完全切斷，邾國軍隊過來，武城人就把未切斷的樹推倒，而捕獲邾國軍隊，並逮住鉏、弱、茅地三個大夫。邾人告訴晉國，晉國人來討伐魯國。恰好叔孫婼到晉國去，晉國人就把他逮起來。春秋上寫著：「晉人把我的行人叔孫婼逮起來。」這意思表示他是使人。晉國人使叔孫婼同邾大夫一起坐下來爭訟，叔孫婼說：「列國的卿等於小國的君的地位，這是周朝的制度。邾國又是等於夷的，寡君所派的副使子服回也在晉國，請他與邾人爭訟，這是因為我不敢廢除周國制度的原故。」於是就沒有辦法使魯國同邾國爭訟。韓起使邾國人聚合眾人，想把叔孫婼交給他們。叔孫婼聽見說了，去掉他的侍從同兵刃，到晉國上朝。士景伯對韓起說：「你不好好的計劃，而把叔孫婼給了他的仇敵，叔孫必定拚死命，魯國若丟掉叔孫，必使邾國滅亡。邾君若沒有國了，他現在在晉國，將回到那裏去呢？你雖然後悔也來不及了。我們所謂盟主，是討伐違了命令的人，若全可以捕獲對方，那盟主有什麼用呢？」就不將叔孫婼給邾國人，使他同子服回各住在一個館舍。士景伯聽他們兩人的訴說而告訴韓起，就把他們兩人全逮起來。士景伯給叔孫婼駕著車，跟著四個人，經過邾國的館舍，到打官司那裏去。先派邾子回邾國。士景伯說：「因為草料的困難，隨從人的疾病，將使你住在晉國的別都。」叔孫婼從早晨起來一直立到第二天早晨等待晉國命令，就使他住到箕這地方，而使子服回住到另一處。士鞅想對叔孫婼請求貨幣，假設以請求帽子為名，叔孫婼假作不懂，取來他冠的模子，然後給他兩頂帽子說：「沒有了。」因為叔孫婼的原故，魯大夫申豐運了貨幣到晉國去。叔孫婼說：「來見我，我告訴你怎麼樣送貨幣」。見了他，就不讓他出來。晉國的官吏跟叔孫婼一同住在箕這地方的人，請求叔孫婼所養的狗，他不肯給。後來將要回來時，把他的狗殺了給他們吃。叔孫婼所住的地方，雖然一天，必修整他的牆屋，走了以後，牆屋的新跟他剛來時一樣。

(四)經 癸丑叔鞅卒㊀。

【今註】㊀此經無傳。

【今譯】癸丑，叔鞅死了。

(五)傳 夏四月，乙酉，單子取訾㊀，劉子取牆人直人㊁。六月壬午，王子朝入于尹㊂。癸未，尹圉誘劉佗殺之㊃。丙戌，單子從阪道，劉子從尹道㊄伐尹，單子先至而敗，劉子還。己丑，召伯奐、南宮極㊅以成周人戍尹。庚寅，單子、劉子、樊齊以王如劉。甲午，王子朝入于王城，次于左巷㊆。秋七月戊申，鄩羅㊇納諸莊宮。尹辛敗劉師于唐㊈。丙辰，又敗諸鄩。甲子，尹辛取西闈⑩。丙寅攻蒯⑪，蒯潰。

【今註】㊀訾：河南通志說：「東訾城，在鞏縣西南四十里，即昭公二十三年，單子取訾是也」。㊁牆人直人：今河南新安縣東北，有白牆村，疑是牆人。直人應在牆之附近。㊂尹：尹氏邑，以尹谿尹谷得名，然則尹邑在宜陽嗎？㊃尹圉誘劉佗殺之：尹圉是尹文公，劉佗是劉蚠的族人。㊄阪道尹道：案單子居洛水之北，劉子居洛水之南，疑阪道在北，尹道在南，師行為便，均在今洛陽及宜陽之間。㈥召伯奐、南宮極：二人皆周卿士。㈦左巷：在漢河南縣東北，今洛陽縣西。㈧鄩羅：是周大夫，鄩肸的兒子。㈨唐：一統志說：「今洛陽縣東，有唐聚」。㈩西闈：在今洛陽縣西南。⑪蒯：一統志說：「今洛陽縣西南十四里，有蒯鄉。」

【今譯】夏四月乙酉，單旗取了訾這地方，劉盆取了牆人，直人兩個地方。六月壬午，王子朝入到尹這地方。癸未，尹圉誘劉佗把他殺了。丙戌，單旗從阪道，劉盆從尹道討伐尹邑，單旗先到，而失敗了，劉盆就回去了。己丑，召伯奐同南宮極用成周人來戍守尹這地方。庚寅，單旗、劉盆、樊齊將周敬王送到劉盆之地，甲午，王子朝進到王城，住到左巷。秋七月戊申，鄩羅把王子朝送到莊王廟裏。尹辛把劉盆的軍隊在唐這地方打敗了，丙辰又在鄩這地方打敗他。甲子，尹辛佔領了西闈。丙寅，尹辛攻蒯這地方，蒯潰散。

㈥經夏六月蔡侯東國卒于楚㈠。

【今註】㈠此經無傳。

【今譯】夏六月，蔡侯東國在楚國死了。

㈦經秋七月莒子庚輿來奔。

傳莒子庚輿虐而好劒，苟鑄劍必試諸人，國人患之。又將叛齊，烏存㊀帥國人以逐之。庚輿將出，聞烏存執殳㊁而立於道左，懼將止死。苑羊牧之曰：「君過之，烏存以力聞可矣，何必以弒君成名。」遂來奔。齊人納郊公㊂。

【今註】㊀烏存：莒大夫。㊁殳：音殊，兵器，長丈二無刃。㊂郊公：著丘公的兒子。

【今譯】莒子庚輿暴虐而喜歡舞劍，鑄了新劍必定拿人來試驗，貴族們都很以他為患。他又將對齊國反叛，莒大夫烏存率領貴族們來驅逐他。庚輿將出去，聽見烏存拿著長殳立在道路旁邊，他害怕了，就預備死在那裏。苑羊牧之說：「你就路過那裏好了，烏存有力量傳於全國，這已經可以了，何必再以弒君來成名。」就逃到魯國，齊人就使郊公回國。

(八)經 戊辰，吳敗頓、胡、沈、蔡、陳、許之師于雞父。胡子髡沈子逞滅，獲陳夏齧。

傳 吳人伐州來，楚薳越帥師，及諸侯之師，奔命救州來，吳人禦諸鍾離，子瑕㊀卒，楚師熸㊁。吳公子光曰：「諸侯從於楚者眾，而皆小國也，畏楚而不獲已，是以來。吾聞之曰：『作事威克其愛㊂，雖小必濟。』胡沈之君幼而狂，陳大夫齧壯而頑，頓與許蔡疾楚政，楚令尹死，其師熸，帥賤多寵，政令不壹，七國㊃同役而不同心，帥賤而不能整，無大威命，楚可敗也。若分師先以犯胡、沈與陳，必先奔，三國敗，諸侯之師乃搖心矣。諸侯乖亂，楚必大奔，請先者去備薄威㊄，後者敦陳整旅㊅。」吳子從之。戊辰晦戰于雞父㊆。吳子以罪人三千先犯胡沈與陳，三國爭之，吳為三軍以繫於後，中軍從王，光帥右，掩餘㊇帥左，吳之罪人或奔或止，三國亂，吳師擊之，三國敗，獲胡沈之君及陳大夫。舍胡、沈之囚使奔許與蔡、頓曰：「吾君死矣。」師譟而從之，三國㊈奔，楚師大奔。書曰：「胡子髡沈子逞滅，獲陳夏齧。」君臣之辭㊉也。不言戰，楚未陳也。

【今註】㊀子瑕：就是令尹。㊁楚師熸：熸音（ㄐㄧㄢ）。楚師士氣低落。㊂作事威克其愛：作事情威嚴勝於愛護。㊃七國：楚、頓、胡、沈、蔡、陳、許。㊄去備薄威：去了完備的軍器，不顯威嚴。表示軍隊的不整齊。㊅後者敦陳整旅：在後面要厚集部隊，嚴整戰陣。㊆雞父：一統志說：「安豐故城在河南固始縣東，雞備城在固始縣東。」㊇掩餘：吳王壽夢的兒子。㊈三國：指許、蔡、頓。⑩君臣之辭也：意在分別君與臣的不同。阮刊作「君臣之亂也」今據四部叢刊影宋本改正。

【今譯】　吳人伐楚國的州來，楚大夫薳越領了軍隊和諸侯的軍隊，趕緊去救州來。吳人抵抗他在鍾離地方。令尹叫子瑕的死在軍中，楚國的士氣，便完全被熄滅了，吳公子光說：「諸侯跟從楚國的很多，但都是小國，是怕楚國，不得已纔跟他來的。我聽說作事能威嚴勝過愛護，那末雖是細小，也一定能成功的。現在胡沈的國君，年紀既輕，又是個狂人；陳大夫齧年紀雖壯，卻又是個頑鈍的人，頓和許蔡，都厭惡著楚國的政治，楚令尹既然死掉，楚軍的氣勢一定就熄滅了，他的主帥既卑賤，又多寵用的人，號令不能統一的。七國同一戰事，卻不能同心，主帥又卑賤不能整頓，沒有大的威嚴，楚國軍隊是可以打敗的。如果分兵先去侵犯胡沈和陳國，他們定然先逃走的。三國既敗以後，其餘諸侯的兵，便自然搖動了心志了，諸侯既然混亂了，楚國一定要大逃的。請把在軍前的丟掉戰備，減薄了威武可以去騙他們。在軍後的卻要厚集隊伍，嚴整步伐預備對待他。」吳王便依從他的計劃。戊辰這天是晦日，吳楚大戰在雞父那裏。吳子拿罪犯三千多人先去侵犯胡沈和陳國，三國見囚徒不習戰事，便來搶捉，吳國卻排成三軍在後面；中軍跟了吳王，光領了右面的，掩餘領了左面的。吳國的罪犯，有的逃走，有的停留，三國因為搶捉，所以鬧亂了。吳國軍隊便趁勢攻擊，三國就敗北下去，捉住胡沈的君，和陳大夫，又放掉胡沈的囚虜，叫他們逃到許和蔡頓的兵中說：「我的君王已死了！」吳軍便喊殺進攻，那三國也就逃走。楚師便大逃。春秋經上記說：「胡子髡、沈子逞被滅掉，捉住陳國的夏齧。」這是分別君臣的說法。因為君可說滅，臣只可說捉，不說戰爭，因為楚國還沒有排成陣式。

(九)經天王，居于狄泉尹氏立王子朝。

(十)經八月乙未地震。

傳八月丁酉，南宮極震。萇弘謂劉文公曰：「君其勉之，先君㈠之力可濟也。周之亡也，其三川震，今西王㈡之大臣亦震，天弃之矣。東王㈢必大克。」

【今註】㈠先君：指劉獻公。㈡西王：子朝在王城，所以稱西王。㈢東王：敬王居狄泉在王城的東邊故稱東王。

【今譯】八月丁酉，南宮極被地震死。萇弘對劉蚠說：「你要努力，你的父親的力量可以幫助。西周亡的時候，他的左近涇、渭、洛三個川全被震動。現在西王子朝的大臣也被震死。東王敬王必定能得大勝。」

(土)傳楚大子建之母在郹㈠，召吳人而啟之。冬十月甲申，吳大子諸樊㈡入郹，取楚夫人與其寶器以歸，楚司馬薳越追之不及，將死，眾曰：「請遂伐吳以徼之。」薳越曰：「再敗君師，死且有罪，亡君夫人，不可以莫之死也。」乃縊於薳澨㈢。

【今註】㈠郹：在今河南省新蔡縣境。㈡諸樊：吳王僚的太子。㈢薳澨：彙纂說：「在今湖北京山縣境。」

【今譯】楚國太子建的母親在郹這地方宣召吳國人來。冬天十月甲申，吳王僚的太子諸樊攻進郹，奪了楚夫人跟她的寶物回到吳國。楚國的司馬薳越來追他，趕不上，他將死，大家說：「請你就動軍隊討伐吳國，以看我們誰能勝負」。薳越說：「我兩次使君的軍隊打失敗了，我就是死了也有罪。現在丟掉君的夫人，不可以不死。」就在薳澨地方上了吊。

(十二)經　冬公如晉，至河有疾乃復。

傳　公為叔孫故如晉，及河有疾而復。

【今譯】魯昭公因為叔孫婼的原故到晉國去，到黃河邊上，他有了病就回來。

(十三)傳　楚囊瓦(一)為令尹，城郢，沈尹戌曰：「子常必亡，郢苟不能衛，城無益也。古者天子守在四夷，天子卑，守在諸侯(二)，諸侯守在四鄰，諸侯卑，守在四竟。慎其四竟，結其四援，民狎其野，三務成功(三)，民無內憂，而又無外懼，國焉用城？今吳是懼而城於郢，守已小矣，卑之不獲，能無亡乎？昔梁伯溝其公宮而民潰，民弃其上，不亡何待？夫正其疆埸，脩其土田，險其走集，親其民人，明其伍候，信其鄰國，慎其官守，守其交禮，不僭不貪，不懦不耆，完其守備，以待不虞，又何畏矣。詩曰：『無念爾祖，聿脩厥德㊃。』無亦監乎？若敖蚡冒，至于武文，土不過同，慎其四竟，猶不城郢，今土數圻，而郢是城，不亦難乎？」

【今註】㊀囊瓦：令尹字子常。㊁天子卑，守在諸侯：天子政治衰危就以諸侯為守衛。㊂三務成功：春夏秋三時的事務全都成功。㊃無念爾祖，聿脩厥德：詩經大雅一句詩，意思是說想念你的祖先，修整他的德性。

【今譯】楚囊瓦做令尹，他想修楚國都城郢，沈尹戌說：「他必定要亡了，郢假設不能保衛，修城也沒有用。古代的天子，是以四夷為守備，天子衰危就以諸侯為守衛，諸侯是拿四鄰做守衛。諸侯衰危就以他的四邊境為守衛。慎重他四方的邊境，結交他的四鄰以為援助，人民對田野全很安靜習慣，春夏秋三時的事務全成功，人民也沒有內憂，而又沒有外患，國家何必用修城？現在很怕吳國，而修郢的城，這守衛已經很小了，連守四境也辦不到，能夠不亡嗎？從前梁伯把他宮的四面修城溝，而人民就潰亂，人民全都拋棄他的上邊，這不亡還等什麼？現在把他四界全都整齊，修理他的田上，把邊境的堡壘也修好，親愛他的人民，使他的人民全有部伍，相為候望，與他的鄰國有信實，對官守謹慎，守交結的典禮，不驕傲也不貪圖，不弱也不強，完備他的守衛，以等待不測的事情，又何必怕呢？詩經大雅說：『細想念你的祖先，修整你的德性』。這不也是拿他做榜樣嗎？從前若敖蚡冒以至於楚武王楚文王，土不過一百里，謹慎保衛他的四境，尚不修郢城，現在已經幾千里，而要修郢的城，這不也是困難嗎？」

昭公二十有四年（公元前五百一十八年）

(一)傳 春王正月辛丑，召簡公、南宮嚚以甘桓公㊀見王子朝，劉子謂萇弘曰：「甘氏又往矣。」對曰：「何害！同德度義㊁。大誓曰：『紂有億兆夷人，亦有離德。余有亂臣十人，同心同德。』此周所以興也。君其務德，無患無人。」戊午，王子朝入于鄔㊂。

【今註】㊀召簡公，南宮嚚，甘桓公：召簡公是召莊公的兒子，南宮嚚是南宮極的兒子，甘桓公是甘平公的兒子。㊁同德度義：同心同德就能計劃同義的事情，子朝不能如此，所以對我們沒有害處。

㊂鄔：今河南省偃師縣西南。

【今譯】春王正月辛丑，召簡公同南宮嚚把甘桓公見王子朝，劉蚡對萇弘說：「甘氏又到王子朝那兒去了。」回答說：「這有什麼害處，同德的人方才能夠討論義禮，子朝他們不能如此。太誓說：『紂有億兆夷人，也有離心離德。周武王自稱，我有治亂的臣十個人，同心同德。』這就是周所以興起的原故。你務必修理德性，不怕缺少人才。」戊午，王子朝來到了鄔這地方。

(二)經 春王三月丙戌，仲孫貜卒㊀。

【今註】㊀此經無傳。

【今譯】春王三月丙戌，仲孫貜死了。

(三)經 婼至自晉。

傳 晉士彌牟逆叔孫于箕，叔孫使梁其踁㊀待於門內，曰：「余左顧而欬，乃殺之，右顧而笑，乃止。」叔孫見士伯。士伯曰：「寡君以為盟主之故，是以久子㊁，不腆敝邑之禮，將致諸從者，使彌牟逆吾子。」叔孫受禮而歸。二月，婼至自晉，尊晉也。

【今註】㊀梁其踁：叔孫氏的家臣。㊁是以久子：久使你住在晉國。

【今譯】晉國士景伯到箕這地方去迎接叔孫婼，叔孫婼叫梁其踁在門裏邊等著，對他說：「我要往左看而咳嗽，你就把他殺了，右看而笑就不要殺他。」叔孫婼見士景伯。士景伯說：「寡君因為做盟主的原故，所以使你久住在這裏，我國有不豐厚的禮物，將送給你隨從的人，使我來迎接你。」叔孫婼受到禮物就回國。二月，叔孫婼從晉國回來，這是表示尊重晉國。

(四)【傳】三月庚戌，晉侯使士景伯涖問周故㈠，士伯立于乾祭㈡而問於介眾，晉人乃辭王子朝，不納其使。

【今註】㈠周故：意思是問子朝同敬王誰有理。㈡乾祭：在今洛陽縣西北，是王城的北門。

【今譯】三月庚戌，晉侯派士景伯去到周問子朝同敬王的曲直，士伯立到王城的北門，而問很多的眾人，晉人就辭謝王子朝，不接見他的來使。

(五)【經】夏五月乙未朔，日有食之。

【傳】夏五月乙未朔，日有食之。梓慎曰：「將水。」昭子曰：「旱也。日過分而陽猶不克，克必甚，能無旱乎？陽不克莫，將積聚也。」

【今譯】夏五月乙未初一，魯國有日蝕。梓慎說：「將有水災。」叔孫婼說：「這是旱災，已經過了春分，而陽氣因為不能勝陰，這種失敗一定很厲害，能沒有旱災嗎？陽氣莫然不動，這就是將聚積旱災」。

㈥傳六月壬申，王子朝之師攻瑕及杏㈠，皆潰。鄭伯如晉，子大叔相，見范獻子。獻子曰：「若王室何？」對曰：「老夫其國家不能恤，敢及王室。抑人亦有言曰：『嫠不恤其緯㈡，而憂宗周之隕，為將及焉。』今王室實蠢蠢焉，吾小國懼矣，然大國之憂也，吾儕何知焉，吾子其早圖之。詩曰：『缾之罄矣，惟罍之恥㈢。』王室之不寧，晉之恥也。」獻子懼而與宣子圖之，乃徵會於諸侯，期以明年。

【今註】㈠瑕、杏：都是敬王的邑。在洛陽東北。㈡嫠不恤其緯：嫠是寡婦，也不憐恤他的緯線少。㈢缾之罄矣，惟罍之恥：詩經小雅的一句詩，意思是罍比缾大，缾裏的容物沒有了，罍也以為羞恥。

【今譯】六月壬申，王子朝的軍隊攻敬王的瑕及杏，全都潰亂。鄭伯到晉國去，游吉相禮，見到士鞅，士鞅就說：「對於王室怎麼辦？」游吉回答說：「我對鄭國全沒有方法，何敢談到王室。但是有人說：『寡婦不管他的緯線，而憂愁宗周的毀掉，因為恐怕毀掉就連著他自己』。現在王室很蠢動，我們小國很害怕，但是這是大國應該憂懼的，我們有什麼辦法？你們應該早點想辦法。詩經小雅說：

『小瓶乾的時候，這也是大罍的羞恥』。王室的不安寧，是晉國的羞恥。」士鞅害怕了，就同韓起去研究，就徵求諸侯開會，定到明年。

(七)經 秋八月，大雩。

傳 秋八月大雩，旱也。

【今譯】秋八月，魯國行求雨典禮，因為旱的原故。

(八)經 丁酉，杞伯郁釐卒㊀。

【今註】㊀此經無傳。

【今譯】丁酉，杞伯郁釐死了。

(九)傳 冬十月癸酉，王子朝用成周之寶珪於河。甲戌，津人得諸河上。陰不佞㊀以溫人南侵，拘得玉者，取其玉將賣之，則為石，王定而獻之，與之東訾㊁。

【今註】㊀陰不佞：是周敬王的大夫。㊁東訾：彙纂引後漢書志說：「鞏有東訾，今名訾城在鞏縣西南四十里，俗名訾店」。

【今譯】冬十月癸酉，王子朝用成周的寶珪來祭河神。甲戌這天，河邊的人得到這寶珪在河上面。敬王的大夫陰不佞用晉國溫的軍隊向南侵略，捕獲拿著玉這個人，奪到這玉想賣掉，原來不是玉石，敬王安定了，得玉的人就把真玉獻給敬王，敬王高興了，就給他東訾這塊田。

㈩經　冬，吳滅巢。

傳　楚子為舟師以略吳疆，沈尹戌曰：「此行也，楚必亡邑。不撫民而勞之，吳不動而速之，吳踵楚㊀而疆場無備，邑能無亡乎？」越大夫胥犴勞王於豫章之汭㊁，越公子倉，歸王乘舟，倉及壽夢㊂帥師從王，王及圉陽㊃而還。吳人踵楚，而邊人不備，遂滅巢及鍾離而還。沈尹戌曰：「亡郢之始，於此在矣。王壹動而亡二姓之帥㊄，幾如是而不及郢？詩曰：『誰生厲階，至今為梗㊅。』其王之謂乎？」

【今註】㊀吳踵楚：吳國追隨楚國的踵跡。㊁豫章之汭：在今江西省湖口縣。㊂壽夢：越大夫。㊃圉陽：圉陽應與巢為近，巢近巢湖，疑在今無為縣東北百里之裕溪河口。㊄二姓之帥：指著守巢同守鍾離的大夫。㊅誰生厲階，至今為梗：這是詩經大雅的一句詩。意思是說誰把壞的階道造成，一直到現在還有病。

【今譯】楚王作了舟師，以侵略吳國的疆界，沈尹戌說：「這個行動，楚國必定丟掉一塊邑。不安撫人民而使他勞苦，吳不動兵而使他快動兵，吳國要追隨楚國的踵跡前來，而楚國全無預備，能夠不亡失邑嗎？」越大夫胥犴慰勞楚王在豫章的水邊上，越國公子倉送給楚王乘坐的船，倉同越大夫壽夢，率著軍隊，隨從楚王，王到達圉陽就回來。吳人跟著楚人的踵跡，而楚人不防備，吳人就滅了楚國的巢同鍾離，而後回去。沈尹戌說：「楚國都城郢的滅亡，就由這兒開始。楚王動壹次，而丟了巢同鍾離看守的大夫，那怎麼會不到楚都城郢呢？詩經大雅說：『誰把壞的階道造成，到現在全有病』。這恐怕是指著楚王說的」。

昭公二十有五年（公元前五百一十七年）

㈠經春，叔孫婼如宋。

傳春，叔孫婼聘于宋，桐門右師㊀見之，語卑宋大夫，而賤司城氏㊁。昭子告其人曰：「右師其亡乎！君子貴其身，而後能及人，是以有禮。今夫子卑其大夫而賤其宗，是賤其身也，能有禮乎？無禮必亡。」宋公享昭子賦新宮㊂，昭子賦車轄㊃。明日宴，飲酒樂，宋公使昭子右坐，語相泣也。樂祁佐，退而告人曰：「今茲君與叔孫其皆死乎！吾聞之哀樂而樂哀㊄，皆喪心也。心之精爽，是謂魂魄。魂魄去之，何以能久？」

【今註】㊀桐門右師：就是樂大心，住在宋都城的桐門。㊁司城氏：樂氏的大宗。㊂新宮：這是一首逸詩。㊃車轄：這是詩經小雅的一篇。㊄哀樂而樂哀：可樂的事而哭泣，可哀的事而高興。

【今譯】春天，叔孫婼到宋國聘問，樂大心見了他，談話中，樂大心對於宋大夫們甚為卑視，而看他的大宗司城氏為賤。叔孫婼告訴他侍從的人說：「樂大心恐怕要逃亡了！君子們要以他的身為貴，然後可以推及旁人，所以有禮。現在樂大心卑視他的大夫們，而賤視他的大宗，等於賤視他自己，這能夠有禮嗎？沒有禮必定要逃亡」。宋公請叔孫婼吃飯，吃飯的時候，宋公令人歌唱新宮這篇詩，叔孫婼就歌唱車轄這篇詩。明天又宴會，飲酒很樂，宋公使叔孫婼坐近他，互相的談話，就互相的哭。樂祁佐助宴禮，退下來就告訴人說：「今年恐怕君跟叔孫婼全將死了。我聽見說過應當樂的時候而哀痛，應當哀痛時而高興，這全是喪心的舉動。心的靈爽處，就叫做魂魄，魂魄離開他，他們怎麼能夠長久呢？」

(二)傳季公若之姊為小邾夫人，生宋元夫人㊀，生子以妻季平子。昭子如宋聘，且逆之。公若從㊁，謂曹氏㊂勿與，魯將逐之。曹氏告公，公告樂祁。樂祁曰：「與之。如是魯君必出，政在季氏三世矣㈣，魯君喪政四公矣㈤，無民而能逞其志者，未之有也。國君是以鎮撫其民，詩曰：『人之云亡，心之憂矣㈥。』魯君失民矣，焉得逞其志？靖以待命猶可，動必憂。」

【今註】㈠宋元夫人：宋元公的夫人，是魯國季平子的外姊。㈡公若從：公若隨從叔孫婼。㈢曹氏：即宋元夫人。㈣政在季氏三世矣：政權已經在季孫氏三代。這指著季文子，季武子，季平子。㈤魯君喪政四公矣：魯居丟掉政權已經四個君，這是指著魯宣公，成公，襄公，昭公。㈥人之云亡，心之憂矣：詩經大雅一句詩，失去人民，憂患必定來。

【今譯】季公若的姊姊做小邾國君的夫人，生了宋元公的夫人，她生了女兒嫁給季平子。叔孫婼到宋國去聘問，並且迎接她。公若跟著去聘問，對宋元夫人說不要給他，魯國將驅逐季孫意如。宋元夫人就對宋公說，宋公就告訴樂祁。樂祁說：「給了他吧，要這樣的辦，魯昭公必定被驅逐出去，政權在季氏已經三代了，魯君丟掉政權，自宣公以後，至今已經四個國君了，沒有人民而能達到他的願望的，自古未曾有。做人君必定要能鎮撫他的人民，詩經大雅說：『失去民眾，憂患就要來』。魯君已經丟掉人民，怎能夠達到他的欲望？要安靖的等到天命，仍就可以，要動作必定來了憂愁」。

(三)經夏，叔詣會晉趙鞅、宋樂大心、衛北宮喜、鄭游吉、曹人、邾人、滕人、薛人，小邾人于黃父。

傳夏，會于黃父㈠，謀王室也。趙簡子令諸侯之大夫輸王粟，具戍人曰：「明年將納王。」子大叔見趙簡子，簡子問揖讓周旋之禮焉。對曰：「是儀也，非禮也。」簡子曰：「敢問何謂禮？」對曰：「吉也聞諸先大夫子產曰：『夫禮，天之經也，地之義也，民之行也。天地之經，而民實則之。則天之明㈡，因地之性㈢，生其六氣㈣，用其五行㈤，氣為五味㈥，發為五色㈦，章為五聲㈧，淫則昏亂，民失其性，是故為禮以奉之。為六畜㈨，五牲㈩，三犧⑪以奉五味。為九文⑫，六采⑬，五章以奉五色⑭，為九歌，八風、七音、六律以奉五聲，為君臣上下以則地義，為夫婦外內以經二物⑮，為父子、兄弟、姑姊、甥舅，昏媾，姻亞以象天明⑯，為政事、庸力、行務以從四時，為刑罰威獄使民畏忌，以類其震曜殺戮，為溫慈惠和以效天之生殖長育，民有好惡喜怒哀樂生于六氣⑰，是故審則宜類，以制六志㈧，哀有哭泣，樂有歌舞，喜有施舍，怒有戰鬬。喜生於好，怒生於惡，是故審行信令，行禍賞罰，以制死生。生好物也，死惡物也。好物樂也，惡物哀也，哀樂不失，乃能協于天地之性，是以長久。」簡子曰：「甚哉禮之大也！」對曰：「禮，上下之紀，天地之經緯也，民之所以生也，是以先王尚之。故人之能自曲直以赴禮者，謂之成人，大，不亦宜乎？」簡子曰：「鞅也請終身守此言也。」宋樂大心曰：「我不輸粟，我於周為客，若之何使客？」晉士伯曰：「自踐土以來，宋何役之不會，而何盟之不同？曰同恤王室，子焉得辟之？子奉君命以會大事，而宋背盟，無乃不可乎？」右師㈨不敢對，受牒而退。士伯告簡子曰：「宋右師必亡，奉君命以使，而欲背盟，以干盟主，無不祥大焉。」

【今註】㈠黃父：晉地，一名黑壤，在今山西省沁水縣西南五十里。㈡則天之明：日月星辰是天的光明。㈢因地之性：高下剛柔是地的性。㈣生其六氣：指著陰陽風雨晦明而言。㈤用其五行：指金木水火土。㈥氣為五味：指酸鹹辣苦甜。㈦發為五色：指青黃紅白黑。㈧章為五聲：指宮商角徵羽。⑨六畜：馬牛羊雞犬豕。⑩五牲：麋、鹿、麏、狼、兔。⑪三犧：祭天地宗廟所用的犧牲。⑫九文：即山、龍、華、蟲、藻、火、粉、米、黼黻。⑬六采：雜用天地四方的顏色即青同白，赤同黑，玄同黃。⑭五章以奉五色：青同赤叫文，赤同白叫做章，白與黑謂之黼，黑與青謂之黻。⑮二物：夫同婦分治內外，稱為二物。⑯以象天明：表示跟天象一樣。⑰六氣：這全是稟於陰陽風雨晦明的氣。⑱六志：好、惡、喜、怒、哀、樂。⑲右師：就是樂大心。

【今譯】夏天，在黃父會盟，為的計謀王室。趙鞅令諸侯的大夫們給王預備食糧，並預備戍守的人，說：「明天將使王回到王城」。游吉見到趙鞅，趙鞅問揖讓進退的禮節。游吉回答說：「這是儀祝，不是禮節。」趙鞅說：「什麼叫做禮呢？」他回答說：「我聽見先大夫子產說過：『禮是天的經，地的義，人民的行事，天地的經常，而人民以他為法則。因為有日月星辰就尊重天的明，因為有高下剛柔就尊重地的性，生了陰陽風雨晦明的六氣，用金木水火土的五行，氣變成了酸鹹苦辣甜的五味，發作為青黃赤白黑五種顏色，並變為宮商角徵羽的五聲，淫亂就昏亂，人民丟掉他的本性，所以制定禮以崇奉本性。做為馬牛羊雞犬豕六種畜牲，更為麋鹿麏狼兔五牲，還有祭天地宗廟的三種犧牲，敬奉五味。變為山龍華蟲藻火粉米黼黻等九文，還有六種采色，五種文章以敬奉五種采色，作成九歌八風七音六律以事奉五聲，作為君臣上下，以仿效地義，作為夫婦外內為兩種事物，作為父子，兄弟，姑姊，甥舅，昏媾，姻亞以表現天明，為政事，庸力，行務以遵從四季的禮，為刑罰威獄使人民害怕用以表示他的震曜殺戮，作為溫慈惠和以仿效天的生殖長育，人民有好惡喜怒哀樂，這全是從六氣生出來的，所以能夠分別類項，以隨著好惡喜怒哀樂，哀有哭泣，歡樂有歌舞，喜歡有施捨，發怒有戰鬥。喜是由好生出來的，怒是由惡生出來的，所以審行為，信號令，有禍福賞罰，以制定人民死生。生是好的事，死是不好的事，好的事是樂，壞事是哀，哀樂不失掉，就能合於天地的性，所以能夠長久。」趙鞅說：「禮的大有這麼厲害。」回答說：「禮是上下的綱紀，天地的經緯，民之所以生，所以先王很尊尚他。所以人能夠按著禮做的，叫做成人，大不也是應當的嗎？」趙鞅說：「我將終身遵守這句語」。宋國樂大心說：「我不送食糧，我在周是客人，為什麼能使喚客人呢？」士景伯說：「自從踐土盟會以來，宋國那個會不參加，那個盟誓不加入？我們是以共同服恤王室為目的，你怎麼能夠躲開呢？你受了君命來參加大事情，而宋國背棄盟誓，這不是不可以嗎？」樂大心不能夠回答，接受了供王室人粟數字的文件就退下。士景伯告訴趙鞅說：「宋國樂大心必定要逃亡，受著君命來出使，而欲背棄盟約，來干犯盟主，沒有再比這個不祥的。」

(四) 經 有鸜鵒來巢。

傳 有鸜鵒來巢㈠，書所無也，師己㈡曰：「異哉，吾聞文成之世㈢，童謠有之曰：『鸜之鵒之，公出辱之。鸜鵒之羽，公在外野，往饋之馬。鸜鵒跦跦，公在乾侯，徵褰與襦。鸜鵒之巢，遠哉遙遙，稠父喪勞，宋父以驕㈣。鸜鵒鸜鵒，往歌來哭㈤。』

童謠有是，今鸜鵒來巢，其將及乎。」

【今註】㈠鸜鵒來巢：鸜鵒是鳥名。來魯國做一個窩。㈡師己：魯大夫。㈢文成之世：阮刊十三經注疏本誤作文武之世，今據唐石經及四部叢刊影宋本，改作文成之世，即魯文公同魯成公的時代。㈣稠父喪勞，宋父以驕：稠父即昭公，死在國外，宋父是定公，代立為魯君，所以說以驕。㈤往歌來哭：昭公活著逃出，所以說是往歌，死到外邊回來，所以說是來哭。

【今譯】有鸜鵒鳥來魯國做一個窩，此鳥為魯國所無，所以春秋加以記載。師己說：「這很怪的事，我聽說魯文公魯成公的時代，童謠中說：『鸜之鵒之，公若出去，就被羞辱。鸜鵒鳥振羽而飛，公在野地裏，去送給他一匹馬。鸜鵒鳥在那跳躍，公在乾侯地方久了，要褲子跟衣服，鸜鵒鳥的巢遠看很遙遠，稠父死在國外，宋父代立可以驕傲。鸜鵒鸜鵒啊，出去歌唱，回來就哭。』童謠既然如此，現在鸜鵒鳥來巢，恐怕禍將來了。」

㈤經秋七月上辛大雩，季辛又雩。

傳秋，書再雩，旱甚也㈠。

【今註】㈠旱甚也：因為旱得非常厲害的原故。

【今譯】秋天，竹簡上寫著再次求雨典禮，這是旱得很厲害。

㈥經九月己亥，公孫于齊，次于陽州，齊侯唁公于野井。

㈦經冬十月戊辰叔孫婼卒。

傳初，季公鳥㈠娶妻於齊鮑文子，生甲。公鳥死，季公亥㈡與公思展與公鳥之臣申夜姑相其室，及季姒㈢與饔人檀通，而懼，乃使其妾抶己以示秦遄之妻㈣曰：「公若欲使余，余不可而抶余。」又訴於公甫㈤曰：「展與夜姑將要余㈥。」秦姬以告公之㈦，公之與公甫告平子。平子拘展於卞而執夜姑，將殺之。公若泣而哀之曰：「殺是，是余殺也。」將為之請，平子使豎勿內。日中不得請，有司逆命，公之使速殺之，故公若怨平子。季郈之雞鬭㈧，季氏介其雞㈨，郈氏為之金距㈩。平子怒，益宮於郈氏，且讓之，故郈昭伯亦怨平子。臧昭伯⑪之從弟會，為讒於臧氏而逃於季氏，臧氏執旃，平子怒，拘臧氏老。將禘於襄公，萬者二人⑫，其衆萬於季氏。臧孫曰：「此之謂不能庸先君之廟。」大夫遂怨平子。公若獻弓於公為⑬，且與之出射於外而謀去季氏。公為告公果、公賁⑭，公果、公賁使侍人僚相告公，公寢，將以戈擊之，乃走。公曰：「執之。」亦無命也。懼而不出，數月不見，公不怒。又使言，公執戈以懼之，乃走。又使言，公曰：「非小人之所及也(一五)。」公果自言，公以告臧孫，臧孫以難(一六)。告郈孫，郈孫以可勸。告子家懿伯(一七)，懿伯曰：「讒人以君徼幸，事若不克，君受其名，不可為也。舍民數世以求克事，不可必也。且政在焉，其難圖也。」公退之，辭曰：「臣與聞命矣。言若洩，臣不獲死。」乃館於公。叔孫昭子如闞(一八)，公居於長府(一九)。九月戊戌，伐季氏，殺公之於門，遂入之。平子登臺而請曰：「君不察臣之罪，使有司討臣以干戈，臣請待於沂上以察罪。」弗許，請囚于費，弗許，請以五乘亡，弗許。子家子曰：「君其許之，政自之出久矣，隱民多取食焉(二〇)，為之徒者眾矣。日人慝作(二一)，弗可知也。眾怒不可蓄也。蓄而弗治將蘊，蘊蓄民將生心，生心同求將合(二二)，君必悔之。」弗聽。郈孫曰：「必殺之。」公使郈孫逆孟懿子(二三)，叔孫氏之司馬鬷戾言於其眾曰：「若之何？」莫對。又曰：「我家臣也，不敢知國，凡有季氏與無於我孰利？」皆曰：「無季氏，是無叔孫氏也。」鬷戾曰：「然則救諸！」帥徒以往，陷西北隅以入，公徒釋甲執冰而踞，遂逐之㉔。孟氏使登西北隅以望，季氏見叔孫氏之旌，以告，孟氏執郈昭伯，殺之于南門之西，遂伐公徒。子家子曰：「諸臣偽劫君者，而負罪以出，君止。意如之事君也，不敢不改。」公曰：「余不忍也。」與臧孫如墓謀，遂行。己亥，公孫于齊，次于陽州㉕，齊侯將唁公于平陰㉖，公先至于野井㉗。齊侯曰：「寡人之罪也。」使有司待于平陰，為近故也。書曰：「公孫于齊，次于陽州，齊侯唁公于野井。」禮也。將求於人則先下之，禮之善物也。齊侯曰：「自莒疆以西，請致千社，以待君命。寡人將帥敝賦以從執事，唯命是聽。君之憂，寡人之憂也。」公喜。子家子曰：「天祿不再，天若胙君，不過周公，以魯足矣，失魯而以千社為臣，誰與之立？且齊君無信，不如早之晉。」弗從。臧昭伯率從者將盟，載書曰：「戮力壹心，好惡同之，信罪之有無㉘，繾綣從公，無通外內。」以公命示子家子，子家子曰：「如此吾不可以盟。羈也不佞，不能與二三子同心，而以為皆有罪㉙，或欲通外內，且欲去君，二三子好亡而惡定，焉可同也？陷君於難，罪孰大焉？通外內而去君，君將速入，弗通何為？而何守焉？」乃不與盟。昭子自闞歸，見平子。平子稽顙曰：「子若我何？」昭子曰：「人誰不死，子以逐君成名，子孫不忘，不亦傷乎？將若之何？」平子曰：「苟使意如得改事君，所謂生死而肉骨也。」昭子從公于齊，與公言，子家子命適公館者執之。公與昭子言於幄內曰：「將安眾而納公㉚。」公徒將殺昭子，伏諸道，左師展告公，公使昭子自鑄歸。平子有異志㉛，冬十月辛酉，昭子齊於其寢，使祝宗祈死。戊辰卒。左師展㉜將以公乘馬而歸，公徒執之。

【今註】㈠季公鳥：是季平子的庶叔父。㈡季公亥：是季公鳥的弟弟，即公若。㈢季姒：季公鳥的妻子。㈣秦遄之妻：秦遄是魯大夫。他的夫人是公鳥的妹妹秦姬。㈤公甫：季平子的弟弟。㈥

展與夜姑將要余：展是公思展，夜姑是申夜姑，將對我有非禮舉動。⑦公之：季平子的弟弟。⑧季郈之雞鬬：季孫氏跟郈昭伯兩家住得很近，所養的雞互相鬬。⑨季氏介其雞：季氏給他的雞穿上盔甲。⑩郈氏為之金距：金距是用銅作的雞爪⑪昭伯：臧為的兒子。⑫萬者二人：行萬舞的禮祇有兩個人。⑬公為：昭公的兒子，公子務人。⑭公賁、公果：皆是公為的弟弟。⑮非小人之所及也：這不是小人所能管的，意思稱僚相為小人。⑯臧孫以難：臧孫覺得困難。⑰子家懿伯：子家羈，魯莊公的玄孫。⑱闞：今山東汶縣西南三十五里。⑲長府：官府名。⑳隱民多取食焉：窮困的人民都依靠著季孫氏來吃飯。㉑日入慝作：等著天黑了姦人將羣起幫助季氏。㉒生心同求將合：生心以後就同季氏聯合對魯君反叛。㉓孟懿子：仲孫何忌。㉔遂逐之：就逐公徒。㉕陽州：彙纂說：「在今山東省東平縣東北境。」㉖平陰：在今河南省孟津縣東一里。㉗野井：續山東考古錄說：「在長清縣豐齊鎮東北，玉符水東岸。」㉘信罪之有無：表明是否有罪，在魯國不走者有罪，隨從昭公出奔的無罪。㉙以為皆有罪：隨從者陷害昭公，居留者驅逐昭公都有罪。㉚將安眾而納公：將安靖眾人使昭公回去。㉛平子有異志：季平子不願意使昭公回來。㉜左師展：魯大夫。

【今譯】最早的時候，季公鳥從齊國的鮑文子娶了一個妻，生了兒子叫甲。後來公鳥死了，他的弟弟季公亥與公思展同公鳥的家臣申夜姑，管他的產業，後來季公鳥的妻季姒同她的廚子檀私通，害怕了，就使他的妾打她自己，而給公鳥的妹妹秦姬看，說：「公亥想非禮我，我不聽從，他就打我。」又告訴季孫意如的弟弟公甫說：「公思展與申夜姑將以非禮要求我。」秦姬告訴季孫意如另一個弟弟公之，公之與公甫告訴季孫意如。季孫意如就在卞的地方拘捕了公思展，又逮著夜姑，將殺他。季公亥哭著哀求說：「殺了夜姑，就等於殺了我。」將去告訴季孫意如，而季孫意如使他的傭人，不准他們進來。到了中午，還不得請求，派去殺夜姑的官吏不願接受命令，公之告訴他趕緊將他殺掉。所以季公亥對季孫意如很怨恨。季孫氏同郈孫氏住得很相近，他們的雞也常打架，季孫氏給雞穿上甲，郈孫氏給他雞帶上銅爪子。季孫意如就生氣了，他又想把房子擴充，佔據了郈氏的土地，並且責讓他，所以郈昭伯也怨恨季孫意如。臧昭伯的從弟臧會，與臧氏不歡而逃到季氏家中，臧氏前來逮他，季孫意如也發怒，把臧氏使者拘捕了。將在襄公廟行禘祭禮，萬舞的祇有兩個人，其餘的人全在季孫氏家裏萬舞。臧孫說：「這就所謂不能用禮在先君廟中。」大夫們對於季孫意如全有怨言，季公亥獻弓給昭公的兒子公為，並且同他到郊外去射箭，並且研究去掉季孫氏，公為將這件事告訴他弟弟公果、公賁，公果公賁叫昭公的侍人僚柤告訴昭公，那時候，昭公方寢，將拿槍來打他，他就逃走了。昭公雖然嘴裏說把他逮起來，但是也沒有命令，僚柤害怕，不敢出來，幾個月的功夫也不見面，昭公也不發怒。公果、公賁又派他去說，昭公拿著槍嚇唬他，就逃走了。又叫他說，昭公說：「這不是僚柤小人所能說的。」公果自己去說，昭公告訴臧孫，臧孫回答說這件事很難達到。告訴郈孫，郈孫勸他可以這樣辦。告訴子家羈，子家羈說：「他們這種壞人，拿你來徼幸，事情若不能成功，你受到惡名，這不可以這樣做。丟了人民已經好幾代了，還想成功，這是不可以必然的。並且政權在他的手裏，這件事很難解。」昭公叫他走開。他辭謝說：「我已經聽見命令了。若把話洩漏，我就得不到好死」。就住到公的家裏。這時，叔孫婼到闞去，昭公住到長府的官署中，九月戊戌，攻打季氏，在門口殺掉公之，遂進了他的門。季孫意如登到臺上請求說：「君不察我的罪狀，使官吏們用軍隊來討伐我，我請到沂水上去等候你察明罪狀。」昭公不答應，又請求在費這地方囚禁，也不允許，請用五乘的車逃亡，也不允許。子家羈說：「你不如允許他，政權久已歸他管理，窮困的人民全到他那裏去吃飯，他的黨徒很多，等到太陽落了，奸人全都起來，那時的情勢，現在不可能知道。季氏人很眾多，他們的忿怒也不可使他留在心中。留著而不加化解，將積在一塊，積雜在一塊，人民必將生異心，生了異心，同季孫氏一同想反叛的人必將合在一塊，那時你一定後悔的。」昭公不聽。郈孫氏說：「必定把他殺掉。」昭公使郈孫迎接仲孫何忌，叔孫氏的司馬鬷戾對叔孫氏的家眾說：「怎麼辦呢？」沒有人回答。又說：「我祇是家臣，不敢知道國家政權，凡有季孫氏或沒有季孫氏，那一種對我們有利？」全部回答說：「沒有季孫氏，就等於沒有叔孫氏啊！」鬷戾聽見就說：「那麼我們就去救他吧！」率他的軍隊去救，從昭公圍著的軍的西北角上陷了進去，昭公的軍隊全解除甲冑，踞坐在箭筒上休息，就把昭公軍隊驅逐走了。孟孫氏派人上到西北角上去向裏看，季氏見到叔孫氏的旌旗，告訴給孟孫氏，孟孫氏就把郈昭伯在南門的西邊殺掉，遂伐昭公的軍隊。子家羈說：「羣臣假作劫持君，並且負罪逃去，君也就可以不必出去了。意如對於君的事奉，不敢不更改。」昭公說：「我不忍這樣做。」跟臧孫到魯君的墳地計謀，就出走了。已亥這天，昭公就逃到齊國，到了陽州這地方，齊侯將弔唁昭公在平陰。昭公先到野井去。齊侯說：「這是我的過錯。」使他的官吏在平陰等待，為的是近的原故。春秋上寫著說：「公孫于齊，次于陽州，齊侯唁公于野井。」這是合於禮的。將求人家，必先降下，這是合乎禮的善事。齊侯說：「自莒國疆界的西邊，我送給你千社，等著你的命令。我將率領我的軍隊隨從著你，唯從你的命令是聽。你的憂愁，也是寡人的憂愁。」昭公很高興。子家羈說：「天的降祿不能再有，天若給你國家，不能超過周公，魯國就夠了，丟掉魯國而拿到千社做人家的臣屬，誰跟你立在一塊呢？並且齊君沒有信實，不如早到晉國去。」昭公不聽。臧昭伯率領隨從的人，將共同盟誓，盟書上說：「盡力壹心，好惡全相同，表明自己有罪無罪，不離開魯公，不要通內外的話。」拿昭公的命令給子家羈看，子家羈說：「這個樣子我不可以加入盟誓，我不好，不能同你們同心，而全以為有罪，或者有人想通外內的話，並且想離開魯君，你們是喜歡逃亡，而不喜歡安定，這怎麼能夠相同，把君陷在禍難裏，這罪沒有再大的，通內外的話而離開君，君可以早回國，為什麼不通呢？又何必看守著君呢？」就不加入盟誓。叔孫婼從闞回來，見了季孫意如。季孫意如叩頭說：「你對我怎辦呢？」叔孫婼說：「誰能不死，你以前逐君出了名，子孫全不能忘記，這不也是可憐的嗎？我又對你有什麼辦法？」季孫意如說：「假設使我改樣子事奉君，這就是所謂使死者復生而使白骨長出肉來。」叔孫婼到齊國去看昭公，跟公談話，子家羈把所去的人全都逮起來。昭公跟叔孫婼在帳子裏說：「將回去安眾人，而使昭公回國。」公的徒眾將殺叔孫婼，在道旁埋伏，左師展告訴昭公，昭公叫叔孫婼改從鑄回國。季孫意如改了主意，冬十月辛酉，叔孫婼在他寢室裏齋戒，使他的祝宗要求天准他死，戊辰就死了。左師展想和昭公乘馬回國，昭公徒眾把他逮捕起來。

(八)傳 壬申，尹文公涉于鞏，焚東訾，弗克。

【今譯】壬申，子朝黨尹文公在鞏這地方渡過洛水，燒敬王的邑東訾，但是沒能夠成功。

(九)經 十有一月己亥，宋公佐卒于曲棘。

傳 十一月，宋元公將為公故如晉，夢大子欒即位於廟，已與平公㈠服而相之。旦召六卿，公曰：「寡人不佞，不能事父兄，以為二三子憂，寡人之罪也。若以羣子之靈，獲保首領以歿，唯是楄柎所以藉幹者，請無及先君。」仲幾對曰：「君若以社稷之故私降昵宴，羣臣弗敢知。若夫宋國之法，死生之度，先君有命矣，羣臣以死守之，弗敢失隊。臣之失職，常刑不赦，臣不忍其死，君命祇辱。」宋公遂行，己亥卒于曲棘㈡。

【今註】㈠平公：元公的父親。㈡曲棘：方輿紀要說：「外黃城在今河南杞縣東北六十里。」

【今譯】十一月，宋元公將為魯昭公的緣故到晉國去，夢見太子欒在廟裏即位，他自己跟他父親平公穿著君服給他相禮。早晨就召見了宋國的六卿，宋元公就對他們說：「我沒有本領，不能夠事奉本家的父兄，使你們大家發愁，這是寡人的罪狀，要是藉著你們諸位的靈爽，能夠病死，但是棺中擺骨頭的床，不要比同先君那麼好。」仲幾回答說：「你要是因為國家的緣故，將音樂飲食的事情減下，我們大家就不敢批評。要是講宋國的法律，死生的制度，先君已經有命令，羣臣拚命來看守，不敢失落。為人臣的丟掉職守，常刑也不能赦免，我不是怕死，但是君的命令我也不能遵從。」宋公就走了，己亥這天，到了曲棘就死了。

(十)經 十有二月齊侯取鄆。

傳 十二月庚辰，齊侯圍鄆㊀。

【今註】 ㊀鄆：魯地。此為西鄆，在今山東鄆城縣。

【今譯】 十二月庚辰，齊侯圍了魯國鄆這地方。

(土)傳 初，臧昭伯如晉，臧會竊其寶龜僂句㊀，以卜為信與僭㊁，僭吉。臧氏老將如晉問，會請往。昭伯問家故，盡對，及內子與母弟叔孫，則不對，再三問不對。歸及郊，會逆，問又如初。至次於外而察之，皆無之，執而戮之，逸奔郈，郈魴假使為賈正㊂焉。計於季氏，臧氏使五人以戈楯伏諸桐汝之閭，會出逐之，反奔，執諸季氏中門之外。平子怒曰：「何故以兵入吾門？」拘臧氏老。季臧有惡，及昭伯從公，平子立臧會。會曰：「僂句不余欺也。」

【今註】㈠僂句：龜所出的地名。㈡僭：不信。㈢賈正：管貨物的官。

【今譯】最早的時候，臧昭伯到晉國去，臧會把他的僂句寶龜偷走，去占卜，信實同不信實，那一種吉祥，不信很吉祥。臧氏家老將到晉國去問昭伯的起居，臧會就要求替他去。昭伯問他家裏的事，全都回答，問到他的夫人同母弟叔孫，就不回答，再三的問，仍舊不回答。昭伯回來到了郊外，臧會去迎接他，仍舊問他，他又不回答。後來回到家，停留在家門外考察，全都沒有這回事，想把他逮起來殺了，他就逃到郈的地方，郈使他做管市面上的官吏，後來他又送計簿到季孫氏家中，臧氏派了五個人，拿著槍同楯牌，埋伏到桐汝這個裏的門口，等會出來，就追逐他，他就奔回到季氏家中，臧氏就把他在季氏中門的外面逮捕著。季孫意如生氣說：「為什眾拿兵器到我家中？」就把臧氏家老拘捕了。季氏臧氏相怨惡，到了臧昭伯隨著魯昭公逃走，季孫意如就立了臧會。臧會就說：「僂句龜真的不欺騙我。」

㈩ 傳 楚子使薳射城州屈，復茄人㈠焉，城丘皇，遷訾人㈡焉，使熊相禖郭巢，季然郭卷㈢。子大叔聞之曰：「楚王將死矣，使民不安其土，民必憂，憂將及王，弗能久矣。」

【今註】㊀茹人：疑在懷遠縣境。㊁訾：在今河南信陽縣西北。㊂卷：方輿紀要說：「河南葉縣西南有卷城」。

【今譯】楚平王叫薳射修州屈這個城，使茹人回去住，修丘皇這個城，使訾人回去住，使熊相禖修巢城的外郭，季然修卷城的外郭。游吉聽見了就說：「楚平王將死了，使人民在土地上不能安居，人民必定憂愁，這愁將到了王，必不能長久了。」

昭公二十有六年（公元前五百一十六年）

㊀傳 春王正月庚申，齊侯取鄆。

【今譯】二十六年春，王正月庚申，齊侯佔據了鄆城。

㊁經 葬宋元公。

傳 葬宋元公如先君，禮也。

【今譯】宋國舉行宋元公的葬禮，與宋國先君的葬禮相同，這是合於禮的。

㈢經三月公至自齊，居於鄆。

㈣經夏，公圍成。

傳三月，公至自齊處于鄆，言魯地也。夏，齊侯將納公，命無受魯貨。申豐從女賈，以幣錦二兩㊀，縛一如瑱㊁，適齊師，謂子猶之人高齮：「能貨子猶，為高氏後，粟五千庾㊂。」高齮以錦示子猶，子猶欲之。齮曰：「魯人買之，百兩一布，以道之不通，先入幣財。」子猶受之，言於齊侯曰：「羣臣不盡力于魯君者，非不能事君也，然據有異焉㊃。宋元公為魯君如晉，卒於曲棘。叔孫昭子求納其君，無疾而死。不知天之弃魯耶？抑魯君有罪於鬼神，故及此也。君若待于曲棘，使羣臣從魯君以卜焉，若可，師有濟也，君而繼之，茲無敵矣。若其無成，君無辱焉。」齊侯從之，使公子鉏㊄帥師從公。成大夫公孫朝謂平子曰：「有都以衛國也，請我受師。」許之，請納質，弗許，曰：「信女足矣！」告於齊師曰：「孟氏魯之敝室也，用成已甚，弗能忍也，請息肩于齊。」齊師圍成。成人伐齊師之飲馬于淄者曰：「將以厭眾。」魯成備而後告曰：「不勝眾㈥。」師及齊師戰于炊鼻㈦，齊子淵捷從洩聲子㈧，射之中楯瓦㈨，繇朐汰輈匕入者三寸㈩，聲子射其馬斬鞅殪，改駕，人以為鬷戾也⑪而助之。子車⑫曰：「齊人也。」將擊子車，子車射之殪。其御曰：「又之。」子車曰：「眾可懼也。而不可怒也。」子囊帶從野洩叱之⑬，洩曰：「軍無私怒，報乃私也，將亢子。」又叱之⑭，亦叱之⑮。冉豎⑯射陳武子中手，失弓而罵⑰。以告平子曰：「有君子白晳，鬒鬚眉，甚口⑱。」平子曰：「必子彊⑲也，無乃亢諸！」對曰：「謂之君子，何敢亢之。」林雍羞為顏鳴右，下⑳，苑何忌㉑取其耳，顏鳴去之。苑子之御曰：「視下顧㉒。」苑子剌林雍，斷其足，鑋㉓而乘於他車以歸。顏鳴三人齊師，呼曰：「林雍乘。」

【今註】㈠以幣錦二兩：錦作的幣兩匹。㈡縛一如瑱：瑱是充耳。卷得如充耳大小，容易藏在懷中。㈢能貨子猶，為高氏後，粟五千庾：子猶即梁丘據。若能把此貨送給梁丘據，當為你請求作高氏的後人，並且另外送給粟五千庾。㊃然據有異焉：我梁丘據也很以為古怪。㊄公子鉏：齊大夫。㊅不勝眾：意思告訴齊國說成邑不肯投降，我沒有力量抵抗成的人多。㊆炊鼻：當在今山東省寧陽縣境。㊇洩聲子：魯大夫。㊈射之中楯瓦：射他中到籐牌的上面。㊉繇朐汰輈匕入者三寸：經過車的轅上面，箭頭射進籐牌上三寸。⑪人以為鬷戾也：人是魯人。以為是叔孫氏的司馬鬷戾。⑫子車：即淵捷。⑬子囊帶從野洩叱之：子囊帶是齊大夫，野洩即聲子。⑭又叱之：又罵他。⑮亦叱之：野洩也回聲罵囊帶。⑯冉豎：季孫氏的家臣。⑰失弓而罵：武子丟掉弓就罵。⑱有君子白皙，鬒鬚眉，甚口：有一個人皮膚甚白，鬚眉全很濃，甚口是嘴很大。⑲子彊：就是陳武子的號。⑳林雍羞為顏鳴右，下：林雍做顏鳴的車右以為羞恥，所以下車來打仗。㉑苑何忌：是齊大夫。㉒視下顧：眼看著下邊，意思是說斬他的腳。㉓蹔：音（ㄑㄧㄥˋ）。用一條腿跳。

【今譯】三月，魯昭公從齊國回來，住在鄆這地方，這種說法，是表示這是魯國的地方。夏天，齊侯將使昭公回到魯國的都城，命令不要受季孫氏的貨幣。季孫氏的家臣申豐隨著女賈，拿著錦幣兩匹，綣小如同一耳塞了，到齊國軍隊裏，對梁丘據的家臣高齮說：「你若能夠把這個錦送給梁丘據，就為你請求立你為高氏的後人，並送你糧食五千庾。」高齮把這匹錦給梁丘據看，梁丘據很想著要，高齮就說：「魯人買這種，一百匹為數量，因為道路的不通，先拿這些來。」梁丘據接受了，對齊侯說：「羣臣對魯君的不盡力，不是不能對你君事奉，但是我覺得奇怪。宋元公因為魯君的緣故到晉國去，死在曲棘這地方，叔孫婼使魯昭公回國，沒病就死了。不知道是天不要魯國，或者是魯昭公對鬼神有罪，所以到了這步田地。你若在曲棘等候，使羣臣們隨從著魯君去占卜，若可以打勝仗，你就繼續著前進。要不然，你又何必管這件事呢？」齊侯聽他的話。就派了公子鉏率領著軍隊，隨從著魯昭公。成邑的大夫公孫朝對季孫意如說：「有都邑是為的保護國家的，請讓我抵抗齊國軍隊。」答應他，請納人質，季孫意如不答應，說：「信你的話就夠了。」公孫朝使詐告訴齊國軍隊說：「孟孫氏是魯國的壞人家，他使用成邑的人力物力已經很厲害，我們不能忍受，請到齊國來休息。」齊國軍隊就圍了成邑。成邑的人去討伐在淄這地方給馬喝水的齊國軍隊，騙他們說：「假裝討伐，使成人不知我們已降。」魯國成邑預備好了然後對齊軍說：「成的人不肯降，我也沒方法能勝他們。」季孫氏的軍隊及齊軍在炊鼻這地方打仗，齊大夫淵捷跟從魯大夫聲子，用箭來射他，中了他的楯牌上，經過他的車軸箭射入楯牌上三寸深，聲子射他的馬，斷了鞅，馬死了，換了一輛車，魯人們以為是叔孫的司馬鬷戾而幫助他，淵捷說：「齊國人啊！」將射淵捷，淵捷射他，他死了。淵捷的趕車人說：「再射旁人。」淵捷說：「可以使眾人害怕，但不可使他發怒。」齊大夫子囊帶追著聲子罵他，聲子說：「軍隊裏沒有私怒，要報復你，就是私心，將抵抗你。」囊帶又罵他，聲子也回罵他。季氏家臣冉豎射齊國的陳武子傷了他的手，武子丟掉弓就罵他。冉豎告訴季孫意如說：「有位君子，皮膚很白，鬚眉皆甚濃，大嘴。」季孫意如說：「這必定是陳武子，何不抵抗他。」回答說：「已經稱他做君子了，何敢再抵抗他。」林雍做顏鳴的車右，以為羞恥，就下車來作戰，苑何忌割下林雍的耳朵，顏鳴看見了就躲開了，苑何忌趕車人說：「你不往下看。」苑何忌就把林雍的腳斬斷了，他一條腿跳著，坐了旁的車子回去了。顏鳴三次進入齊國軍隊，大喊說：「林雍上來坐吧！」

(五)傳 四月，單子如晉告急。五月戊午，劉人敗王城之師於尸氏㈠。戊辰，王城人劉人戰于施谷㈡，劉師敗績。

【今註】㈠尸氏：方輿紀要說：「尸氏在今河南偃師縣西三十里，即子朝據王城，劉人則王城之師於尸氏是也。」㈡施谷：方輿紀要說：「大谷關在洛陽縣東南大谷口。自偃師鞏縣至轘轅山，置有入關云。」又潁陽在今登封偃師伊川三縣交界處。

【今譯】四月，單旗到晉國去告急。五月戊午，劉蚠的軍隊敗王子朝的軍隊在尸氏這裏。戊辰，王城的人同劉蚠的人在施谷打仗，劉蚠的軍隊打敗了。

(六)經 秋公會齊侯、莒子、邾子、杞伯盟于鄟陵。

傳 秋盟於鄟陵㈠，謀納公也。

【今註】㈠鄟陵：在今沂水東北七十里，東鄆之東北。

【今譯】秋天，在鄟陵盟會，這是齊侯想使魯昭公回魯國都城。

(七)經 公至自會居于鄆㈠。

【今註】㊀此經無傳。

【今譯】魯昭公從開會回來，住到鄆城。

(八)傳七月己巳，劉子以王出。庚午，次于渠㊀。王城人焚劉。丙子，王宿于褚氏㊁。丁丑，王次于萑谷㊂。庚辰，王入于胥靡㊃。辛巳，王次于滑㊄。晉知躒趙鞅帥師納王，使汝寬㊅守闕塞㊆。

【今註】㊀渠：彙纂說：「即周陽渠，在王城東北，開渠引洛水，名曰陽渠。在今河南洛陽縣。劉澄之永初記：言城西有陽渠，周公制之是也。亦謂之九曲瀆。」㊁褚氏：今洛陽縣東南，有褚氏聚。㊂萑谷：彙纂說：後漢書孫堅進軍大穀，距洛九十里，其穀連亙至潁陽縣，何進設八關，大穀其一也。周之施谷，萑谷，其支徑耳。」㊃胥靡：彙纂說：「今河南偃師縣東四十里，有胥靡城。」㊄滑：原本鄭地，後入周，在河南偃師縣。㊅汝寬：晉大夫。㊆闕塞：河南府志說：「闕塞山一稱伊闕，一作闕塞，在今洛陽城西南二十五里，山之東有香山，西有龍門山。」

【今譯】七月己巳，劉蚠領著敬王逃出。庚午，到渠這地方。王城的人把劉蚠的封邑燒掉。丙子，敬王就住到褚氏。丁丑，敬王住到萑谷。庚辰，敬王進到胥靡。辛巳，王到了滑這地方。晉國知躒，趙鞅率領軍隊，使王回國，叫汝寬守在闕塞這地方。

(九)經　九月庚申，楚子居卒。

傳　九月楚平王卒。令尹子常欲立子西㊀，曰：「大子壬㊁弱，其母非適也。王子建實聘之。子西長而好善，立長則順，建善則治，王順國治，可不務乎？」子西怒曰：「是亂國而惡君王也，國有外援㊂，不可瀆也。王有適嗣，不可亂也。敗親速讎，亂嗣不祥，我受其名，賂吾以天下，吾滋不從也，楚國何為？必殺令尹。」令尹懼，乃立昭王。

【今註】㊀子西：平王的長庶子。㊁大子壬：楚昭王。㊂外援：指秦國。

【今譯】九月，楚平王死了。令尹子常想立平王的長庶子子西為楚王，他說：「太子壬太年輕，他的母親也不是嫡夫人。太子建先聘了他。子西年長而喜歡善行，立了長子是很順的，建了善行則能夠治，王立了很順，國家能治理，這不可以辦嗎？」子西發怒說：「這是亂國家而壞君王的名譽，國家有秦國作外援，不可以怠慢他，王有嫡的後人不可以亂，使親人失敗，而使敵人來得快，亂了嗣人是不祥瑞的，我不受這種惡名，把天下來賄賂我，我更不可聽從，我要楚國幹嗎？必定殺掉令尹。」令尹害怕，就立了昭王。

(十)經 冬十月天王入于成周，尹氏、召伯、毛伯以王子朝奔楚。

傳 冬十月丙申，王起師于滑。辛丑在郊㊀，遂次于尸。十一月辛酉，晉師克鞏，召伯盈逐王子朝㊁，王子朝及召氏之族，毛伯得，尹氏固，南宮嚚奉周之典籍以奔楚，陰忌奔莒以叛㊂，召伯逆王于尸，及劉子單子盟，遂軍圉澤，次于隄上㊃。癸酉，王入于成周。甲戌，盟于襄宮㊄，晉師成公般㊅戍周而還。十二月癸未，王入于莊宮㊆。王子朝使告于諸侯曰：「昔武王克殷，成王靖四方，康王息民，並建母弟以蕃屏周，亦曰吾無專享文武之功，且為後人之迷敗傾覆，而溺入于難，則振救之。至于夷王，王愆于厥身㊇，諸侯莫不並走其望，以祈王身。至于厲王，王心戾虐，萬民弗忍，居王于彘，諸侯釋位以間王政，宣王有志而後效官。至于幽王，天不弔周，王昏不若，用愆厥位㊈，攜王㊉奸命，諸侯替之，而建王嗣，用遷郟鄏。則是兄弟之能用力於王室也。至于惠王，天不靖周，生頹禍心，施于叔帶，惠襄辟難，越去王都，則有晉鄭，咸黜不端，以綏定王家，則是兄弟之能率先王之命也。在定王六年，秦人降妖㈡曰：『周其有頾王，亦克能脩其職，諸侯服享，二世共職㈢，王室其有間王位，諸侯不圖，而受其亂災。』至于靈王，生而有頾，王甚神聖，無惡於諸侯，靈王景王㈢克終其世。今王室亂，單旗、劉狄㈣剝亂天下，壹行不若，謂先王何常之有，唯余心所命，其誰敢討之。帥羣不弔之人，以行亂于王室，侵欲無厭，規求無度，貫瀆鬼神，慢弃刑法，倍奸齊盟，傲很威儀，矯誣先王。晉為不道，是攝是贊，思肆其罔極。茲不穀震盪播越，竄在荊蠻，未有攸底。若我一二兄弟甥舅獎順天法，無助狡猾，以從先王之命，毋速天罰，赦圖不穀㈤，則所願也，敢盡布其腹心，及先王之經，而諸侯實深圖之。昔先王之命曰：『王后無適，則擇立長，年鈞以德，德鈞以卜，王不立愛，公卿無私，古之制也。』穆后及大子壽早夭即世，單劉贊私立少，以間先王，亦唯伯仲叔季圖之。」閔馬父聞子朝之辭曰：「文辭以行禮也，子朝干景之命，遠晉之大，以專其志，無禮甚矣，文辭何為？」

【今註】㈠郊：在今河南省鞏縣西南。㈡召伯盈逐王子朝：召伯盈本來是子朝一黨，因為晉國軍隊已經攻下鞏這地方，所以他就知道子朝不能成功，就驅逐王子朝而改迎接敬王。㈢陰忌奔莒以叛：陰忌是子朝一黨，逃奔到莒地對敬王反叛。莒在今河南伊川縣南。㈣隄上：應在圉澤附近。㈤襄宮：周襄王的廟。㈥成公般：晉大夫。㈦莊宮：周莊王的廟在王城。㈧王愆于厥身：愆是身有惡疾。㈨用愆厥位：王昏迷不順，所以失掉他的位子。㈩攜王：是幽王的少子伯服。㈡秦人降妖：秦人降下妖言。㈢二世共職：指著靈王同景王都謹於職守。㈢靈王景王：景王是靈王的兒子。㈣劉狄：就是劉蚠。㈤赦圖不穀：赦我的憂慮而救我的患難。不穀，君王自稱。

【今譯】冬天十月丙申，周敬王在滑這地方發起軍隊，辛酉，到了王子朝所佔領郊的地方，接著到了尸這地方。十一月辛酉，晉國軍隊克了鞏縣，召伯盈本是王子朝的黨羽，現在看見晉國軍隊佔領了鞏，知道王子朝不能成功，就把他驅逐出走，而迎接周敬王回來。王子朝同召氏的族人毛伯得、尹氏固、南宮嚚拿著周的典籍逃到楚國去，王子朝的黨羽陰忌逃到莒的地方反叛了，召伯盈就去迎接敬王在尸這地方，並同劉蚠單旗盟誓，在圉澤整頓軍隊，並且到了隄上。癸酉，敬王進入成周。甲戌這天，在襄王的廟裏盟誓，晉國軍隊留下晉大夫成公般戍守周國就回到晉國去了。十二月癸未，敬王進入了王城莊王的廟裏。王子朝叫人告訴諸侯們說：「從前武王勝了殷國，成王安定四方，康王安息人民，他們全都封建母弟，做周室的屏蕃，並且說我不要專享受文王武王的成功。並且為後人的迷敗傾覆到了困難時，就去拯救。到了夷王，王的身體惡疾，諸侯們沒有一個不去禱告他的神，以保障王的身體。到了他的兒子厲王，王的心很戾虐，人民忍受不了，叫王住到彘這地方，諸侯們各離開他的位置，以保護王的政治，宣王年長有志向以後，然後才交還政權，到了他兒子幽王，天不保佑周國，王昏迷的沒有辦法，就失掉他的王位，他的少子伯服，奸了天命，諸侯把他廢了，而重新把平王找回來，就東遷到洛陽，這可以證明兄弟們能用力保護王室。到了惠王，天不安靖周室，生了王子頹藏有禍心，禍連叔帶。惠王同襄王躲避禍難，離開王都城，就有晉國同鄭國全都幫助黜去不端正的人，用以安定王室，這就是兄弟各國能夠尊重先王的命令。在定王六年，秦入降下妖言說：『周將來有個有髭子的王，也能夠修明他的職務，諸侯全聽從他，靈王景王二世都謹於職守，王室裏恐怕有人妄想求得王位，諸侯不明白，而受他的亂災。』到了靈王，生的時候就有髭子，他很神聖，對諸侯們沒有做壞事，靈王景王都能善終的去世。現在王室混亂，單旗同劉蚠亂了天下，專行不順的事，他們說先王有什麼常法，應該照我心裏所想的，誰還能夠討伐我呢？率著一羣不好的人，在王室裏行亂，追求欲望永遠沒有厭足的時候，所求也沒有限制，變化鬼神的典章，慢棄了刑法，背叛了王室，傲慢了威儀，說周景王的壞話，晉國不道德，就幫助他，不知到那裏為止。現在我受到遷徙，逃到楚國，不知到什麼程度，若是我一二兄弟甥舅國家，順著天法，不幫助狡猾，尊從著天命，不至於得到天的處罰，赦去我的時綉，而救我的患難，這就是我所願意的，敢對你們宣佈我心裏所想的，同先王的經常，希望你們細想想。從前先王的命令說：『王后沒有嫡子，就立年長的，年紀若相同就以德性來論，德行若相同，就用占卜，王也不立愛的兒子，公卿們全沒有私心，這是古代的制度。』穆後及太子壽都死了，單旗劉蚠用私心立年輕的，以違背先王的常制，也請諸侯們細想想。」魯國的閔馬父聽見子朝所說的話，就說：「文辭是用來行禮的，子朝違背周景王的命令，遠了晉國的大權，專門用他的思想，他的無禮太厲害了，文辭有什麼用呢？」

(士)**傳**齊有彗星，齊侯使禳之。晏子曰：「無益也，祇取誣焉。天道不諂㈠，不貳其命，若之何禳之？且天之有彗也，以除穢也，君無穢德，又何禳焉？若德之穢，禳之何損？詩曰：『惟此文王，小心翼翼，昭事上帝，聿懷多福，厥德不回，以受方國㈡。』君無違德，方國將至，何患於彗？詩曰：『我無所監，夏后及商，用亂之故，民卒流亡㈢。』若德回亂，民將流亡，祝史之為，無能補也。」公說乃止。齊侯與晏子坐于路寢，公歎曰：「美哉室，其誰有此乎？」晏子曰：「敢問何謂也？」公曰：「吾以為在德。」對曰：「如君之言，其陳氏乎！陳氏雖無大德，而有施於民，豆、區、釜、鍾之數，其取之公也薄㈣，其施之民也厚㈤。公厚斂焉，陳氏厚施焉，民歸之矣。詩曰：『雖無德與女，式歌且舞㈥。』陳氏之施，民歌舞之矣，後世若少惰，陳氏而不亡，則國其國也已。」公曰：「善哉，是可若何？」對曰：「唯禮可以已之。在禮，家施不及國，民不遷，農不移，工賈不變，士不濫，官不滔，大夫不收公利。」公曰：「善哉！我不能矣。吾今而後知禮之可以為國也。」對曰：「禮之可以為國也久矣，與天地並㈦。君令，臣共、父慈、子孝、兄愛、弟敬、夫和、妻柔、姑慈、婦聽，禮也。君令而不違，臣共而不貳，父慈而教，子孝而箴，兄愛而友，弟敬而順，夫和而義，妻柔而正，姑慈而從，婦聽而婉，禮之善物也。」公曰：「善哉！寡人今而後聞此，禮之上也。」對曰：「先王所稟於天地，以為其民也，是以先王上之㈧。」

【今註】 ㈠天道不諂：天道是不可以被疑惑的。㈡惟此文王，小心翼翼，昭事上帝，聿懷多福，厥德不回，以受方國：這是詩經大雅的一句詩，意思是說周文王能小心的恭敬，事奉上帝，專門為的得到多福，不違背德性，所以四方的邦國全都歸順他。㊂我無所監，夏後及商，用亂之故，民卒流亡：這是一首逸詩，意思是說我所監戒的是夏朝同商朝，因為亂的原故，人民全都逃亡。㊃其取之公也薄：他是以公量來收取。㊄其施之民也厚：指著陳氏用私量來借貸。㊅雖無德與女，式歌且舞：這是詩經小雅的一句詩，意思說雖沒有德性給你，但是能叫你高興的，歌唱並舞蹈。㊆與天地並：禮同天地並立。㊇是以先王上之：所以先王全以禮為最上。

【今譯】齊國有彗星出現，齊侯派人舉行禳祭，去除災害，晏子說：「這沒有用，祇是欺騙人的，天道是不使人疑惑的，天命不能有兩種，為什麼還去除禳他。並且天上有彗星，是為除去穢氣，你沒有穢的德行，又何必去禳除呢？如果你有穢德，舉行禳祭禱告也沒有什麼好處。詩經大雅說：『這位文王，非常小心的來事奉上帝，以得到很多的福氣，他沒有違德之行，就可以得到四方國家的來歸。』你若沒有違德之行，方國全要來歸你，又何必怕彗星呢？逸詩中說過：『我所以為監戒的，是在夏同商，因為亂的原故，人民全都散了。』要是違德亂行，人民將逃亡，祝史的禱告，沒有用處。」齊侯高興了就不禳除。齊侯同晏嬰坐到路寢上，公歎著說：「這屋子很美麗，誰將有這屋子？」晏嬰說：「請問這句話怎麼講？」公說：「我以為在德。」回答說：「若照你所說，恐怕是陳氏所有；陳氏雖沒有大德性，但對人民很有施捨，豆、區、釜鍾的數目，他取人民很少，而施捨給人民很多，你上的稅很多，陳氏施捨的很多，人民全歸到他那兒去了。詩經小雅說：『雖然沒有德行給你們，你們也能很高興的載歌且舞。』陳氏的施與，人民已對他歌舞，你的後代若稍懈惰，陳氏而不逃亡，那麼國家就是他的國家了。」公就說：「這很對，那麼怎麼辦呢？」回答說：「唯獨禮可以勝他。論禮，大夫之家的施捨，不會施給國家，人民也不會搬家，農人不會改職業，工人商人不變化，士人不失掉職掌，官不怠慢，大夫們不私占公家的利益。」齊侯說：「這很好，但是我不能夠。今後我方才知道禮可以守國家。」晏嬰說：「禮的守國已經很久了，他跟天地並立。君下令，臣恭敬，父慈，兒子孝，兄愛弟，弟敬兄，丈夫和順，妻柔和，婆婆慈悲，兒婦們聽從，這全是合於禮的。君下令而不違背，臣恭敬而沒有二心，父親慈祥而教訓兒子，兒子孝順而諫箴父親的過失，哥哥親愛而友，弟弟恭敬而順從，丈夫和順而合義，妻子柔和而合於正，婆婆慈悲而不自專，兒婦聽從而婉順，這全是禮的善事。」齊侯說：「這是很好的，寡人現在才知道，這是禮的最上。」晏嬰說：「這是先王受到天地，而保護他的人民，所以先王以禮為最上。」

卷二十七　昭公七

昭公二十有七年（公元前五百一十五年）

(一)經公如齊。公至自齊居於鄆。

傳春，公如齊。公至自齊，處於鄆，言在外也㈠。

【今註】㈠言在外也：意思表示在魯國都城以外。

【今譯】二十七年春，魯昭公到齊國去。後又從齊國回來，居住在西鄆，意思是說他不在魯國都城裏。

(二)經夏，四月吳弒其君僚。

傳吳子欲因楚喪而伐之，使公子掩餘、公子燭庸㈠帥師圍潛㈡，使延州來季子聘于上國，遂聘于晉以觀諸侯。楚莠尹然，工尹麇㈢，帥師救潛，左司馬沈尹戌帥都君子與王馬之屬以濟師㈣，與吳師遇于窮㈤，令尹子常以舟師及沙汭㈥而還，左尹郤宛工尹壽帥師至于潛，吳師不能退㈦。吳公子光曰：「此時也，弗可失也。」告鱄設諸曰：「上國有言曰：『不索何獲？』我王嗣也㈧，吾欲求之，事若克，季子雖至，不吾廢也。」鱄設諸曰：「王可弒也，母老子弱，是無若我何㈨。」光曰：「我爾身也！」夏四月，光伏甲於堀室而享王，王使甲坐於道及其門㈩，門階戶席皆王親也，夾之以鈹⑪，羞者獻體，改服於門外，執羞者坐行⑫而入，執鈹者夾承之，及體以相授也。光偽足疾入于堀室。鱄設諸寘劍於魚中以進，抽劍刺王，鈹交於胷，遂弒王。闔廬⑬以其子為卿。季子至曰：「苟先君無廢祀，民人無廢主，社稷有奉，國家無傾，乃吾君也。吾誰敢怨？哀死事生，以待天命。非我生亂，立者從之，先人之道也。」復命哭墓⑭，復位而待。吳公子掩餘奔徐，公子燭庸奔鍾吾⑮，楚師聞吳亂而還。

【今註】㈠公子掩餘、公子燭庸：他們兩人全是吳王僚的母弟。㈡潛：彙纂說：「今安徽霍山縣東北三十里有灊城。」㈢莠尹然、工尹麇：莠尹同工尹皆是楚國的官名，然同麇是他們兩人的名字。㈣都君子與王馬之屬以濟師：都君子是都邑中的士人，王馬之屬是楚王的養馬官吏，使他們增加入軍隊。㊄窮：一統志說：「在霍邱縣西。」㊅沙汭：水道提綱則以沙河上承穎汝諸水，至正陽關入淮，則以潁口為沙汭。㊆吳師不能退：楚國軍隊強，所以吳國軍隊沒法退下去。㊇我王嗣也：公子光是吳王諸樊的兒子，所以他說我是王繼嗣的人。㊈是無若我何：因為鱄設諸的母親甚老，兒子很年輕，使我怎麼辦呢？㊉王使甲坐於道及其門：王使軍隊坐在道邊一直到門口。㊁夾之以鈹：鈹等於劍。兩邊的人拿著劍來夾著他。㊂坐行：拿膝蓋走。㊂闔廬：即公子光。㊃復命哭墓：到吳王僚的墓上哭，表示他已經回報使命。㊄鍾吾：一統志說：「今江蘇宿遷縣西北六十里有司吾城」。

【今譯】吳王要想趁楚平王的喪事，去伐楚國。使公子掩餘，公子燭庸，領了軍隊去圍住了潛，差延州來季子，聘問中央各國，順便聘問晉國，去觀察諸侯的強弱。楚國的莠尹然、工尹麇領軍隊去救潛，左司馬沈尹戌領了都邑的士人，和替王養馬的官屬，增添了楚國軍隊，和吳國兵相遇於窮這地方。令尹子常用水兵行到沙水邊便回去。左尹郤宛、工尹壽領軍隊到潛這地方，吳師夾住中間，不能退卻。吳公子光說：「此刻是可以弒王的時候了，弗可以再失機會的。」告訴鱄設諸說：「中原有句話說：『不去找尋，那裏能夠得到？』我是王的嫡嗣，我定要求得王位的。事情若能成就，季札雖來，也不會廢掉我的。」鱄設諸說：「王倒容易弒的，不過我母親已老，兒子還小，這真沒法，叫我怎麼辦呢？」光說：「我就是你的身子，你的母子我自然應該養他們的。」夏天四月中，光伏甲士在地屋中請王宴會，王差甲士坐在道旁，直到光的門首，當門當階的，主戶主席的，都是王親信的人。又拿短劍兩面夾護著，凡獻食的人定要解了衣，在門外換了衣服，纔得進去。拿小菜的，要跪著走進，拿短劍的又兩人夾著他，把劍接近他的身體，然後纔可呈獻給王，公子光卻假裝害了腳病，躲入地屋中，鱄設諸就放把劍在魚腹中獻進去，正抽劍刺那王，兩邊的劍便加交在鱄設諸胸前，便弒掉了王。闔廬後來把他的兒子做了卿。季札既回吳國說：「如果先君沒有廢祀的禍，人民沒有廢主的憂愁，社稷有人奉承，國家沒有傾覆的災難，這便是我的君主，我怎敢怨誰？我不過哀傷死的，服事生的，等候天命罷了。這又不是自我發生的亂子，立了誰就從誰，這是先人起的頭呢。」便復使命在王僚的墓傍，痛哭了一場，纔還他本來的官位，等待王的命令。吳公子掩餘逃到徐國去，公子燭庸逃到鍾吾去。楚師聽得吳國起了亂子，便退師回去。

㈢經　楚殺其大夫郤宛。

傳　郤宛直而和㈠，國人說之。鄢將師為右領㈡，與費無極比而惡之㈢，令尹子常賄而信讒，無極譖郤宛焉，謂子常曰：「子惡㈣欲飲酒。」又謂子惡：「令尹欲飲酒於子氏。」子惡曰：「我賤人也，不足以辱令尹。令尹將必來辱，為惠已甚，吾無以酬之，若何？」無極曰：「令尹好甲兵，子出之，吾擇焉。」取五甲五兵曰：「寘諸門，令尹至必觀之，而從以酬之㈤。」及饗日帷諸門左㈥。無極謂令尹曰：「吾幾禍子。子惡將為子不利，甲在門矣，子必無往。且此役也㈦，吳可以得志，子惡取賂焉而還，又誤羣帥，使退其師曰：『乘亂不祥。』吳乘我喪，我乘其亂，不亦可乎？」令尹使視郤氏，則有甲焉，不往。召鄢將師而告之㈧，將師退，遂令攻郤氏且爇之。子惡聞之，遂自殺也。國人弗爇，令曰：「不爇郤氏，與之同罪。」或取一編菅焉，或取一秉秆焉㈨，國人投之，遂弗爇也，令尹炮之，盡滅郤氏之族黨，殺陽令終與其弟完及佗與晉陳㈩及其子弟。晉陳之族呼於國曰：「鄢氏、費氏自以為王，專禍楚國，弱寡王室，蒙王與令尹以自利也，令尹盡信之矣。國將如何？」令尹病之。

【今註】㈠直而和：以直道事奉楚王，對於同事全用和順。㈡右領：官名。㈢比而惡之：聯合而恨郤宛。㈣子惡：就是郤宛。㈤從以酬之：就這樣來酬報他？㈥帷諸門左：將軍器擱到門左的帷帳中。㈦且此役也：這是指春天救潛的戰役。㈧召鄢將師而告之：叫鄢將師來而告訴他，郤宛門口有甲兵想害令尹。㈨或取一編菅焉，或取一秉秆焉：有的拿著一束柴，有的拿著一把草。㈩晉陳：楚大夫，郤氏的一黨。

【今譯】楚左尹郤宛既然正直又和氣，國人很歡迎他。鄢將師做了右領的官，卻和費無極結黨厭惡那郤宛。令尹子常又喜歡私賄，相信壞話的，無極便去講郤宛的短處。有一天，對子常說：「郤宛要請你喝酒呢？」一面又對郤宛道：「令尹要在你家中喝酒呢？」郤宛說：「我是賤人啊！夠不上屈令尹的駕，令尹如果一定要來屈臨，那是光榮極了，只我沒有什麼可以酬報他，怎麼樣呢？」無極說：「令尹是喜歡甲兵的，你只把甲兵搬些出來，讓我替你選擇一下。」便取了五副鐵甲衣，和五種兵器，對郤宛說：「放他在門首，令尹到了，定要看他的，便可這樣酬報他。」到了宴會那一天，便張起帷帳在門的左邊。把鐵甲衣兵器放在那中間。無極便一面又對令尹說：「我幾乎害了你，郤宛將要不利於你呢？鐵甲衣已擺在門前了，你定然不可去的。並且救潛那回戰爭，吳國是可以敗得的，只因為郤宛得了私賄，便退了回來，又迷惑許多將官，使他們退兵，說：『趁人家的亂子，是不吉利的。』你想吳國也是趁我有喪事的，我趁了他有亂子，不也是可以的麼？」令尹便差人到郤氏去查看，果然有鐵甲衣陳設著在門前，便不去，喊了鄢將師來告訴他，將師退下去，便發令攻打郤氏，並且放火燒他。郤宛聽得這消息，竟把自己殺死。國人卻知道他冤枉，不肯去燒他的房屋。因下令說：「不肯燒郤氏的，和他同罪！」於是有的拿了一束柴，有的拿了一把稻草，國人都丟在那裏便走，燒也燒不起來。令尹便燒死那郤宛，完全滅掉郤氏的宗族戚黨，殺死陽令終和他的弟完及佗，還有他的同黨晉陳，以及他的子弟。於是晉陳的族人，在國中大呼說：「鄢氏費氏，自以為就是王了，專權害著楚國，使王室寡弱起來，欺瞞了王和令尹，專謀自私自利，連令尹也完全相信他們了，國家怎麼得了？」

今尹因此就厭惡他們。

(四)經秋晉士鞅、宋樂祁犂、衛北宮喜、曹人、邾人、滕人會于扈。

傳秋會于扈㊀，令城成周㊁且謀納公也。宋衛皆利納公，固請之。范獻子取貨於季孫，謂司城子梁與北宮貞子㊂曰：「季孫未知其罪而君伐之，請囚請亡，於是乎不獲。君又弗克，而自出也，夫豈無備，而能出君乎？季氏之復㊃，天救之也，休公徒之怒，而啟叔孫氏之心，不然，豈其伐人而說甲執冰以游。叔孫氏懼禍之濫，而自同於季氏，天之道也。魯君守齊三年而無成，季氏甚得其民，淮夷與之。有十年之備，有齊楚之援，有天之贊，有民之助，有堅守之心，有列國之權而弗敢宣㊄也，事君如在國，故鞅以為難。二子皆圖國者也，而欲納魯君，鞅之願也，請從二子以圍魯，無成死之。」二子懼皆辭，乃辭小國，而以難復㊅。孟懿子陽虎㊆伐鄆，鄆人將戰，子家子曰：「天命不慆久矣㊇，使君亡者必此眾也。天既禍之而自福也，不亦難乎？猶有鬼神此必敗也。嗚呼！為無望也夫，其死於此乎。」公使子家子如晉，公徒敗于且知㊈。

【今註】㊀扈：鄭地。在今河南省原武縣西北。㊁令城周：城字原作成，誤，今改作城。㊂司城子梁、北宮貞子：司城子梁即宋國樂祁，北宮貞子是衛國北宮喜。㊃復：安定。㊄宣：用。㊅而以難復：以魯昭公回國甚為困難，回復晉君。㊆陽虎：季孫氏的家臣。㊇天命不慆久矣：天命不可以疑惑已經很久了。㊈且知：續山東考古錄說：「且知：在鄆城東。」

【今譯】秋天，在扈這地方開會，為的使諸侯修周都城，並且計謀使魯昭公回都城。宋國同衛國全以為使魯昭公回國有利，堅決的請求晉國。士鞅受到季孫的賄賂，對宋國的樂祁同衛國的北宮喜說：「季孫不知道他的罪狀，而魯君就討伐他，季孫請求囚禁，請求逃亡，全不獲准。魯君也沒有打勝仗而自己逃出來，季孫氏毫無預備，就能使君出亡嗎？季孫氏的安定是為天所救助，使公的黨徒怒氣止息，而使叔孫氏發生同心，要不如此，豈有伐人而脫下甲冑，拿著箭筒來遊逛。叔孫氏很怕禍亂更大了，因此就同季氏同心，這是天的道理，魯君守在齊國三年的工夫，毫無成就。季孫氏很得到人民的愛護，連淮夷全都跟他相連。有十年的預備，有齊國楚國的援助，有天的贊許，有人民的幫助，有堅守的心，有國君的權利，而不敢宣佈，事奉魯君如在國內一樣，所以我以為這件事很難。你們二位全是想圖謀國家的人，你們想使魯君回國，這是我的願望，請隨從著兩位，以圍魯國都城，若不成功，我們就死。」樂祁同北宮喜害怕了，就辭退想納昭公回魯的各小國，而以難叫魯君回國告訴晉君。仲孫何忌同季孫氏的家臣陽虎，討伐鄆，鄆人想打仗，子家羈說：「天命對魯君已經毫不懷疑，使你逃亡的必是這般人。天既然降災禍，而自以為福氣，這不也很難嗎？假設尚有鬼神，這必定要失敗的。哎呀！沒有希望了，你一定死在這裏。」魯昭公派子家羈到晉國去，昭公的黨徒在且知這地方失敗了。

㈤經 冬十月曹伯午卒㈠。

【今註】㈠此經無傳。

【今譯】冬天十月曹伯午死了。

㈥經 邾快來奔㈠。

【今註】㈠此經無傳。

【今譯】邾國的大夫邾快逃到魯國來。

㈦傳 楚郤宛之難，國言未已，進胙者莫不謗令尹。沈尹戌言於子常曰：「夫左尹與中廄尹㈠莫知其罪，而子殺之，以興謗讟，至于今不已，戌也惑之。仁者殺人以掩謗，猶弗為也。今吾子殺人以興謗而弗圖，不亦異乎！夫無極，楚之讒人也，民莫不知。去朝吳㈡，出蔡侯朱㈢，喪大子建，殺連尹奢㈣，屏王之耳目，使不聰明，不然，平王之溫惠共儉有過成莊，無不及焉，所以不獲諸侯，邇無極也㈤。今又殺三不辜以興大謗㈥，幾及子矣。子而不圖，將焉用之？夫鄢將師矯子之命以滅三族，國之良也，而不愆位㈦，吳新有君㈧，疆埸日駭，楚國若有大事，子其危哉？知者除讒以自安也，今子愛讒以自危也，甚矣其惑也！」子常曰：「是瓦之罪，敢不良圖。」九月己未，子常殺費無極與鄢將師，盡滅其族，以說于國，謗言乃止。

【今註】㈠左尹與中廄尹：左尹是郤宛，中廄尹是陽令終。㈡去朝吳：在魯昭公十五年。㈢出蔡侯朱：在魯昭公二十一年。㈣喪太子建殺連尹奢：在魯昭公二十年。㈤邇無極也：阮刊本作「邇無及也」，今據四部叢刊影宋本校正。㈥殺三不辜以興大謗：三不辜指郤氏，陽氏，晉陳氏。以興了大的怨恨。㈦而不愆位：他們在職位上並沒有過錯。㈧吳新有君：吳國新立了闔盧。

【今譯】楚子常殺郤宛以後，貴族們一直談論著不歇，凡進祭肉祝福的人，沒有一個不毀謗令尹的。沈尹戍便對子常說：「左尹郤宛和中廄尹陽令終並沒有那個知道他們犯什麼罪，你卻把他殺了，因而興起了許多毀謗怨恨你的話來，直到現在還沒有停歇，我戌倒很疑心這事呢，慈善的人以殺人來遮蓋那不好聽的話兒，還不肯做的。現在你倒殺了人興起那不好聽的話兒來，還不肯早些打算，這不是很詫異的麼？那個無極是楚國挑撥是非的壞人，百姓沒一個不知道他。趕掉朝吳，攆出蔡侯朱，喪失太子建，殺掉連尹伍奢，塞住平王的耳目，使他不聽明；否則像平王這麼的溫良慈惠，恭敬節儉，只有勝過成王及莊王，沒有不及他們的地方。他所以會得不到諸侯的心服，只因是親近了無極的緣故。如今又殺死三個無罪的人，興起了大謗，怕就要害到你了！你還不早些打算，究竟要這挑撥是非的壞人，做什麼呢？那個鄢將師假造了你的命令，滅那郤氏陽氏晉陳氏三族，這三人都是楚國的好人哩！在職位中又並沒有甚麼差處，究竟為什麼要殺他？現在吳國新立了君，邊界上天天有緊急消息傳來，楚國如果一朝起了兵事，那末大眾的心不向著你，看你到那時真危險極了！聰明的人，總是除掉挑撥是非的人，使得自身安靜的。現在你反而愛那挑撥是非的人，使得自身危險，唉！厲害呀！這種可疑的事！」子常說：「這都是我瓦的罪，那敢不好好打算呢？」九月己未那天，子常便殺掉費無極和鄢將師，完全滅了他的族人，討國人的好，於是說難聽的話方纔從此停止。

(八)傳 冬，公如齊，齊侯請饗之㈠。子家子曰：「朝夕立於其朝，又何饗焉？其飲酒也。」乃飲酒，使宰獻而請安㈡。子仲㈢之子曰重，為齊侯夫人，曰請使重見，子家子乃以君出。十二月，晉籍秦㈣致諸侯之戍于周，魯人辭以難。

【今註】㈠齊侯請饗之：齊侯請設宴饗的禮。㈡使宰獻而請安：諸侯宴大夫的禮，使宰為主人獻酒，使齊侯退而自安。㈢子仲：是魯公子憖。㈣籍秦：籍談的兒子。

【今譯】冬天，魯昭公到齊國都城，齊侯要宴饗他。子家羈說：「早晚全立到他的朝庭上，還有什麼饗宴的，這不過是喝酒而已。」就喝酒，叫宰獻酒，而齊侯自請安息。公子憖的女兒叫重的，嫁給齊侯做夫人，叫她來見魯昭公，子家羈就叫魯昭公躲避出去。十二月，晉國籍秦叫諸侯的戍兵到周都城去，魯國辭謝說有禍難。

(九)經公如齊，公至自齊居于鄆㈠。

【今註】㈠此經無傳。

【今譯】魯昭公到齊國，又從齊國回來，居住在鄆。

昭公二十有八年（公元前五百一十四年）

(一)經春王三月，葬曹悼公㈠。

【今註】㈠此經無傳。

【今譯】 春王三月，葬曹悼公。

(二)經公如晉，次于乾侯。

傳春，公如晉，將如乾侯㊀。子家子曰：「有求於人，而即其安，人孰矜之？其造於竟㊁。」弗聽。使請逆於晉，晉人曰：「天禍魯國，君淹恤在外，君亦不使一个㊂辱在寡人，而即安於甥舅，其亦使逆君㊃。」使公復于竟而後逆之㊄。

【今註】㊀乾侯：一統志說：「今河北成安縣東南，有斥邱故城，即春秋乾侯。」㊁其造於竟：到了邊境上等候晉國的命令。㊂一个：一個使臣。㊃其亦使逆君：叫齊國來迎接你。㊄而後逆之：派乾侯人去迎接他。

【今譯】 魯昭公到晉國去，將到乾侯這地方。子家羈說：「對人要求，而先到乾侯去安適，誰能夠可憐他，應該到他邊境上聽候命令。」昭公不聽。派人到晉國要求迎接他，晉人說：「天降禍給魯國，魯君留在外國，也不派一個人來告訴我，而在甥舅的國家安適，我將使齊國迎接你。」使魯昭公回到晉國邊境上，再令乾侯的人去迎接他。

(三)經夏四月丙戌鄭伯寧卒㊀。

【今註】㈠此經無傳。

【今譯】夏四月丙戌，鄭伯寧死了。

㈣傳晉祁勝與鄔臧通室㈠，祁盈㈡將執之，訪於司馬叔游㈢。叔游曰：「鄭書有之：『惡直醜正，實蕃有徒㈣。』無道立矣，子懼不免。詩曰：『民之多辟，無自立辟㈤。』姑已若何㈥？」盈曰：「祁氏私有討，國何有焉？」遂執之。祁勝賂荀躒，荀躒為之言於晉侯。晉侯執祁盈。祁盈之臣曰：「鈞將皆死，憖㈦使吾君聞勝與臧之死也以為快。」乃殺之。夏六月，晉殺祁盈及楊食我㈧，食我，祁盈之黨也，而助亂，故殺之，遂滅祁氏，羊舌氏。初，叔向欲娶於申公巫臣氏㈨，其母欲娶其黨。叔向曰：「吾母多而庶鮮㈩，吾懲舅氏矣。」其母曰：「子靈之妻殺三夫⑪一君⑫一子⑬而亡一國兩卿⑭矣，可無懲乎？吾聞之甚美必有甚惡。是鄭穆少妃姚子之子，子貉⑮之妹也，子貉早死無後，而天鍾美於是，將必以是大有敗也。昔有仍氏生女黰黑⑯，而甚美，光可以鑑，名曰玄妻⑰，樂正後夔取之，生伯封，實有豕心，貪惏無饜，忿纇無期㈥，謂之封豕。有窮后羿滅之，夔是以不祀。且三代之亡，共子之廢，皆是物也。女何以為哉？夫有尤物，足以移人，苟非德義，則必有禍。」叔向懼，不敢取。平公強使取之，生伯石。伯石始生，子容之母走謁諸姑曰：「長叔姒生男。」姑視之，及堂，聞其聲而還曰：「是豺狼之聲也。狼子野心，非是莫喪羊舌氏矣。」遂弗視。

【今註】㈠祁勝與鄔臧通室：祁勝同鄔臧全都是祁盈的家臣，他們互相交換妻子。㈡祁盈：祁午的兒子。㈢司馬叔游：司馬侯的兒子。㈣惡直醜正，實蕃有徒：恨直爽的人同正直的人，這種人很多。㈤民之多辟，無自立辟：這是詩經大雅的一句詩。意思說人民多乖辟時，不要自己立法條。㈥姑已若何：姑且止住如何。㈦慭：發語的音。㈧楊食我：楊是叔向的邑，食我是叔向的兒子。㈨中公巫臣氏：夏姬的女兒。㈩吾母多而庶鮮：我庶母很多而庶弟很少。⑪子靈之妻殺三夫：夏姬殺了三個丈夫，指著陳國御叔，楚國連尹襄老，同申公巫臣。⑫一君：陳靈公。⑬一子：夏徵舒。⑭兩卿：孔寧、儀行父。⑮子貉：即鄭靈公。⑯昔有仍氏生女黰黑：從前有仍氏生了一個女兒頭髮很黑且好看。⑰玄妻：因為頭髮黑的原故。⑱貪惏無饜，忿纇無期：貪心沒有足夠的時候，脾氣壞得沒有止境。

【今譯】晉大夫祁盈的家臣祁勝和鄔臧，要好得竟交換了妻室。祁盈要去拘拿他，先商酌於司馬叔游那裏。叔游說：「鄭書上有的：『害正直的人，實在很多』現在無道的一派人正得了勢，你怕免不掉災禍了！詩經上說：『人民多了邪辟的，不要獨自立起規矩來。』我看姑且停了一會子怎樣？」祁盈說：「這是祁氏私家應有的處罰，於國家有什麼關係呢？」便把他們拘拿起來，祁勝暗中卻使賄賂，荀躒便替他在晉侯面前說情，晉侯因祁盈擅出私刑，便拘禁了他。祁盈的家臣說：「同是要死的了，寧可使我主子聽得勝和臧的死，做箇暢快呢？」便把勝臧二人殺死。夏天六月中。晉國便殺祁盈及楊食我。食我是祁盈的黨羽，因為他幫著鬧亂子，所以殺死他；便滅掉祁氏和羊舌氏。從前叔向要想娶申公巫臣氏的女兒，他的母親要他娶母黨方面的人。叔向說：「我庶母很多，庶弟卻很少，我受夠舅家性兒狹小的累了。」叔向的母親說：「子靈的妻子，害死了陳御叔，楚襄老，申公巫臣，三個丈夫；一個君陳靈公；一個兒子夏徵舒，而且滅亡了一個陳國；又害得孔寧、儀行父兩個卿棄位出奔，可不令人害怕麼？我聽得很美麗的人，必定有很惡毒的性質。她是鄭穆公的少妃姚子的女兒，子貉的妹子，子貉早死了，沒有後代，天卻聚了美在她一人的身上，厄必定是要靠她做個大破敗的，從前有仍氏生一個女兒，頭髮烏黑，相貌又好，她皮膚頭髮的光，都可以照見人形，所以取名叫做玄妻。舜的典樂之長夔娶了她做妻，生了一個兒子叫伯封，實在是有豬那般的性子，貪得沒有饜足，兇狠得沒有分寸，大家便叫他「封豕」，後來是給有窮國的君羿滅掉的，夔就因此絕了祀。況且夏商周三代的滅亡，和晉太子申生的廢立，都是為了這種女禍。你為什麼要她呢？天地間有了異常好的東西，能夠移得動人的心，如果不是有德義的得了他，一定有禍害的。」叔向聽了母親的話，害怕的很就不敢娶她。平公卻硬使叔向娶她，生了個伯石。伯石初生的時候，子容的母親，趕去告許他婆婆說：「大叔家的嬸子，生了一男孩子呢？」婆婆便前去觀看，走到廳堂上，聽見了聲音，便縮回來說：「這是豺狼的聲音！狼子野心，不是這東西，沒有那個能滅亡羊舌氏的了！」便不去看他。

(五)經 六月葬鄭定公㈠。

【今註】㈠此經無傳。

【今譯】六月給鄭定公行葬禮。

(六)經 秋七月癸巳滕子寧卒㈠。

【今註】㈠此經無傳。

【今譯】秋七月，癸巳滕子寧死了。

(七)傳 秋，晉韓宣子卒，魏獻子㈠為政，分祁氏之田以為七縣㈡，分羊舌氏之田以為三縣㈢司馬彌牟為鄔㈣大夫，賈辛為祁㈤大夫，司馬烏為平陵（六）大夫，魏戊為梗陽（七）大夫，知徐吾為塗水（八）大夫，韓固為馬首（九）大夫，孟丙為盂（一〇）大夫，樂霄為銅鞮（一一）大夫，趙朝為平陽（一二）大夫，僚安為楊氏（一三）大夫。謂賈辛司馬烏為有力於王室（一四），故舉之，謂知徐吾趙朝韓固魏戊餘子之不失職，能守業者也。其四人（一五）者皆受縣而後見於魏子，以賢舉也。魏子謂成鱄（一六）：「吾與戊也縣，人其以我為黨乎？」對曰：「何也？戊之為人也，遠不忘君，近不偪同（一七），居利思義，在約思純（一八），有守心而無淫行，雖與之縣，不亦可乎？昔武王克商，光有天下，其兄弟之國者十有五人，姬姓之國者四十人，皆舉親也。夫舉無他，唯善所在，親疏一也。詩曰：『唯此文王，帝度其心，莫其德音，其德克明，克明克類，克長克君。王此大國，克順克比，比于文王，其德靡悔，既受帝祉，施于孫子（一九）。』心能制義曰度，德正應和曰莫（二〇），照臨四方曰明，勤施無私曰類（二一），教誨不倦曰長（二二），賞慶刑威曰君，慈和徧服曰順，擇善而從之曰比，經緯天地曰文，九德不愆，作事無悔，故襲天祿，子孫賴之。主之舉也，近文德矣，所及其遠哉。」賈辛將適其縣，見於魏子，魏子曰：「辛來，昔叔向適鄭，鬷蔑惡㉓欲觀叔向，從使之收器者㉔，而往立於堂下，一言而善。叔向將飲酒，聞之曰：『必鬷明也。』下執其手以上曰：『昔賈大夫惡，娶妻而美，三年不言不笑，御以如皐㉕，射雉獲之，其妻始笑而言。賈大夫曰：「才之不可以已，我不能射，女遂不言不笑夫。」今子少不颺，子若無言，吾幾失子矣，言不可以已也如是。』遂如故知。今女有力於王室，吾是以舉女，行乎，敬之哉，毋墮乃力！」仲尼聞魏子之舉也，以為義，曰：「近不失親㉖，遠不失舉㉗，可謂義矣。」又聞其命賈辛也，以為忠。「詩曰：『永言配命，自求多福㉘。』忠也。魏子之舉也義，其命也忠，其長有後於晉國乎。」

【今註】 ㊀魏獻子：魏舒。㊁七縣：鄔、祁、平陵、梗陽、塗水、馬首、盂。㊂三縣：銅鞮、平陽、楊氏。㊃鄔：一統志說：「鄔城在今山西介休縣東北二十七里，今為鄔城店，鄔一作鄡。」㊄祁：元和志說：「祁城在今山西省，祁縣東南五里。」㊅平陵：一統志說：「大陵故城，在今山西文水縣東北二十五里。」㊆梗陽：一統志說：「梗陽故城，在今山西清遠縣南關。」㊇塗水：一統志說：「塗水故城在今山西榆次縣西南二十里。」㊈馬首：元和志說：「馬首故城在今山西壽陽縣東南十五里。」㊉盂：紀要說：「今山西陽曲縣東北八十里有大盂城。」⑪銅鞮：紀要說：「在今山西沁縣南十里，有銅鞮故城。」⑫平陽：一統志說：「平陽故城在今山西臨汾縣西南。」⑬楊氏：一統志說：「楊城在今山西洪洞縣東南十五里。」⑭謂賈辛、司馬烏為有力於王室：他說賈辛同司馬烏對周王室有貢獻。⑮四人：指司馬彌牟，孟內、樂霄、僚安。⑯成鱄：晉大夫。⑰近不偪同：論近處說，他對於同僚們也不偪迫。⑱在約思純：在貧乏時也沒有狂濫的心。⑲唯此文王，帝度其心，莫其德音，其德克明，克明克類，克長克君，王此大國，克順克比，比于文王，其德靡悔，既受帝祉，施于孫子：這是詩經大雅的幾句詩，屈Z思是說這位文王，上帝知道他的心有軌度，他的美名傳播四方，他的德性能夠明白，也能夠臻於善良，也能作君長，在這大國做王，能使人民順從親附。人民都親附文王修德而沒有遺憾。他既受了上帝的福祉，一直連到他的孫子。⑳德正應和曰莫：這是莫然的清靜。㉑勤施無私曰類：施捨而沒有私心，叫做類。㉒教誨不倦曰長：教誨旁人不疲倦叫做長。㉓鬷蔑惡：鬷蔑長得像貌很醜。㉔從使之收器者：他隨從著收食器的人。㉕御以如皋：給他妻趕著車到皐澤這地方。㉖近不失親：指魏戊。㉗遠不失舉：遠處也不丟掉舉賢人。㉘永言配命，自求多福：這是詩經大雅的一句詩，意思說永久配合天命，自然可以得到很多的福祿。

【今譯】 秋，晉國韓起死了，魏舒當政權，把祁氏的田地分成七縣，分羊舌氏的田作成三縣，司馬彌牟做鄔大夫，賈辛做祁大夫，司馬烏做平陵大夫，魏戊做梗陽大夫，知徐吾做塗水大夫，韓固做馬首大夫，孟丙做盂大夫，樂霄做銅鞮大夫，趙朝做平陽大夫，僚安做楊氏大夫。他說賈辛司馬烏是對周王室出過力，所以舉他。又說知徐吾、趙朝、韓固、魏戊皆是卿的庶子，不丟掉職守，能夠看守他的事業的人。其餘的四個人都受到縣而後見魏舒，這是因為他們有賢才而被推舉。魏舒對成鱄說：「我把一個縣給魏戊，人是不是說我有黨派的？」回答說：「為什麼？戊這個人，遠處不忘記人君，近處不偪迫同事，遇利時想到義禮，在貧乏時也沒有狂濫的心，有守的心而沒有淫亂的行為，就是給了他一個縣，不也是可以嗎？從前武王戰勝商以後，有了天下，共封了兄弟國家十五個人，姬姓的國家四十個人，都是舉的親屬，推舉這件事，沒有旁的方法，祇有推舉好的，親屬同疏遠全都一樣。詩經大雅說：『這位文王，上帝知道他的心有軌度，他的美名傳播四方，他的德性也很能夠光明，能夠光明，也能臻於善良，也能做長上，也能做君王。做大國的王，能夠使人民順從親附。人民都親附文王，修德而沒有遺憾。他既然受到上帝的福祉，連著他的孫子。』心能制裁義禮叫做度，德性正直應和叫做莫，照臨四方叫做明，施捨沒有私心叫做類，教誨人民不倦怠叫做長，慶賞刑罰威嚴叫做君，慈和使天下全服叫做順，挑選善事使他相從叫做比，經緯天地叫做文，九種德性全沒有過失，作事沒悔吝，所以能夠世襲天祿，子孫全仰賴他，你這種推舉，近於文德，所達到的很遠了。」賈辛將要到祁縣去了，去看魏舒。魏舒說：「辛你來，從前叔向到鄭國去，鬷蔑容貌很醜，想看叔向，便跟了收拾食器的一同前去，立在堂下面，忽然說了一句話卻是很合道理的。叔向正是要喝酒，聽得這句話，便說：『這一定是醱蔑。』就走下堂去，攙了他的手上來說：『從前賈大夫相貌很醜，娶了個妻卻很美貌。只是過了三年一直不說不笑，後來替他趕了車子到江邊去，射一隻野雞，射得了，他的妻子方纔言笑起來。賈大夫說：「才幹真是不能沒有，倘我不能射，你便一輩子不說不笑了罷？」如今你年紀輕，面貌又顯不出來，你如果沒有那句話兒，我幾乎錯過你了。說話不能不說，竟有這般呢！』便和他像舊相識一樣。如今你有功勞在王室中，我所以舉你的，你快去罷，留心些啊！不要敗壞你前日的功勞！」仲尼聽了魏子的薦舉，以為是合於事宜的，因說：「近的不錯過親族，遠的不錯掉應該薦的人，可說是合宜了！」又聽得他吩咐賈辛的話，以為是有忠心的。就說：「詩經上說『常久能配得天命，自然能有許多福氣。』就是說的忠啊！魏子的薦舉既合宜，他的吩咐又忠心，他能長有後代在晉國了！」

(八)經　冬，葬滕悼公㊀。

【今註】㊀此經無傳。

【今譯】冬天，給滕悼公下葬。

(九)傳　冬，梗陽人有獄，魏戊不能斷，以獄上㊀，其大宗賂以女樂㊁，魏子將受之，魏戊謂閻沒女寬㊂曰：「主以不賄聞於諸侯，若受梗陽人，賄莫甚焉！吾子必諫。」皆許諾，退朝待於庭㈣，饋入召之㈤，比置三歎。既食使坐，魏子曰：「吾聞諸伯叔，諺曰：『唯食忘憂。』吾子置食之間，三歎何也？」同辭而對曰：「或賜二小人酒，不夕食。饋之始至，恐其不足，是以歎。中置自咎曰：豈將軍食之，而有不足，是以再歎。及饋之畢，願以小人之腹，為君子之心，屬厭而已㈥。」獻子辭梗陽人。

【今註】㈠獄上：把獄辭上給魏舒。㈡其大宗賄以女樂：打官司的大宗送給魏舒女樂。㈢閻沒、女寬：這二人全是魏舒的屬大夫。㈣退朝待於庭：魏舒從晉君朝上退下來，閻沒同女寬就等待魏舒停住。㈤饋入召之：送上飯來，魏舒就叫他們兩人來吃飯。㈥屬厭而已：祇是為的吃飽就滿足了。

【今譯】冬天，梗陽人有訟事，梗陽大夫魏戊不能判斷曲直，把這起案子呈上魏舒。爭訟的大宗，把一部女樂送給魏舒，魏舒快要受他的了。魏戊對閻沒女寬說：「魏子是拿不受私賄有名於諸侯的，如果受了梗陽人的樂，便是私賄沒有再厲害的了，你們應當去規諫的。」都允許了。那時魏子快要退朝，二人便等侯在魏子家內的庭中，後來飯菜既送進，魏子便招二人去同吃，等吃完放著，共總連嘆了三聲，既吃完了，又吩咐他們暫坐。魏子說：「我聽見我伯叔說的，俗語說：『只有吃東西，可以忘掉憂愁。』你們完了一頓食的中間，連嘆三聲，是為什麼呢？」二人同聲回答說：「有人賜給兩個小人的酒，不等夜便吃，食物初送上的時候，只恐怕他不夠飽，所以嘆一聲；吃到一半的時候，自己責備說：難道將軍請他吃，還會有不夠嗎？所以再嘆一聲；等到食物上完了，卻情願拿小人的肚子，做君子的心，只求恰夠便好了！」獻子聽了這話，被他感悟著，就辭去梗陽人的私賄。

昭公二十有九年（公元前五百一十三年）

㈠經　春，公至自乾侯居于鄆，齊侯使高張來唁公。

㈡經　公如晉次于乾侯。

傳　春，公至自乾侯，處于鄆，齊侯使高張來唁公，稱主君㊀。子家子曰：「齊卑君矣，君祇辱焉。」公如乾侯㊁。

【今註】㊀稱主君：照例君稱大夫曰主君。㊁乾侯：晉地。在今河北省成安縣東南。

【今譯】春天，魯昭公從乾侯回來，居住在鄆，齊侯派高張來向魯昭公問候起居，稱他為主君。這是等於君對大夫的稱謂。子家羈說：「齊國對你很瞧不起，這祇得到羞辱。」魯昭公因此又到乾侯。

㈢傳　三月己卯，京師殺召伯盈、尹氏固，及原伯魯之子㊀。尹固之復也，有婦人遇之周郊，尤之曰：「處則勸人為禍，行則數日而反，是夫也，其過三歲乎？」夏五月庚寅，王子趙車入於鄻㈡以叛，陰不佞敗之。

【今註】㈠召伯盈，尹氏固，原伯魯之子：這全是王子朝的黨羽。㈡王子趙車入于鄻：王子趙車是王子朝的黨。鄻在今河南省宜陽縣附近。

【今譯】三月己卯，周都城殺了召伯盈，同尹氏固，原伯魯的兒子，這全是子朝的黨羽。在前三年的時候，尹固同王子朝全逃到楚國去，後來尹固又逃回來，周國的一個女人，在都城的郊外碰見他，責備他說：「住在這裏就勸人作禍害，逃走了，幾天又回來，這個人，還能過了三年嗎？」夏五月庚寅，王子趙車逃到鄻去反叛，陰不佞把他打敗了。

㈣經夏四月庚子叔詣卒㈠。

【今註】㈠此經無傳。

【今譯】夏四月庚子叔詣死了。

㈤傳平子每歲賈馬㈠，具從者之衣屨而歸之于乾侯，公執歸馬者賣之㈡，乃不歸馬。衛侯來獻其乘馬曰啟服㈢，塹而死㈣，公將為之櫝。子家子曰：「從者病矣，請以食之。」乃以幃裹之。公賜公衍羔裘，使獻龍輔㈤於齊侯，遂入羔裘，齊侯喜，與之陽穀㈥。公衍公為之生也，其母偕出㈦，公衍先生，公為之母曰：「相與偕出，請相與偕告。」三日公為生，其母先以告，公為為兄，公私喜於陽穀，而思於魯曰：「務人㈧為此禍也，且後生而為兄，其誣也久矣！」乃黜之，而以公衍為大子。

【今註】㈠賈馬：就是買馬。㈡公執歸馬者賣之：公把歸馬的人逮起來而把他的馬賣掉。㈢啟服：馬的名字。㈣塹而死：掉到一個溝裏死了。㈤龍輔：玉名。㈥陽穀：今山東省陽穀縣五十里有陽穀舊城。㈦其母偕出：他們兩人的母親，一同到產房。㈧務人：公為的名字。

【今譯】季孫意如每年買了馬匹，便預備了魯昭公隨從的人員的衣服同鞋送到乾侯去。魯昭公把送馬的人逮起來，並且把他的馬賣掉。於是季孫意如不再送馬了。衛侯來送給昭公騎的馬叫啟服，掉到溝裏死了，昭公將為它做棺材。子家羈說：「隨從的人都病了，不如給他們吃了。」就用窗簾包起來。昭公賜公衍羊皮皮襖，叫他獻龍輔玉給齊侯，公衍同時把羔裘送給齊侯，齊侯很高興就把陽穀的地方給他。公衍同公為出生的時候，他們的母親一同到產房，公衍先生，公為的母親說：「我們一同出來的，應當一起告訴生子。」三天以後，公為生了，公為的母親先去告訴昭公，公為就做了哥哥。魯昭公很喜歡陽穀這塊地，因此想到魯國說：「這個禍亂是公為所做的，並且後生而做哥哥，他的誣害已經甚久了！」就把他降下去，把公衍立為太子。

㈥

經 秋七月。

傳 秋，龍見于絳郊，魏獻子問於蔡墨㈠，曰：「吾聞之，蟲莫知於龍，以其不生得也，謂之知，信乎？」對曰：「人實不知，非龍實知。古者畜龍，故國有豢龍氏，有御龍氏㈡。」獻子曰：「是二氏者，吾亦聞之，而不知其故㈢，是何謂也？」對曰：「昔有飂叔安㈣，有裔子曰董父㈤，實甚好龍，能求其耆欲以飲食之，龍多歸之，乃擾畜龍以服事帝舜，帝賜之姓曰董，氏曰豢龍，封諸鬷川㈥，鬷夷氏其後也，故帝舜氏世有畜龍。及有夏孔甲擾于有帝㈦，帝賜之乘龍，河漢各二，各有雌雄。孔甲不能食，而未獲豢龍氏。有陶唐氏既衰，其後有劉累㈧，學擾龍于豢龍氏，以事孔甲，能飲食之。夏后嘉之，賜氏曰御龍，以更豕韋之後㈨，龍一雌死，潛醢以食夏后，夏后饗之，既而使求之，懼而遷于魯縣(一〇)，范氏其後也。」獻子曰：「今何故無之？」對曰：「夫物，物有其官，官脩其方，朝夕思之。一日失職，則死及之。失官不食，官宿其業，其物乃至，若泯弃之，物乃坻伏，鬱湮不育(一一)。故有五行之官，是謂五官，實列受氏姓，封為上公，祀為貴神，社稷五祀，是尊是奉。木正曰句芒(一二)，火正曰祝融(一三)金正曰蓐收(一四)，水正曰玄冥(一五)，土正曰後土(一六)。龍水物也，水官弃矣，故龍不生得。不然，周易有之。在乾䷀之姤䷫(一七)曰：『潛龍勿用。』其同人䷌(一八)曰：『見龍在田。』其大有䷍(一九)曰：『飛龍在天。』其夬䷪曰：『亢龍有悔。』其坤䷁曰：『見羣龍無首，吉。』坤之剝䷖曰：『龍戰于野。』若不朝夕見，誰能物之？」獻子曰：「社稷五祀，誰氏之五官也？」對曰：「少皞氏有四叔，曰重曰該，曰脩曰熙，實能金木及水，使重為句芒，該為蓐收，脩及熙為玄冥，世不失職，遂濟窮桑(二〇)，此其三祀也。顓頊氏有子曰犂，為祝融，共工氏有子曰句龍，為后土，此其二祀也。后土為社，稷田正也，有烈山氏之子曰柱為稷，自夏以上祀之，周弃亦為稷，自商以來祀之。」

【今註】 ㈠蔡墨：晉大夫。㈡有豢龍氏，有禦龍氏：豢是養，御是駕御。㈢而不知其故：石經、宋本等書「而」下皆有「不」字，今照增。㈣飂叔安：飂是古國名，在今河南唐縣南，叔安是君名。㈤董父：是他的後人姓董。㈥鬷川：按方輿紀要說「董澤在今山西聞喜縣東北三十五里，一名董氏陂，又名豢龍池，即舜封董氏豢龍之所。」疑即鬷川。㈦及有夏孔甲擾於有帝：孔甲是少康以後第九代的君，他能順從上帝的命令。㈧劉累：堯時的人名。㈨以更豕韋之後：以替代彭姓的豕韋的後人。㈩魯縣：一統志說：「今河南魯山縣治，即魯陽故城。」⑪鬱湮不育：滯留而不生長。⑫木正曰句芒：句芒做木正的官。⑬火正曰祝融：祝融做火正的官。⑭金正曰蓐收：蓐收做金正的官。⑮水正曰玄冥：玄冥做水正的官。⑯土正曰后土：后土做土正的官。⑰在乾䷀之姤䷫：從乾卦變到姤卦。⑱其同人䷌：同人卦。⑲其大有䷍：大有卦。⑳窮桑：山東通志說：「窮桑城在曲阜縣城北。」

【今譯】 秋天，龍出現在晉國都城絳的郊外，魏舒問蔡墨說：「我聽說，蟲子裏，沒有再比龍更智慧的，因為他不能夠活著得到，說他有智慧，這可靠嗎？」回答說：「人實在沒有智慧，不是龍有智慧。古時候的人養龍，所以國家有豢龍氏同禦龍氏。」魏舒說：「這兩個氏，我也常聽說過，但是也不知道他的原故，不知道應該怎麼解釋？」回答說：「從前有一個飂叔安，他的後人有一個叫董父，很喜歡龍，能求到龍的嗜好，來給它吃喝，龍很多都跑到他那兒去，他就馴養龍以服事帝舜，帝舜賜給他的姓叫董，這就是豢龍氏，封在鬷川這地方，鬷夷氏就是他的後人，所以帝舜的時候輩輩有畜龍。到了夏朝，孔甲能夠順著天命，上帝賞給他騎的龍，河水漢水各有二個，並且雌雄各一。孔甲不會豢養龍，因此他沒有得到豢龍氏。陶唐氏衰危以後，他的後人，有劉累，學養龍到豢龍氏那裏，以事奉孔甲，能夠給龍飲食。夏後就很高興，賜給他一個姓叫御龍氏，以代理豕韋的後人，籠裏一個雌龍死了，劉累就偷偷把他作成醬肉，給孔甲吃了，後來孔甲叫他找這個龍，劉累害怕，就遷到魯縣，范氏就是他的後人。」魏舒說：「現在為什麼沒有龍？」回答說：「每件事物，各有他的官來管，官者能夠修整他的方法，早晚全研究。一天失掉職物，就牽連到死。沒有官就不享受俸祿，官也安穩他的事業，如此，這件東西就會來，若把他毀棄了，物就隱藏，停止不生育，所以有五行的官，叫做五官，他們全有氏姓，爵位等於上公，死了就祭祀等於貴神，社稷五祀，是被尊重而敬奉的。木正叫做句芒，火正叫做祝融，金正叫做蓐收，水正叫做玄冥，土正叫做后土。龍是水中的動物，水官已不存在，所以龍不能活著得到。否則，周易裏常見過，在乾卦變到姤卦裏邊說：『潛龍不要用。』他的同人卦說：『見龍在田。』大有卦說：『飛龍在天。』夬卦說：『亢龍有悔。』坤卦說：『見羣龍無首，吉。』坤卦變到剝卦說：『龍戰於野。』若不早晚看見，誰能夠描寫這件物？」魏舒說：「社稷五祀，全都是誰的官？」回答說：「少皞氏有四位叔，叫重，叫該，叫脩，叫熙，他們全懂金木同水，就派重為句芒，該為蓐收，脩同熙做玄冥，代代不丟掉職守，遂使少皞氏成功，這就是三種祭祀。顓頊氏有一個兒子叫犁，他做祝融，共工氏有一個兒子叫句龍做后土，這又是兩種祭祀。后土就是社，稷是管田地的，烈山氏的兒子叫做柱為稷，自夏朝以上全祭祀他，周棄也叫做稷，自從商以後來祭祀他。」

(七)經　冬十月鄆潰㈠。

【今註】㈠此經無傳。

【今譯】冬天十月鄆自己逃潰了。

(八)傳　冬，晉趙鞅、荀寅帥師城汝濱㈠，遂賦晉國一鼓鐵，以鑄刑鼎，著范宣子所為刑書焉。仲尼曰：「晉其亡乎！失其度矣。夫晉國將守唐叔之所受法度以經緯其民，卿大夫以序守之，民是以能尊其貴，貴是以能守其業，貴賤不愆，所謂度也。文公是以作執秩之官，為被廬之法，以為盟主。今弃是度也，而為刑鼎，民在鼎矣，何以尊貴，貴何業之守？貴賤無序，何以為國？且夫宣子之刑，夷之蒐也，晉國之亂制也，若之何以為法？」蔡史墨㊁曰：「范氏中行氏其亡乎，中行寅為下卿而干上令，擅作刑器以為國法，是法姦也。又加范氏焉，易之亡也。其及趙氏，趙孟與焉，然不得已，若德可以免。」

【今註】㊀汝濱：一統志說：「陸渾今河南嵩縣，汝水源出魯陽縣之大盂山，與嵩縣為近。」㊁蔡史墨：即蔡墨。

【今譯】冬天，晉國趙鞅，荀寅率領著軍隊修汝濱這個城，就使晉國出一鼓鐵，鑄成刑鼎，就刻上士匄所著的刑書。仲尼就說：「晉恐怕要亡了，丟掉他的制度了。晉國應該接受唐叔所定的法度，以治理他的人民，卿大夫們按著位次來守唐叔的法度，人民因此能夠尊重他的貴人，貴人們也因此能夠守住他的事業，貴賤不變，就是所謂制度。晉文公所以做執秩的官，立了被廬的法律，所以做了盟主。現在把這制度全毀，而做刑鼎，人民全以鼎為貴，何以尊重貴人，貴有什眾職業可守？貴賤全沒有次序，怎麼樣成國家呢？並且士匄這個刑典，是出在夷的大蒐，這是晉國的亂制度，如何能給他做成法律。」史墨說：「范氏中行氏恐怕將亡了，中行寅做下卿而干犯上邊的命令，造作刑鼎為國家的法律，這是以姦為法。又加上范氏亡得更快。又連上趙氏，因為當時趙孟也參加，但他是不得已而從之，他有德行還可以免禍。」

昭公三十年（公元前五百一十二年）

(一)經　春王正月，公在乾侯。

傳　春王正月，公在乾侯，不先書鄆與乾侯，非公，且徵過也㊀。

【今註】㊀非公，且徵過也：說公不合理，且證明他的錯誤。

【今譯】三十年春天，魯昭公在乾侯，春秋上不寫鄆同乾侯，這是以公為錯誤，並且證明他的過錯。

(二)經　夏六月庚辰晉侯去疾卒。

(三)經　秋八月，葬晉頃公。

傳　夏，六月，晉頃公卒。秋八月葬，鄭游吉弔且送葬。魏獻子使士景伯詰之曰：「悼公之喪，子西弔，子蟜送葬㊀，今吾子無貳何故？」對曰：「諸侯所以歸晉君，禮也。禮也者，小事大，大字小之謂。事大在共其時命㊁，字小在恤其所無㊂，以敝邑居大國之間，共其職貢與其備御，不虞之患，豈忘共命。先王之制，諸侯之喪，士弔，大夫送葬，唯嘉好聘享三軍之事，於是乎使卿。晉之喪事，敝邑之間，先君有所助執紼㈣矣，若其不間，雖士大夫有所不獲數矣。大國之惠，亦慶其加㈤，而不討其乏，明底其情，取備而已，以為禮也。靈王之喪，我先君簡公在楚，我先大夫印段實往，敝邑之少卿㈥也，王吏不討，恤所無也。今大夫曰：『女盍從舊。』舊有豐有省，不知所從。從其豐則寡君幼弱，是以不共，從其省則吉在此矣。唯大夫圖之。」晉人不能詰。

【今註】㈠子西弔，子蟜送葬：這件事在魯襄公十五年。㈡事大在共其時命：事奉大國在隨時受他臨時的命令。㈢字小在恤其所無：憐恤小國在供給他所沒有的。㈣執紼：拉著棺材前面的繩索，為的送葬。㈤大國之惠，亦慶其加：大國的恩惠，對於他能增加典禮，也很高興。㈥少卿：年少的卿。

【今譯】夏天六月，晉頃公死了。秋天八月下葬，鄭國游吉來弔並且送葬。魏舒派士景伯來問他說：「悼公的喪事時，子西來弔喪，子蟜來送葬，現在你沒有副使，是什麼原故？」回答說：「諸侯所以歸於晉君，是禮的關係。禮是指著小國事奉大國，大國扶養小國。事奉大國是對他隨時的命令全都恭敬。扶養小國在憐恤他所沒有的，我們在大國中間供給他的職責，還有預備臨時的事情，那敢忘了奉行命令。照先王的制度，諸侯的喪禮，士去弔，大夫送葬，祇有慶賀訪問以及軍事方才派卿，晉國的喪事，如果遇見我們閒暇的時候，先君也曾來執紼，要是沒有閒暇時，雖然士大夫，也不能完全講禮數。大國的恩惠，對於他有增加時，很高興，也不討伐他的缺禮，這祇是明白其實情，以取備成禮而已。周靈王的葬事，我先君簡公恰好在楚國，我先大夫年輕的卿印段實在到周都城去，王的官吏也不以為不好，因為憐恤我們所沒有的。現在你大夫說：『你何不照舊呢？』論起舊的，有豐盛有簡省，不知道從那一種。論其豐盛的，寡君幼弱所以沒有辦法；要從簡省，我游吉在這兒。請大夫細想想。」晉人沒有辦法責問。

(四)經　冬十有二月，吳滅徐，徐子章羽奔楚。

傳　吳子使徐人執掩餘，使鍾吾人執燭庸，二公子奔楚。楚子大封而定其徙㈠，使監馬尹開大心逆吳公子使居養㈡，莠尹然左司馬沈尹戌城之㈢，取於城父與胡田以與之，將以害吳也。子西諫曰：「吳光新得國，而親其民，視民如子，辛苦同之，將用之也。若好吳邊疆，使柔服焉，猶懼其至，吾又疆其讎以重怒之，無乃不可乎？吳，周之冑裔也，而弃在海濱，不與姬通，今而始大，比于諸華，光又甚文，將自同於先王㈣，不知天將以為虐乎？使翦喪吳國而封大異姓乎？其抑亦將卒以祚吳乎？其終不遠矣。我盍姑億㈤吾鬼神，而寧吾族姓，以待其歸，將焉用自播揚焉。」王弗聽。吳子怒，冬十二月，吳子執鍾吳子，遂伐徐，防山以水之㈥。己卯，滅徐，徐子章禹斷其髮，攜其夫人以逆吳子，吳子唁而送之，使其邇臣從之，遂奔楚。楚沈尹戌帥師救徐，弗及，遂城夷㈦，使徐子處之。吳子問于伍員曰：「初而言伐楚㈧，余知其可也，而恐其使余往也！又惡人之有余之功也。今余將自有之矣，伐楚何如！」對曰：「楚執政眾而乖。莫適任患，若為三師以肄焉，一師至，彼必皆出，彼出則歸，彼歸則出，楚必道敝。亟肄以罷之，多方以誤之，既罷而後以三軍繼之，必大克之。」闔廬從之，楚於是乎始病。

【今註】㈠楚子大封而定其徙：楚王給他很多土田，並規定他們的住處。㈡養：彙纂說：「今河南沈邱縣東有養城。」㈢城之：築城牆。㈣先王：指著太王王季。㈤億：等於安定。㈥防山以水之：壅徐國的山，使他出水以灌徐都城。㈦夷：即城父，今安徽省亳縣東南，渦陽縣西北。㈧初而言伐楚：你最初說伐楚國。在魯昭公二十年。

【今譯】　吳王差徐人捉拿掩餘，差鍾吾人捉拿燭庸，二公子聞知了消息，就逃奔到楚國去。楚王便大大封給他們土田，使他定居，差監馬尹叫大心的，迎接吳公子們，使居住在養那裏；差莠尹然左司馬沈尹戌替他們修城池，又取城父和胡田給他們，為的是要想害吳國。子西諫說：「吳公子光新近獲得了吳國，親愛他的人民，看待人民像兒子一般，辛苦也大家同受，將來正要利用他們呢？如果和吳國的邊疆上能要好些，使他們軟服了我，還怕他侵伐我，現在我卻又加強了他的仇敵，重重的惹怒他，怕是不可以的罷？吳國是周朝的後代，卻丟棄在海邊上，不和姓姬的各國相通連，直到現在方強大起來，可同中原各國相彷彿。光又甚文雅，也許他會同太王王季一樣興盛起來！不知道天是將要使吳為虐呢？還是要消滅了吳國，把土地封大異姓呢？還是終究要降福在吳國呢？他的分曉怕並不久遠了，我們何不姑且安定我的祖宗，穩定我的子孫，慢慢等待他的歸結；為什麼先要自己這麼虛張聲勢呢？」王不聽他的話。吳王果然大怒，冬天十二月中，吳王捉住鍾吾子，便又去伐徐國，防壅了山，使水灌那徐國都城。己卯那天，滅掉徐國；徐子章禹便翦斷頭髮帶了他的夫人一同去迎接吳王。吳王安慰他一番，便送他出境去，使他親信的臣子跟著，便逃到楚國去。楚沈尹戌正領著兵要來救徐國，卻已經來不及了，便築城在夷這地方，使徐子住在那裏。吳王問伍員說：「從前你說去伐楚國，我原知道是可以的，不過我恐怕他要差我前去；又厭惡他人搶了我的功勞去。如今我將要自己得這功勞了，去伐楚國你看怎眾樣？」子胥回答說：「楚國執政的大臣，又是多，又是乖張，沒有一個擔當國家患難的。如果我們用三支兵去突襲，一支兵到了，他們一定便都出來，等他們既出以後，我們便回來，他們既回去以後，我們便再出去。那末楚兵一定要在路上趕疲乏了，屢次去突襲他們，使他們疲乏；又多從各方面攻打，去迷誤他們，等得他們既經疲極了，然後才拿三軍接著攻進，那一定能大勝了。」闔廬依了他的計劃，楚國到這時候方纔開始衰敗。

昭公三十有一年（公元前五百一十一年）

(一)經　春王正月，公在乾侯。

傳　春王正月，公在乾侯，言不能外內也㊀。

【今註】㊀言不能外內也：意思是說，他也不能在外，也不能在內。

【今譯】三十一年春天正月，魯昭公住在乾侯，春秋上如此記載，表示他既不能外得齊晉的幫助，國內也不能為臣子所容納。

(二)經　季孫意如會晉荀躒于適歷。

(三)經　晉侯使荀躒唁公于乾侯。

傳　晉侯將以師納公，範獻子曰：「若召季孫而不來，則信不臣矣，然後伐之，若何？」晉人召季孫，獻子使私焉，曰：「子必來，我受其無咎㊀。」季孫意如會晉荀躒于適歷㊁，荀躒曰：「寡君使躒謂吾子何故出君？有君不事，周有常刑，子其圖之。」季孫練冠麻衣跣行㊂伏而對曰：「事君臣之所不得也，敢逃刑命。君若以臣為有罪，請囚于費以待君之察也，亦唯君。若以先臣之故，不絕季氏而賜之死。若弗殺弗亡，君之惠也，死且不朽。若得從君而歸，則固臣之願也，敢有異心。」夏四月，季孫從知伯㊃如乾侯，子家子曰：「君與之歸，一慙之不忍，而終身慙乎？」公曰：「諾。」眾曰：「在一言矣，君必逐之㊄。」荀躒以晉侯之命唁公，且曰：「寡君使躒以君命討於意如，意如不敢逃死，君其入也。」公曰：「君惠顧先君之好，施及亡人，將使歸糞除宗祧以事君，則不能見夫人㊅已。所能見夫人者有如河！」荀躒掩耳而走，曰：「寡君其罪之恐，敢與知魯國之難。臣請復於寡君。」退而謂季孫：「君怒未怠，子姑歸祭㊆。」子家子曰：「君以一乘入于魯師，季孫必與君歸。」公欲從之，眾從者脅公不得歸。

【今註】㊀我受其無咎：我保險對你沒有危險。㊁適歷：春秋釋地說：「以適歷音滴瀝，在今河北大名縣廢魏縣城，地在乾侯東北，荀躒一面會季孫，一面囑孟孫從荀躒如乾侯，道路甚順。」㊂練冠麻衣跣行：練冠是布的帽子，麻衣是深顏色的布衣服，跣行是不穿鞋。㊃知伯：荀躒。㊄君必逐之：晉君必定把季孫意如驅逐走。㊅夫人：指著季孫。㊆子姑歸祭：你姑且回去代表君去祭祀。

【今譯】晉侯將以軍隊送魯昭公回國，士鞅說：「要是叫季孫來，而他不來，那麼他就真正不再臣服了，然後再討伐他，怎麼樣？」晉人就來叫季孫，士鞅偷著派人告訴他：「你必須要來，我可以擔保沒有罪過。」於是季孫意如就到適歷這地方去會見晉國荀躒，荀躒說：「寡君派躒來問你，為什麼將魯君驅逐出來？有位君而不事奉他，周本來有常的刑法，你必須想想吧！」季孫意如就穿著喪服，布的帽子，不穿鞋，伏在地上回答說：「事奉魯君是我所希望而不得的，我豈敢逃避刑法呢？魯君若以我為有罪，請囚在費這地方，以待君的考察，也聽著君辦。要是因為先臣的原故，不使季氏絕後，而只賜我死，那也照你辦。要是不殺我，也不令我逃亡，這是君的恩惠，我就死也不朽爛。若能跟著君回國，這實在是我的願望，還敢有另外的心嗎？」夏天四月，季孫意如隨著荀躒到乾侯去，子家羈對魯昭公說：「君與他回去吧，不忍一次的羞辱，而變成終身羞辱嗎？」昭公說：「好吧！」其餘的眾人說：「就在一句話，你必定告訴晉君驅逐季孫。」荀躒用晉君的命令去問候魯昭公並且說：「寡君派我用你的命令討伐意如，意如不敢逃死，已來迎君，你就回國吧！」昭公說：「你惠顧到先君的和好，連及逃亡的人，將派我回去打掃宗廟以事奉你，就不能見這個人。我要是見這個人，就跟黃河的水一樣。」荀躒掩著耳朵就走了，說：「我們寡君很怕因為使你回國而得到罪狀，現在你不回，我們怎麼敢與聞魯國的禍難。我們就請回答寡君的話去。」他就退下對季孫說：「魯君的怒還沒有止息，你姑且回去替他祭宗廟吧！」子家羈又說：「你以一乘車進到魯國軍隊裏，季孫必定跟你回去。」昭公想聽從這辦法，可是很多隨從的人脅迫他不得回去。

㈣經 夏四月丁巳薛伯穀卒。

傳 薛伯穀卒，同盟故書。

【今譯】 薛伯穀死了，因為同盟的原故，所以寫到春秋上。

㈤經 秋葬薛獻公㊀。

【今註】 ㊀此經無傳。

【今譯】 秋天給薛獻公行葬禮。

㈥傳 秋，吳人侵楚，伐夷侵潛六㊀，楚沈尹戌帥師救潛，吳師還，楚師遷潛於南岡㊁而還。吳師圍弦㊂，左司馬戌，右司馬稽帥師救弦，及豫章，吳師還，始用子胥之謀也。

【今註】㊀夷侵潛六：夷一作彝，即城父。六即故六國在今安徽省六安。潛即霍山。㊁南岡：左通補釋說：「以霍山縣東北三十里有灊城，南岡即漢置縣處也。」㊂弦：楚地，在今河南潢川縣西南。

【今譯】秋天，吳人侵略楚國，伐夷同潛六三個地方，楚國沈尹戌帥領軍隊救潛，吳國軍隊就回去了。楚國軍隊也把潛的人民遷到南岡，然後他們也回去。這時吳國軍隊又圍了弦這地方，楚國的左司馬戌，右司馬稽帥著軍隊去救弦，到了豫章，吳國軍隊就回去了，這是頭一次用伍子胥的計謀。

㈦經　冬黑肱以濫來奔。

傳　冬，邾黑肱以濫㊀來奔，賤而書名㊁，重地故也。君子曰：「名之不可不慎也如是！夫有所有名而不如其已㊂，以地叛，雖賤必書地，以名其人，終為不義，不為利回㊃，不為義疚㊄，或求名而不得㊅，或欲蓋而名章，懲不義也，齊豹為衛司寇，守嗣大夫，作而不義，其書為盜㊆，邾庶其㊇莒牟夷㊈，邾黑肱㊉以土地出，求食而已，不求其名，賤而必書。此二物者，所以懲肆而去貪也。若艱難其身，以險危大人⑪，而有名章徹⑫，攻難之士將奔走之，若竊邑叛君以徼大利而無名，貪冒之民將寘力焉。是以春秋書齊豹曰盜，三叛人名，以懲不義，數惡無禮，其善志也。故曰春秋之稱微而顯⑬，婉而辨，上之人能使昭明，善人勸焉，淫人懼焉，是以君子貴之。」

【今註】①濫：一統志說：「在今山東滕縣東南六十里。」②賤而書名：他不是命卿而寫到竹簡上。③夫有所有名而不如其已：雖然有名字，有地位，但是不如沒有。④不為利回：不為利而搖動正心。⑤不為義疚：不為義所病。⑥或求名而不得：或想出名而不能得到。⑦其書為盜：這是昭公二十年齊豹想得名，而春秋上寫他為盜，使他求名而不得。⑧邾庶其：在襄公二十一年。⑨莒牟夷：在昭公五年。⑩邾黑肱：見此段。⑪大人：在位的人。⑫而有名章徹：他的勇名，就可以四佈。⑬微而顯：文微細而義很顯明。

【今譯】冬，邾國的黑肱以濫這地方逃到魯國，他地位很低下，而春秋上寫著他的名字，因為重視地的原故。君子說：「名的不可以不慎重，就是這個樣子。有的有名就不如沒有，以地反叛，雖然地位賤，必寫上地並寫上這個人的名字，這一下始終是不義，是沒法滅掉，所以君子動必定想到禮，行必想到義，不為利益而變他的正心，不為義而不動，有的是求名而不得，有的是想掩蓋而愈發，把名字更張明，這是因為懲戒不義的原故。齊豹為衛國的司寇，接著上輩做大夫，做的事情不合義理，就把他寫成盜，邾庶其，莒牟夷，邾黑肱以土地出奔，這祇不過是求得飲食，並不求得出名，他們地位賤，而必定寫在春秋上。這兩件事，為的是懲戒放肆而去貪心的人。要是自己做得很艱難，以害在位的人，而得了勇士的名，做禍難的人，全都要追隨他。要是竊取一個土地，背叛國君以得到大的利益，而不記錄他的名字，貪冒的人民將盡力來做。所以春秋寫齊豹叫做強盜，三個反叛的全有人名，這是懲戒無義的人，反對無禮的，這是善於記事。所以說春秋的稱為文章隱微而意思顯著，文辭委婉而宗旨明白，在位的人能夠這樣辦，好人全部都很被勸，壞人就很害怕，所以君子頗以為貴。」

(八)經　十有二月，辛亥朔，日有食之。

傳　十二月辛亥朔，日有食之。是夜也，趙簡子夢童子羸而轉以歌㊀，旦占諸史墨曰：「吾夢如是，今而日食，何也？」對曰：「六年及此月也，吳其入郢乎，終亦弗克。入郢必以庚辰，日月在辰尾㊁，庚午之日，日始有謫㊂，火勝金故弗克。」

【今註】㊀夢童子羸而轉以歌：羸同裸。夢見一個小孩子沒有穿衣服婉轉的歌唱。㊁日月在辰尾：辰尾是龍的尾。㊂日始有謫：日開始有變氣。

【今譯】十二月辛亥初一，晉國有日食，這天夜裏，趙鞅夢見一個童子不穿衣服婉轉的歌唱，早晨就問史墨說：「我夢見如此，今天就日食，是什麼原故？」史墨回答說：「六年以後，到了這個月，吳國恐怕就要進入楚國都城郢，但是終久也沒有成功。入郢必定在庚辰那天，日月全在龍尾，自從庚午那天，太陽方始變化，火勝金，所以不能成功。」

昭公三十有二年（公元前五百一十年）

(一)經　春王正月，公在乾侯，取闞㊀。

【今註】㊀此經無傳。

【今譯】三十二年，春王正月，昭公在乾侯，取闞的地方。

(二)傳　春王正月，公在乾侯，言不能外內，又不能用其人也㊀。

【今註】㊀又不能用其人也：其人指著子家羈。

【今譯】三十二年，春王正月，昭公在乾侯，春秋上說昭公在乾侯，意思說不能夠外邊得到齊晉的幫助，又不能聽從子家羈的話。

(三)經　夏，吳伐越。

傳夏，吳伐越，始用師於越也。史墨曰：「不及四十年，越其有吳乎？越得歲㊀，而吳伐之，必受其凶。」

【今註】㊀越得歲：歲是歲星，這年歲星方達到吳越的分野。

【今譯】夏天，吳國討伐越國，開始用軍隊來伐越國，晉國的史墨說：「不到四十年，越國恐怕就要佔據了吳國？越國得了歲星，而吳來討伐他，必定受到他的凶災。」

㈣經秋七月。

㈤經冬仲孫何忌會晉韓不信、齊高張、宋仲幾，衛世叔申、鄭國參、曹人、莒人、薛人、杞人、小邾人城成周。

傳秋八月，王使富辛與石張如晉，請城成周㊀，天子曰：「天降禍于周，俾我兄弟㊁，並有亂心，以為伯父憂，我一二親昵甥舅不皇啟處，於今十年，勤戍五年，余一人無日忘之，閔閔焉如農夫之望歲，懼以待時。伯父若肆大惠，復二文㊂之業，弛周室之憂，徼文武之福，以固盟主，宣昭令名，則余一人有大願矣。昔成王合諸侯城成周以為東都，崇文德焉。今我欲徼福假靈于成王，脩成周之城，俾戍人無勤，諸侯用寧，蝥賊遠屏，晉之力也，其委諸伯父，使伯父實重圖之。俾我一人無徵怨于百姓，而伯父有榮施，先王庸之㊃。」范獻子謂魏獻子曰：「與其戍周，不如城之，天子實云。雖有後事，晉勿與知，可也。從王命以紓諸侯，晉國無憂，是之不務，而又焉從事。」魏獻子曰：「善。」使伯音㊄對曰：「天子有命，敢不奉承以奔告於諸侯，遲速衰序於是焉在。」冬十一月，晉魏舒韓不信如京師，合諸侯之大夫于狄泉尋盟，且令城成周，魏子南面。衛彪傒㊅曰：「魏子必有大咎，干位以令大事，非其任也。詩曰：『敬天之怒，不敢戲豫，敬天之渝，不敢馳驅㊆。』況敢干位以作大事乎？」己丑，士彌牟營成周，計丈數，揣高卑，度厚薄，仞溝洫，物土方，議遠邇，量事期，計徒庸㊇，慮財用，書餱糧㊈以令役於諸侯，屬役賦丈㊉，書以授帥㊀，而效諸劉子，韓簡子臨之以為成命。

【今註】㊀請城成周：請修成周的城。㊁兄弟：指王子朝。㊂二文：指文侯仇及文公重耳。㊃先王庸之：先王將以為有大功。㈤伯音：韓不信。㈥彪傒：衛大夫。㈦敬天之怒，不敢戲豫，敬天之渝，不敢馳驅：詩經大雅的一句詩，意思是說怕上天的發怒，所以不敢遊戲，又怕天的變化，所以不敢奔走。㈧計徒庸：算計用人的數目。㈨書餱糧：寫上糧食的數目。㈩屬役賦丈：算計每個諸侯所應修城牆的尺寸數目。㈡書以授帥：寫好了給諸侯大夫們。

【今譯】 秋天八月，王派富辛同石張到晉國去，請修理成周的城。天王說：「天降給周災禍，使我們兄弟們全有亂心，為伯父的憂愁，我一二個親戚同甥舅不能安居樂業，一直到現在已經十年，並且晉國又派兵來戍守周都，到了現在又五年了，我沒有一天忘記諸侯辛勞，我很憂愁，跟農夫的憂饑，等待來歲收成一般。伯父若能展放大的恩惠，恢復文侯仇同文公重耳的大業，解除周室的憂慮，得到周文王武王的福氣，以穩固盟主，宣佈昭示令名，我就有大的願望了。從前周成王聯合諸侯，修了成周這個城，做為東都，尊崇文王的德行。我現在想著得到福祉同成王的神靈，修築成周的城，使戍守的人不必永遠勤勞，諸侯得到安靜，壞的人遠去，這是晉的力量，我就把這件事交給伯父，請伯父細想想。使我不必得到百姓的怨恨，而伯父也有光榮的施捨，先王全以為大功了。」士鞅對魏舒說：「與其戍守周國，不如修成周的城，這是天子所說的話，雖然以後再有什麼事情發生，晉國可以不必知道，尊從王的命令，以安定諸侯，晉國無憂慮，這種不管，又去管什麼？」魏舒說：「很好。」派韓不信回答說：「天子既有命令，我敢不接受去奔告諸侯們？遲速同次序，皆尊重王所命令的。」冬十一月，晉國魏舒韓不信到京都會合諸侯的大夫們在狄泉這地方，尋找盟誓，並且叫他們修成周的城，魏舒就南面當政權。衛國大夫彪徯說：「魏舒必定有大罪咎，干犯君的位子，發號令，辦大事，這不是他所應當做的。詩經大雅說：『敬奉上天的怒，不敢遊戲，敬奉上天的變化，也不敢出去奔走。』何況敢侵犯君位來做大事情呢？」己醜，士彌牟經營成周城，計算丈數，揣度高下，度量厚薄，查看溝洫的深淺，並相度土的方向，商量所取土的遠近，須要多少工時，計用人工的多少，及財用的多寡，寫明糧食的多少，把數目告訴諸侯，每個諸侯所應當修城的丈尺，寫成告訴諸侯大夫，末了交給劉子，韓不信來看過，做成了修城的成法。

㈥經十有二月己未，公薨于乾侯。

傳十二月公疾，偏賜大夫，大夫不受。賜子家子雙琥㈠，一環一璧輕服㈡，受之，大夫皆受其賜。己未，公薨。子家子反賜於府人曰：「吾不敢逆君命也。」大夫皆反其賜。書曰：「公薨于乾侯。」言失其所也。趙簡子問於史墨曰：「季氏出其君，而民服焉，諸侯與之，君死於外，而莫之或罪也。」對曰：「物生有兩，有三，有五，有陪貳，故天有三辰，地有五行，體有左右，各有妃耦，王有公，諸侯有卿，皆有貳也。天生季氏以貳魯侯，為日久矣。民之服焉，不亦宜乎？魯君世從其失，季氏世修其勤，民忘君矣。雖死於外，其誰矜之？社稷無常奉，君臣無常位，自古以然。故詩曰：『高岸為谷，深谷為陵㊂。』三后之姓㊃，於今為庶，主所知也。在易卦，雷乘乾曰大壯䷡㊄，天之道也。昔成季友桓之季也，文姜之愛子也，始震而卜，卜人謁之曰：『生有嘉聞，其名曰友，為公室輔。』及生如卜人之言，有文在其手曰友，遂以名之。既而有大功於魯，受費以為上卿。至於文子武子㊅，世增其業，不費舊績。魯文公薨而東門遂殺適立庶，魯君於是乎失國，政在季氏，於此君也四公矣。民不知君，何以得國。是以為君，慎器與名，不可以假人。」

【今註】㊀雙琥：是玉器。㊁輕服：細巧的衣服。㊂高岸為谷，深谷為陵：詩經小雅一句詩。意思是說高的地方可以變成深谷，深的山谷也可以變成丘陵。㊃三后之姓：三后是指著虞夏商。㊄雷乘乾曰大壯䷡：大壯的卦是震卦在乾卦的上面，震就等於雷。㊅文子、武子：文子是季孫行父，武子是季孫宿。

【今譯】十二月，魯昭公有病，徧賜隨著昭公在乾侯的各大夫，大夫們不敢接受。賜給子家羈兩個玉琥，一個環一個璧，精細的衣服，子家羈接受了，於是各大夫都接受。己未，昭公死了。子家羈把昭公所賜的東西返回管財產的人說：「我不敢違背君的命令。」大夫們全都退還所接受的賞賜。春秋上寫著說：「魯昭公死在乾侯。」意思說他失掉他所應住的地方。趙鞅問史墨說：「季孫氏把魯君驅逐出國，而魯國人民全服從他，諸侯也同季孫氏來往，魯君死在國外，而沒有人說季孫的罪。」回答說：「物生下來有兩、有三、有五、有陪襯的，所以天有日月星三辰，地有五行，身體有左右，各有妃耦，王有公，諸侯有卿，全都是有陪貳。天生下季氏為魯國的陪貳已經很久，人民的服從他，不也是應當的嗎？魯君代代增加他的失德，季孫氏代代增加他的勤勞，人民全忘了魯君，雖死在國外，誰還可憐他？國家沒有常奉，君臣沒有常的位子，自古以來常常如此。所以詩經小雅有句詩說：『高的地方常常變成深谷，深谷也常常變成丘陵。』虞夏商三代的姓氏，到現在變成庶民，這是你所知道的。在易經上有一卦，震在乾上就叫做大壯，這是天的道理。從前魯國的季友是桓公的小兒子，文姜的愛子，在未生以前就占卜，占卜的人說：『生下來以後有好的名氣在世上，他的名字叫友，可以做魯國公室的輔佐。』到了生下以後，就跟卜人所說的話一樣。有一個花紋在他手裏叫做友，就給他取了這個名字。後來立僖公，在魯國有大功，受了費這地方做上卿的官。到了季孫行父同季孫宿，代代增加他的事業，不廢舊的功勞。魯文公死了，東門襄仲殺嫡子立庶子，魯君因此失掉政權，政權才在季氏手裏，到了魯昭公，經過魯文公，成公，襄公連昭公共四個公，人民不知道這個君，這個君怎樣能得到政權。所以人君對於器同名都應當慎重，不可以假借給別人。」

卷二十八　定公上

定公元年（即公元前五百〇九年）

㈠經元年春王。

㈡經三月，晉執宋仲幾于京師。

傳元年春王正月辛巳，晉魏舒合諸侯之大夫于狄泉㊀，將以城成周，魏子蒞政。衞彪傒㊁曰：「將建天子㊂，而易位以令，非義也。大事奸義，必有大咎，晉不失諸侯，魏子其不免乎？」是行也，魏獻子屬役於韓簡子㊃與原壽過㊄，而田於大陸㊅，焚焉。還卒於甯㊆，范獻子去其柏椁，以其未復命而田也。孟懿子會城成周，庚寅栽㊇。宋仲幾不受功，曰：「滕薛郳，吾役也㊈。」薛宰曰：「宋為無道，絕我小國於周，以我適楚，故我常從宋。晉文公為踐土之盟㊉曰：『凡我同盟，各復舊職。』若從踐土，若從宋，亦唯命。」仲幾曰：「踐土固然㊁。」

薛宰曰：「薛之皇祖奚仲居薛，以為夏車正，奚仲遷于邳㊂，仲虺居薛，以為湯左相，若復舊職，將承王官，何故以役諸侯？」仲幾曰：「三代各異物，薛焉得有舊？為宋役，亦其職也。」士彌牟曰：「晉之從政者新㊂，子姑受功，歸吾視諸故府。」仲幾曰：「縱子忘之，山川鬼神，其忘諸乎？」士伯怒，謂韓簡子曰：「薛徵於人，宋徵於鬼，宋罪大矣。且己無辭而抑我以神，誣我也。啟寵納侮㊃，其此之謂矣。必以仲幾為戮。」乃執仲幾以歸，三月，歸諸京師。城三旬而畢，乃歸諸侯之戍。齊高張後至，不從諸侯，晉女叔寬曰：「周萇弘齊高張皆將不免，萇叔違天，高子違人㊄。天之所壞，不可支也，眾之所為，不可奸也。」

【今註】㊀狄泉：周地，在今河南省洛陽縣東北二十五公里，一作翟泉。㊁衛彪溪：衛大夫。㊂將建天子：建立天子的都城。㊃韓簡子：晉大夫韓起。㊄原壽過：周大夫。㊅大陸：水經注引魏土地記說：「修武縣西北二十五里，有吳澤陂，南北二十里，東西三十里，魏獻子田大陸，即吳澤矣。」在今河南省修武縣西北。㊆甯：晉地，一統志說：「今河南獲嘉縣治，本古修武故城，即故甯也。」㈧栽：開始作板築。㈨滕、薛、郳吾役也：這三國全都為我宋工作。㈩踐土之盟：在僖公二十八年。㈡踐土固然：盟誓中說「從舊」，就仍舊為宋工作。㈢邳：在今江蘇省邳縣。㈢晉之從政者新：現在晉國掌政權者是新人，指范獻子。㈣啟寵納侮：開啟寵愛必至於受侮。㈤萇叔違天，高子違人：萇弘違反天命，高張違反眾人的工作。

【今譯】元年春王正月，辛巳，晉國魏舒召集諸侯的大夫們在狄泉這地方，為的是建築成周的城，魏舒就執掌政權。衛彪傒說：「將建立天子的住所，而換了位子來下命令，這是不合於義的。遇見大事情而干犯義，必定有大過錯，晉國不會失掉諸侯，魏舒恐怕不免於禍難」。這一次，魏舒把這工役全交給韓不信同周大夫原壽過，而自己到大陸去打獵，被火所焚傷。回來就死在甯這地方。士鞅把他的柏木的椁去掉，因為他沒有回報就去打獵。仲孫何忌去開會，為的修成周的城，庚寅開始做板築。宋仲幾不願接受事功，說：「滕、薛、郳三國都為我宋國工作。」薛國的大夫說：「宋國沒有道理，拒絕我們小國同周室相通，率領我們到楚國去，所以我們常跟隨著宋國。晉文公在踐土盟會時說：『凡是我們同盟的人，各回復舊的職務。』或是從踐土，或者隨從宋國，全都聽候命令。」仲幾說：「盟誓中說從舊，就仍舊為宋工作吧。」薛大夫說：「薛的皇祖奚仲在薛住著，做夏朝車正的官，奚仲後來遷邳，仲虺仍住在薛，做成湯的左相，要是恢復舊的職務，將擔任王的官吏，怎麼能夠為諸侯的工役？」仲幾就說：「三代的情形各不相同，薛怎麼能有舊章呢？薛為宋的工役，也是他的職務。」士彌牟說：「晉國執政權的人新上任，你姑且受了這功，回去以後，我再看看舊的章程如何？仲幾說：「縱然你忘了，山川鬼神還能忘了嗎？」士彌牟發怒，對韓不信說：「薛拿人做證據，宋拿鬼做證據，宋的罪更大了。並且本人沒話可說而拿神壓迫我，這是誣賴我。開啟寵愛，就會受到羞辱，恐怕就是這種事，必須把仲幾來處分。」就把仲幾逮起來，三月，送到京師，修城三十六天就完了，就叫諸侯的戍兵回國。齊國高張來得晚，不能跟上諸侯們工作，晉國女叔寬說：「周的萇弘，齊的高張都將不免於患，萇弘違背天，高張違背人。周室為天所壞，沒法來支援，大家所做的事不可以干犯。」

(三)經 夏六月癸亥，公之喪至自乾侯。

(四)經 戊辰，公即位。

(五)經 秋七月癸巳，葬我君昭公。

傳 夏，叔孫成子㊀逆公之喪于乾侯，季孫曰：「子家子亟言於我，未嘗不中吾志也，吾欲與之從政，子必止之，且聽命焉。」子家子不見叔孫，易幾而哭㊁。叔孫請見子家子，子家子辭曰：「羈未得見，而從君以出，君不命而薨，羈不敢見。」叔孫使告之曰：「公衍公為實使羣臣不得事君，若公子宋㊂主社稷，則羣臣之願也。凡從君出而可以入者，將唯子是聽。子家氏未有後，季孫願與子從政，此皆季孫之願也，使不敢㈣以告。」對曰：「若立君，則有卿士大夫與守龜在，羈弗敢知。若從君者，則貌而出者㈤入可也，寇而出者㈥行可也。若羈也則君知其出也，而未知其入也，羈將逃也。」喪及壞隤㈦，公子宋先入，從公者皆自壞隤反㈧。六月癸亥，公之喪至自乾侯。戊辰，公即位。季孫使役如闞將溝焉㈨。榮駕鵝㈩曰：「生不能事，死又離之，以自旌也。縱子忍之，後必或恥之。」乃止。季孫問於榮駕鵝曰：「吾欲為君諡㈡，使子孫知之。」對曰：「生弗能事，死又惡之，以自信也，將焉用之？」乃止。秋七月癸巳，葬昭公於墓道南。孔子之為司寇也，溝而合諸墓。

【今註】㈠叔孫成子：叔孫婼的兒子叔係不敢。㈡易幾而哭：幾是聚哭的會，換了時間，以免與叔孫相見。㈢公子宋：昭公的弟弟定公。㈣不敢：叔孫的名字。㈤貌而出者：以義從公，與季孫並無仇怨。㈥寇而出者：與季孫有仇怨。㈦壞隤：當在今山東省鄆城縣境。㈧從公者皆自壞隤反：向後走等於不回魯國。㈨季孫使役如闞將溝焉：闞是魯羣公墓所在地，在今山東省汶上縣西南三十五公里，使人作溝使昭公墓與先君不能相連。㈩榮駕鵞：魯大夫。㈡我欲為君諡：給他壞的諡號。

【今譯】　夏天，叔孫不敢到乾侯去迎接魯昭公的屍體，季孫意如說：「子家羈屢次對我說話，未嘗不合於我的意思，我想使他隨從我辦理政事，你必須留住他，而且聽他的意見。」子家羈不見叔孫不敢，早晨晚上哭臨的時候，換了時間而去。叔孫請見他，子家羈辭謝說：「羈未嘗得見你，就跟著君逃出來，君未曾命我見你，就死了，所以我不敢見你。」叔孫派人告訴他說：「公衍同公為兩個人，實在使羣臣不能事奉昭公，若是昭公弟弟公子宋主持國家，這就符合羣臣的願望。凡是從著君出來，而可以回去的，皆聽候你的命令。子家氏沒有立後人，季孫很想與你同掌政權，這完全是季孫的願望，使不敢告訴你。」子家羈回答說：「要是立君，就有卿士大夫跟占卜的龜存在，我當然不敢知道。要是從君出來的，跟季孫沒有怨恨的，就可以回去。若跟季孫為敵人的，就可以出奔。祇有我自己則君知道我出來，而不知道我回去，我將逃亡。」到了壞隤的地方，公子宋先回去，跟昭公逃亡在外的，全從壞隤出奔。癸亥，昭公的屍體從乾侯回來。戊辰，定公即位。季孫派工人到魯先公墓地闞這地方去，將給他劃條溝。榮駕鵞說：「活著不能夠事奉他，死了又使他同祖先離開，以自己表章。縱然你可以忍受，以後你的子孫必定以為羞恥。」季孫就止住了。季孫又問榮駕鵞說：「我想給君立個壞的諡號，使以後的子孫全都知道。」回答說：「生不能事奉他，死了還憎惡他，以表示自己的不忠，這又何必呢？」季孫就不辦。秋七月癸巳，在墓道的南邊葬了昭公。孔子做司寇的時候，四面給他做溝，同魯先君的墓道相連。

(六) 經 九月大雩㈠。

【今註】㈠此經無傳。

【今譯】九月，魯國行求雨的典禮。

(七) 經 立煬宮。

傳 昭公出，故季平子禱于煬公。九月立煬宮㈠。

【今註】㈠煬公：是伯禽的兒子，是魯國第一次以小宗代大宗的君，所以季孫禱告他。詳見李宗侗著中國古代社會新研及中國古代社會史。

【今譯】昭公出奔時，季孫意如對煬公禱告。九月就立了煬公的廟。

(八) 傳 周鞏簡公㈠弃其子弟而好用遠人㈡。

【今註】㈠鞏簡公：周卿士。㈡遠人：指異族。

【今譯】周卿士鞏簡公，拋棄他的子弟而好用遠人。

(九) 經 冬十月，隕霜殺菽㈠。

【今註】㊀此經無傳。

【今譯】冬天十月，下霜毀掉很多豆苗。

定公二年（即公元前五百〇八年）

㈠經春王正月。

【今譯】二年春王正月。

㈡傳二年夏四月辛酉，鞏氏之羣子弟賊簡公㊀。

【今註】㊀這節與去年一節相連，足證春秋與左氏春秋是兩部書，而左氏非為解釋春秋而作。

【今譯】夏天四月辛酉，鞏氏的羣子弟偷殺鞏簡公。

㈢經夏五月壬辰，雉門及兩觀災㊀。

【今註】㊀雉門及兩觀災：雉門是公宮的南門，兩觀是左右的闕，發生了火災。此經無傳。

【今譯】五月壬辰，魯公宮的南門同它左右兩觀全著了火。

(四)經 秋，楚人伐吳。

傳 桐㊀叛楚，吳子使舒鳩氏㊁誘楚人，曰：「以師臨我㊂，我伐桐，為我使之無忌㊃。」秋楚囊瓦伐吳師于豫章㊄。吳人見舟于豫章，而潛師於巢。冬十月，吳軍楚師于豫章，敗之，遂圍巢，克之，獲楚公子繁㊅。

【今註】㊀桐：偃姓國，一統志說：「在今安徽桐城縣北。」㊁舒鳩氏：楚屬國，在今安徽舒城縣境。㊂以師臨我：使舒鳩人引誘楚國攻擊吳國。㊃我伐桐，為我使之無忌：吳假作畏楚，討叛楚的桐，使楚人不疑心。㊄豫章：楚地，在今安徽省壽縣城西四十里壽春古城。㊅公子繁：楚守巢大夫。

【今譯】桐國叛楚國，吳王叫舒鳩氏引誘楚國人，說：「用軍隊來威嚇我，我就伐桐，使楚國對吳國沒有疑忌。」秋，楚囊瓦領著軍隊到豫章伐吳國，吳國人的舟師到豫章，而偷著派軍隊到巢。冬天十月，吳國軍隊在豫章打敗了楚國，就圍了巢，戰勝他，捕獲了楚公子繁。

(五)經 冬十月，新作雉門及兩觀㊀。

【今註】㊀此經無傳。

【今譯】冬天十月，重新修理魯公宮的南門同兩觀。

(六)傳 邾莊公與夷射姑㊀飲酒，私出㊁，閽乞肉焉，奪之杖以敲之。

【今註】㊀夷射姑：邾大夫。射音亦。㊁私出：私避飲酒逃出。

【今譯】邾莊公同邾大夫夷射姑喝酒，偷著逃出，看門的人向他要肉吃，（他們）奪掉看門人的杖，而敲打看門人的頭。

定公三年（即公元前五百〇七年）

(一)經 三年，春王正月，公如晉，至河乃復㊀。

【今註】㊀此經無傳。

【今譯】三年春王正月，魯定公到晉國去，到了河邊就回來。

(二)經 二月辛卯，邾子穿卒。

傳 三年春二月辛卯，邾子在門臺㊀臨廷，閽以缾水沃廷，邾子望見之怒。閽曰：「夷射姑旋焉㊁。」命執之，弗得，滋怒，自投于牀，廢㊂于鑪炭，爛遂卒。先葬以車五乘，殉五人。莊公卞急而好潔，故及是。

【今註】㊀門臺：門上有臺。㊁旋焉：曾經小便。㊂廢：廢等於墮下。

【今譯】二月辛卯，邾莊公在門上的臺上看著庭院，看門的人拿水來洗刷庭院，邾莊公看見了很生氣。把門的人說：「夷射姑在這裏小便了。」他就叫人逮捕夷射姑，得不到，愈發的惱怒，自己甩在牀上，掉到爐炭中，傷重而死。葬的時候用車五輛，用五個人殉葬。莊公性子很急又喜歡乾淨，所以到了如此。

㈢經　夏四月。

㈣經　秋葬邾莊公。

㈤傳　秋九月，鮮虞人敗晉師于平中㊀，獲晉觀虎，恃其勇也。

【今註】㊀平中：晉地，當在今河北省平山，唐縣，新樂諸縣境。

【今譯】秋天九月，鮮虞人在平中這地方打敗了晉師，得了晉國的觀虎，因為他仗著他很勇敢輕敵，所以被獲。

㈥經　冬，仲孫何忌及邾子盟于拔。

傳　冬，盟于郯㊀，修邾好也。

【今註】㊀郯：郯即拔，程發軔教授說：案拔公羊傳作枝，枝與滋同音通假，滋陽以滋山得名，在今山東省滋陽縣境。

【今譯】冬天，仲孫何忌與邾子在郯這地方盟會，這是為的修邾國的和好。

(七)傳 蔡昭侯為兩佩㊀與兩裘，以如楚，獻一佩一裘於昭王。昭王服之以享蔡侯，蔡侯亦服其一。子常欲之，弗與，三年止之。唐成公㊁如楚，有兩肅爽馬㊂，子常欲之，弗與，亦三年止之。唐人或相與謀，請代先從者，許之。飲先從者酒，醉之，竊馬而獻之子常，子常歸唐侯。自拘於司敗，曰：「君以弄馬之故隱君身，棄國家羣臣，請相夫人㊃以償馬，必如之。」唐侯曰：「寡人之過也，二三子無辱！」皆賞之。蔡人聞之固請而獻佩于子常。子常朝，見蔡侯之徒，命有司曰：「蔡君之久也，官不共也。明日禮不畢將死。」蔡侯歸及漢，執玉而沈，曰：「余所有濟漢而南者，有若大川！」蔡侯如晉，以其子元與其大夫之子為質焉，而請伐楚。

【今註】㊀兩佩：兩件佩玉。㊁唐成公：唐惠侯的後人。㊂肅爽：駿馬的名字。㊃相夫人：幫助養馬的人。

【今譯】蔡昭侯做了兩個玉佩跟兩個皮襖到楚國去，貢獻一塊玉佩跟一件皮襖給楚昭王。昭王穿著來同蔡昭侯吃飯，蔡昭侯也穿著同樣的一件。囊瓦很想要，不給他，就叫蔡昭侯住在楚國三年。唐成公到楚國去，有兩匹肅爽馬，囊瓦也想要，他不給，也叫他住在楚國三年。唐國人互相商量，請替代先去的人，唐成公答應了。就給先去的人喝酒，使他喝醉，就乘著機會偷掉了馬而獻給囊瓦，囊瓦就使唐成公回國了。偷馬的人自己到法官那裏去自首說：「君因為弄馬的原故，使君的身很憂慮，棄掉國家，我們羣臣請幫助養馬的來賠償這馬，必定跟原馬一樣。」唐成公說：「這是寡人的過錯，你們不必羞辱。」就賞賜給他們。蔡人聽見了，堅決的要求蔡昭侯把玉佩獻給囊瓦。囊瓦上朝見了蔡侯的從人，又命有司說：「蔡君的長久在楚國，因為楚國的官吏沒有預備好供給蔡君的禮品，明天禮品預備不好，我必定處死你。」蔡昭侯回來到了漢水，把玉沈下水中，說：「我再有過漢水而到南方去，以大水為誓！」蔡昭侯到晉國，拿他的兒子元同大夫的兒子為人質，請伐楚國。

定公四年（即公元前五百〇六年）

㈠經 春王二月癸巳，陳侯吳卒㊀。

【今註】㊀此經無傳。

【今譯】春王二月癸巳，陳侯吳死了。

(二)

經 三月，公會劉子、晉侯、宋公、蔡侯、衛侯、陳子、鄭伯、許男、曹伯、莒子、邾子、頓子、胡子、滕子、薛伯、杞伯、小邾子、齊國夏于召陵侵楚。

傳 四年春三月，劉文公㈠合諸侯于召陵㈡，謀伐楚也。晉荀寅求貨於蔡侯，弗得，言於范獻子曰：「國家方危，諸侯方貳，將以襲敵，不亦難乎？水潦方降，疾虐方起，中山㈢不服，弃盟取怨，無損於楚，而失中山，不如辭蔡侯。吾自方城以來㈣，楚未可以得志，祇取勤焉。」乃辭蔡侯。晉人假羽旄於鄭，鄭人與之。明日或旆以會，晉於是乎失諸侯。將會，衛子行敬子㈤言於靈公曰：「會同難㈥，嘖有煩言，莫之治也，其使祝佗㈦從。」公曰：「善。」乃使子魚。子魚辭曰：「臣展四體，以率舊職，猶懼不給，而煩刑書。若又共二㈧，徼大罪也。且夫祝，社稷之常隸也。社稷不動，祝不出竟，官之制也。君以軍行，祓社釁鼓，祝奉以從，於是乎出竟。若嘉好之事，君行師從，卿行旅從，臣無事焉。」公曰：「行也。」

及皐鼬(九)，將長蔡於衛。衛侯使祝佗私於萇弘曰：「聞諸道路，不知信否，若聞蔡將先衛，信乎？」萇弘曰：「信，蔡叔康叔之兄也，先衛，不亦可乎？」子魚曰：「以先王觀之，則尚德也。昔武王克商，成王定之，選建明德以藩屏周，故周公相王室以尹天下，於周為睦，分魯公(一〇)以大路大旂，夏后氏之璜(一一)，封父之繁弱(一二)，殷民六族，條氏、徐氏、蕭氏、索氏、長勺氏、尾勺氏(一三)，使帥其宗氏，輯其分族，將其類醜，以法則周公，用即命于周，是使之職事于魯，以昭周公之明德，分之土田陪敦(一四)，祝，宗，卜，史(一五)，備物典策(一六)，官司彝器，因商奄之民，命以伯禽(一七)，而封於少皡之虛(一八)。分康叔(一九)以大路，少帛，綪茷，旃旌，大呂(二〇)，殷民七族，陶氏、施氏、繁氏、錡氏、樊氏、饑氏、終葵氏，封畛土略。自武父(二一)以南及圃田(二二)之北竟，取於有閻之土(二三)以共王職，取於相土之東都(二四)，以會王之東蒐，聃季(二五)授土，陶叔(二六)授民，命以康誥而封於殷虛(二七)，皆啟以商政，疆以周索(二八)。分唐叔(二九)以大路，密須㉚之鼓，闕鞏㉛沽洗㉜懷姓九宗，職官五正㉝，命以唐誥而封於夏虛，啟以夏政㉞，疆以戎索。三者皆叔也，而有令德，故昭之以分物，不然，文武成康之伯猶多，而不獲是分也，唯不尚年也。管蔡啟商，惎間王室㉟，王於是乎殺管叔而蔡㊱蔡叔，以車七乘，徒七十人。其子蔡仲改行帥德，周公舉之以為己卿士，見諸王而命之以蔡，其命書云：『王曰：胡！無若爾考之違王命也！』若之何其使蔡先衛也？武王之母弟八人：周公為大宰，康叔為司寇，聃季為司空，五叔無官，豈尚年哉？曹文之昭也，晉武之穆也，曹為伯甸㊲，非尚年也。今將尚之，是反先王也。晉文公為踐土之盟，衛成公不在，夷叔其母弟也，猶先蔡，其載書云：『王若曰：晉重㊳魯申㊴衛武㊵蔡甲午㊶鄭捷㊷齊潘㊸宋王臣㊹莒期㊺』藏在周府，可覆視也。吾子欲復文武之略，而不正其德，將如之何？」萇弘說，告劉子，與范獻子謀之，乃長衛侯於盟。反自召陵，鄭子大叔未至而卒，晉趙簡子為之臨，甚哀，曰：「黃父之會㊻，夫子語我九言曰：『無始亂，無怙富，無恃寵，無違同，無敖禮，無驕能㊼，無復怒㊽，無謀非德㊾，無犯非禮㊿。』

【今註】㊀劉文公：周卿士王有伯。㊁召陵：今河南省郾城縣東北四十五里，有召陵城。㊂中山：即鮮虞。㊃吾自方城以來：晉敗楚並侵略方城在魯襄公十六年。㊄子行敬子：衛大夫。㊅會同難：會盟的事不易處理。㊆祝佗：衛太祝名佗字子魚。㊇若又共二：若兼任兩個職務。㊈慙鼬：鄭地，一統志說：在今河南臨潁縣南。㊉魯公：周公子伯禽。⑪夏后氏之璜：夏朝傳下來的一塊玉，周禮說「半璧曰璜」。⑫封父之繁弱：左通補釋說：封父亭在今河南省封邱縣治。⑬殷民六族，條氏、徐氏、蕭氏、索氏、長勺氏、尾勺氏：魯國的小人階級都是殷遺民，所以魯國有亳社。⑭陪敦：陪敦就是附庸。⑮祝、宗、卜、史：太祝、宗人、太卜、太史。⑯典策：杜預以為即春秋的同類。⑰命以伯禽：伯禽是誥命的一篇，同康誥相類。⑱而封於少皞之虛：今山東省曲阜縣東北八里有少皞陵。⑲康叔：衛始封祖。⑳少帛、綪茷、旃旌、大呂：少帛是雜色的帛，綪茷是用紅色的艸染的，用這種帛作的旗叫作旃，用羽毛作的叫作旌，大呂是鐘名。㉑武父：程發軔氏說當在今河北省大名府以北。㉒圃田：在今河南省中牟縣西北七里。㉓有閻之土：江永說應在今河南省洛陽縣西南。㉔取於相土之東都：王國維說「宋之國都確為昭明相土之故都」在今河南省商邱縣南。㉕聃季：周公弟，任司空。㉖陶叔：任司徒。㉗殷虛：由河南省的鄴縣至朝歌縣皆舊殷虛。㉘索：啟魯衛兩國。

㉙唐叔：晉國始封祖。㉚密須：舊國名。㉛闕鞏：甲的名字。㉜沽洗：鐘名。㉝懷姓九宗，職官五正：懷姓是唐國的遺民，九宗是分為九族。㉞啟以夏政：用夏朝的風俗來開啟他，比如在春秋時晉國仍用夏正。㉟甚間王室：毒害王室。㊱蔡蔡叔：正義引說文：「粲，散之也，以米殺聲，……寫者全類蔡字」何按放逐蔡叔，所以下文說「以車七乘，徒七十人，」前後相呼應。㊲曹為伯甸：曹封爵較小，只是伯爵，且是甸服。㊳晉重：晉文公。㊴魯申：魯僖公。㊵衛武：衛國叔武。㊶蔡甲午：蔡莊侯。㊷鄭捷：鄭文公。㊸齊潘：齊昭公。㊹宋王臣：宋成公。㊺莒期：莒茲丕公。㊻黃父之會：在昭公二十五年。㊼無驕能：不要以自己的能力驕旁人。㊽無復怒：不要對同一事再次發怒。㊾無謀非德：不作不合於德行的事。㊿無犯非禮：不作不合禮的事。

【今譯】 三月，劉文公在召陵會合諸侯，是為的要討伐楚國。晉國荀寅對蔡昭侯要求賄賂，而不能得。他就對士鞅說：「國家方在危險的中間，諸侯方有貳心，拿這時間去偷襲敵人，不也是很難的嗎？水災方要起了，傳染病也要起了，鮮虞不服從晉國，捨棄晉楚的盟誓取到怨望，這種情形對楚國並沒有損失，而我方卻丟掉鮮虞，不如辭謝蔡昭侯。我們自從侵略方城以來，對楚也未能得志，祇是使軍隊勞苦而已。」就辭謝了蔡昭侯。晉人從前向鄭國借羽毛的旌旗，鄭人給了他，明天就打著這大旗去開會，晉國因此就失掉諸侯的心。將開會以前，衛大夫子行敬子對衛靈公說：「會盟的事很難辦，到了辯爭的時候，沒人能夠料理，不如叫祝佗跟著去開會。」靈公說：「很好。」就叫祝佗跟去。祝佗辭謝說：「我用全身體的力量，以做舊的職務，尚且怕不能成功，而使受到刑罰。要是兼著兩個職務，這必定得到大罪過。並且祝是國家的賤臣，國家不動，祝官就不出邊境，這是官職的制度。君要以軍隊行，事先對社神祓除不祥，把鼓也塗上血，祝奉著社神跟著君去，於是就跟著出境。至於朝會的事情，君要去有兩千五百人的軍隊跟隨，卿要去，就令五百軍隊跟隨，我並沒有什麼事情。」衛靈公說：「去吧！」到了皐鼬，聽見說將使蔡侯比衛侯比衛侯在先歃血。衛侯就派祝佗偷著向萇弘說：「聽見道路上傳聞，但不知可靠不可靠，據說蔡將先衛歃血，這話可信嗎？」萇弘說：「可信，蔡叔是康叔的哥哥，先讓衛歃血不也可以嗎？」祝佗說：「以先王的法律來看，就以德行為上。從前周武王戰勝了商國，周成王安定他，選建了很多有德的人，做周室的屏藩，所以周公相王室以安定天下，對於周，周公是最親睦的，分給魯公伯禽以金車，大的旗子，夏後氏的璜玉，封父的繁弱弓，加上殷民六族：條氏、徐氏、蕭氏、索氏、長勺氏、尾勺氏，叫他們率領他的宗族，聯合他的分族，率領他的眾民，追隨著周公，從著周公的命令，到魯國去做事，用以昭宣周公的明德，分給他土田還有附庸的國家，太祝、宗人、太卜同太史，書寫用的竹簡，百官同常用的器物，用商奄的人民，做了伯禽這篇名字的封誥，而封他在少敘這地方。分給康叔以大的車，雜色的帛，紅顏色的旃旗，以及各種旃旗，大呂的鐘，殷民七族：陶氏、施氏、繁氏、錡氏、樊氏、饑氏、終葵氏，封土地自武父以南一直到圃田的北境，還給有閻這塊地方，以供給對王的職守，再給他相土的東都，為的幫助周王在東方的打獵，司空聃季交給他土地，司徒陶叔交給他人民，用康誥來冊命他，封他在殷虛，魯衛兩國皆用商朝的政治來開啟他，而以周法來彊理他。分給唐叔以大的路車，密須國的鼓，闕鞏的盔甲，沽洗的鐘，懷姓的舊民九宗，五種的長官，用康誥來冊命他，而封在夏虛這地方，用夏朝的政治開啟他，而以戎狄的法律來疆理他。這三位全是叔，他們皆有很好的德行，故用分物來昭明他們。不然文、武、成、康時封的人很多，而不分到各種物件，就是因為他並不以年齡為主。管叔、蔡叔連絡商朝，毒害周王室，於是周成王殺了管叔，而放逐蔡叔，用車七輛，跟蔡叔一同被放逐的七十人。他的兒子蔡仲改了行為，崇奉德行，周公就推舉他做自己的卿士，使他見了王，而命他為蔡侯，他冊命說：『王說：胡！不要像你父親那樣，違背王的命令。』為什麼能叫蔡在衛的先呢？武王的同母弟兄八個人，周公做太宰，康叔做司寇，聃季做司空，其餘的五位沒有官作，這豈是以年齡為推舉嗎？曹國是文王的兒子，晉國是武王的兒子。曹國是伯爵，而在甸服的位子，這也不是舉的年齡。現在要推尚年齡，這是反對先王的舊辦法。晉文公做踐土的盟會時，衛成公不參加，夷叔是他同母弟弟，尚且在蔡先，據他的盟誓書說：『王就這眾說：晉重、魯申、衛武、蔡甲午、鄭捷、齊潘、宋王臣、莒期。』藏在周的府庫中，可以去察考。你想回復周文武的規矩，而不回復他的德性，那將怎眾辦呢？」萇弘高興了，就告訴劉子，同士鞅去商量，就把衛侯擱在前邊。從召陵地方回來，鄭國游吉來了未到就死了，晉國的趙鞅，為他哭臨很哀痛的說：「黃父的盟會時，他告訴我九句話說：『不要開始作亂，不要以富而驕，不要恃著長官的寵愛，不要違背同事，不要敖視禮節，不要以能力驕傲人，不要重複的發怒，不要計算不好的事情，不要犯不好的事情。』」

(三)經 夏四月庚辰，蔡公孫姓帥師滅沈，以沈子嘉歸，殺之。

【今譯】夏四月庚辰，蔡公孫姓率領軍隊滅沈，把沈子嘉逮回來，殺了他。

(四)經 五月，公及諸侯盟於臯鼬。

【今譯】五月，魯定公同諸侯在臯鼬會盟。

(五)經 杞伯成卒于會㊀。

【今註】㊀此經無傳。

【今譯】杞伯成在會時死了。

(六)經 六月，葬陳惠公㊀。

【今註】㊀此經無傳。

【今譯】六月，給陳惠公下葬。

(七)經 許遷于容城㊀。

【今註】㈠容城：地名補註說容城在河南葉縣西。按此經無傳。

【今譯】許國遷到容城去了。

(八)經秋七月，公至自會㈠。

【今註】㈠此經無傳。

【今譯】秋七月，魯定公從開會回來。

(九)經劉卷㈠卒㈡。

【今註】㈠劉卷：就是劉文公。㈡此經無傳。

【今譯】劉文公死了。

(十)經葬杞悼公㈠。

【今註】㈠此經無傳。

【今譯】給杞悼公下葬。

(土)經楚人圍蔡㈠。

【今註】㊀此經傳在㈩。

【今譯】楚國人圍了蔡。

㈩經　晉士鞅，衛孔圉㊀伐鮮虞㊁。

【今註】㊀孔圉：是孔羈的孫子。㊁此經無傳。

【今譯】晉國士鞅，衛國的孔圉討伐鮮虞。

㈩經　葬劉文公㊀。

【今註】㊀此經無傳。

【今譯】給劉文公下葬。

㈩經　冬十有一月庚午，蔡侯以吳子及楚人戰于柏舉，楚師敗績，楚囊瓦出奔鄭。庚辰，吳入郢。

傳　沈人不會于召陵，晉人使蔡伐之。夏，蔡滅沈。秋，楚為沈故，圍蔡。伍員為吳行人以謀楚。楚之殺郤宛也㊀，伯氏之族出，伯州犁之孫嚭為吳太宰以謀楚。楚自昭王即位，無歲不有吳師，蔡侯因之，以其子乾與其大夫之子為質於吳。冬，蔡侯吳子唐侯伐楚，舍舟于淮汭㈡，自豫章與楚夾漢。左司馬戌㈢謂子常曰：「子沿漢而與之上下，我悉方城外以毀其舟㈣，還塞大隧，直轅，冥阨㈤，子濟漢而伐之，我自後擊之，必大敗之。」既謀而行。武城黑㈥謂子常曰：「吳用木也，我用革也，不可久也，不如速戰。」史皇㈦謂子常：「楚人惡子而好司馬，若司馬毀吳舟于淮，塞城口㈧而入，是獨克吳也，子必速戰，不然不免。」乃濟漢而陳，自小別至于大別㈨，三戰，子常知不可㈩，欲奔。史皇曰：「安求其事⑪，難而逃之，將何所入？子必死之，初罪必盡說⑫。」十一月庚午，二師陳于柏舉⑬。闔廬之弟夫槩王晨請於闔廬曰：「楚瓦⑭不仁，其臣莫有死志。先伐之，其卒必奔，而後大師繼之，必克。」弗許。夫槩王曰：「所謂臣義而行，不待命者，其此之謂也。今日我死，楚可入也。」以其屬五千先擊子常之卒，子常之卒奔，楚師亂，吳師大敗之，子常奔鄭，史皇以其乘廣死⑮。

吳從楚師及清發（一六），將擊之，夫槩王曰：「困獸猶鬬，況人乎？若知不免而致死，必敗我。若使先濟者知免，後者慕之，蔑有鬬心矣。半濟而後可擊也。」從之，又敗之。楚人為食，吳人及之奔，食而從之，敗諸雍澨（一七），五戰及郢。己卯，楚子取其妹季芈畀我（一八）以出，涉睢，鍼尹固與王同舟，王使執燧象以奔吳師（一九）。庚辰，吳入郢，以班處宮（二〇），子山（二一）處令尹之宮，夫槩王欲攻之，懼而去之，夫槩王入之。左司馬戌及息而還，敗吳師於雍澨，傷（二二）。初，司馬臣闔廬，故恥為禽焉，謂其臣曰：「誰能免吾首？」吳句卑曰：「臣賤，可乎？」司馬曰：「我實失子（二三），可哉！」三戰皆傷，曰：「吾不可用也已！」句卑布裳剄而裹之（二四），藏其身而以其首免。楚子涉睢濟江入于雲中（二五），王寢盜攻之，以戈擊王，王孫由于以背受之，中肩，王奔鄖，鍾建負季芈以從，由于徐蘇而從。鄖公辛之弟懷將弒王，曰：「平王殺吾父，我殺其子，不亦可乎？」辛曰：「君討臣，誰敢讎之？君命天也，若死天命，將誰讎？詩曰：

『柔亦不茹，剛亦不吐，不侮矜寡，不畏彊禦㉖。』唯仁者能之，違彊陵弱非勇也，乘人之約非仁也，滅宗廢祀㉗非孝也，動無令名非知也，必犯是，余將殺女。」鬬辛與其弟巢以王奔隨。吳人從之，謂隨人曰：「周之子孫在漢川者，楚實盡之。天誘其衷，致罰於楚，而君又竄之㉘，周室何罪？君若顧報周室，施及寡人，以獎天衷㉙，君之惠也，漢陽之田，君實有之。」楚子在公宮㉚之北，吳人在其南。子期似王㉛，逃王而已為王曰：「以我與之，王必免。」隨人卜與之，不吉，乃辭吳曰：「以隨之辟小而密邇於楚，楚實存之，世有盟誓，至于今未改。若難而弃之，何以事君？執事之患，不唯一人，若鳩楚竟㉜，敢不聽命。」吳人乃退。鑪金㉝初官於子期氏，實與隨人要言㉞，王使見，辭曰：「不敢以約㉟為利。」王割子期之心㊱，以與隨人盟。初，伍員與申包胥友，其亡也，謂申包胥㊲曰：「我必復楚國㊳。」申包胥曰：「勉之。子能復之，我必能興之。」及昭王在隨，申包胥如秦乞師曰：「吳為封豕長蛇，以荐食上國，虐始於楚，寡君失守社稷，越在草莽，使下臣告急曰：『夷德無厭，若鄰於君，疆場之患也。逮吳之未定，君其取分焉㊴。若楚之遂亡，君之土也。若以君靈撫之㊵，世以事君。』」秦伯使辭焉，曰：「寡人聞命矣，子姑就館，將圖而告。」對曰：「寡君越在草莽，未獲所伏㊶，下臣何敢即安？」立依於庭牆而哭，日夜不絕聲，勺飲不入口，七日。秦哀公為之賦無衣㊷，九頓首㊸而坐，秦師乃出。

【今註】㊀楚之殺郤宛也：此事在魯昭公二十七年。㊁淮汭：在今河南省固始縣北。㊂左司馬戌：即沈尹戌。㊃我悉方城外以毀其舟：我用方城外的全軍隊力量毀掉吳國的船隻。㊄大隧、直轅、冥阨：方輿紀要說：平靖關西北。河南省信陽城九十里，即古冥阨也。黃峴關又名九里關，在湖北應山縣東北九十里，北去信陽九十里，即古直轅也。武陽關一名禮山關，在應山縣東北三十里，（今置禮山縣在禮山之北）西北至信陽一百五十里，即古大隧也。㊅武城黑：楚國武城大夫。㊆史皇：楚大夫。㊇城口：大隧、直轅、冥阨三隘道的總名稱。㊈自小別至於大別：楊守敬地圖以大別山在光黃之間，而以羅田縣北松子關西為大別山，柏舉東南為小別山，與傳文俱合。㊉子常知不可：子常知道不可能戰勝吳國。⑪安求其事：安定時候求掌執政事。⑫初罪必盡說：最初的罪行因戰死必可皆被赦免。⑬柏舉：楚地，在今湖北麻城縣東北十五里。⑭楚瓦：子常名囊瓦。⑮史皇以其乘廣死：乘子常的車，偽為元帥，奮戰而死。⑯清發：水名，一統志說「石巖山在（湖北省）安陸縣西南十里，北臨溳水，即清發水也。」⑰雍澨：又東繞天門城之西南，府志謂之三叉河，楊圖謂之三岔河，即春秋之雍澨，在今天門縣城之西。⑱季芊畀我：正義引服虔以為畀我是季芊的字。⑲王使執燧象以奔吳師：是在象尾上燒著火使牠們奔向吳國軍隊。⑳以班處宮：照著班次來進住楚王宮。㉑子山：是闔廬的兒子。㉒敗吳師於雍澨，傷：他將吳國軍隊在雍澨打敗，但他也受了傷。㉓我實失子：不知你的賢能。㉔句卑布裳剄而裹之：句卑將已死的沈尹戌的頭割下，並用衣裳將他裹起來。㉕雲中：雲夢澤在湖北雲夢縣西七里。㉖柔亦不茹，剛亦不吐，不侮矜寡，不畏彊禦：這是詩經大雅烝民篇的一句，意思是說柔和不怕，剛強也不怕，不侮沒有配偶的人，也不怕彊有力的人。㉗滅宗廢祀：殺君王必被全家無後。㉘又竄之：又將他藏起。㉙以獎天衷：使天意能成功。㉚公宮：隨國的公宮。㉛子期似王：子期是昭王庶兄公子結，他與昭王面貌相像。㉜若鳩楚竟：若能安定楚國全境。㉝鑪金：姓鑪名金。㉞實與隨人要言：他與隨人說要保護楚王及子期。㉟不敢以約為利：不敢用要言為利益。㊱王割子期之心：王割子期心前邊的血。㊲申包胥：楚大夫。㊳我必復楚：我必對楚國報復。㊴君其取分焉：你也可以得到一份楚地。㊵若以君靈撫之：若是用你的神靈來安撫楚國。㊶未獲所伏：尚未能得到安身處。㊷無衣：詩經秦風中的一篇詩。㊸九頓首而坐：無衣共三章，每歌一章就頓首三次，共九頓首方才坐下。

【今譯】沈國人不到召陵來會，晉國差蔡人去伐他。夏天，蔡國滅掉沈國。到了秋天，楚國因為沈的緣故，圍住蔡國。伍員做了吳國行人的官，專謀算楚國。楚國殺郤宛的時候，郤宛同黨伯氏的一族是逃出來的，伯州犁的孫子叫嚭，做了吳國的太宰，也就謀算楚國。楚國自從昭王即了位以後，沒有一年沒有吳國的軍隊來。蔡侯靠有吳國，就把他的兒子乾和他大夫的兒子，給吳國做人質。到冬天的時候，蔡侯、吳王、唐侯便一同去伐楚國，到了淮汭地方，便舍舟登陸，從豫章和楚國夾了漢水排成軍陣，左司馬戌對子常說：「你只沿了漢水上下攔住他，我完全起了方城以外的軍隊，去毀壞他的船，回來又塞住大隧、直轅、冥阨各要隘，然後你再渡過漢水去攻打他，我從背後夾擊他，那末一定可以把他打得大敗了。」既經斟酌定了便出發。後來武城大夫叫黑的又對子常說：「吳是用木為兵器的，我們是用皮做兵器的，我們不能長久和他相持，不如趕快同他戰吧。」史皇對子常說：「楚人都厭惡你，卻是歡迎司馬，如果司馬在淮水毀壞了吳船，塞阻了三隘口回來，這分明是他獨自戰勝吳國了。你一定要速戰的，否則免不掉有罪的。」便渡過漢水去排成陣勢，從小別山一直排到大別山，共總戰了三次，子常知道不能得勝，要想逃走。史皇說：「安定的時候想要執政，難了便逃走，有那裏可讓你逃進去呢？你定要死在這一回了，死了以後，那從前貪財惹禍的罪，還全都可以說得過去。」十一月庚午那天，兩國的兵馬排列在柏舉這地方。闔廬的兄弟夫槩王，朝晨請求闔廬說：「楚國的囊瓦待人不好，他的臣子沒有死戰的心志，我只先去攻打，他的軍隊一定逃走的，然後大兵再跟上來，便定能勝他了。」吳王不允許；夫槩王說：「所謂人臣合了義便幹，不要等待命令的，就是這個說法了。今天我拼了一死，定可攻進楚國的。」便把他手下的五千兵，先去攻打子常的兵，子常的兵果然逃走，楚師大亂，吳兵大大的打敗了他。子常就逃走到鄭國去。史皇坐了他的兵車，奮戰而死。吳兵追趕楚兵，到了清發河邊。將要攻擊他們了，夫槩王說：「已被圍困了的野獸，還要作最後的爭鬭，何況是人呢？如果他們知道免不掉，出了死力，那末定可敗我的。如果使他們先渡過河的，知道可以逃掉了，後渡的羨慕著先渡的便沒有鬬的心念了，等他一半渡過的時候方纔可擊他的。」吳王依了他的計劃，便又打敗楚師，楚人剛剛歇下做飯食，吳人追到了，楚人便逃，吳人吃了他做的飯食，再追上去打敗他在雍澨這地方。共總戰了五次，便打進楚都郢城中去。己卯那天，楚王帶了他的妹妹季芈畀我便逃走。渡過睢水時，鍼尹叫固的，和王同坐在一舟上，王便差他燒火把繫在象尾上，去嚇趕吳師。庚辰這一天，吳師進了郢，依了班次的尊卑，住在楚王的宮中。吳王的兒子子山住在令尹的宮中，夫槩王怒他傾軋自己，要攻擊他，子山嚇得逃去。大槩王便進住令尹的宮中。左司馬沈尹戌到了息這地方，聽得楚師已敗，便帶兵回來。打敗吳兵在雍澨那裏，身上受了重傷，司馬因從前曾經做闔廬的臣子的，恥於被吳擒去，便對他的手下人說：「誰能夠取了我頭逃脫的？」吳句卑說：「我是賤人，可用眾？」司馬說：「我實在識不得你倒是賢人，有什麼不可以呢？」經了三次戰爭，都是受重傷的，因說：「我再也沒用了！」便死去，句卑就用布裙，斬了司馬的頭裹好了，藏匿了他的屍體，單拿他的頭逃脫。楚子渡過睢水，又渡過江，走進雲夢的澤中去，正臥著，有個強盜去刦他，用戈刺王，王孫由於在旁邊，便用自己的背去受刺來的戈，中在肩上，王趁勢便逃到鄖城去。鍾建馱了季芊，跟著楚昭王，由于漸漸地蘇甦過來，也跟了楚王。鄖公叫辛的兄弟懷，將要殺王說：「平王是殺我父的，我現在殺他的兒子，不是也可以的麼？」辛說：「那是君討臣，誰敢和他為仇，君命猶如天一般，如果死在天命，還可和那個作仇人呢？詩經上說：『柔弱的也不淩辱他，剛強的也不畏懼他。不要欺侮鰥寡，不要怕那彊暴。』這是只有仁心的人能夠做的到。丟了強的欺侮弱的，便不是勇敢；趁他人窮極時害他，便不是仁；犯了滅宗廢祀的罪，便不是孝；舉動沒有好名譽，便不是聰明；你如果一定要做這事的，我便先要殺了你了。」鬬辛便和他的兄弟巢，同楚王逃往隨國去，吳人還追趕著，對隨人說：「周的子孫在漢川的，楚國實在是全都滅盡了。天使他良心發現，弄這懲罰給楚國，你君卻又窩藏他，周室究竟有什麼罪？你君如果顧全周室，並帶及我寡人，成就天意的，這就是你君的恩惠，漢陽的田畝，你君都可以用他的。」楚子那時在隨宮的北面，吳人在他的南面，子期的相貌很像楚昭王，要想使王逃去，自已扮做王，因此說：「把我給了他們，你王定可免禍了。」隨人占卜把楚王給他，卻是不吉利，便辭謝吳人說：「我隨國的偏僻弱小，卻接近了楚國，楚國實在是保存我的，世代有了盟誓，直到現在還沒有改過，如果有了災難便丟開不管，怎樣可以事君呢？你執事的憂患，不單是楚王一人。如果以後安寧了楚國，那敢不聽你的命令！」吳人因此便退去。鑪金初是在子期那裏做官的，暗中實在是他先和隨人說定了，不要將楚王給吳國的，並且要放脫子期。後來楚王知道了，喜歡他有這忠心，使他進去見，鑪金初推辭說：「我不敢靠這一說就弄好處呢！」楚王又因子期盡忠，就在子期的當心，割出血來，和隨人訂盟，表示是至心誠意。當初伍員和申包胥是很要好的朋友，後來伍員逃出來的時候，對申包胥說：「我定要報復這楚國的。」申包胥說：「大家勉力做去，你能報復他，我定能興起他的。」等到楚昭王逃到隨國去，申包胥便逃到秦國去借救兵。說：「吳國竟像封豕長蛇一般，屢次侵犯中國，他的酷虐，開始於楚國，寡君失了社稷，逃在草莽的中間，差我下臣來告急說：『蠻夷是貪得無厭的，如果和你君做了緊鄰，便是你邊疆上的禍患呢！趁吳國還沒有安定的時候，你君也可共分了些楚國田地的。如果楚國從此便亡，這就是你君的土地，若靠你君的威靈，仍舊安定過來，那末我們便世代服事你君王。』」秦伯使人去辭他說：「寡人已經聽得了，你姑且到客館中去等待，等我們打算好了，再來告訴你。」申包胥回答說：「寡君逃在草莽的中間，不得安居，下臣怎敢安居呢？」便靠了庭牆哭泣，日夜的不斷聲音，一滴水都不進口，共總哭了七日，秦哀公方纔給他念著無衣的一章詩。申包胥便叩了九個頭坐著，秦國軍隊方才出來。

定公五年（即公曆紀元前五百〇五年）

(一)經　春王三月辛亥朔，日有食之㊀。

【今註】㊀此經無傳。

【今譯】春王三月辛亥朔，魯國有日食。

㈡傳 五年春，王人殺子朝于楚㊀。

【今註】㊀這是乘楚國亂事的原故。

【今譯】五年春，周王的人在楚國殺王子朝。

㈢經 夏，歸粟于蔡。

傳 夏，歸粟于蔡，以周亟矜無資㊀。

【今註】㊀以周亟矜無資：為的救助急事並卹憐無幫助的人。

【今譯】夏天，魯國送糧食到蔡國，為的是救助有急事的人，並且憐恤沒有資本的人。

㈣經 於越入吳。

傳 越入吳，吳在楚也㊀。

【今註】㊀吳在楚也：因為吳國軍隊正在楚國。

【今譯】越國攻擊吳國，因為吳國軍隊在楚國的原故。

㈤經 六月丙申，季孫意如卒。

傳 六月，季平子行東野㈠，還未至，丙申卒于房㈡。陽虎將以璵璠㈢斂，仲梁懷㈣弗與，曰：「改步改玉㈤。」陽虎欲逐之，告公山不狃㈥，不狃曰：「彼為君也㈦，子何怨焉？」既葬，桓子㈧行東野，及費，子洩為費宰，逆勞于郊，桓子敬之，勞仲梁懷，仲梁懷弗敬。子洩怒，謂陽虎子行之乎㈨？

【今註】㈠東野：左通補釋說東野應近山東費縣。㈡房：當以山東省曲阜縣東二十里防山為近似。㈢璵璠：是魯君所佩美玉。㈣仲梁懷：季氏的家臣。㈤改步改玉：所佩的玉隨著地位改變。㈥公山不狃：季氏臣、費宰、字子洩。㈦彼為君也：家臣稱季氏為君。㈧桓子：意如的兒子，季孫斯。㈨謂陽虎子行之乎：叫陽虎可以逐仲梁懷。

【今譯】六月，季孫意如到東野這地方去，回來沒到魯國都城，丙申死在房這地方。陽虎將以璵璠擱在棺材裏，而季孫家臣仲梁懷不給他，並且說：「改了位置。就改了所佩的玉。」陽虎想把他驅逐出去，告訴費宰公山不狃，不狃說：「他是為的季孫，你何必怨恨呢？」既然下葬以後，季孫意如的兒子季孫斯到東野去，路過費這地方，公山不狃做費宰，到郊外去迎接，季孫斯對他很恭敬，他也勞問仲梁懷，仲梁懷對他不恭敬。公山不狃惱了，對陽虎說你可以驅逐他罷！

㈥經秋七月壬子，叔孫不敢卒㊀。

【今註】㊀此經無傳。

【今譯】秋七月，壬子，叔孫不敢死了。

㈦傳申包胥以秦師至，秦子蒲子虎帥車五百乘以救楚。子蒲曰：「吾未知吳道㊀。」使楚人先與吳人戰而自稷㊁會之，大敗夫槩王于沂㊂，吳人獲薳射㊃於柏舉，其子帥奔徒㊄，以從子西，敗吳師于軍祥㊅。秋七月，子期、子蒲滅唐㊆。九月，夫槩王歸自立也，以與王戰而敗，奔楚為堂谿氏。吳師敗楚師于雍澨㊇，秦師又敗吳師，吳師居麇㊈，子期將焚之，子西曰：「父兄親暴骨焉，不能收，又焚之不可。」子期曰：「國亡矣：死者若有知也，可以歆舊祀，豈憚焚之？」焚之而又戰，吳師敗。又戰于公壻之谿㊉，吳師大敗，吳子乃歸，囚闉輿罷㊀。闉輿罷請先，遂逃歸。葉公諸梁㊁之弟后臧從其母於吳，不待而歸，葉公終不正視。

【今註】㊀吾未知吳道：我不知道吳國打仗的方法。㊁稷：彙纂說：「在今河南省桐柏縣境。」㊂沂：彙纂說：「在今河南省正陽縣境。」㊃薳射：是楚大夫。㊄奔徒：等於現在遊擊隊。㊅軍祥：彙纂說：當在隨縣西南，近鍾祥之地。」㊆子期、子蒲滅唐：楚國司馬子期同秦國派來的援軍子蒲，因為唐國幫助吳國伐楚國的原故，就滅了唐國。㊇雍澨：在今湖北省天門縣西南，水名通于漢江。㊈麇：太平御覽，鄖鄉縣本古麇國，是其明證。㊉公壻之谿：釋地謂在今雲夢北之義塘鎮。⑪闔輿罷：是楚大夫。⑫葉公諸梁：即沈諸梁。

【今譯】中包胥領了秦兵到來，秦國的子蒲、子虎帶了兵車五百乘來救楚國，子蒲說：「我不知道吳國軍隊的戰術。」便派楚人先和吳人交戰，秦兵從稷的地方會合攏去，大敗夫槩王在沂那裏。吳人捉住薳射在柏舉地方，他的兒子便領了敗兵，跟著子西，敗吳師於軍祥。秋天七月中，子期、子蒲滅掉唐國。九月中，夫槩王便回國，自立為吳王，和闔廬戰，卻是打敗的，仍舊逃到楚國，後來變為堂谿氏。吳兵打敗楚兵在雍澨，秦兵又出來殺敗吳兵。吳兵屯紮在麇那裏，楚子期要用火燒他。子西說：「父兄親族的骸骨，都暴露在野外，不能收拾，卻又用火燒他，不好的呢！」子期說：「國家也已經亡了，死的如果有知覺的，恢復了楚國，可以祭祀不廢，難道還怕火燒麼？」便燒了再戰，吳師果然敗了，又戰於公壻的谿上，吳師又大敗，吳王便回國，囚住了闔輿罷。闔輿罷請先趕往吳國去，趁空卻逃回楚國。楚國葉公諸梁的兄弟后臧，跟了他的母親同做俘虜在吳國，後來聽說楚國又安定了，便不等他母親，只管自己回去，葉公厭惡他不義，竟終身沒有正看過他一眼。

(八)傳　乙亥，陽虎囚季桓子及公父文伯㈠而逐仲梁懷，冬十月丁亥，殺公何藐㈡。己丑，盟桓子于稷門㈢之內。庚寅，大詛，逐公父歜及秦遄㈣，皆奔齊。

【今註】㈠公父文伯：即公父歜。㈡公何藐：是季氏的族人。㈢稷門：魯南城門。㈣秦遄：季孫意如的姑姑的女婿。

【今譯】乙亥，陽虎把季孫斯同公父文伯囚起來，而驅逐仲梁懷。冬十月丁亥，殺了公何藐。己丑，在稷門裏面與季孫斯盟誓。庚寅大詛咒，驅逐了公父文伯同秦遄，全逃到齊國去。

(九)傳　楚子入于郢。初，鬬辛聞吳人之爭宮也，曰：「吾聞之，不讓則不和，不和不可以遠征。吳爭於楚必有亂，有亂則必歸，焉能定？」楚王之奔隨也，將涉於成臼㈠，藍尹亹㈡涉其帑，不與王舟。及寧，王欲殺之。子西曰：「子常唯思舊怨以敗，君何效焉？」王曰：「善，使復其所，吾以志前惡。」王賞鬬辛、王孫由于、王孫圉、鍾建、鬬巢、申包胥、王孫賈、宋木、鬬懷㈢。子西曰：「請舍懷也。」王曰：「大德滅小怨，道也。」申包胥曰：「吾為君也，非為身也。君既定矣，又何求？且吾尤子旗㊃，其又為諸？」遂逃賞。王將嫁季芊，季芊辭曰：「所以為女子，遠丈夫也，鍾建負我矣。」以妻鍾建，以為樂尹㊄。王之在隨也，子西為王輿服以保路，國于脾洩㊅，聞王所在而後從王。王使由于城麇，復命，子西問高厚焉，弗知。子西曰：「不能如辭㊆，城不知高厚小大，何知。」對曰：「固辭不能，子使余也。人各有能有不能，王遇盜於雲中，余受其戈，其所猶在。」袒而視之背曰：「此余所能也，脾洩之事，余亦弗能也。」

【今註】 ㊀成臼：一統志說：「臼水在今湖北鍾祥縣東南三十里，其入漢處仍名臼口。」㊁藍尹亹：是楚大夫。㊂鬬辛、王孫由于、王孫圉、鍾建、鬬巢、申包胥、王孫賈、宋木、鬬懷：這九個人全都是從楚昭王出奔有功的人。㊃子旗：是蔓成然。㊄樂尹：管樂器的大夫。㊅脾洩：彙纂說：「地近郢都，當在荊州府境。」㊆不能如辭：要是自己知道不能夠，當辭掉這種職務。

【今譯】 楚子居然回去，進了郢城。當初，鬬辛聽得吳人爭宮的事情，便說：「我聽說不讓便是不和，不和便不可以到遠地去征討的。現在吳人爭於楚境，一定有亂子，有了亂子，那末一定要回去，那裏能夠平定楚國呢！楚王逃往隨國的時候，將要渡過臼水，藍尹叫亹的，先要渡他的妻子，不肯把船給王；等到太平了，王要殺他，子西說：「子常單為想了舊怨才失敗的，你君為什麼要學他呢？」王說：「對的，使他回復到老職務去，記著我日前的差處。」王又念著大家的功，賞了鬬辛、王孫由于、王孫圉、鍾建、鬬巢、申包胥、王孫賈、宋木、鬬懷。子西說：「請除了鬬懷不要賞。」王說：「他終究聽了兄的話，免掉我的大難，這是大德呢！有了大德，不可再記小怨，這才合道理呢！」申包胥說：「我原是為國君，並不是為我自己一身，君王既然安定了，我還求什麼？並且我曾經責備過子旗的，我難道自己再做他麼？」便逃避賞賜不受。楚王將要嫁季芊了，季芊說：「所以稱為女子，是因為能和丈夫遠離，鍾建已經負過我了。」便給鍾建做妻，叫他做樂尹。楚王在隨國的時候，子西恐怕國人潰散，所以假裝了王的車服，保護過路的人，立國在脾洩地方。後來聽說王已在隨國了，方才跟去。王差由于造麇地方的城，造好了來復命的時候，子西問城的高和厚，由于卻不知道。子西說：「既然自知道不能，應當推辭，造了城不知道高厚大小，還有什麼事能知道呢？」由于回答說：「我原是推辭不能的，你定要派我哪！人們各有會與不會，王遇見強盜在雲中，我受了他一刀，傷口還在這裏呢！」就露出他的背脊來說：「這是我會做的，至於脾洩的事情，我卻不會的。」

㈩經　冬，晉士鞅帥師圍鮮虞。

傳　晉士鞅圍鮮虞，報觀虎之役㊀也。

【今註】㈠觀虎之役：定公三年，鮮虞人逮著晉國觀虎。

【今譯】晉國士鞅圍了鮮虞，這為的報復定公三年，鮮虞人逮著觀虎這件戰役。

定公六年（公元前五百〇四年）

㈠經　春王正月癸亥，鄭游速帥師滅許，以許男斯歸。

傳　春鄭滅許，因楚敗也。

【今譯】春，鄭國滅掉許國，因為楚國戰敗的原故。

㈡經　二月公侵鄭。

傳　二月，公侵鄭，取匡，為晉討鄭之伐胥靡也㈠。往不假道於衛，及還，陽虎使季孟自南門入，出自東門，舍於豚澤㈡，衛侯怒，使彌子瑕㈢追之。公叔文子㈣老矣，輦而如公，曰：「尤人而效之，非禮也。昭公之難，君將以文之舒鼎㈤，成之昭兆㈥，定之鞶鑑㈦，苟可以納之，擇用一焉，公子與二三臣之子，諸侯苟憂之，將以為之質㈧，此羣臣之所聞也。今將以小忿蒙舊德，無乃不可乎？大姒之子，唯周公康叔為相睦也，而效小人以棄之，不亦誣乎？天將多陽虎之罪以斃之，君姑待之，若何？」乃止。

【今註】㊀胥靡：在今河南省偃師縣東南。㊁豚澤：在今河北濮陽縣東南境。㊂彌子瑕：衛國的嬖大夫。㊃公叔文子：公叔發。㊄文之舒鼎：衛文公的舒鼎。㊅成之昭兆：衛成公的寶龜。㊆定之鞶鑑：衛定公的帶子上邊以銅鏡子為裝飾。㊇將以為之質：做為人質，使魯昭公回國。

【今譯】二月，魯定公侵略鄭國，佔據匡這地方，這是為的晉國討伐鄭國攻胥靡這地方的原故。去的時候經過衛國而不假道，到了回來的時候，陽虎使季孫同孟孫從南門進去，而自東門出來，住到豚澤這地方，衛侯因此發怒，派彌子瑕去追他們。公叔發已經老了，坐著車到衛侯那裏去，說：「說人家不好而又效法他，這是不合於禮的。魯昭公遇見禍難時，你想著在衛文公的舒鼎，衛成公的寶龜，衛定公帶鏡子的帶，祇要可以使魯昭公回國，選擇一個用都可以，公子同二三臣的兒子，諸侯假設願意，就拿他們做人質，這是羣臣所聽見說過的。現在要以小的忿怒覆蓋了舊德，這不也是不可以的嗎？太姒的兒子中間，祇有周公同康叔很相親愛，而你仿效小人，把他們的相好扔掉，不也是不可以嗎？皇天將使陽虎的罪狀增多，使他滅亡，你何不稍等一等，怎麼樣呢？」衛侯就止住了。

㈢經公至自侵鄭㈠。

【今註】㈠此經無傳。

【今譯】魯定公從侵略鄭國回來。

㈣經夏，季孫斯，仲孫何忌如晉。

傳夏，季桓子如晉，獻鄭俘也。陽虎強使孟懿子往報夫人之幣，晉人兼享之，孟孫立于房外，謂范獻子曰：「陽虎若不能居魯而息肩於晉，所不以為中軍司馬者，有如先君。」獻子曰：「寡君有官，將使其人，鞅何知焉。」獻子謂簡子曰：「魯人患陽虎矣！孟孫知其釁，以為必適晉，故強為之請以取入焉㈠。」

【今註】㈠故強為之請以取入焉：所以強替他請求以使他入晉國。

【今譯】夏天，季孫斯到晉國去，為的貢獻鄭國的俘虜。陽虎勉強使仲孫何忌去報答晉國夫人的聘問，晉侯把他們一起宴享。仲孫何忌立在房的外面，對士鞅說：「陽虎若不能住在魯國，而逃到晉國，你們仍要不請他做中軍司馬者，敢以先君做起誓。」士鞅說：「晉國的君有官出缺，就派他應當派的人，我又怎麼能夠知道呢？」士鞅對趙鞅說：「魯國人以陽虎為禍患，仲孫何忌知道這個原故，以為必逃到晉國來，所以強替他請求，使晉國知道他會來。」

(五) 傳 四月己丑，吳大子終纍㈠敗楚舟師，獲潘子臣小惟子㈡及大夫七人，楚國大惕，懼亡。子期又以陵師敗于繁揚㈢，令尹子西喜曰：「乃今可為矣。」於是乎遷郢於鄀㈣而改紀其政，以定楚國。

【今註】㈠終纍：闔廬的兒子，夫差的哥哥。㈡潘子臣、小惟子：二人是楚國水師的將領。㈢陵師敗于繁揚：陵師就是陸軍。繁揚在今河南省新蔡縣北。㈣鄀：在今湖北省自忠縣東南。

【今譯】四月己丑，吳國太子終纍，敗楚國的水師，捕獲了楚將領潘子臣同小惟子，及七個大夫，楚國人大驚，很怕亡國。子期又以楚國陸軍在繁揚打敗，令尹子西歡喜了說：「現在就可以有辦法了。」就遷都到鄀這地方，而改變了政治，以安定楚國。

(六) 傳 周儋翩㈠率王子朝之徒，因鄭人將以作亂于周，鄭於是乎伐馮、滑㈡，胥靡，負黍㈢，狐人㈣，闕外㈤。六月，晉閻沒戍周，且城胥靡。

【今註】㈠儋翩：是子朝的黨餘。㈡馮滑：彙纂說：「外東觀漢記，以魏之別封華侯，華侯孫長卿食采於馮城即此。」滑在今河南省偃師縣南二十里。㈢負黍：一統志說：「今河南登封縣西南二十七里，有負黍聚。」㈣狐人：按潁陰在今河南禹縣東南四十里，其潁水北岸，有狐人亭。㈤闕外：彙纂說：「即伊闕外之邑，在洛陽縣之南，闕塞山下。」

【今譯】周國儋翩率領著王子朝的餘黨，利用鄭國人想在周國作亂，鄭於是就伐馮、滑、胥靡、負黍、狐人、闕外六個地方。六月晉國的閻沒率領軍隊戍守周國，並且修理胥靡這個城。

(七)

經　秋，晉人執宋行人樂祁犂。

傳　秋八月，宋樂祁言於景公曰：「諸侯唯我事晉，今使不往，晉其憾矣。」樂祁告其宰陳寅㈠。陳寅曰：「必使子往。」他日，公謂樂祁曰：「唯寡人說子之言，子必往。」陳寅曰：「子立後而行，吾室亦不亡，唯君亦以我為知難而行也。」見溷而行㈡。趙簡子逆而飲之酒於緜上㈢，獻楊楯㈣六十於簡子。陳寅曰：「昔吾主范氏，今子主趙氏，又有納焉，以楊楯賈禍，弗可為也已。然子死晉國，子孫必得志於宋。」范獻子言於晉侯曰：「以君命越疆而使，未致使而私飲酒，不敬二君，不可不討也。」乃執樂祁。

【今註】㊀樂祁告其宰陳寅：樂祁把他同宋景公談的話，告訴他的宰陳寅。㊁見溷而行：溷是樂祁的兒子。使他見了宋景公，將來立他為後人。㊂緜上：在山西冀城縣西。㊃楊楯：楊木做的楯牌。

【今譯】秋天，八月，宋國卿樂祁對宋景公說：「諸侯祇有我們事奉晉國，現在若不去，晉國恐怕將要不高興。」樂祁把這話告訴他的宰陳寅。陳寅說：「這樣他必定派你去。」另一天，宋景公對樂祁說：「我很喜歡你那句話，你必定去。」陳寅告訴樂祁說：「你立了後人再走，這樣，我們家室就不會亡，君也以為我知道很難才定的。」樂祁帶著他的兒子溷見了宋景公，就走了。趙鞅迎接他到晉國的緜上喝酒，樂祁獻給他楊樹做的楯牌六十。陳寅說：「從前我們以范氏為主，現在你以趙氏為主，並且又送了禮物，拿楊樹楯牌得到禍，這恐怕難有辦法。但你死在晉國，子孫必在宋國得志。」士鞅對晉侯說：「受了宋君的命令，越國來出使，還沒有返命而偷喝酒，這是對於晉宋兩國的君全不恭敬，這不可以不討伐。」就把樂祁逮住了。

(八)經　冬，城中城㊀。

【今註】㊀此經無傳。

【今譯】冬天，修築中城。

(九)傳 陽虎又盟公及三桓於周社，盟國人于亳社，詛于五父之衢。

【今譯】陽虎又同魯定公同孟孫、季孫、叔孫在周社盟誓，又同貴族們在亳社盟誓，在五父大街上去詛咒。

(十)經 季孫斯仲孫何忌帥師圍鄆㊀。

【今註】㊀此經無傳。

【今譯】季孫斯仲孫何忌率領軍隊圍了鄆。

(土)傳 冬十二月，天王處于姑蕕㊀，辟儋翩之亂也。

【今註】㊀姑蕕：在今河南省偃師縣境。

【今譯】冬天十二月，周敬王到姑蕕這地方，這是躲避儋翩的亂子。

定公七年（公元前五百〇三年）

(一)經 春王正月。

傳 二月，周儋翩入于儀栗㊀以叛。

【今註】㊀儀栗：在今河南新安宜陽縣境。

【今譯】二月，周儋翩入儀栗反叛了。

(二)傳 齊人歸鄆、陽關㊀，陽虎居之以為政㊁。

【今註】㊀陽關：今山東省寧陽縣東北有陽關故城。㊁陽虎居之以為政：陽虎是季孫氏的重要家臣。住在那裏掌握政權。

【今譯】齊國人把鄆、陽關送回魯國，陽虎住到那裏管理政權。

(三)經 夏四月。

傳 夏四月，單武公㊀，劉桓公㊁敗尹氏于窮谷㊂。

【今註】㊀單武公：是單穆公的兒子。㊁劉桓公：是劉蚠的兒子。㊂窮谷：在洛陽城南五十里。

【今譯】夏天四月，單武公同劉桓公伐尹氏，在窮谷這地方把他打敗了。

(四)經 秋齊侯鄭伯盟于鹹。

(五)經 齊人執衛行人北宮結以侵衛，齊侯衛侯盟于沙。

傳 秋，齊侯鄭伯盟于鹹㊀。徵會于衛，衛侯欲叛晉，諸大夫不可。使北宮結如齊，而私於齊侯曰：「執結以侵我。」齊侯從之，乃盟于瑣㈡。

【今註】㈠鹹：在今河北濮陽縣東南。㈡瑣：左通補釋說：「以沙亭左氏謂之瑣，在今河北大名縣東。」

【今譯】秋天，齊侯、鄭伯在鹹這地方會盟。到衛國來徵求會，衛侯想對晉國反叛，很多大夫們認為不可以。派北宮結到齊國去，而偷著告訴齊侯說：「把北宮結逮起來，然後來侵略衛國。」齊侯聽了他的話，就同衛國在瑣這地方盟會。

㈥經 大雩㈠。

【今註】㈠此經無傳。

【今譯】魯國行求雨的典禮。

㈦經 齊國夏帥師伐我西鄙。

傳 齊國夏伐我，陽虎御季桓子，公斂處父㈠御孟懿子，將宵軍齊師，齊師聞之，墮伏而待之㈡。處父曰：「虎不圖禍，而必死㊂。」苫夷㊃曰：「虎陷二子於難，不待有司，余必殺女。」虎懼乃還，不敗。

【今註】㊀公斂處父：孟孫氏家臣，做成宰。㊁墮伏而待之：以墮毀軍隊引誘敵人，而在後面設伏兵等待。㊂虎不圖禍而必死：如果陽虎不預備禍難就必定要死。㊃苫夷：季孫氏的家臣。

【今譯】齊國國夏率領軍隊討伐魯國。陽虎為季孫斯駕車，公斂處父給仲孫何忌駕車，想在夜裏去攻打齊國軍隊，齊軍聽見說了，就墮毀了軍隊引誘敵人，而在後面設了伏兵等著。公斂處父說：「陽虎要不引出禍來，就必定死。」季孫氏家臣苫夷說：「陽虎想把季孫斯同仲孫何忌陷在難中，不必等到官吏來，我就必定殺你。」陽虎害了怕就回來，軍隊也沒有失敗。

(八)經　九月大雩㊀。

【今註】㊀此經無傳。

【今譯】九月行求雨典禮。

(九)經　冬十月。

傳　冬十一月戊午，單子，劉子逆王於慶氏㊀，晉籍秦送王。己巳，王入于王城，館于公族黨氏㈡而後朝于莊宮。

【今註】㈠慶氏：守姑蕕的大夫。㈡黨氏：是周大夫。

【今譯】冬天十一月戊午，單武公、劉桓公到姑蕕迎接敬王，晉國籍秦送王。己巳這天，王進入王城，住到公族黨氏家裏，然後到莊王廟裏上朝。

卷二十九　定公下

定公八年（公元前五百〇二年）

(一)經春王正月，公侵齊。

傳春王正月，公侵齊，門於陽州㊀，士皆坐列㊁，曰：「顏高之弓六鈞㊂。」皆取而傳觀之，陽州人出，顏高奪人弱弓，籍丘子鉏㊃擊之，與一人俱斃。偃且射子鉏，中頰殪㊄。顏息㊅射人中眉，退曰：「我無勇，吾志其目也。」師退，冉猛㊆偽傷足而先，其兄會乃呼曰：「猛也殿。」

【今註】㊀陽州：原為魯邑，後屬齊，在今山東東平縣東北。㊁士皆坐列：全坐在地下觀看。㊂顏高之弓六鈞：顏高是魯人，他的弓重量有一百八十斤。㊃籍丘子鉏：是齊國人。㊄偃且射子鉏中頰殪：顏高躺下，起來再射子鉏，中了他的臉死了。㊅顏息：是魯人。㊆冉猛：是魯人。

【今譯】春王正月，魯定公侵略齊國，攻打陽州的城門，軍隊全都排成行列坐在那裏，說：「顏高的弓有一百八十斤重。」全都將弓傳觀。這時陽州人出來，顏高奪了一個沒有力量的弓，籍丘子鉏來打他，同一個人全躺下了。顏高躺下就射子鉏，中了臉，子鉏就死了。顏息射人中了他的眉上，他回來說：「我沒有勇氣，我目的在他的眼睛。」軍隊退的時候，冉猛假做傷了腿，想先回去，他的哥哥冉會大聲叫說：「你祇能殿後。」

(二)經 公至自侵齊㊀。

【今註】㊀此經無傳。

【今譯】魯定公從侵略齊國回來。

(三)傳 二月己丑，單子伐穀城㊀，劉子伐儀栗。辛卯，單子伐簡城㊁，劉子伐盂㊂，以定王室。

【今註】㊀穀城：河南通志說：「在今洛陽城西北二十五里。」㊁簡城：彙纂說：「周有簡師父，簡城蓋其采邑。」㊂盂：應在洛陽附近。

【今譯】二月己丑，單武公討伐穀城，劉桓公討伐儀栗。辛卯，單武公討伐簡城，劉桓公討伐盂，以安定王室。

(四)傳 趙鞅言於晉侯曰：「諸侯唯宋事晉，好逆其使，猶懼不至，今又執之，是絕諸侯也。將歸樂祁。」士鞅曰：「三年止之，無故而歸之，宋必叛晉。」獻子私謂子梁㈠曰：「寡君懼不得事宋君，是以止子，子姑使溷代子。」子梁以告陳寅，陳寅曰：「宋將叛晉，是棄溷也，不如待之㈡。」樂祁歸，卒于大行㈢。士鞅曰：「宋必叛，不如止其尸以求成焉。」乃止諸州。

【今註】㈠子梁：即樂祁。㈡不如待之：不如在此地等侯，不要讓你的兒子來替你。㈢大行：晉地在山西晉城縣及河南沁陽的中間。

【今譯】趙鞅對晉侯說：「諸侯祇有宋國事奉晉國，把他好好的迎接，尚恐怕他不來，現在又把他逮捕，這是同諸侯斷絕。不如把樂祁送回。」士鞅說：「三年留著他，現在沒有原故而送回他，宋國必定對晉國反叛。」士鞅偷著對樂祁說：「我們晉君很怕不能事奉宋君，所以叫你住到晉國，你姑且使你兒子樂溷替你。」樂祁告訴陳寅，陳寅說：「宋將反叛晉國，這是等於捨棄樂溷了，不如等著。」樂祁回來，死在大行山。士鞅說：「宋必定要反叛，不如留下他的屍首，以求和平。」就把樂祁屍首擱在州這地方。

㈤經　二月，公侵齊。

傳公侵齊，攻廩丘㊀之郛，主人焚衝㊁，或濡馬褐以救之㊂，遂毀之，主人出，師奔㊃。陽虎偽不見冉猛者曰：「猛在此必敗。」猛逐之㊄，顧而無繼，偽顛。虎曰：「盡客氣也㊅！」

【今註】㊀廩丘：齊地，在今山東范縣東南七十里。㊁焚衝：燒掉戰車。㊂或濡馬褐以救之：或者把馬衣弄濕以救火。㊃師奔：去救護的軍隊逃走了。㊄猛逐之：冉猛追趕他。㊅盡客氣也：這全是假的勇氣。

【今譯】魯定公侵略齊國，攻打廩丘的外城，主人燒了戰車，有人把馬的衣服澆上水去救，因此就毀掉了外城，主人出來了，援助的軍隊就逃走了，陽虎假裝沒有看見冉猛的樣子說：「冉猛要在此地，必定要打敗仗。」冉猛要追逐廩丘人，看後邊沒人跟著他，就假作摔倒。陽虎就說：「這全是客氣，不是真正勇敢。」

㈥經三月公至自侵齊㊀。

【今註】㊀此經無傳。

【今譯】三月，定公從侵略齊國回來。

(七)傳 苫越生子，將待事而名之，陽州之役獲焉，名之曰陽州㊀。

【今註】㊀名之曰陽州：取名叫陽州。

【今譯】苫越生了兒子，要等著有意義的事發生，給他取名字，陽州這一戰，他有所捕獲，就給他兒子名叫陽州。

(八)經 曹伯露卒㊀。

【今註】㊀此經無傳。

【今譯】曹伯露死了。

(九)經 夏齊國夏帥師伐我西鄙。

(十)經 公會晉師於瓦。

傳 夏齊國夏，高張伐我西鄙，晉士鞅，趙鞅，荀寅救我。公會晉師于瓦㊀，范獻子執羔，趙簡子，中行文子皆執鴈，魯於是始尚羔㊁。

【今註】㊀瓦：彙纂說：「在河南滑縣東南，有瓦亭岡集，古瓦亭也。」㊁魯於是始尚羔：魯國因此以羔羊為最尚。

【今譯】夏天，齊國國夏同高張伐魯國西邊，晉國士鞅同趙鞅荀寅來救魯國。魯定公到瓦這地方會合晉國軍隊，士鞅手裏拿著羔羊，趙鞅同荀寅全拿著鴈，魯國由此就開始以羔羊為尊貴。

(十一)經 公至自瓦㊀。

【今註】㊀此經無傳。

【今譯】魯定公從瓦回來。

(十二)經 秋七月戊辰，陳侯柳卒㊀。

【今註】㊀此經無傳。

【今譯】秋七月戊辰，陳侯柳死了。

(十三)傳 晉師將盟衛侯于鄟澤㊀，趙簡子曰：「羣臣誰敢盟衛君者？」涉佗，成何㊁曰：「我能盟之。」衛人請執牛耳㊂。成何曰：「衛吾溫原也，焉得視諸侯？」將歃，涉佗挼衛侯之手及捥㊃，衛侯怒。王孫賈㊄趨進曰：「盟以信禮也，有如衛君，其敢不唯禮是事，而受此盟也。」衛侯欲叛晉，而患諸大夫。王孫賈使次于郊，大夫問故，公以晉詬語之，且曰：「寡人辱社稷，其改卜嗣，寡人從焉。」大夫曰：「是衛之禍，豈君之過也。」公曰：「又有患焉，謂寡人必以而子與大夫之子為質。」大夫曰：「苟有益也，公子則往，羣臣之子敢不皆負羈紲以從。」將行，王孫賈曰：「苟衛國有難，工商未嘗不為患，使皆行而後可。」公以告大夫，乃皆將行之，行有日，公朝國人，使賈問焉，曰：「若衛叛晉，晉五伐我，病何如矣？」皆曰：「五伐我猶可以能戰。」賈曰：「然則如叛之，病而後質焉，何遲之有？」乃叛晉。晉人請改盟，弗許。

【今註】㊀鄟澤：鄟澤近衛都，疑在今河北濮陽縣西南。㊁涉佗、成何：二人皆晉大夫。㊂衛人請執牛耳：照道理尊者是拿著牛耳朵。㊃涉佗捘衛侯之手及捥：涉沱擠衛侯手上的血一直到手腕上。㊄王孫賈：衛大夫。

【今譯】晉國軍隊將到鄟澤這地方去同衛侯盟誓。趙鞅說：「你們羣臣，誰敢同衛君盟誓？」晉大夫涉佗成何說：「我們敢同他盟誓。」衛國人要求拿著牛的耳朵。成何說：「衛等於晉國的溫原兩個縣，怎衆能比諸侯呢？」將歃血時涉佗擠衛侯手上的血一直到腕子上，衛侯發怒。王孫賈跑上去說：「盟誓足以表示禮，就是衛君也不敢不尊重禮，而受這盟誓」。衛侯想對晉國反叛，就怕各大夫不聽從。王孫賈出主意，使衛侯立在郊外，大夫們問為什麼他不進都城的原故，衛侯就把晉國對他的恥辱說了，並且又說：「寡人羞辱了國家，你們可以占卜立旁人，我一定聽從你們。」大夫們說：「這是衛國的禍，豈是你的過呢？」衛侯就說：「又有旁的禍患，叫我必定拿我的兒子同大夫的兒子做人質。」大夫們說：「假如有益處，公子必去，羣臣們的兒子，誰也不敢不背著覊紲跟著去。」將去的時候，王孫賈說：「假設衛國有禍難，工商們未嘗不為衛國的禍患，使他們全跟著去才可以。」衛侯告訴諸大夫們，叫工商們全都去。已經定好日子要走了，衛侯朝見貴族，派公孫賈問他們說：「若衛國叛了晉國，晉國打我們五次，我們成了什衆樣子呢？」回答說：「五次打我們，我們還可以作戰。」公孫賈說：「那不如反叛了晉國，被打以後然後去送人質，那又有什麼晚呢？」就叛了晉國。晉人要求改盟誓，衛國不答應。

(十四)【經】晉士鞅帥師侵鄭遂侵衛。

【傳】秋，晉士鞅會成桓公㊀侵鄭，圍蟲牢，報伊闕㊁也。遂侵衛。

【今註】㊀成桓公：是周卿士。㊁伊闕：即闕塞，在洛陽西南。

【今譯】秋天，晉士鞅會同周卿士成桓公侵略鄭國，圍了蟲牢，這是報復伊闕的事情。接著侵略衛國。

(十五)經葬曹靖公㈠。

【今註】㈠此經無傳。

【今譯】給曹靖公行葬禮。

(十六)經九月葬陳懷公㈠。

【今註】㈠此經無傳。

【今譯】九月給陳懷公行葬禮。

(十七)經季孫斯仲孫何忌帥師侵衛。

傳九月，師侵衛，晉故也㈠。

【今註】㈠晉故也：魯為晉討衛。

【今譯】九月，魯國軍隊侵略衛國，這是幫助晉國的原故。

(大)經 冬衛侯鄭伯盟于曲濮㈠。

【今註】㈠此經無傳。

【今譯】冬，衛侯鄭伯在曲濮這地方盟誓。

(丸)經 從祀先公。

(廿)經 盜竊寶玉大弓。

傳 季寤㈠，公鉏極㈡，公山不狃㈢皆不得志於季氏，叔孫輒㈣無寵於叔孫氏，叔仲志㈤不得志於魯，故五人因陽虎。陽虎欲去三桓，以季寤更季氏㈥，以叔孫輒更叔孫氏㈦，己更孟氏㈧。冬十月，順祀先公而祈焉，辛卯，禘于僖公。壬辰，將享季氏于蒲圃而殺之，戒都車曰癸巳至㈨，成宰公斂處父告孟孫曰：「季氏戒都車何故？」孟孫曰：「吾弗聞。」處父曰：「然則亂也，必及於子，先備諸。」與孟孫以壬辰為期。陽虎前驅，林楚御桓子，虞人以鈹盾夾之㈩，陽越殿㈡，將如蒲圃。桓子咋㈢謂林楚曰：「而先皆季氏之良也，爾以是繼之。」對曰：

「臣聞命後，陽虎為政，魯國服焉，違之徵死，死無益於主。」桓子曰：「何後之有？而能以我適孟氏乎？」對曰：「不敢愛死，懼不免主？」桓子曰：「往也。」孟氏選圉人之壯者三百人以為公期⑬築室於門外，林楚怒焉，及衢而騁⑭，陽越射之不中，築者闔門。有自門間射陽越，殺之。陽虎劫公與武叔⑮以伐孟氏，公斂處父帥成人自上東門⑯與陽氏戰于南門之內，弗勝，又戰于棘下⑰。陽氏敗，陽虎說甲如公宮，取寶玉大弓以出，舍于五父之衢，寢而為食。其徒曰：「追其將至？」虎曰：「魯人聞余出，喜於徵死，何暇追余？從者曰：「嘻，速駕，公斂陽在。」公斂陽請追之，孟孫弗許。陽欲殺桓子⑱，孟孫懼而歸之，子言⑲辨舍爵於季氏之廟而出，陽虎入於讙、陽關⑳以叛。

【今註】 ㈠季寤：季孫斯的弟弟。㈡公鉏極：季孫斯的族子。㈢公山不狃：是費宰。㈣叔孫輒：叔孫氏的庶子。㈤叔仲志：叔仲帶的孫子。㈥更季氏：替代季孫。㈦更叔孫氏：替代叔孫武叔。㈧己更孟氏：陽虎自己替代孟孫。㈨戒都車曰癸巳至：令都邑的兵車戒備，告訴他說癸巳這天起兵。

⑩虞人以鈹盾夾之：管打獵的官拿著劍同盾牌兩邊夾立。⑪陽越：是陽虎的從弟。⑫咋：忽然。⑬公期：孟孫氏的支子。⑭及衢而騁：到大街上就打馬趕緊走。⑮武叔：叔孫不敢的兒子叔孫州仇。⑯上東門：魯都城的東面的北門。⑰棘下：左通補釋說：「魯南門曰稷門，稷棘聲近，則棘下即稷門之下。」⑱陽欲殺桓子：公斂陽想把季孫斯殺掉。⑲子言：季寤。⑳讙、陽關：方輿紀要說：「讙在山東泰安縣西南，陽關在泰安縣東南六十里之陽關村。」

【今譯】 季寤、公鉏極、公山不狃，皆對季孫氏不得志，叔孫輒也沒得到叔孫氏的寵愛，叔仲志也在魯國不得志。所以這五個人全利用陽虎。陽虎想著去掉三桓，用季寤替代季孫斯，用叔孫輒替代叔孫州仇，他自己替代了仲孫何忌。冬天十月，順祀魯國的先公以備祈禱，辛卯，大禘僖公廟，壬辰，將在蒲圃宴享季孫斯，把他殺掉，告戒魯國都城的兵車說，癸巳那天就來。成宰公斂處父告訴孟孫說：季孫要都城的兵車戒備，這是什眾原故呢？」仲孫何忌說：「我沒有聽說。」處父說：「那麼就是有亂事，這種亂事必定連著你，不如先預備好了。」就與仲孫何忌商量，定了壬辰這天為舉動。陽虎為季孫斯的前驅，林楚替季孫斯駕車，後邊是打獵的官，用劍同盾牌，左右夾道走，陽越在最後。將到浦圃去，季孫斯忽然對林楚說：「你的先人全是季孫氏有功的人，你可以接著來做。」回答說：「我得到命令很晚，陽虎當政權，魯國人全都服從他，違背了他，就是要死，死也對主人沒有用處。」季孫斯說：「有什麼晚呢？你能把我送到孟孫氏那裏去嗎？」回答說：「我不敢愛惜死亡，但很怕對主人沒有用處？」季孫斯說：「去吧。」孟孫氏選了養馬的壯丁三百人為公期在門外修房子，林楚到了大街上，就打著馬急往前走。陽越射箭，沒有打中，築房子的人就關上門。有人在大門前射陽越，把他殺了。陽虎劫了魯定公跟叔孫州仇，來討伐孟孫氏，公斂處父率領成人從上東門進入與陽虎在南門的裏頭打仗，沒有打勝，又在棘下打仗。陽氏打敗了，陽虎脫掉甲冑，到魯公的宮裏，拿走了夏后氏的璜玉同封父的繁弱，住在五父的大街上，睡在那裏又吃東西。他的左右人說：「追兵就要來。」陽虎說：「魯國人聽見我走了，喜的不會死亡，有什麼時間追我呢？」左右人說：「趕緊駕車吧！公斂處父在。」公斂處父請求追陽虎，孟孫不答應。公斂處父想殺季孫斯，孟孫害怕，叫季孫斯回去。季寤拿爵杯在季氏的廟周徧的獻酒而出。陽虎就進入齊魯的邊境讙同陽關兩個地方反叛了。

(廿)傳　鄭駟歂㊀嗣子大叔為政。

【今註】㊀駟歂：是駟乞的兒子。

【今譯】鄭國駟歂接著游吉掌政權。

定公九年（公元前五百〇一年）

(一)經　春王正月。

傳　春，宋公使樂大心盟于晉，且逆樂祁之尸，辭偽有疾，乃使向巢如晉盟，且逆子梁之尸。子明㊀謂桐門右師出，曰：「吾猶衰絰而子擊鍾何也？」右師曰：「喪不在此故也。」既而告人曰：「已衰絰而生子，余何故舍鍾？」子明聞之怒，言於公曰：「右師將不利戴氏，不肯適晉，將作亂也，不然無疾。」乃逐桐門右師。

【今註】㊀子明：樂祁的兒子樂溷。

【今譯】春天，宋公派樂大心到晉國去盟會，並且迎接樂祁的屍首，他辭謝假裝有病，就改派向巢到晉盟會，且迎接樂祁的屍首。樂溷把樂大心驅逐出門說：「我尚在穿孝你為什麼就敲鐘？」樂大心說：「喪事不在此地的原故。」後來他就對旁人說：「他穿著孝，而生了孩子，我為什麼一定不能敲鍾？」樂溷聽見這話就惱了，對宋景公說：「樂大心將對戴氏族不利，他不肯到晉國去，就是因為他想作亂的原故，否則他並沒有病」。宋公就把樂大心趕走了。

㈡經夏四月戊申，鄭伯蠆卒㊀。

【今註】㊀此經無傳。

【今譯】夏四月戊申鄭伯蠆死了。

(三)傳鄭駟歂殺鄧析㈠而用其竹刑㈡。君子謂子然㈢於是不忠，苟有可以加於國家者，棄其邪可也。靜女之三章，取彤管焉㈣。竿旄㈤何以告之，取其忠也。故用其道，不棄其人。詩云：「蔽芾甘棠，勿翦勿伐，召伯所茇㈥。」思其人猶愛其樹，況用其道而不恤其人乎？子然無以勸能矣。

【今註】㈠鄧析：鄭大夫。㈡竹刑：寫在竹簡上的刑法。㈢子然：即駟歂。㈣靜女之三章，取彤管焉：詩經邶風的一篇詩。雖然有三章，但是注意的是彤管。彤管是紅顏色的筆，是古代女史記事用的。㈤竿旄：是鄘風的一篇詩。㈥蔽芾甘棠，勿翦勿伐，召伯所茇：詩經召南的一句詩。意思是說很茂盛的甘棠樹，也不要剪掉，這是召伯聽打官司的地方。

【今譯】鄭國駟歂殺了鄧析，而用他在竹簡上所寫的刑法。君子說駟歂如此就是不忠，祇要有益於國家，放棄他的邪錯就可以了。靜女詩的三章，他的目的全在於彤管。竿旄這篇詩「何以告之」只是取他的忠心而已。所以用他的道理，不要捨棄那個人。詩經說：「很茂盛的甘棠樹，不要剪它，也不要砍它，這是召伯聽打官司的地方。」想這人尚且喜愛他的樹，何況用他的道理，而不憐恤他的人嗎？駟歂這樣做，是不能鼓勵有能力的人。

(四)經 得寶玉大弓。

傳 夏，陽虎歸寶玉大弓㊀，書曰得器用也，凡獲器用曰得，得用焉曰獲。六月，伐陽關。陽虎使焚萊門㊁，師驚，犯之而出奔齊，請師以伐魯曰：「三加必取之。」齊侯將許之。鮑文子㊂諫曰：「臣嘗為隸於施氏矣，魯未可取也，上下猶和，眾庶猶睦，能事大國㊃，而無天菑，若之何取之？陽虎欲勤齊師也，齊師罷，大臣必多死亡，己於是乎奮其詐謀。夫陽虎有寵於季氏，而將殺季孫以不利魯國，而求容焉，親富不親仁，君焉用之？君富於季氏而大於魯國，茲陽虎所欲傾覆也。魯免其疾，而君又收之，無乃害乎？」齊侯執陽虎，將東之，陽虎願東，乃囚諸西鄙，盡借邑人之車，鍥其軸麻，約而歸之。載蔥靈㊄寢於其中而逃。追而得之，囚於齊，又以蔥靈逃奔晉，適趙氏。仲尼曰：「趙氏其世有亂乎？」

【今註】㊀陽虎歸寶玉大弓：陽虎送還寶玉同大弓。寶玉就是定公四年所說「夏后氏之璜」。大弓就是「封父之繁弱。」㊁萊門：陽關邑門。㊂鮑文子：即鮑國。㊃能事大國：能事奉晉國。㊄蔥靈：輜重車的名字。

【今譯】夏天，陽虎歸還了夏后氏的璜同封父的繁弱。春秋寫著意思是說得到一個用器，凡是得到器用叫做得，得用的東西叫做獲。六月，討伐陽關。陽虎讓人焚燒陽關的萊門，魯國軍隊害怕，陽虎就率著他的軍隊逃到齊國去，請齊國出兵伐魯國說：「三次加兵討伐魯國，必定得到魯國。」齊侯想要答應他。鮑國諫諍說：「我嘗工作在魯國的施氏，魯國尚沒方法拿下，上下全很和睦，庶人也很和睦，能事奉大國晉，而沒有天災流行，怎麼樣能拿下他？陽虎是想勞苦齊國軍隊，齊國軍隊疲倦了，大臣們必定多死亡，藉此他就用他的詐謀。從前陽虎獲得季氏的寵愛，而將殺季孫斯，對魯國不利，以求容納自己，他這個人親富不親仁，這種人有什麼用處呢？你較季氏富而又大於魯國，所以陽虎就想把你毀掉。魯國免掉他的病，而你收納他，這豈不是有害嗎？」齊侯就把陽虎逮起來，想叫他往東邊去，陽虎答應往東邊去，齊侯就把他送到西邊囚起來。他借了邑中人的車，把它的軸用刀子刻了，使它縮小，歸還給邑人。他睡在一個輜重車中就逃走了。把他追得囚到齊國都城，又睡到一個輜重車逃到晉國，住到趙氏。仲尼說：「趙氏恐怕輩輩有亂子了。」

(五)經　六月，葬鄭獻公㈠。

【今註】㈠此經無傳。

【今譯】六月，給鄭獻公下葬。

(六)經 秋，齊侯衛侯次于五氏。

傳 秋，齊侯伐晉夷儀㊀。敝無存㊁之父將室之，辭以與其弟，曰：「此役也不死，反必娶於高國。」先登，求自門出，死於霤下㊂。東郭書讓登㊃，犂彌從之曰：「子讓而左，我讓而右，使登者絕而後下㊄。」書左，彌先下。書與王猛息，猛曰：「我先登。」書斂甲曰：「曩者之難，今又難焉。」猛笑曰：「吾從子如驂之靳㊅。」晉車千乘在中牟㊆，衛侯將如五氏㊇，卜過之龜焦。衛侯曰：「可也。衛車當其半，寡人當其半敵矣。」乃過中牟，中牟人欲伐之，衛褚師圃亡在中牟曰：「衛雖小，其君在焉，未可勝也，齊師克城而驕，其帥又賤㊈，遇必敗之，不如從齊。」乃伐齊師敗之㊉，齊侯致禚、媚、杏⑪於衛。齊侯賞犂彌，犂彌辭曰：「有先登者，臣從之，晳幘而衣貍製⑫。」公使視東郭書，曰：「乃夫子也，吾貺子。」公賞東郭書，辭曰：「彼賓旅也⑬。」乃賞犂彌。齊師之在夷儀也，齊侯謂夷儀人曰：「得敝無存者，以五家免⑭。」乃得其戶，公三襚之㈤，與之犀軒與直蓋㈥，而先歸之，坐引者，以師哭之㈦親推之三㈧。

【今註】 ㈠夷儀：今山東聊城縣西南十二里有夷儀城。㈡敝無存：齊國人。㈢霤下：屋簷底下。㈣東郭書讓登：東郭書讓旁人在後面而自己先登。㈤後下：下是進城。㈥吾從子如驂之靳：我跟著你如同車架旁邊的馬隨著車中間的馬。驂是駕車旁邊的馬，靳是駕車中間的馬。㈦中牟：在今河南湯陰縣西五十里。㈧五氏：紀要說：「今河北邯鄲縣西有五氏城，亦曰寒氏城。」㈨其帥又賤：指東郭書很低下。㈩乃伐齊師敗之：就去打齊國軍隊，把他們打敗了。據哀公十五年說這次戰役得到齊國戰車五百輛。㈡禚、媚、杏：春秋大事表說：「禚在山東長清縣境，媚在禹城縣境，杏在博平縣境。」㈢貍製：貍子皮的皮襖。㈢彼賓旅也：他同我等於賓主相讓，同進同退。㈣以五家免：可以免去五家的稅收役事。㈤公三襚之：齊侯給蔽無存穿上三次的襚衣。㈥與之犀軒與直蓋：給他犀牛刻劃的車，同高的傘蓋。㈦坐引者以師哭之：命挽喪車者停柩跪下，用軍隊來哭祭。㈧親推之三：齊侯親自推敝無存的喪車，車輪子轉了三次。

【今譯】 秋天，齊侯伐晉國的夷儀。齊人敝無存的父親將給他結婚，他辭讓給他弟弟說：「這一戰以後，若不死，回來必定娶高國的女子。」他先登上城，又要從門進去，結果戰死在屋簷底下。東郭書要旁人讓他先登，犁彌跟著他說：「你到左邊我到右邊，使沒有人上城，然後才下去。」東郭書從左邊上，犂彌先下城。東郭書同王猛休息，王猛說：「我先登城的。」東郭書拿起盔甲說：「從前很難，現在更難了。」王猛笑說：「我跟著你，如同駕沿車旁的馬，隨從車中間的馬。」晉國兵車一千輛在中牟這地方。衛侯想到五氏去，占卜路過中牟，龜板焦了。衛侯說：「可以。衛國的兵車當一半，我寡人也當他的一半。」就過了中牟，中牟人想伐衛國軍隊，衛國褚師圃逃亡在中牟說：「衛國雖然小，他的君在這裏，不可以戰勝他。齊國軍隊得了夷儀而驕傲，他的將領東郭書又地位低賤，遇見齊國軍隊必定打敗他，不如攻擊齊國軍隊。」就討伐齊國軍隊打敗他。齊侯就把禚、媚、杏，幾個地方給了衛國。齊侯想賞犂彌，犂彌辭讓說：「有人比我先登，我跟了他後面，他的軍衣白而外邊有貍皮襖。」齊侯使他看東郭書，他說：「就是他，我賀你。」齊侯賞東郭書，他辭讓說：「我跟他同進退。」就賞了犂彌。齊國軍隊在夷儀時，齊侯對夷儀的人說：「得到敝無存的人，我可以給他免了五家的稅收役事。」得到他的屍首，齊侯給他三重的襚衣，更給他卿所坐犀牛的車同高蓋，使他先回去，命挽喪車者停柩跪下，用軍隊來哭祭，齊侯推他喪車三次。

(七)經　秦伯卒㈠。

【今註】㈠此經無傳。

【今譯】秦伯死了。

(八) 經 冬葬秦哀公㊀。

【今註】㊀此經無傳。

【今譯】冬，給秦哀公行葬禮。

定公十年（公元前五百年）

(一) 經 春王三月，及齊平。

傳 春，及齊平。

【今譯】春天，魯國同齊國和平。

(二) 經 夏，公會齊侯于夾穀。

傳 夏，公會齊侯于祝其實夾谷㊀，孔丘相。犁彌言於齊侯曰：「孔丘知禮而無勇，若使萊人以兵劫魯侯，必得志焉。」齊侯從之。孔丘以公退曰：「士兵之㊁！兩君合好，而裔夷之俘以兵亂之，非齊君所以命諸侯也。裔不謀夏，夷不亂華，俘不干盟，兵不偪好，於神為不祥，於德為愆義，於人為失禮，君必不然。」齊侯聞之，遽辟之㊂。將盟，齊人加於載書曰：「齊師出竟，而不以甲車三百乘從我者，有如此盟。」孔丘使茲無還㊃揖對曰：「而不反我汶陽之田，吾以共命者，亦如之。」齊侯將享公，孔丘謂梁丘據曰：「齊魯之故㊄，吾子何不聞焉？事既成矣，而又享之，是勤執事也。且犧象不出門，嘉樂不野合㊅，饗而既具，是棄禮也，若其不具，用秕稗也。用秕稗君辱，棄禮名惡，子盍圖之？夫享所以昭德也，不昭不如其已也。」乃不果享。齊人來歸鄆、讙、龜陰之田㊆。

【今註】㊀夾谷：山東通志說：「夾谷在博山縣東境。」㊁士兵之：叫士卒用武器打萊人。㊂遽辟之：馬上叫萊人的軍隊退下去。㊃茲無還：是魯大夫。㊄故：舊事。㊅嘉樂不野合：嘉樂就是鍾磬，應該在房中奏樂，不能在野外舉行。㊆鄆、讙、龜陰之田：鄆即西鄆，今山東鄆城縣。讙，魯邑，在今山東泰安縣西南，地近肥城。龜陰之田應在汶水之陽，以在泰安縣境為是。

【今譯】魯定公見齊侯於祝其，實在就在夾谷。孔子做了魯定公贊禮的人，齊大夫犂彌對齊侯說：「孔丘雖然懂得禮節，卻沒有勇敢的，如果差萊人用兵器去劫魯侯，一定能夠稱我的心的。」齊侯就依了他去做。孔丘便同定公退下說：「軍士們，用武器去擊萊人，豈有兩君會合著和好，卻被遠夷的囚虜拿兵器來擾亂的？這不是齊君所以吩咐諸侯聚會的好意呢！遠方的人不當來謀算中原，夷狄不當來擾亂華夏，囚虜不當惹觸盟誓，兵戎不當偪近盟好；如果這麼了，在神明前便是不祥，在道德上便是失掉義，在人事便是失掉禮，齊君一定不會這樣的。」齊侯聽得這話，心中慚愧，便使萊兵避去。將要結盟的時候，齊人在盟書上記載說：「將來齊兵出境去征伐諸侯，魯國卻不拿兵車三百乘跟我的，便當受這會盟誓的詛咒。」孔丘派大夫茲無還作揖回答說：「如果你們不還我汶陽的田地，我若供應你的，也像這般。」齊侯將要享宴定公。孔丘對梁丘據說：「齊魯兩個的老規矩，你難道沒有聽得說過嗎？盟事已經完畢了，卻又要設起宴來，這是空勞你齊國的執事嗎？況且禮器是列在朝廷宗廟中，不出國門的；鍾磬是不能奏於野外的；如果設宴的禮樂完備了，這就是棄宗廟的禮儀在野外；如果設宴不備禮樂，這就是好比捨了五穀用秕稗了。禮節不備，是辱了兩國的君；棄掉禮儀，是惡名聲，你為什麼不打算一下呢？那宴享是所以昭明道德的，沒有道德可昭，還不如罷了好得多哩！」便沒有宴享。後來齊人卻來歸還鄆、灌、龜陰的田。

(三) 經　公至自夾谷㊀。

【今註】㊀此經無傳。

【今譯】魯定公從夾谷回來。

(四)經晉趙鞅帥師圍衛。

傳晉趙鞅圍衛，報夷儀也。初，衛侯伐邯鄲午㈠於寒氏㈡，城其西北而守之，宵熸㈢，及晉圍衛，午以徒七十人門於衛西門，殺人於門中，曰：「請報寒氏之役。」涉佗曰：「夫子則勇矣！然我往，必不敢啟門。」亦以徒七十人旦門焉，步左右皆至，而立如植，日中不啟門乃退。反役，晉人討衛之叛故曰：「由涉佗，成何。」於是執涉佗以求成於衛，衛人不許。晉人遂殺涉佗，成何奔燕。君子曰：「此之請棄禮必不鈞，詩曰：『人而無禮，胡不遄死㈣？』涉佗亦遄矣哉！」

【今註】㈠邯鄲午：晉國守邯鄲的大夫。㈡寒氏：即五氏，見去年。㈢宵熸：在夜裏邯鄲午的軍隊全散了。㈣人而無禮，胡不遄死：詩經鄘風的一句。意思說人若沒有禮節，為什麼不快死呢？

【今譯】晉國趙鞅圍了衛國都城，這是為的報夷儀的戰役。最早時，衛侯到寒氏這地方討伐邯鄲午，築城於其西北之地而守之，夜裏邯鄲午的軍隊全散了。到了晉國圍衛國，邯鄲午率領著七十個人在衛都城西門去攻打，在門中間殺了人，並且說：「這是為的報復寒氏的戰役。」涉佗說：「他是很勇敢了，我要去到那裏，他必不敢開啟城門。」也率領著七十個人去到城門前，來回的走，而立著像一塊木頭一樣，到了中午門不敢開，就退下來。從這戰役回來，晉人討伐衛國反叛的原故說：「這全是由於涉佗同成何。就把涉佗逮起來，並向衛國求和平，衛人不答應。晉人就殺了涉佗，成何逃到燕國去了。君子說：「這是叫做丟掉禮，必不能平均，詩經上說過：『人要是沒有禮節為什眾不趕緊死呢？』涉佗也很快了。」

(五)經 齊人來歸鄆、讙、龜陰田。

(六)經 叔孫州仇仲孫何忌帥師圍郈。

(七)經 秋，叔孫州仇仲孫何忌帥師圍郈。

傳 初，叔孫成子欲立武叔，公若藐㊀固諫曰：「不可。」成子立之而卒。公南㊁使賊射之，不能殺。公南為馬正，使公若為郈宰。武叔既定，使郈馬正侯犯殺公若，不能，其圉人㊂曰：「吾以劍過朝，公若必曰：『誰之劍也？』吾稱子以告，必觀之，吾偽固而授之末，則可殺也。」使如之。公若曰：「爾欲吳王我乎！」遂殺公若。侯犯以郈叛㊃，武叔懿子圍郈，弗克。秋，二子及齊師復圍郈，弗克，叔孫謂郈工師駟赤㊄曰：「郈非唯叔孫氏之憂，社稷之患也，將若之何？」對曰：「臣之業在揚水卒章之四言矣㈥。」叔孫稽首。駟赤謂侯犯曰：「居齊魯之際而無事，必不可矣。子盍求事於齊以臨民，不然將叛。」侯犯從之。齊使至，駟赤與郈人為之宣言於郈中曰：「侯犯將以郈易於齊，齊人將遷郈民。」眾兇懼。駟赤謂侯犯曰：「眾言異矣，子不如易於齊，與其死也，猶是郈也，而得紓焉，何必此？齊人欲以此偪魯，必倍與子地。且盍多舍甲於子之門，以備不虞。」侯犯曰：「諾。」乃多舍甲焉。侯犯請易於齊，齊有司觀郈，將至，駟赤使周走呼曰：「齊師至矣！」郈人大駭，介侯犯之門甲以圍侯犯，駟赤將射之㈦，侯犯止之曰：「謀免我。」侯犯請行，許之㈧。駟赤先如宿㈨，侯犯殿，每出一門，郈人閉之。及郭門，止之曰：「子以叔孫氏之甲出，有司若誅之，羣臣懼死。」駟赤曰：「叔孫氏之甲有物㈩吾未敢以出。」犯謂駟赤曰：「子止而與之數。」駟赤止而納魯人，侯犯奔齊，齊人乃致郈。

【今註】㈠公若藐：叔孫氏的族人。㈡公南：叔孫氏的家臣與叔孫武叔一黨。㈢圉人：武叔的圉人。㊃侯犯以郈叛：侯犯是叔孫氏的家臣以郈反叛。㊄工師駟赤：工師是掌工匠的官，駟赤是人名。㊅臣之業在揚水卒章之四言矣：揚水是詩唐風的篇名，卒章是第四章，四言是四句話。就指著說「吾聞有命。」意思說我已接受你的命令。㊆駟赤將射之：駟赤假作為侯犯射郈人。㊇許之：郈人答應了。㊈宿：在今山東省東平縣東二十里。㊉叔孫之甲有物：叔孫氏的盔甲上有標誌。

【今譯】最初時，叔孫不敢想立叔孫州仇，公若藐強諫他說：「不可」。叔孫不敢把他立了就死了。公南使人射他，不能夠射死。公南做馬正，叫公若做郈宰。叔孫州仇的位子既然固定了，使郈的馬正侯犯去殺公若，不能成功。州仇趕馬的人說：「我拿著寶劍經過朝，公若必定問說：『這是誰的劍呢？』我告訴他是你的。他必定要看。我假裝固陋，而把寶劍的尖交給他，就可以把他殺掉。」就叫他這樣做。公若說：「你想把我做吳王嗎？」就把公若殺掉。侯犯拿郈來反叛。叔孫州仇同仲孫何忌圍了郈，沒有攻下。秋天，叔孫州仇又同仲孫何忌以及齊國軍隊又圍了郈，仍舊不能戰勝，叔孫州仇對郈的工師駟赤說：「郈不衹是叔孫氏的憂慮，也是國家的患難，這怎麼辦呢？」他回答說：「我的事業在揚水詩篇末了那四句話。」叔孫州仇對他叩頭。駟赤對侯犯說：「在齊魯的中間，而無所服事，這是必定不可能的，你何不去事奉齊國以主持人民，要不然人民將要反了。」侯犯聽了他的話。齊國派使臣來到，駟赤同郈人在郈中宣言：「侯犯將拿郈同齊國交換地方，齊國人將把郈的人民遷走。」郈人很害怕。駟赤對侯犯說：「眾人的話全改變了，你不如同齊國交換，與其死了。這還是郈，而得紓展，何必要這地方？齊人想著拿郈來偪迫魯國，必定加倍給你地方。你並且在你的門口多預備軍隊，以防意外的事情。」侯犯說：「好」。就多預備軍隊在門口。侯犯到齊國請求交換，齊國的官吏派人到郈觀看，將到時，駟赤派人周圈的跑著說：「齊國軍隊來了！」郈的人民大驚駭，就用侯犯門口的軍隊來包圍侯犯，駟赤假裝要射郈人，侯犯指著他說：「你祇要幫我逃走就好。」侯犯請求出亡，郈人答應他。駟赤先到宿這地方，侯犯在後面，每出一個門，郈人就把它關上。到了外郭的門，叫他站住說：「你把叔孫氏的盔甲拿出去，官吏若詛咒我們，我們很怕死亡。」駟赤說：「叔孫氏的盔甲有標誌，我不敢拿出去。」侯犯對駟赤說：「你站在這裏跟他點清數目。」駟赤站著就把魯國人叫進來，侯犯就逃到齊國去。齊人就把郈的戶口交回魯國。

(八)經　宋樂大心出奔曹，宋公子地出奔陳。

(九)經　宋公子弟辰暨仲佗石彄出奔陳。

傳　宋公子地㊀嬖蘧富獵㊁，十一分其室而以其五與之。公子地有白馬四，公嬖向魋㊂，魋欲之，公取而朱其尾鬣以與之㊃，地怒，使其徒抶魋而奪之。魋懼將走，公閉門而泣之，目盡腫。母弟辰曰：「子分室以與獵也，而獨卑魋，亦有頗焉。子為君禮，不過出竟，君必止子。」公子地出奔陳，公弗止。辰為之請，弗聽。辰曰：「是我迋㊄吾兄也！吾以國人出，君誰與處？」冬，母弟辰暨仲佗，石彄㈥出奔陳。

【今註】㈠公子地：宋景公的弟弟，公子辰的哥哥。㈡向魋：魋音（ㄊㄨㄟˊ）是司馬桓魋。㈢蘧富獵：是宋大夫。㈣以與之：把這幾匹馬給向魋。㈤迋：音（ㄨㄤˋ）欺騙。㈥仲佗、石彄：仲佗是仲幾的兒子。石彄是褚師段的兒子。二人全是宋國的卿。

【今譯】宋國公子地嬖愛蘧富獵，把他家財分成十一分，把五分給了他。公子地有白馬四匹。宋景公喜愛的向魋想要這些馬，景公拿到這些馬，把它的尾巴染成紅顏色給了向魋，公子地惱了，使他的門徒打向魋，奪掉他的馬。向魋害怕將出亡，宋景公關著門哭他，眼全腫了。他的母弟辰說：「你分財產給蘧富獵而小視向魋，這也有不平。你應該讓著君，頂多不過逃出境外，君必定攔住你。」公子地就逃到陳國去，宋景公不攔止。公子辰替他請求，不聽從。公子辰說：「這是我欺騙我的哥哥！我要同貴族全逃出，君又同誰治理國家。」冬天，母弟辰同仲佗、石彄兩個卿全逃到陳國去。

㈩經　冬，齊侯、衛侯、鄭游速會于安甫㈠。

【今註】㈠此經無傳。

【今譯】冬天，齊侯、衛侯、鄭游速會于安甫。

(十)經 叔孫州仇如齊。

傳 武叔聘于齊，齊侯享之曰：「子叔孫若使郈在君之他竟，寡人何知焉？屬與敝邑際，故敢助君憂之。」對曰：「非寡君之望也，所以事君，封疆社稷是以㊀，敢以家隸勤君之執事。夫不令之臣，天下之所惡也，君豈以為寡君賜？」

【今註】㊀封疆社稷是以：這是為的封疆同國家。

【今譯】叔孫州仇到齊國聘問，齊侯宴享他說：「子叔孫啊！要是郈在魯國旁的邊境上，我怎麼能知道？你因為鄰著我們國家，所以幫著你來憂慮。」回答說：「這不是我們君的希望，我們所以事奉你，是為的國家的原故，我那裏敢把家裏的事勤勞你的官吏。這種不好的臣子，是天下所厭惡的，你豈是專為的賞賜寡君？」

定公十有一年（公元前四百九十九年）

(一)經 春，宋公之弟辰及仲佗，石彄公子地自陳入於蕭以叛。

(二)經 夏四月。

(三)經 秋，宋樂大心自曹入于蕭。

傳 春，宋公母弟辰暨仲佗、石彄、公子地入于蕭以叛。秋，樂大心從之，大為宋患，寵向魋故也㊀。

【今註】㊀寵向魋故也：這是寵愛向魋的原故。

【今譯】十一年春，宋公的母弟辰同仲佗、石彄、公子地到了蕭反叛了。秋天，樂大心也跟去了，大為宋國的禍患，這是對於向魋寵愛的原故。

(四) 經 冬，及鄭平，叔還如鄭莅盟。

傳 冬，及鄭平，始叛晉也㊀。

【今註】㊀始叛晉也：魯國自僖公以來一直服從晉國到現在，方才與晉國不合，所以說始叛晉。

【今譯】冬天，魯國同鄭國和平，這是魯國開始對晉國反叛。

定公十有二年（公元前四百九十八年）

(一) 經 春，薛伯定卒㊀。

【今註】㊀此經無傳。

【今譯】春天，薛伯定死了。

(二)經 夏，葬薛襄公㊀

【今註】㊀此經無傳。

【今譯】夏天，給薛襄公行葬禮。

(三)經 衛公孟彄帥師伐曹

傳 夏，衛公孟彄伐曹，克郊㊀，還，滑羅殿㊁，未出㊂，不退於列㊃。其御曰：「殿而在列，其無勇乎？」羅曰：「與其素厲，寧為無勇㊄。」

【今註】㊀郊：在今山東省曹縣境。㊁滑羅：衛大夫。㊂未出：還沒有出曹境。㊃不退於列：滑羅不退在行列的後面。㊄與其素厲，寧為無勇：與其空有勇猛之名，寧可做為沒有勇敢。

【今譯】衛公孟彄伐曹，佔據了郊這地方，回來的時候，滑羅殿後，沒有出曹境，滑羅不退出行列的後面，他的車夫說：「殿後而在行列中，這恐怕是無勇？」滑羅說：「與其空有猛的名，寧可沒有勇厲。」

(四)經 叔孫州仇帥師墮郈。

(五)經 季孫斯仲孫何忌帥師墮費。

傳 仲由㈠為季氏宰，將墮三都㈡，於是叔孫氏墮郈。季氏將墮費，公山不狃，叔孫輒帥費人以襲魯。公與三子入于季氏之宮，登武子之臺，費人攻之，弗克，入及公側㈢，仲尼命申句須，樂頎㈣下伐之，費人北，國人追之，敗諸姑蔑㈤，二子㈥奔齊，遂墮費。將墮成，公斂處父謂孟孫：「墮成，齊人必至于北門，且成孟氏之保障也，無成是無孟氏也，子偽不知，我將不墮。」冬十二月，公圍成，弗克。

【今註】㈠仲由：即子路。㈡三都：指費、郈、成。㈢入及公側：到了臺的底下。㈣申句須、樂頎：二人全是魯大夫。㈤姑蔑：在今山東省泗水縣東南四十五里。㈥二子：指公山不狃同叔孫輒。

【今譯】孔子弟子仲由做季氏宰，將毀掉費、郈、成三個大都。這時叔孫氏毀掉郈。季孫氏將毀費，公山不狃、叔孫輒率領費人來偷襲魯都城。魯定公同仲孫何忌、叔孫州仇、季孫斯入了季氏的宮裏，登到季孫宿的臺上，費人攻打他們，不能勝，祇攻到臺下，仲尼叫申句須、樂頎下臺來討伐他們，費人打敗，貴族們追他，又在姑蔑打敗他，公山不狃同叔孫輒逃到齊國去，就毀掉費的城。將毀成，公斂處父對孟孫說：「要是毀掉成，齊國人必定來到魯國都城的北門，並且成是孟孫氏的保障，沒有成就沒有孟孫氏了。你假裝不知道，我將不毀去成。」冬天十二月，魯定公圍了成，沒有能夠勝利。

(六)經 秋大雩㊀。

【今註】㊀此經無傳。

【今譯】秋天，魯國行求雨的典禮。

(七)經 冬十月癸亥，公會齊侯盟于黃㊀。

【今註】㊀此經無傳。

【今譯】冬天十月癸亥，魯定公與齊侯在黃會盟。

(八)經 十有一月丙寅朔，曰有食之。

【今註】㊀此經無傳。

【今譯】十一月丙寅初一，魯國有日食。

(九)經 公至自黃㊀。

【今註】㊀此經無傳。

【今譯】定公從黃回來。

(十)經 十有二月公圍成，公至自圍成。

【今註】㊀此經無傳。

【今譯】十二月，魯定公圍成，後從圍成回來。

定公十有三年（公元前四百九十七年）

(一)經 春，齊侯、衛侯次於垂葭。

傳 春，齊侯，衛侯次于垂葭實郹氏㊀、使師伐晉，將濟河，諸大夫皆曰：「不可。」邴意茲㊁曰：「可。銳師伐河內㊂，傳必數日而後及絳，絳不三月不能出河，則我既濟水矣。」乃伐河內，齊侯皆斂諸大夫之軒，唯邴意茲乘軒。齊侯欲與衛侯乘㊃，與之宴，而駕乘廣載甲焉。使告曰：「晉師至矣。」齊侯曰：「比君之駕也，寡人請攝㊄。」乃介而與之乘，驅之。或告曰：「無晉師。」乃止。

【今註】㊀垂葭實郥氏：續山東考古錄：「荷澤縣在周時有葭密邑。」左傳地名補注：「以垂葭即葭密，在荷澤縣西北二十五里」。㊁邴意茲：齊大夫。㊂河內：彙纂說：「今河南汲縣縣治。」㊃齊侯欲與衛侯乘：齊侯想同衛侯坐在一輛車上。㊄寡人請攝：請用我的車代用。

【今譯】齊侯、衛侯在垂葭，實在就是郥氏，叫軍隊去討伐晉國，將渡過黃河，諸大夫都說：「不可以。」祇有齊大夫邴意茲說：「可以。派了強的軍隊過河去伐河內的地方，要是河內派人去告訴，必需幾天的工夫才能到晉國首都絳，由絳這地必須三個月晉國軍隊方能達到黃河。這時間我們已經渡過黃河了。」齊侯就叫軍隊去伐河內，齊侯把各大夫的軒車全都收了，祇有邴意茲獨乘軒車。齊侯想與衛侯共乘一輛車，請衛侯吃飯，而駕了兵車載著盔甲。使人詐告說：「晉國軍隊來了。」齊侯對衛侯說：「等你預備好，我請先拿我的車代替你的車。」就穿上盔甲跟他坐著車一同往前去。有人告訴齊侯說：「並沒有晉國軍隊。」他就止住了。

㈡經夏，築蛇淵囿㊀。

【今註】㊀此經無傳。

【今譯】夏天，魯國築蛇淵囿。

㈢經大蒐于比蒲㊀。

【今註】㈠比蒲：疑即魯東門外之蒲圃。此經無傳。

【今譯】在比蒲大蒐。

㈣經 衛公孟彄帥師伐曹㈠。

【今註】㈠此經無傳。

【今譯】衛國公孟彄帥領著軍隊討伐曹國。

㈤經 秋晉趙鞅入于晉陽以叛。

㈥經 冬普荀寅，士吉射入于朝歌以叛，晉趙鞅歸于晉。

傳 晉趙鞅謂邯鄲午曰：「歸我衛貢五百家，吾舍諸晉陽。」午許諾。歸告其父兄，父兄皆曰：「不可，衛是以為邯鄲㈠，而寘諸晉陽，絕衛之道也。不如侵齊而謀之。」乃如之而歸之于晉陽。趙孟怒，召午而囚諸晉陽，使其從者說劍而入㈡，涉賓㈢不可。乃使告邯鄲人曰：「吾私有討於午也，二三子唯所欲立㈣。」遂殺午。趙稷㈤涉賓以邯鄲叛。夏六月，上軍司馬籍秦圍邯鄲。邯鄲午，荀寅之甥也，荀寅，范吉射之姻也㈥，而相與睦，故不與圍邯鄲，將作亂。董安于㊆聞之，告趙孟曰：「先備諸！」趙孟曰：「晉國有命，始禍者死，為後可也。」安于曰：「與其害於民，寧我獨死，請以我說。」趙孟不可。秋七月，范氏中行氏伐趙氏之宮，趙鞅奔晉陽，晉人圍之。范皐夷㊇無寵於范吉射，而欲為亂於范氏，梁嬰父嬖於知文子，文子欲以為卿，韓簡子與中行文子㊈相惡，魏襄子亦與范昭子相惡㊉，故五子㊀謀，將逐荀寅而以梁嬰父代之，逐范吉射而以范皐夷代之。荀躒言於晉侯曰：「君命大臣，始禍者死，載書在河，今三臣始禍，而獨逐鞅，刑已不鈞矣，請皆逐之。」冬十一月，荀躒、韓不信，魏曼多奉公以伐范氏、中行氏，弗克。二子將伐公，齊高彊㊁曰：「三折肱知為良醫㊂，唯伐君為不可，民弗與也，我以伐君在此矣。三家未睦，可盡克也，克之君將誰與？若先伐君，是使睦也。」弗聽，遂伐公。國人助公，二子敗，從而伐之，丁未，荀寅士吉射奔朝歌，韓魏以趙氏為請，十二月辛未，趙鞅入于絳，盟于公宮。

【今註】㊀衛是以為邯鄲：因為衛國有五百家在邯鄲，所以和邯鄲親熱。㊁說劍而入：摘下寶劍進來。㊂涉賓：邯鄲午的家臣。㊃二三子唯所欲立：你們隨便立什麼人都可以。㊄趙稷：邯鄲午的兒子。㊅荀寅、范吉射之姻也：荀寅的兒子娶了范吉射的女兒。㊆董安于：趙氏家臣。㊇范皐夷：范氏的庶子。㊈中行文子：即荀寅。㊉魏襄子、范昭子：魏襄子是魏曼多，范昭子是士吉射。㊀五子：范皐夷、梁嬰父、知文子、韓不信，魏曼多。㊁齊高彊：齊國子尾的兒子。昭公十年逃到魯國，後又逃到晉國。㊂三折肱知為良醫：如果胳臂三次斷了，找醫生多了，久之，自己有了經驗，也可成為良醫了。

【今譯】晉國趙鞅對邯鄲午說：「將衛國所貢的五百家交給我，我要把他們搬到晉陽去住。」邯鄲午答應了。他回去就告訴他的尊長，他的尊長全說：「不可以。衛國是因為五百家在邯鄲，所以跟你很親善，把他們遷到晉陽，這是斷絕衛的道路。不如侵略齊國，然後再計謀把他們遷到晉陽。」就這樣辦而把他們遷到晉陽。趙鞅發怒，叫邯鄲午到晉陽去，把他囚在那裏，把隨他去的人，全叫他們摘下寶劍才進去，邯鄲午的家臣涉賓不肯脫寶劍，趙鞅就派人告訴邯鄲人說：「我是私人對邯鄲午，討他的罪，你們可以商議立邯鄲午的宗親。」趙鞅就殺了邯鄲午。邯鄲午的兒子同涉賓就以邯鄲反叛了。夏天六月，晉國上軍司馬籍秦圍了邯鄲。邯鄲午是荀寅的外甥，而荀寅是范吉射的親家，他們幾個人素來很和睦，所以他們兩人不參加圍邯鄲的事，而想反叛。趙鞅的臣董安于聽見了，就告訴趙鞅說：「何不先預備呢？」趙鞅說：「晉國的命令，頭創禍亂要得死刑，可以稍為晚一點罷。」董安于說：「與其傷害人民，不如我獨自死，以後請拿我來解說。」趙鞅認為不可以。秋天七月，范氏，中行氏來討伐趙鞅住的房子，趙鞅就逃到晉陽去了，晉人派軍隊圍了晉陽。范皋夷得不到范吉射的寵愛，而想在范氏作亂，梁嬰父甚為荀躒所寵愛，荀躒想叫他做晉國的卿，韓不信同荀寅很不好，魏曼多也同范吉射很不好。所以他們五人謀算，想著驅逐掉荀寅，而以梁嬰父替代他，驅逐掉范吉射，而以范皋夷替代他。荀躒對晉侯說：「你有命令說大臣們始作禍亂的就得死，這個盟誓的書沈到黃河裏，現在荀寅、范吉射、趙鞅開始作亂，而單獨驅逐趙鞅，這刑罰已經不平等，請把他們三人全驅逐出去。」冬天十一月，荀礫、韓不信、魏曼多奉著晉侯去討伐范氏、中行氏。沒能打勝。韓不信、魏曼多二人將討伐晉侯。齊國的高彊說：「三次折斷胳臂，找醫生多了，久之，自己有了經驗，也可成為良醫了。祇是伐君不可以，因為人民不願參與，我就因為伐君所以逃到晉國。現在范、魏、韓三家並不和睦，可以把他們全打敗了，把他們打敗了，晉侯將同誰一塊做呢？要是你先伐君，這是使他們和睦。」他們不聽，就伐晉侯。國人幫助晉侯，韓不信同魏曼多失敗了，大家一起討伐他們。丁未，荀寅、范吉射逃到朝歌去，韓不信、魏曼多請求寬恕趙鞅，十二月辛未，趙鞅回到絳，在公的宮中盟誓。

(七)經 薛弒其君比㊀。

【今註】㊀此經無傳。

【今譯】薛人弒殺他的君比。

(八)傳 初，衛公叔文子朝，而請享靈公，退見史鰌㊀而告之。史鰌曰：「子必禍矣，子富而君貪，其及子乎？」文子曰：「然，吾不先告子，是吾罪也。君既許我矣，其若之何？」史鰌曰：「無害，子臣可以免。富而能臣，必免於難，上下同之。戌㊁也驕，其亡乎。富而不驕者鮮，吾唯子之見。驕而不亡者，未之有也，戌必與焉。」及文子卒，衛侯始惡於公叔戌，以其富也。公叔戌又將去夫人之黨㊂，夫人愬之曰：「戌將為亂。」

【今註】㊀史鰌：即史魚是衛大夫。㊁戌：公叔文子的兒子。㊂夫人之黨：衛靈公的夫人的黨徒。

【今譯】最初的時候，衛國公叔發入朝請衛靈公到他家中享宴，回來見到史鰌告訴他這件事。史鰌說：「你必定引了禍患來，你很有錢，而君很貪心，罪過必然將到你的身上。」公叔發說：「對了，我不早先告訴你知道，是我的過錯。現在君已經答應我，那怎麼辦呢？」史鰌說：「不要緊，你要保持著君臣的禮節，就可以免除罪狀，有錢而當人臣，必定免於禍難，上下是一樣的。你的兒子戍驕傲，恐怕要逃亡了。有錢而不驕傲這種人很少，我祇看見你。驕傲而不逃亡的世上沒有過，戍必定其中的一個。」到了公叔發死了，衛侯開始厭惡公叔戍，因為他太有錢的原故，公叔戍又想去掉衛靈公的夫人南子的黨餘。夫人告訴衛靈公說：「公叔戍將作亂了。」

定公十有四年（公元前四百九十六年）

(一)經　春衛公叔戍來奔。衛趙陽出奔宋。

傳　春衛侯逐公叔戍與其黨，故趙陽㊀奔宋，戍來奔。

【今註】㊀趙陽：趙氏同族。

【今譯】春天，衛侯驅逐公叔戍同他的黨徒，所以趙陽逃到宋國，公叔戍逃到魯國。

(二)傳　梁嬰父惡董安于謂知文子曰：「不殺安于，使終為政於趙氏，趙氏必得晉國。盍以其先發難也，討於趙氏。」文子使告於趙孟曰：「范中行氏雖信為亂，安于則發之，是安于與謀亂也，晉國有命，始禍者死，二子㊀既伏其罪矣，敢以告㊁。」

趙孟患之。安于曰：「我死而晉國寧，趙氏定，將焉用生？人誰不死，吾死莫矣。」乃縊而死。趙孟尸諸市而告於知氏曰：「主命戮罪人，安于既伏其罪矣，敢以告。」知伯㊂從趙孟盟，而後趙氏定，祀安于於廟。

【今註】 ㊀二子：指士吉射同荀寅。㊁敢以告：意思說董安于有罪。㊂知伯：荀躒。

【今譯】 梁嬰父厭惡董安于，便對荀躒說：「不殺董安于，使他終久在趙氏掌握政權，那麼趙氏必定要得到晉國。何不在他發難以前，先討伐趙鞅呢？」荀躒使人告訴趙鞅說：「范氏同中行氏，雖然曾經作亂，但是這個禍亂是董安于引起來的，就是安于曾經參加這個禍亂，晉國的命令，開始作亂的人處死刑，范吉射同荀寅已經得到他們的罪狀，我敢把這情形告訴你。」趙鞅聽了這話，頗以為患。董安于說：「我若死以後，晉國得到安寧，趙氏得到安定，何必活著，人誰不死，我已經死得很晚了。」就上吊死了。趙鞅把他屍首擺到市面上，告訴荀躒說：「你命我殺罪人，董安于已服了他的罪，敢告訴你。」荀躒就同趙鞅盟誓，然後趙氏安定，就把董安于祭祀在趙氏的廟中。

㈢經 二月辛巳楚公子結、陳公孫佗人帥師滅頓，以頓子牂歸。

傳 頓子牂欲事晉背楚而絕陳好，二月、楚滅頓。

【今譯】頓子牂想事奉晉國背叛楚而斷絕陳國的和好，二月，楚國就把頓國滅掉了。

㈣ 經 夏，衛北宮結來奔。

傳 夏，衛北宮結來奔，公叔戍之故也。

【今譯】夏天，衛國北宮結逃到魯國，是因為公叔戍的原故。

㈤ 經 五月於越敗吳于檇李。

㈥ 經 吳子光卒。

傳 吳伐越，越子句踐㈠禦之，陳于檇李㈡。句踐患吳之整也，使死士再禽焉，不動㈢，使罪人三行屬劍於頸㈣而辭曰：「二君有治㈤，臣奸旗鼓㈥，不敏於君之行前，不敢逃刑，敢歸死。」遂自剄也。師屬之目，越子因而伐之，大敗之。靈姑浮㈦以戈擊闔廬，闔廬傷將指㈧，取其一屨㈨，還卒於陘㈩，去檇李七里。夫差使人立於庭，苟出入，必謂己曰：「夫差，而忘越王之殺而父乎？」則對曰：「唯，不敢忘。」三年乃報越。

【今註】㈠句踐：越王允常的兒子。㈡檇李：檇音醉。在秀水縣西南七十里。按秀水在今浙江省嘉興縣，檇李在縣南四十五里。㊂不動：吳國軍隊不為驚動。㊃屬劍於頸：把劍擱到脖子上。㊄二君有治：二位君治理軍隊。㊅臣奸旗鼓：我犯了軍令。㊆靈姑浮：越大夫。㊇將指：腳上的大足指。㊈取其一屨：靈姑浮拿到他的一隻鞋。㊉陘：在檇李北七里。

【今譯】吳國討伐越國，越王句踐來抵禦他，在檇李這裏擺了陣式。越王句踐頗以吳國軍隊的整齊為憂慮，使敢死隊兩次進攻，生禽了吳軍前列士卒，而吳國軍隊仍不被驚動。句踐又派了罪人排成三行把寶劍擱到脖子上，然後說：「二位君方治理軍隊，我們干犯了軍令，對於你的前面做的不敏捷，我也不敢逃這個刑法，敢回去死掉。」就自殺了。吳國軍隊全看著他，越王就乘這機會去進攻他們，把他們大打敗。靈姑浮用槍來打闔廬，闔廬傷了腳上的大足指，靈姑浮拿了他一隻鞋，闔廬回去的時候死在陘這地方，離檇李七里的遠。他的兒子夫差叫人立到庭上，不管是出進，必對他說：「夫差，你忘了越王殺你的父親麼？」就回答說：「是，不敢忘記！」經過了三年，就報復了越國。

(七)經 公會齊侯、衛侯于牽。

(八)經 公至自會㊀。

【今註】㊀此經無傳。

(九)經 秋，齊侯、宋公會于洮。

(十) 經 天王使石尚來歸脤㊀。

【今註】㊀此經無傳。

【今譯】周天王使石尚來魯國送祭社神的肉。

(十一) 經 衛世子蒯聵出奔宋。

(十二) 經 衛公孟彄出奔鄭。

(七) 傳 晉人圍朝歌，公會齊侯、衛侯于脾上梁之間㊀，謀救范中行
(九) 氏，析成鮒小王桃甲㊁率狄師以襲晉，戰于絳中，不克而還，
(十一) 士鮒奔周，小王桃甲入于朝歌。秋，齊侯、宋公會于洮㊂，
(十二) 范氏故也。衛侯為夫人南子召宋朝㊃，會于洮，大子蒯聵㊄獻
盂㊅于齊，過宋野，野人歌之曰：「既定爾婁豬，盍歸吾艾
豭㊆。」大子羞之，謂戲陽速㊇曰：「從我而朝少君㊈，少君
見我，我顧乃殺之。」速曰：「諾。」乃朝夫人，夫人見大
子，大子三顧，速不進。夫人見其色㊉，啼而走，曰：「蒯

聵將殺余！」公執其手以登臺，大子奔宋，盡逐其黨，故公孟彄出奔鄭，自鄭奔齊。大子告人曰：「戲陽速禍余！」戲陽速告人曰：「大子則禍余。大子無道，使余殺其母，余不許，將戕於余。若殺夫人，將以余說，余是故許而弗為，以紓余死。諺曰：『民保於信』吾以信義也。」

【今註】㈠脾上梁之間：即牽。在河南省濬縣北十八里。㈡析成鮒、小王桃甲：二人全是晉大夫，范中行氏的黨羽。㈢洮：在今山東省濮縣。㈣宋朝：南子是衛靈公夫人，是宋國的女兒。宋朝是宋公子，以前與南子私通。㈤大子蒯聵：是衛靈公的太子。㈥盂：在今河北省濮陽縣東南。㈦既定爾婁豬，盍歸吾艾豭：既然定了你的婁豬，婁豬是求子的豬，指南子而言。為什麼不還給我老的雄豬。㈧戲陽速：是太子家臣。㈨少君：指南子而言。㈩夫人見其色：夫人看見太子的臉色有變化。

【今譯】晉國軍隊圍了朝歌，魯定公到牽這地方與齊侯衛侯相會，這是因為打算去救范氏中行氏的，析成鮒同小王桃甲率領狄國軍隊去偷襲晉國，在晉都城絳打仗，沒有成功就回來，析成鮒逃到周，小王桃甲逃到朝歌。秋天，齊侯、宋公在洮盟會，這也因為想救范氏的原故。衛侯為他的夫人南子叫宋朝到衛國來，在洮會盟時，衛國太子蒯聵獻盂這地方給齊國，經過宋國野地時，野地人唱著說：「既然安定了你的求子豬，何不把我們的老豬歸還呢？」太子以為羞恥，對他的家臣戲陽速說：「跟著我去朝見夫人，夫人要見著我，我回頭，你就把她殺掉。」戲陽速說：「好。」就去朝見夫人，夫人也接見太子，太子三次回頭，而戲陽速不往前進。夫人看見太子變顏色，嚇得哭了，去見靈公說：「蒯聵將要殺我。」靈公拉著她的手登到臺上去。太子就逃到宋國去，衛靈公把太子黨羽全趕走了，所以公孟彄逃到鄭國，從鄭國又逃到齊國。太子告訴旁人說：「戲陽速給我引起禍患。」戲陽速告訴旁人說：「是太子害了我，太子沒道理，派我把他母親殺掉，我若不答應。就要殺我。我若殺夫人，就賴在我身上，我所以答應而不做，以免我的死。俗話說：『人民以信實保其身。』我是拿義來做信實。」

㈦經 宋公之弟辰自蕭來奔㊀。

【今譯】宋公之弟辰從蕭逃到魯國。

【今註】㊀此經無傳。

㈧經 大蒐于比蒲。

【今註】㊀此經無傳。

【今譯】在比蒲大蒐。

㈤經 郳子來會公㊀。

【今註】㊀此經無傳。

【今譯】郳子到魯國與定公會盟。

㈥傳 冬十二月，晉人敗范中行氏之師於潞，獲籍秦高彊。又敗鄭師及范氏之師于百泉㊀。

【今註】㊀百泉：方輿紀要說：「蘇門山在今河南輝縣西北七里，一名百門山，有百門陂，或謂之百門泉。

【今譯】冬天十二月，晉人在潞這地方打敗了范氏同中行氏的軍隊，捕獲籍秦高彊，又在百泉這地方，打敗了鄭國軍隊同范氏軍隊。

㈦經 城莒父及霄㊀。

【今註】㊀莒父及霄：莒父在今山東省莒縣西南，有子夏祠，論語子夏為莒父宰是也。霄在今莒縣境。此經無傳。

【今譯】魯國修莒父同霄的城。

定公十有五年（公元前四百九十五年）

(一)經春王正月，邾子來朝。

傳春，邾隱公來朝，子貢觀焉。邾子執玉高，其容仰，公受玉卑，其容俯。子貢曰：「以禮觀之，二君者皆有死亡焉！夫禮，死生存亡之體也，將左右周旋進退俯仰於是乎取之，朝祀喪戎於是乎觀之。今正月相朝，而皆不度㊀，心已亡矣，嘉事不體，何以能久？高仰驕也，卑俯替也，驕近亂，替近疾，君為主，其先亡乎！」

【今註】㊀而皆不度：都不合法度。

【今譯】春天，邾隱公來魯國朝見，子貢去看。邾子拿著玉很高，他的容貌往上仰，魯定公受玉很卑賤，他的表現低下。子貢就說：「以禮貌來看，二個君全將死亡；禮，是死生存亡的表現，將由左右周旋，進或退俯或仰來看他，由上朝祭祀，喪祭打仗去觀看。現在是正月相朝見，而全不合於法度，心已經失滅了，上朝的禮節不合適，怎麼樣能長久呢？高仰是驕傲，卑俯是失敗，驕傲近於亂，失敗近有病，魯君做主人，恐怕要先死了！」

(二)經 鼷鼠食郊牛，牛死，改卜牛㊀。

【今註】㊀此經無傳。

【今譯】小老鼠吃了祭天的牛，牛死了，就改占卜牛。

(三)經 二月辛丑楚子滅胡，以胡子豹歸。

傳 吳之入楚也，胡子盡俘楚邑之近胡者。楚既定，胡子豹又不事楚，曰：「存亡有命，事楚何為？多取費焉。」二月，楚滅胡。

【今譯】吳國進入楚國時，胡子把楚國近於胡國的城的人民全都俘虜了。楚國安定以後，胡子豹又不事奉楚國，他說：「存亡全都有天命，何必事奉楚國呢？祇是多花錢而已。」二月，楚國滅了胡國。

(四)經 夏，五月辛亥郊㊀。

【今註】㊀此經無傳。

【今譯】夏天五月辛亥這天，郊天。

(五) 經 壬申，公薨于高寢。

傳 夏五月壬申，公薨。仲尼曰：「賜不幸言而中，是使賜多言者也。」

【今註】㊀賜：即子貢，姓端木。

【今譯】五月壬申，魯定公死在高寢宮裏。仲尼說：「端木賜不幸把事情說中了，是叫賜多說話了。」

(六) 經 鄭罕達帥師伐宋。

傳 鄭罕達㊀敗宋師于老丘㊁。

【今註】㊀罕達：是子齹的兒子。㊁老丘：寰宇記說：「今河南陳留縣東北四十五里，有老邱城。」

【今譯】鄭國罕達在老丘這地方打敗了宋國軍隊。

(七) 經 齊侯、衛侯次於渠蒢

傳 齊侯、衛侯次於蘧挐㊀，謀救宋也。

【今註】㊀蘧挐：在今河北省長垣縣北。

【今譯】齊侯同衛侯住到蘧挐，是打算救宋國。

(八)經 郳子來奔喪㊀。

【今註】㊀此經無傳。

【今譯】郳子來魯國奔喪。

(九)經 秋七月壬申姒氏卒。

(十)經 八月庚辰朔，日有食之㊀。

【今註】㊀此經無傳。

【今譯】八月庚辰初一，魯國有日食。

(十一)經 九月滕子來會葬㊀。

【今註】㊀此經無傳。

【今譯】九月滕子來參加葬禮。

(十二)經 丁巳，葬我君定公，雨不克葬。戊午，日下昃乃克葬。辛巳，葬定姒。

傳 秋七月壬申姒氏卒，不稱夫人，不赴且不祔也㊀。葬定公，雨不克襄事、禮也。葬定姒，不稱小君，不成喪也。

【今註】㊀不赴且不祔也：不告訴旁國喪事，並且不祔在她婆婆的廟中。

【今譯】秋七月壬申，定公夫人定姒死了，不稱夫人，因為不訃告給諸侯而且不祔在她婆婆的廟中。葬定公，天下雨，不能夠辦事，這是合禮的。葬定姒，春秋上不寫小君，因為沒有成喪禮。

(十三) 經 冬城漆。

傳 冬城漆㊀，書不時告也㊁。

【今註】㊀漆：邾邑，在今山東鄒縣北。㊁書不時告也：不按時候通知旁處。

【今譯】冬天，修漆城，春秋上這麼寫表示不按時候通知旁處。

卷三十　哀公上

哀公元年（公元前四百九十四年）

(一)經　春王正月，公即位㊀。

【今註】㊀此經無傳。

【今譯】元年春王正月，魯哀公行即位禮。

(二)經　楚子、陳侯、隨侯、許男圍蔡。

傳　春，楚子圍蔡，報柏舉也㊀。里而栽㊁，廣丈高倍㊂，夫屯晝夜九日㊃，如子西之素㊄。蔡人男女以辨㊅，使疆于江汝之間而還，蔡於是乎請遷于吳。

【今註】㊀報柏舉也：柏舉之役在定公四年。㊁里而栽：圍著蔡都城一里開始做板築。㊂廣丈高倍：寬有一丈，高兩丈。㊃夫屯晝夜九日：在壘裏邊軍隊屯在那裏九天的工夫。㊄如子西之素：跟子西原定的辦法一樣。㊅蔡人男女以辨：蔡人分成男女來分著出降。

【今譯】春天，楚王圍蔡國都城，這是報復柏舉的戰役，離著城一里的遠，就築起板築來，厚有一丈，高有兩丈。軍隊在裏邊屯守，經過九晝夜的工夫，同楚令尹子西本來的計劃一樣。蔡國人分成男女兩隊出城來投降，使他們住在江水同汝水的中間，楚國軍隊方才回來，蔡國請求遷到吳國去。

(三)經 鼷鼠食郊牛改卜牛。

【今譯】小黑老鼠食了祭天的牛，就改卜牛。

(四)傳 吳王夫差敗越于夫椒㈠，報檇李也，遂入越。越子以甲楯五千保于會稽㈡，使大夫種因吳大宰嚭以行成，吳子將許之。伍員曰：「不可。臣聞之，樹德莫如滋，去疾莫如盡，昔有過澆㈢，殺斟灌以伐斟鄩㈣，滅夏后相㈤，后緡方娠㈥，逃出自竇，歸于有仍㈦，生少康焉，為仍牧正，惎澆能戒之。澆使椒㈧求之，逃奔有虞，為之庖正，以除其害。虞思於是妻之以二姚㈨，而邑諸綸㈩，有田一成，有眾一旅，能布其德，而兆其謀，以收夏眾，撫其官職。使女艾諜澆㈡，使季杼誘豷㈢，遂滅過戈㈢，復禹之績，祀夏配天，不失舊物。今吳不如過，而越大於少康，或將豐之，不亦難乎？句踐能親而務施，施不失人，親不棄勞，與我同壤而世為仇讎，於是乎克而弗取，將又存之，違天而長寇讎，後雖悔之，不可食已！姬之衰也，日可俟也，介在蠻夷而長寇讎，以是求伯，必不行矣。」弗聽。退而告人曰：「越十年生聚而十年教訓，二十年之外，吳其為沼乎？」三月，越及吳平。吳入越，不書，吳不告慶，越不告敗也。

【今註】㊀夫椒：通典說：「包山一名夫椒山，即今江蘇吳縣太湖中之西洞庭山是也。」㊁會稽：在今浙江省紹興縣東南十二里。㊂有過澆：過是古國。澆是寒浞的兒子。㊃斟灌、斟鄩：古代兩國，與夏同姓。㊄夏后相：是夏啟的孫子。㊅后緡方娠：后緡是夏后相的妻子方才懷孕。㊆有仍：續山東考古錄：「以濟寧城為古仍國，周為任國，仍任古通用，左傳桓公五年仍叔之子，穀梁作任是也。」㊇椒：是澆的臣子。㊈二姚：虞君的兩個女兒為少康的妻子。㊉綸：方輿紀要：「故綸城在今河南虞城縣東南三十五里。」⑪使女艾諜澆：女艾是少康臣子，去偵察澆。⑫季杼誘豷：季杼是少康的兒子后杼，引誘澆的弟弟豷。⑬過、戈：過是澆的國，戈是豷的國。

【今譯】吳王夫差在夫椒打敗越國的軍隊，這是為的報復檇李的失敗，就進入越國去。越王拿盔甲同楯牌五千的兵退到會稽山保存實力，使越大夫種利用吳國大宰嚭同吳國要求和平。吳王想答應他。伍員說：「不可以。我聽見說過，樹德性，沒有比滋長再好了，去掉疾病必須全去掉。從前有過的澆殺了斟灌，攻打斟鄩，接著滅了夏后相，夏后相的夫人后緡，方才有喜，從隧道逃出，逃回她的母家有仍去，生了少康，少康做有仍國牧馬的長官，他恨澆，但對他能戒備，澆叫椒去尋求他，少康就逃到有虞去，做他廚子的長官，以保護他自己，躲避害他的人。虞國的君虞思，就把他兩個女兒嫁給少康，使他住到綸這地方，有十里見方的田地，有五百人的軍隊，能宣布他的德行，開始他的計謀，收聚夏國的眾民，設立了官職，叫他臣女艾偵察澆，叫他兒子季杼引誘澆的弟弟豷，就滅了過、戈兩國，光復禹的土宇，祭祀夏的祖先，上配皇天，不失掉舊的事物。現在吳國不如過國，而越國比少康還大，要使他更豐大了，這不是必為吳國的禍難嗎？句踐這人能親愛民眾，而又善於施捨，所加施捨，皆得其人；親愛民眾，不會遺漏他們的小勞。跟吳國在同一塊地方，而輩輩作仇敵，現在把他打勝，而又不佔領他地方，這是保存他，違背天命而增長敵人，以後後悔也來不及了。姬姓的衰危，眼看著就可以來到。處在蠻夷中間而使寇讎增加，拿這個來求當霸主，必定不能成功。」吳王不聽。伍員退下告訴旁人說：「越國十年生聚，十年教訓人民，二十年以後，吳國就變成池沼了。」三月，越國同吳國和平。吳國攻進越國不寫在春秋上，因為吳國不告訴慶賀，越國也不告訴失敗的原故。

㈤經夏四月辛巳郊㈠。

【今註】㊀此經無傳。

【今譯】夏天四月，辛巳就舉行郊天的禮。

(六)傳 夏四月，齊侯衛侯救邯鄲，圍五鹿㊀。

【今註】㊀五鹿：在今河北省大名（原為元城）縣東南四十五里。

【今譯】夏天四月，齊侯衛侯去救邯鄲，圍了晉國五鹿這地方。

(七)傳 吳之入楚也，使召陳懷公，懷公朝國人而問焉，曰：「欲與楚者右，欲與吳者左。陳人從田，無田從黨。」逢滑當公而進㊀，曰：「臣聞國之興也以福，其亡也以禍。今吳未有福，楚未有禍。楚未可棄，吳未可從，而晉盟主也，若以晉辭吳若何？」公曰：「國勝君亡㊁，非禍而何？」對曰：「國之有是多矣，何必不復？小國猶復，況大國乎？臣聞國之興也，視民如傷，是其福也。其亡也，以民為土芥，是其禍也。楚雖無德，亦不艾殺其民。吳日敝於兵，暴骨如莽㊂，而未見德焉，天其或者正訓楚也。禍之適吳，其何日之有？」陳侯從之。及夫差克越，乃修先君之怨，秋八月，吳侵陳，修舊怨也。

【今註】㊀逢滑當公而進：逢滑向著陳懷公走來。㊁國勝君亡：吳國勝了楚國，楚君也逃走了。㊂暴骨如莽：死在野地的骨頭，如草那麼多。

【今譯】吳國攻入楚國時，叫人去召陳懷公，陳懷公叫貴族們上朝問他們說：「想同楚國一同的站到右邊，想同吳國一同的站到左邊。都邑之人按田的位置站，沒有田地的就跟族黨站。」逢滑直向著陳懷公往前進說：「我聽說國家興盛的時候，因為有福祉，他亡國時，因為有禍亂。現在吳國沒有福，楚國沒有禍。楚國不可以捨棄，吳國不可以聽從，而晉國是我們的盟主，要是以晉國為理由，來辭謝吳國，怎麼樣？」陳懷公說：「吳國勝了楚國，楚君又逃亡，這不是禍是什麼？」回答說：「國家有這種情形的很多，何必不復興呢？小國尚可以復興，何況楚是大國呢？我聽說國家的興盛，是因為他看人民，如受傷的人一樣，這就是他的福祉，亡的時候看人民如草一樣，就是他的禍。楚國雖沒有德，也不常殺他的人民。吳國使他人民，常暴露在兵禍中，他人民的白骨跟草一般多，而沒見他的德，上天或者正教訓楚國，禍亂就到吳國，沒有多少日子了。」陳懷公就聽他的話。等到夫差戰勝越國以後，就著手為先君報仇。秋天八月，吳國侵了陳國，這是修整舊的怨望。

(八) 經 秋，齊侯、衛侯伐晉。

傳 齊侯、衛侯會于乾侯，救范氏也。師及齊師，衛孔圉鮮虞人伐晉，取棘蒲㈠。

【今註】㈠棘蒲：一統志說：「棘蒲故城，在今河北省趙縣城中。」

【今譯】齊侯、衛侯在乾侯會見，為的救范氏。魯國的軍隊同齊國軍隊，衛國孔圉，鮮虞人伐晉國，佔據棘蒲這地方。

㈨ 傳 吳師在陳，楚大夫皆懼曰：「闔廬惟能用其民，以敗我於柏舉，今聞其嗣又甚焉，將若之何？」子西曰：「二三子恤不相睦，無患吳矣。昔闔廬食不二味，居不重席，室不崇壇㈠，器不彤鏤㈡，宮室不觀㈢，舟車不飾，衣服財用，擇不取費㈣，在國，天有菑癘，親巡其孤寡而共其乏困，在軍，熟食者分㈤而後敢食，其所嘗者卒乘與焉㈥。勤恤其民而與之勞逸，是以民不罷勞，死不知曠，吾先大夫子常易之，所以敗我也。今聞夫差次有臺榭陂池焉，宿有妃嬙嬪御焉，一日之行，所欲必成，玩好必從，珍異是聚，觀樂是務，視民如讎，而用之日新，夫先自敗也已，安能敗我？」

【今註】㊀室不崇壇：屋子不起高壇。㊁器不彤鏤：物件不刻上紅顏色的花。㊂宮室不觀：宮室沒有臺榭。㊃擇不取費：物件全取堅固不尚細緻。㊄熟食者分：熱的吃的，必須徧給他們。㊅其所嘗者卒乘與焉：他所吃的珍貴的食物，普通的軍隊也吃了。

【今譯】吳國軍隊仍舊在陳國，楚大夫們全害怕了，說：「吳王闔廬能用他的人民，所以在柏舉這地方打敗我們楚國，現在聽說他的嗣君又更厲害，那怎麼辦呢？」令尹子西就說：「你們祇要怕不相和睦，不要以吳國為禍患。從前吳王闔廬，吃食祇是一味，住的地方也不用兩層的蓆，屋子底下也不起壇，器具全不雕花，宮室裏頭也沒有臺榭，舟同車全不裝飾，衣服財用不要最好的，在國家裏面，天有了疫癘，傳染病，他就親自巡視孤兒寡婦，而供給他的乏困，在軍中，凡有好的食物，必徧分給兵士吃，然後才敢吃，他有了好吃的，兵士們全參加。常常撫恤他的人民而同他們一樣的勞苦安逸，所以人民並不勞苦，死了也知道沒有廢棄，我們楚國的先大夫子常，跟他作法相反，所以我們被吳國打敗。現在聽說夫差，住的地方有臺榭、水池子，夜中也有妃嬙嬪御。一日的工夫，所希望的事，必定做成，玩好的事必定要答應，珍奇的東西要聚在一塊，遊觀樂事必須要做，看人民跟仇人一樣，而每天用他們，吳國是先自己敗亡了，安能夠使我失敗。」

(十)【經】冬仲孫何忌帥師伐邾㊀。

【今註】㊀此經無傳。

【今譯】冬天，仲孫何忌率領軍隊去討伐邾國。

(土)【傳】冬十一月，晉趙鞅伐朝歌。

【今譯】冬天十一月，晉國趙鞅伐朝歌，為的討伐范中行氏。

哀公二年（公元前四百九十三年）

(一)【經】春王二月，季孫斯、叔孫州仇、仲孫何忌帥師伐邾，取漷東田及沂西田。癸巳，叔孫州仇、仲孫何忌及邾子盟于句繹。

【傳】春伐邾，將伐絞㊀，邾人愛其土，故賂以漷沂之田㊁而受盟。

【今註】㊀絞：彙纂說：「在今山東滕縣縣境。」㊁漷沂之田：一統志說：「漷水在今山東滕縣南十五里，即南沙河也。」沂西田在今山東費縣東南，小沂水西南。

【今譯】哀公二年春，魯國伐邾國的絞邑，邾人喜愛他們的土田，就利用漷水同沂水沿邊田地作賄賂來受盟誓。

㈡經夏四月丙子衛侯元卒。

㈢經滕子來朝㊀。

【今註】㊀此經無傳。

【今譯】滕子到魯國來朝見。

㈣經晉趙鞅帥師納衛世子蒯聵于戚。

㈡傳初衛侯遊于郊，子南僕㊀。公曰：「餘無子㊁，將立女。」不對。他日又謂之，對曰：「郢不足以辱社稷，君其改圖，君夫人在堂，三揖在下㊂君命祇辱。」夏，衛靈公卒。夫人曰：「命公子郢為大子，君命也。」對曰：「郢異於他子，且君沒於吾手，若有之，郢必聞之。且亡人之子輒在㊃。」乃立輒。六月乙酉，晉趙鞅納衛大子于戚，宵迷。陽虎曰：「右河而南必至焉㊄。」使大子絻㊅，八人衰絰，偽自衛逆者，告於門，哭而入，遂居之。

㈣【今註】㊀子南僕：子南是衛靈公的兒子公子郢，給衛靈公駕車。㊁餘無子：因為蒯聵出奔了，所以他沒有太子。㊂三揖在下：三揖指卿大夫士。㊃且亡人之子輒在：逃亡的人指著蒯聵，他的兒子出公輒。㊄右河而南必至焉：從河的右邊走往南去，必定達到。這時候黃河從北邊流，戚在河的外邊。㊅大子絻：太子穿著喪服。

【今譯】最早的時候，衛靈公到郊外去遊玩，他的兒子公子郢駕著車。靈公說：「我現在沒有了兒子，將立你作太子。」他不回答。另一天又對他說，他答說：「我郢不能羞辱國家，請君另想罷。君夫人在堂上，卿大夫士在堂下，君的命令只能得到恥辱！」夏天，衛靈公死了，他夫人說：「立公子郢為太子，這是君的命令。」他就回答說：「郢同旁的兒子不一樣，並且君死時我在身邊，假設有這一回事，我必定能知道，並且蒯聵的兒子輒尚且存在。」衛人就立了輒為君。六月乙酉，晉國趙鞅送蒯聵到戚去，夜裏迷了道路，陽虎說：「右邊順著黃河走再南，必能到戚這地方。」使太子穿著喪服，八個人穿著喪衣假裝作自衛來接蒯聵的，告訴戚守門的人，哭著就進去了。

(五)經　秋八月甲戌，晉趙鞅帥師及鄭罕達帥師戰于鐵，鄭師敗績。

傳　秋八月，齊人輸范氏粟，鄭子姚子般㊀送之，士吉射逆之，趙鞅禦之，遇於戚。陽虎曰：「吾車少，以兵車之旆與罕駟兵車先陳，罕駟自後隨而從之，彼見吾貌，必有懼心，於是乎會之㊁，必大敗之。」從之，卜戰龜焦㊂。樂丁㊃曰：「詩曰：

『爰始爰謀，爰契我龜[五]。』謀協，以故兆詢可也。」簡子誓曰：「范氏、中行氏反易天明[六]，斬艾百姓，欲擅晉國而滅其君，寡君恃鄭而保焉。今鄭為不道，棄君助臣，二三子順天明，從君命，經德義，除詬恥，在此行也。克敵者上大夫受縣，下大夫受郡，士田十萬，庶人工商遂[七]，人臣隸圉免[八]。志父[九]無罪，君實圖之，若其有罪，絞縊以戮，桐棺三寸，不設屬辟[一〇]，素車樸馬[一一]，無入于兆[一二]，下卿之罰也。」甲戌將戰，郵無恤[一三]御簡子，衛太子為右，登鐵[一四]上，望見鄭師眾，大子懼自投于車下，子良授大子綏而乘之曰：「婦人也！」簡子巡列曰：「畢萬匹夫也，七戰皆獲，有馬百乘，死於牖下。羣子勉之，死不在寇。」繁羽御趙羅，宋勇[一五]為右。羅無勇，麇之[一六]，吏詰之，御對曰：「痁作而伏。」衛大子禱曰：「曾孫蒯聵敢昭告皇祖文王，烈祖康叔，文祖襄公[一七]，鄭勝[一八]亂從，晉午[一九]在難，不能治亂，使鞅討之，蒯聵不敢自佚，備持矛焉[二〇]，敢告無絕筋，無折骨，無面傷，以集大事，無作三祖羞，大命不敢請，佩玉不敢愛。」鄭人擊簡子，中肩，斃于車中㉑，獲其蠭旗㉒，大子救之以戈，鄭師北，獲溫大夫趙羅。大子復伐之，鄭師大敗，獲齊粟千車。趙孟喜曰：「可矣！」傅傁㉓曰：「雖克鄭，猶有知在，憂未艾也。」初，周人與范氏田，公孫尨㉔稅焉，趙氏得而獻之，吏請殺之，趙孟曰：「為其主也，何罪？」止而與之田。及鐵之戰，以徒五百人宵攻鄭師，取蠭旗於子姚之幕下，獻曰：「請報主德！」追鄭師，姚般，公孫林殿而射，前列㉕多死。趙孟曰：「國無小。」既戰，簡子曰：「吾伏弢嘔血，鼓音不衰㉖，今日我上也。」大子曰：「吾救主於車，退敵於下，我右之上也。」郵良曰：「我兩靷將絕，吾能止之㉗，我御之上也。」駕而乘材，兩靷皆絕。

【今註】㊀子姚子般：子姚是罕達，子般是駟弘。㊁會之：聯合起來作戰。㊂卜戰龜焦：龜裂了卜兆不成。㊃樂丁：是晉大夫。㊄爰始爰謀，爰契我龜：這是詩經大雅的一句詩。先開始計謀，然後去占卜。㊅反易天明：指不事奉君長。㊆庶人工商遂：庶人同工人商人全可以做官。㊇人臣隸圉免：做人臣同隸圉全免去奴隸的工作。⑨志父：據服虔說：「趙鞅反叛以後就改名叫志父。」⑩不設屬辟：在棺材裏不要再有近身的小棺材。⑪素車樸馬：素的車輛，壞的馬，用以拉棺材。⑫無入于兆：不要入到祖先的墳地中。⑬郵無恤：即王良。⑭鐵：一統志說：「在今河北濮陽縣北五里，一稱鐵邱。」⑮繁羽、趙羅、宋勇：三人都是晉大夫。⑯櫜之：捆起來。⑰文祖襄公：蒯聵的祖父。⑱鄭勝：鄭聲公的名字。⑲晉午：晉定公的名字⑳備持矛焉：做戎右。㉑斃于車中：躺在車中。㉒鑑旗：是旗子名。㉓傅傁：趙鞅的屬臣。㉔公孫尨：尨（ㄆㄤˊ），是范氏的臣。㉕前列：排在前面隊中的人。㉖吾伏弢嘔血，鼓音不衰：我伏在弓衣上吐血，敲鼓的聲沒有止住。㉗我兩靷將絕，吾能止之：靷音（ㄧㄣˇ）。我兩個繮繩將斷，我能阻止他不斷。

【今譯】秋天八月中，齊人輸送粟給范氏，鄭大夫子姚同子般護送去的。范氏的士吉射在路上迎接，趙鞅便去抵拒他，碰見在戚這地方。陽虎說：「我們的車子甚少，現在只能把兵車的先鋒隊，和子姚、子般的兵車混列成陣勢，子姚、子般再從後追趕上來，他見了我的景象，不知虛實，一定有畏懼的心，於是合攏去交戰，必定可以大敗他的。」趙鞅依了他的話，及至占卜時，龜兆卻焦了不成功。晉大夫樂丁說：「詩經上說：『先人謀，然後再卜筮，兩相契合，就是吉利。』如今人謀既然相同了，便拿從前衛太子的卜兆作為吉利，也可以的，不必再卜了。」趙鞅誓師說：「范氏、中行氏違反天的明德，不事君上，殺戮人民，想專擅晉國的政權，要滅他的國君。寡君是要靠鄭國保護的。現在鄭國卻做無道的事情，丟開君主，幫助臣子，我們二三子，順著天的明德，聽從君的命令；經營有德的義事；要除去詬罵的羞恥，都全靠這次戰爭了！如果克服敵國以後，上大夫可受縣邑；下大夫可受郡邑，兵士可受田十萬畝；庶人及工商人，都能得仕進；人臣及隸圉們都得免去廝役；我這次如果沒有罪，只請君主商酌；如果有了罪，就受絞縊的死刑，死後用三寸厚的桐棺，外面不用套材，拿素車樸馬裝載著柩，不要進入祖先墓地，這是下卿的刑罰呵。」甲戌那天，兩軍將要交戰了，郵無恤駕了簡子的車子。衛太子做了車右，登上鐵丘去，望見鄭國的兵很多，太子害怕得跌出車外去，子良便拉根上車的繩索給太子，使他爬上來說：「你真像婦人一樣！」趙鞅週巡在行伍中說：「從前晉獻公的臣子畢萬，原是個微賤的人，卻七次戰爭都有斬獲；後來做了大夫，有了四百匹馬，死在牖下，得以壽終。你們都要勉力些，打仗是不一定會死的！」繁羽替趙羅駕了車子，宋勇做了車右，趙羅是沒有勇氣的，就在車上用繩束縛住他；有軍吏詰問為什麼要這樣子，繁羽答說：「瘧疾發作了，所以伏在那裏的。」衛太子禱告說：「曾孫蒯聵，敢昭告皇祖周文王，烈祖衛康叔，文祖衛襄公，現在鄭聲公勝，跟著奸人為亂，晉定公午，陷在患難中，不能治這亂事，使鞅出來征討，我蒯聵不敢自己貪安逸，也備位拿著長矛，充作戎右，敢祈告神靈，不要使我絕了筋；不要使我折了骨，不要使我傷損了面目；就能成功這件大事，不要成為三祖的羞恥，大命雖然不敢請，佩玉卻也不敢愛惜的。」鄭人擊中了趙鞅的肩，倒在車中，搶去一面蠭旗，太子便拿戈救他，鄭師纔敗下去，溫大夫趙羅卻仍被他們捉去。太子便再去攻打他，鄭國軍隊方纔大敗，擄得齊國的粟一千車。趙鞅快活的說：「現在好了！」趙鞅的屬下傅傁說：「雖然勝了鄭國，還有知氏存在，憂愁正沒有歇的時候呢？」起初周人給了范氏的田，公孫尨替范氏去收田租，趙氏的眾人捉了尨來獻給趙簡子，軍吏請求殺死他，趙鞅說：「他也是為他主人出力啊！有什麼罪？」便阻止不殺，又還了他的田租。等到這會子鐵丘的戰爭，他便領了徒眾五百人，趁夜間去攻打鄭師，取那蠭旗在子姚的帳幔下，回來獻給簡子說：「請報你主子的恩德。」追趕鄭師的當兒，子姚、子般、公孫林做了押隊的向後射箭。晉兵的前排兵士死得很多。趙鞅說：「你們留意，國不可看輕他是小的。」既然戰完以後，趙鞅說：「我伏在弓衣上邊吐血，鼓聲卻仍舊不息，今天是我的功勞為上！」太子說：「我救你主子在車上，退敵兵到車下，我要算戎右中上等的了！」郵良說：「我駕著的馬，兩條肚帶要斷了，我卻能使他不斷，我要算駕車子中上等的了！」便再搭馬在橫木上，一拖之後，兩條馬肚帶果然都斷掉了。

(六)經 冬十月，葬衛靈公㊀。

【今註】㊀此經無傳。

【今譯】冬天十月，給衛靈公行葬禮。

(七)經 十有一月蔡遷于州來，蔡殺其大夫公子駟。

傳 吳洩庸如蔡納聘而稍納師，師畢入，眾知之。蔡侯告大夫殺公子駟以說㊀，哭而遷墓。冬，蔡遷于州來。

【今註】㈠殺公子駟以說：殺公子駟以做解說。

【今譯】吳洩庸往蔡國去聘問就逐漸將軍隊帶進去，軍隊都進去了，蔡人方才知道，蔡侯告知大夫們，弒了公子駟以作解說，哭著往墓地中告蔡先君。冬天，蔡就遷到州來。

哀公三年（公元前四百九十二年）

㈠經　春，齊國夏、衛石曼姑帥師圍戚。

傳　春，齊衛圍戚，求援于中山㈠。

【今註】㈠中山：即鮮虞。在今河北省新樂縣西南四十五里。

【今譯】春天，齊國的國夏同衛國的石曼姑率領著軍隊圍戚城，又要求鮮虞幫助。

㈡經　夏四月甲午，地震㈠。

【今註】㈠此經無傳。

【今譯】夏天四月甲午這天，魯國地震。

㈢經　五月，辛卯，桓宮、僖宮災。

傳 夏五月辛卯，司鐸㊀火，火踰公宮，桓僖災㊁，救火者皆曰：「顧府㊂。」南宮敬叔㊃至，命周人出御書俟於宮㊄，曰：「庀，女而不在死。」子服景伯至，命宰人出禮書㊅，以待命，命不共，有常刑，校人乘馬㊆，巾車脂轄㊇，百官官備，府庫慎守，官人肅給，濟濡帷幕㊈，鬱攸從之，蒙葺公屋，自大廟始，外內以悛⑩，助所不給，有不用命，則有常刑無赦。公父文伯至，命校人駕乘車⑪，季桓子至，御公立于象魏之外，命救火者傷人則止，財可為也，命藏象魏⑫曰：「舊章不可亡也！」富父槐至曰：「無備而官辦者，猶拾瀋也。」於是乎去表之稾，道還公宮⑬。孔子在陳，聞火曰：「其桓僖乎！」

【今註】㊀司鐸：是宮名。㊁桓僖災：桓公同僖公的廟也連著火。㊂顧府：特注意藏財物的府庫。㊃南宮敬叔：孔子弟子南宮閱。㊄周人出御書俟於宮：周人是管周代典籍的人，把進出魯君看的書拿出來，在宮裏等候。㊅命宰人出禮書：叫總宰的屬下拿出管禮的書。㊆校人乘馬：掌馬的預備好馬。㊇巾車脂轄：管車的塗上油脂在車軸上。㊈濟濡帷幕：把帷帳全拿水濕了。⑩以悛：按著次序的先後。⑪乘車：魯君坐的車。⑫象魏：象魏是城門之闕，公布有教民的法令。⑬道還公宮：

開出道路圍繞著宮，使火不致燒到公宮。

【今譯】　五月辛卯，司鐸宮起火，火超過公所住的宮，桓公同僖公的廟也連上了，救火的人都說：「注意救府庫。」南宮閱來了，叫管周代典籍的官趕快將魯君常讀的簡冊拿出來在宮中等著，說：「預備好了，你要不在就將你處死。」子服景伯來了，叫家宰的屬員拿禮書出來等待命令，要不恭敬命令，就有常例的刑法；又叫掌馬的人排列好馬，掌車的人在車軸上塗上油，百官預備，嚴慎守著府庫，館人努力救火，將帷帳用水濕了，順著火氣將公家的屋，由太廟開始，以次序蒙上，在後的人支援在前的人，有不聽從的，不能赦免。公父文伯來了，叫掌馬的駕上哀公所坐的車。季孫斯來了，駕著公所坐的車到象魏門的外邊，叫救火者人受傷了就止著，錢財仍可以想辦法，又叫他們將象魏典章藏起來，他說：「舊章不可以失掉！」富父槐來了說：「不預備救火，而各自治己所掌的官事，是救不了火的。」就去掉火道所經過的積稾，使火不至於達到公宮。孔子在陳國聽見火災，就說：「恐怕是桓公同僖公的廟呀！」

㈣經季孫斯、叔孫州仇帥師城啟陽㈠。

【今註】　㈠啟陽：一統志說：「在今山東臨沂縣北十五里有開陽故城。」此經無傳。

【今譯】　季孫斯同叔孫州仇率領軍隊修啟陽城。

(五) 經 宋樂髡帥師伐曹㊀。

【今註】㊀此經無傳。

【今譯】宋國樂髡率領軍隊討伐曹國。

(六) 傳 劉氏、範氏㊀世為婚姻，萇弘事劉文公，故周與范氏，趙鞅以為討。六月癸卯，周人殺萇弘。

【今註】㊀劉氏、范氏：劉氏周卿士，范氏是晉大夫。

【今譯】周卿士劉氏同晉國范氏代代作親家，萇弘事奉劉蚠，所以周與范氏相連，趙鞅頗以為非是。六月癸卯，周人殺了萇弘。

(七) 經 秋七月丙子，季孫斯卒。

傳 秋，季孫有疾，命正常㊀曰：「無死，南孺子㊁之子男也，則以告而立之，女也，則肥㊂也可。」季孫卒，康子即位。既葬，康子在朝。南氏生男，正常載以如朝，告曰：「夫子有遺言，命其圉臣曰：『南氏生男，則以告於君與大夫而立之。』今生矣，男也，敢告。」遂奔衛，康子請退，公使共劉㊃視之，則或殺之矣，乃討之，召正常，正常不反。

【今註】㊀正常：是季孫斯的寵臣。㊁南孺子：季孫斯的夫人。㊂肥：季康的名字。㊃共劉：是魯大夫。

【今譯】秋，季孫斯有了病，告訴他的家臣正常說：「你不要死，南孺子要生下了男孩，你就去告訴君把他立了；若是女孩，就立了肥罷！」季孫斯死了，季孫肥即位。季孫斯下了葬，季孫肥正在公朝上，南氏生了男孩，正常抱著到朝上報告說：「季孫有遺言告訴我說：『南氏要生男孩，你就告訴君同大夫們立了他。』現在生了一個男孩，特來告。」正常就逃到衛國去了。季孫肥請求退位，哀公叫大夫共劉去看，已經為人殺掉了，就治理那殺小孩的。叫正常回來，正常也畏懼不敢回來。

(八)經 蔡人放其大夫公孫獵于吳㊀。

【今註】㊀此經無傳。

【今譯】蔡人放逐他的大夫公孫獵到吳國去。

(九)經 冬十月癸卯，秦伯卒㊀。

【今註】㊀此經無傳。

【今譯】冬十月癸卯，秦伯死了。

(十)傳冬十月，晉趙鞅圍朝歌，師于其南，荀寅伐其郛，使其徒自北門入，已犯師而出。癸丑，奔邯鄲。十一月，趙鞅殺士皐夷，惡范氏也。

【今譯】冬十月，晉國趙鞅圍了朝歌，軍隊在南方，荀寅伐他的外郭，使他的黨徒從北門進來，他自己直接打對方的軍隊而出，癸丑這天逃到邯鄲去了，十一月，趙鞅殺了士皐夷，因為他恨范氏的原故。

(土)經叔孫州仇，仲孫何忌帥師圍邾㊀。

【今註】㊀此經無傳。

【今譯】叔孫州仇同仲孫何忌率領軍隊圍邾國都城。

哀公四年（公元前四百九十一年）

㈠經春王二月，庚戌，盜殺蔡侯申，蔡公孫辰出奔吳。

【今譯】春天二月，庚戌這天，強盜殺了蔡侯申，蔡國公孫辰逃到吳國去。

㈡經葬秦惠公㊀。

【今註】㊀此經無傳。

【今譯】給秦惠公行葬禮。

㈢經宋人執小邾子㊀。

【今註】㊀此經無傳。

【今譯】宋人逮捕了小邾子。

㈣經夏，蔡殺其大夫公孫姓、公孫霍。

傳春，蔡昭侯將如吳，諸大夫恐其又遷也承㊀，公孫翩㊁逐而射之，入於家人而卒。以兩矢門之，眾莫敢進。文之鍇㊂後至，曰：「如牆而進，多而殺二人。」鍇執弓而先，翩射之中肘，錯遂殺之，故逐公孫辰而殺公孫姓，公孫盱㊃。

【今註】㊀承：承音懲。杜預注說這是楚國話。正義：懲創往年之遷，恐其更復遷徙。㊁公孫翩：蔡大夫。㊂文之鍇：蔡大夫。㊃公孫盱：公孫盱即公孫霍。都是蔡大夫，全是反對蔡昭侯的黨羽。

【今譯】春天，蔡昭侯將到吳國去，諸大夫恐怕他又遷國非常的畏懼，公孫翩追著去射他，他進到家中就死了。公孫翩用兩箭立在門前看守，眾人沒有敢向前進的。文之鍇最後來了，就說：「如牆並排的向前進，至多也不過射傷二人。」他就拿著弓領先，公孫翩射中他的肘，遂殺了公孫翩，因此將公孫辰放逐而殺了公孫姓及公孫霍。

(五)
經　晉人執戎蠻子赤歸于楚。

傳　夏，楚人既克夷虎㊀，乃謀北方，左司馬眅，申公壽餘、葉公諸梁㊁致蔡於負函㊂致方城之外於繒關㊃，曰：「吳將泝江入郢，將奔命焉。」為一昔之期，襲梁及霍㊄，單浮餘㊅圍蠻氏，蠻氏潰，蠻子赤奔晉陰地㊆，司馬㊇起豐析㊈與狄戎，以臨上雒㊉，左師軍于菟和⑪，右師軍于倉野⑫，使謂陰地之命大夫士蔑⑬曰：「晉楚有盟，好惡同之，若將不廢，寡君之願也。

不然，將通於少習㈣以聽命。」士蔑請諸趙孟，趙孟曰：「晉國未寧，安能惡於楚，必速與之。」士蔑乃致九州之戎㈤，將裂田以與蠻子而城之，且將為之卜。蠻子聽卜，遂執之與其五大夫以畀楚師于三戶㈥，司馬致邑立宗焉，以誘其遺民，而盡俘以歸。

【今註】㈠夷虎：蠻夷對楚國反叛。㈡左司馬眅、申公壽餘、葉公諸梁：三人都是楚大夫。㈢負函：在今河南省信陽縣境。㈣繒關：在今河南省方城縣境。㈤梁霍：水經注說：「汝水之右，有霍陽聚，汝水逕其北，東合霍陽山水。杜預曰：『河南梁縣有霍陽山者也。』其水東北流，逕霍陽聚東。」㈥單浮餘：是楚大夫。㈦陰地：在河南盧氏縣東北。㈧司馬：指左司馬眅。㈨豐析：方輿紀要說：「豐城在今河南析川縣西南，析在內鄉縣西，有淅陽城。」㈩上雒：在今陝西商縣縣治。⑪菟和：菟和山在商縣東一百十里。⑫倉野：一統志引水經注說：「丹水自倉野，又東歷菟和山，是蒼野聚在菟和山之西。」⑬使謂陰地之命大夫士蔑：派人通知晉國派駐陰地的大夫士蔑。⑭少習：在商縣東南一百八十里。⑮九州之戎：晉城陸渾戎，散居在九個州鄉，故名九州之戎。⑯三戶：一統志說：「三戶城在河南析川縣西南。」

【今譯】夏天，楚國已經克服反叛的蠻夷，就進而計謀北方，左司馬眅、申公壽餘及葉公諸梁會合蔡舊民眾在負函這地方，會聚方城外的人民在繒關這地方，並且假說：「吳國將逆流來攻進楚都郢，將奔命去救。」一連夜就決定明天襲了梁同霍，楚大夫單浮餘圍了蠻氏，蠻氏潰散，蠻子赤逃到晉國陰地。司馬眅招集楚邑豐同析的羣眾及狄戎，以威脅上雒，左師陳列在菟和，右師陳列在倉野，派人通知晉國派駐陰地的大夫士蔑說：「晉國與楚國有盟誓，好惡都相同。若仍舊不改，這是我君的願望；否則將通往少習以等候命令。」士蔑請示趙鞅，趙鞅說：「晉國尚未能安寧，何能再開罪楚國人，必趕快給他。」士蔑就送九州的戎，詐告訴說將分田地給蠻子為他修城，並說為他占卜。蠻子來聽占卜，士蔑就將他同五大夫一齊捉著，全都在三戶這地方交給楚國軍隊，楚國又詐為作邑立宗，以引誘他所餘的人民，全都俘虜來。

㈥經　城西郛。

【今註】㊀此經無傳。

【今譯】修魯都城的西面外郭。

㈦經　六月辛丑亳社災。

【今註】㊀此經無傳。

【今譯】六月，魯國的亳社神廟火災。

(八) 經 秋八月甲寅滕子結卒㊀。

【今註】 ㊀此經無傳。

【今譯】 秋八月，甲寅，滕頃公死了。

(九) 經 冬十有二月葬蔡昭公㊀。

【今註】 ㊀此經無傳。

【今譯】 冬十二月，為蔡昭公行葬禮。

(十) 經 葬滕頃公㊀。

【今註】 ㊀此經無傳。

【今譯】 為滕頃公行葬禮。

(土) 傳 秋七月，齊陳乞㊀，弦施㊁，衛甯跪救范氏，庚午圍五鹿。九月，趙鞅圍邯鄲。冬十一月，邯鄲降，荀寅奔鮮虞，趙稷奔臨㊂。十二月，弦施逆之，遂墮臨。國夏伐晉，取邢㊃、任㊄、欒㈥、郜㈦、逆時㈧、陰人㈨、于㈩、壺口㈡，會鮮虞納荀寅于柏人㈢。

【今註】㈠陳乞：是陳僖子。㈡弦施：即弦多。㈢臨：在今河北省臨城縣西南十里，有古臨城。㈣邢：今河北邢臺縣。㈤任：在今河北任縣東南。㈥欒：在今河北欒城東南。㈦郜：在今河北柏鄉縣北二十二里。㈧逆時：在今河北省完縣東南二十里。㈨陰人：在今山西平順及壺關附近。㈩于：在今壺關平順附近。㈡壺口：在今山西長治縣東南十三里，狹形如壺口。㈢柏人：在今河北堯山縣西北十二里。

【今譯】秋天七月，齊國陳乞、弦施同衛國甯跪救范氏，庚午圍晉地五鹿。九月，趙鞅圍邯鄲。冬十一月，邯鄲投降，荀寅遂逃往鮮虞，趙午的兒子趙稷逃往臨。十二月，弦施迎著他遂毀掉臨。齊國國夏伐晉國，佔據晉國的邢、任、欒、郜、逆時、陰人、于、壺口八個城，弦施又會合鮮虞將荀寅納到柏人城中。

哀公五年（公元前四百九十年）

㈠經春，城毗㈠。

【今註】㈠此經無傳。

【今譯】　春天，魯國修築毗的城池。

(二)傳春，晉圍柏人，荀寅士吉射奔齊。初，范氏之臣王生惡張柳朔㈠，言諸昭子㈡使為柏人㈢，昭子曰：「夫非而讎乎？」對曰：「私讎不及公，好不廢過，惡不去善，義之經也，臣敢違之。」及范氏出㈣，張柳朔謂其子：「爾從主，勉之，我將止死，王生授我矣㈤！吾不可以僭之。」遂死於柏人。

【今註】㈠張柳朔：范氏的家臣。㈡昭子：范吉射。㈢柏人：派張柳朔做柏人宰。㈣及范氏出：范氏由柏人出奔齊國。㈤王生授我矣：王生給我死節之地。

【今譯】　春天，晉國圍了柏人城，荀寅同士吉射逃到齊國去了。最初的時候，范氏的家臣王生甚恨張柳朔，告訴士吉射使他作柏人宰。士吉射問：「他不是你的仇人麼？」回答說：「私仇不能連到公事，喜好一個人，不廢除他的過錯，厭惡一個人，不抹煞他的好處，這是義理的正常道理，我臣那裏敢違背呢？」等到范氏出奔，張柳朔對他的兒子說：「你隨著他去罷！我將不出奔而死，王生已給我死節之地啦，我不可以騙他！」就死在柏人。

(三)經夏，齊侯伐宋㈠。

【今註】㊀此經無傳。

【今譯】齊侯伐宋國。

(四)經 晉趙鞅帥師伐衛。

傳 夏趙鞅伐衛，范氏之故也，遂圍中牟。

【今譯】晉國趙鞅率領軍隊伐衛，這因為范氏的原因，就圍了中牟。

(五)經 秋九月癸酉，齊侯杵臼卒。

傳 齊燕姬生子不成而死㊀，諸子鬻姒之子荼嬖㊁，諸大夫恐其為大子也，言於公曰：「君之齒長矣！未有大子若之何？」公曰：「二三子間於憂虞，則有疾疢，亦姑謀樂，何憂於無君？」公疾，使國惠子，高昭子㊂，立荼，寘羣公子於萊㊃。秋，齊景公卒。冬十月，公子嘉、公子駒、公子黔奔衛，公子鉏、公子陽生來奔。萊人歌之曰：「景公死乎不與埋，三軍之事乎不與謀，師乎師乎？何黨之乎㊄？」

【今註】㊀燕姬生子不成而死：燕姬是齊景公夫人，生了兒子沒有行冠禮就死了。㊁諸子鬻姒之子茶孌：庶公子是景公的妾鬻姒的兒子，名字叫茶，很受寵愛。㊂國惠子、高昭子：國惠子是國夏，高昭子是高張。㊃萊：彙纂說：「今山東黃縣東南有萊子城。」㊄師乎師乎，何黨之乎：眾多的人到那裏去呢？

【今譯】齊景公的夫人燕姬生了兒子不及年就死了，他的妾鬻姒的兒子茶甚得寵愛，大夫們恐怕他成了太子，對景公說：「你的年紀大了，沒有太子怎眾辦呢？」公回答說：「你們不要發愁，發愁容易有病，何不常想快樂，何必怕沒有君呢？」公有病，叫國夏同高張立茶，叫公子們都到萊去。秋，齊景公死了。冬十月，公子嘉、公子駒同公子黔都逃到衛國去，公子鉏、同公子陽生逃來魯國。萊人為他們歌唱說：「景公死了呀不能參加葬禮，三軍的事呀不能與計謀，這一羣人將往那裏去呀！」

㈥傳鄭駟秦富而侈，嬖大夫也，而常陳卿之車服於其庭，鄭人惡而殺之。子思㊀曰：「詩曰：『不解于位，民之攸墍㊁。』不守其位而能久者鮮矣。商頌曰：『不僭不濫，不敢怠皇，命以多福㊂。』」

【今註】㊀子思：是子產的兒子國參。㊁不解于位，民之攸墍：詩經大雅嘉樂篇的一句詩。意思是說如果對他職位不懈怠，人民就能夠安息。㊂不僭不濫，不敢怠皇，命以多福：這是商頌的一句詩。意思說不差池，也不敢滿溢，不敢懈怠閒暇，就可以得到上天所命很多的福氣。

【今譯】　鄭國駟秦富而且侈，他只是嬖大夫，可是常在他庭中陳列卿的衣服及車，鄭人怨恨就殺了他。國參說：「詩說過：『在位若不懈怠，人民就能安息了。』在位子上不能慎守，而能長久的甚少。商頌說：『不差錯也不自滿溢，不敢懈怠閒暇，上天自然降下給他多種福氣。』」

(七)經　冬，叔還如齊。

【今譯】　冬天，叔還到齊國去了。

(八)經　閏月葬齊景公㊀。

【今註】　㊀此經無傳。

【今譯】　閏月，為齊景公舉行下葬禮。

哀公六年（公元前四百八十九年）

(一)經　春，城邾瑕㊀。

【今註】　㊀邾瑕：山東通志說：「邾瑕城在山東濟寧縣東南二十里，與負瑕為近，邾氏居此，因名邾瑕。」此經無傳。

【今譯】魯國修郝瑕城。

(二)經　晉趙鞅帥師伐鮮虞。

傳　晉伐鮮虞，治范氏之亂也。

【今譯】春天，晉國趙鞅率領軍隊伐鮮虞，為的治理范氏的亂事。

(三)經　吳伐陳。

傳　吳伐陳，復脩舊怨也。楚子曰：「吾先君與陳有盟㊀，不可以不救。」乃救陳，師于城父㊁。

【今註】㊀與陳有盟：在魯昭公十三年。㊁城父：在今安徽省亳縣東南七十里。

【今譯】吳國討伐陳國，為的修整舊的怨望。楚昭王說：「我的先君與陳舊有盟誓，不能不去救他。」就去救陳，將軍隊駐紮在城父這地方。

(四)經　夏齊國夏及高張來奔。

傳　齊陳乞偽事高國者，每朝必驂乘焉，所從必言諸大夫，曰：「彼皆偃蹇㊀，將棄子之命皆曰：『高國得君，必偪我，盍去諸？』固將謀子，子早圖之，圖之莫如盡滅之，需事之下也。」及朝則曰：「彼虎狼也，見我在子之側，殺我無日矣！請就之位。」又謂諸大夫曰：「二子者禍矣，恃得君而欲謀二三子，曰：『國之多難，貴寵之由，盡去之而後君定。』既成謀矣，盍及其未作也，先諸？作而後悔，亦無及也。」大夫從之，夏六月戊辰，陳乞鮑牧㈡及諸大夫以甲入于公宮。昭子聞之，與惠子乘如公，戰于莊㈢敗，國人追之，國夏奔莒，遂及高張，晏圉㈣，弦施來奔。

【今註】㈠偃蹇：驕傲。㈡鮑牧：鮑圉的孫子。㈢莊：江永說：「即莊嶽。」㈣晏圉：晏嬰的兒子。

【今譯】齊國陳乞假作高張國夏的黨徒，每上朝就坐在他們的車上，隨著必說諸大夫的壞話，他說：「他們全甚驕傲，將不聽你的命令，他們皆說：『高國皆得到君心，必要偪迫我們，何不離開他們！』他們就要算計你們，你若早計算他們，也就是盡滅掉他們，遲慢是最下的策略。」在朝上又說：「他們全是虎狼，看見我在你們的身旁，就隨時可以殺我了，請准我到原位上去。」又對諸大夫說：「他們兩人要有禍了，仗著得君就想計謀你們，他們說：『國中多禍難，就因為由於這些貴寵的人，盡把他們去掉，君就可以安定了。』」此事他們已經謀算好了，何不在他們未動作以前先動呢？以後後悔也來不及了。」大夫們聽從了。夏六月戊辰，陳乞、鮑牧同大夫們率領軍隊進入公宮，高張聽見了，就同國夏坐車到公處，在莊開戰，高國失敗了，貴族們追趕他們，國夏逃到莒國，又同高張、晏圉、弦施奔到魯國。

(五)經　叔還會吳于柤㈠。

【今註】㈠此經無傳。

【今譯】魯國叔還同吳國在柤這地方會盟。

(六)經　秋七月庚寅，楚子軫卒。

傳　秋七月，楚子在城父，將救陳，卜戰不吉，卜退不吉。王曰：「然則死也，再敗楚師，不如死！棄盟逃讎，亦不如死。死一也，其死讎乎？」命公子申㈠為王，不可，則命公子結㈡，亦不可，則命公子啟㈢，五辭而後許。將戰，王有疾。庚寅，昭王攻大冥㈣卒于城父。子閭退曰：「君王舍其子而讓羣臣，敢忘君乎？從君之命，順也，立君之子，亦順也，二順不可失也。」與子西子期謀，潛師閉塗㊄，逆越女之子章㊅，立之而後還。是歲也，有雲如眾赤鳥，夾日以飛三日。楚子使問諸周大史，周大史曰：「其當王身乎？若禜之，可移於令尹司馬。」王曰：「除腹心之疾，而寘諸股肱，何益？不穀不有大過，天其夭諸？有罪受罰，又焉移之？」遂弗禜。初，昭王有疾，卜曰：「河為祟。」王弗祭，大夫請祭諸郊。王曰：「三代命祀，祭不越望㊆，江漢睢章，楚之望也。禍福之至，不是過也。不穀雖不德，河非所獲罪也。」遂弗祭。孔子曰：「楚昭王知大道矣！其不失國也宜哉！夏書曰：『惟彼陶唐，帥彼天常，有此冀方。今失其行，亂其紀綱，乃滅而亡㊇。』又曰：『允出茲在茲㊈。』由己率常可矣。」

【今註】㊀公子申：即子西。㊁公子結：就是子期。㊂公子啟：是公子閭。他們都是昭王的哥哥。㊃大冥：彙纂說：「當在今河南淮陽項城縣境。」㊄潛師閉塗：秘密的發動軍隊，關閉道路，為的外人不能通消息。㊅章：是惠王的名字。㊆祭不越望：諸侯祭祀境內的山川星辰，不能超過這種。㊇惟彼陶唐，帥彼天常，有此冀方，今失其行，亂其紀綱，乃滅而亡：這是逸書。意思是說唐堯能夠遵守天的常道，有了這個冀方，現在失了他的道路，把紀綱全都亂了，就滅亡了。㊈允出茲在茲：這是一句逸書。信實出自自己，福祉也在自己。

【今譯】　秋天七月，楚昭王在城父將去救陳國，占卜作戰不吉祥，占卜退軍隊也不吉祥，昭王就說：「就是死罷，再使楚國軍隊打敗仗了，不如死，棄掉盟誓而逃避仇人，也不如死。死是同樣的，還是抗仇人而死為上。」叫子西為王，不允諾；又叫子期為王，也不允諾；就叫子閭為王，五次推辭方允諾。將要作戰，楚昭王病了。庚寅那天，昭王攻大冥的吳國軍隊，死在城父。子閭退下來說：「君王捨了他的兒子而讓位給羣臣，敢忘了君的恩德嗎？聽從君的命令是順，立君的兒子也是順，二順不可以失落。」他同子西子期商量好，斷絕交通，暗派軍隊迎接昭王的妾越女所生的兒子章立為楚王，然後全部退還楚都。這一年有雲，樣子像紅鳥，在太陽旁隨著飛有三日，昭王派人去問周太史，周太史說：「這必然對王身有關係，若禱告可以轉移到令尹或司馬身上。」王說：「除掉心腹的痛，放在四肢上，有什眾好處呢？我要沒有大的過錯，天豈能使我早死？若有罪就當受罰，又何能轉移呢？」又不告禱除。最初的時候，昭王有了病，占卜說黃河作怪，王不肯祭告。大夫們請到都城外去祭，王就說：「三代命令的祭祀不超過國內山川星辰，江、漢、睢、章四水是楚國所望祭的，禍福的來，不超過他們。我雖沒有德行，不會得罪了黃河。」就不去祭。孔子說：「楚昭王甚懂得大道理，他應當不失掉楚國，夏書說：『只有陶唐，遵守上天的常理，享有冀這地方，現在失掉他們的道路，亂了他的紀綱，就滅亡了。』又說：『信實出自自己，福祉也在自己。』由自己遵守常理也可以了。」

(七)經 齊陽生入于齊，齊陳乞弒其君荼。

傳 八月，齊邴意茲(一)來奔。陳僖子使召公子陽生，陽生駕而見南郭且于(二)曰：「嘗獻馬於季孫，不入於上乘，故又獻此，請與子乘之。」出萊門(三)而告之故。闞止(四)知之，先待諸外。公子曰：「事未可知，反與壬(五)也處。」戒之遂行，逮夜至於齊，國人知之。僖子使子士之母養之(六)，與饋者皆入。冬十月丁卯，立之，將盟(七)，鮑子醉而往，其臣差車鮑點(八)曰：「此誰之命也？」陳子曰：「受命于鮑子。」遂誣鮑子曰：「子之命也？」鮑子曰：「女忘君之為孺子(九)牛而折其齒乎？而背之也。」悼公(一〇)稽首曰：「吾子奉義而行者也，若我可，不必亡一大夫(一一)，若我不可，不必亡一公子(一二)，義則進，否則退，敢不唯子是從，廢興無以亂，則所願也。」鮑子曰：「誰非君之子？」乃受盟。使胡姬以安孺子如賴(一三)，去鬻姒(一四)，殺王甲，拘江說囚王豹(一五)於句竇之丘(一六)。公使朱毛(一七)告於陳子曰：「微子則不及此，然君異於器，不可以二，器二不匱，君二多難，敢布諸大夫。」僖子不對而泣曰：「君舉不信羣臣乎？以齊國之困，困又有憂，少君不可以訪，是以求長君，庶有能容羣臣乎？不然，夫孺子何罪？」毛復命，公悔之。毛曰：「君大訪於陳子，而圖其小可也。」使毛遷孺子於駘㈧，不至，殺諸野幕之下，葬諸殳冒淳㈨。

【今註】㈠邴意茲：高國黨，是齊大夫。㈡南郭且于：即齊公子鉏住在魯國都城南郭。㈢萊門：魯都城的郭門。㈣闞止：是陽生的家臣，就是子我。㈤壬：是陽生的兒子齊簡公。㈥使子士之母養之：子士之母是陳僖子的妾。㈦將盟：與諸位大夫盟誓。㈧差車鮑點：差車是管王車的官，鮑點是鮑牧的家臣。㈨孺子：就是荼。㈩悼公：即陽生。⑪一大夫：指鮑牧。⑫一公子：陽生自稱。⑬使胡姬以安孺子如賴：胡姬是景公的妾，安孺子就是荼。賴在歷城縣東境，與章邱縣接界。⑭去鬻姒：把荼的母親鬻姒也去掉。⑮王甲、江說、王豹：全是景公的嬖臣。⑯句竇之丘：在今山東臨淄縣附近。⑰朱毛：齊大夫。⑱駘：在山東省章邱縣境。⑲殳冒淳：在章邱縣北境。

【今譯】八月，齊高國黨邴意茲逃來。陳乞派人叫齊悼公回國，悼公乘車去見南郭且于說：「以前嘗獻馬給季孫，但是馬不太好，所以又送上這匹，請同你共乘牠看看。」出了萊門以後方告訴他真正原因。悼公的家臣闞止已經知道了，就等在外邊。悼公說：「事情能否成尚不可知，你回家去先同我的兒子壬同等著消息罷。」又告誡他不要露出話，就返齊去了。乘著夜中到了齊都，國人都知道。陳乞使他的妾看著他，隨著送飯的人進入齊公宮。冬十月丁卯，立他為齊君。將與諸大夫們盟誓，鮑牧往開會，時已喝醉，他的臣差車叫鮑點的問道：「這是誰的命令？」陳乞說：「從鮑子處受的命令。」他就誣賴鮑牧說：「這是你的命令。」鮑牧說：「你忘了景公作牛使孺子牽著折落君的牙，現在可反背叛君嗎？」悼公向鮑牧叩頭說：「你是遵奉義理來辦的，要是我可以作君，不必使一位大夫死亡；要是我不可以，不必亡一位公子。合義就前進，否則就後退，不敢不聽你的話。廢君或立君皆不要發生亂事，就是我的志願。」鮑牧說：「誰不是君的兒子。」就接受盟誓，使胡姬領著安孺子到賴去，並去掉鬻姒，殺掉王甲，拘捕江說，囚禁王約在句竇之丘。悼公叫朱毛告訴陳乞說：「不是你，我就到不了現在的地位，但是君同器具不同樣，不可以有兩個。器具有兩個反能不缺匱，君有兩個就多了患難，我敢佈告給大夫知道。」陳乞不回答流淚說道：「君對於羣臣都不信嗎？齊國內困於飢荒，外有兵革的恐懼，少君無辦法，所以求長君，或者也可容納羣臣嗎？不然，這個孺子又有何罪呢？」朱毛回告，悼公頗以失言為後悔。朱毛說：「訪問大政於陳乞，而自己計畫小的事情。」就派朱毛送孺子到駘，未到，就將他殺在野外幕中，葬在殳冒淳這地方。

(八)經　冬仲孫何忌帥師伐邾㈠。

【今註】㈠此經無傳。

【今譯】冬天，魯國仲孫何忌率領軍隊討伐邾國。

(九)經宋向巢帥師伐巢㈠。

【今註】㈠此經無傳。

【今譯】宋國向巢率領軍隊討伐巢這地方。

哀公七年（公元前四百八十八年）

(一)經春，宋皇瑗帥師侵鄭。

(二)經晉魏曼多帥師侵衛。

傳春，宋師侵鄭，鄭叛晉故也㈠。晉師侵衛，衛不服也㈡。

【今註】㈠鄭叛晉故也：鄭國開始反叛晉國在魯定公八年。㈡衛不服也：魯哀公五年晉國伐衛國，到現在衛國還不肯服從晉國。

【今譯】七年春天，宋國皇瑗率領軍隊侵略鄭國，因為鄭國對晉反叛的原因。晉國魏曼多侵略衛國，因為衛國至今未嘗服從的緣故。

㈢經夏，公會吳于鄫。

傳夏，公會吳于鄫㊀，吳來徵百牢㊁。子服景伯對曰：「先王未之有也！」吳人曰：「宋百牢我，魯不可以後宋。且魯牢晉大夫過十㊂，吳王百牢不亦可乎？」景伯曰：「晉范鞅貪而棄禮，以大國懼敝邑，故敝邑十一牢之，君若以禮命於諸侯，則有數矣。若亦棄禮，則有淫者矣㊃。周之王也，制禮上物，不過十二，以為天之大數也。今棄周禮，而曰必百牢，亦唯執事。」吳人弗聽。景伯曰：「吳將亡矣！棄天而背本㊄，不與必棄疾於我。」乃與之。大宰嚭召季康子，康子使子貢辭。大宰嚭曰：「國君道長，而大夫不出門，此何禮也？」對曰：「豈以為禮？畏大國也。大國不以禮命於諸侯，苟不以禮，豈可量也。寡君既共命焉，其老豈敢棄其國？大伯端委以治周禮，仲雍嗣之，斷髮文身，臝以為飾㊅，豈禮也哉？有由然也。」反自鄫，以吳為無能為也。

【今註】㊀鄫：在山東省嶧縣東。㊁百牢：一百俱牛肉。㊂且魯牢晉大夫過十：這指著晉大夫范鞅在魯昭公二十一年。㈣則有淫者矣：就有超過的。㈤棄天而背本：放棄天理而背了周禮的本。㈥羸以為飾：光著身上，紋身做裝飾。

【今譯】 夏天，哀公到鄫去與吳王聚會，吳向魯國要求百牢的食物。子服景伯回答說：「先王沒有這種制度！」吳人就說：「宋人曾給過我一百牢，魯不可比宋減少。並且魯曾給過晉大夫十牢以上，給吳王百牢，不也可以嗎？」景伯說：「晉國范鞅貪心而放棄禮節，用大國的力量使我們害怕，所以我們給他十一牢，你要是用禮節來命令諸侯們，就有合禮的常數；你若是廢棄禮節，就有超過的。周最興盛的時候，定禮最多的是天子的牢，不過十二，這是天的大數目。現在要放棄周禮，必要百牢，這也是你的主意！」吳國人不聽從。景伯說：「吳就要滅亡了，放棄天理而背棄周禮的本，不給他必把他的凶惡放在我們的身上！」就給了他。太宰嚭叫季孫斯去，季孫斯叫子貢辭謝。太宰嚭說：「國君常常在道路上奔走，而大夫不出門，這是何種禮節？」回答說：「那裏是禮節呢？就是因為怕大國的原故。大國不用禮節來命令諸侯，他要不用禮，豈能夠用分量來量。我們的寡君既然聽從了命令，他的大夫豈敢放棄他的國家？太伯穿著朝衣服戴著朝帽，以奉行周朝的禮節，他弟弟仲雍接著他做君，斷了頭髮，身上畫著花紋，赤著身體做裝飾，這豈是合於禮的嗎？因為是有原故的。」自鄫會盟以後回來，以為吳國沒有能做為了。

㈣經　秋公伐邾。八月己酉入邾，以邾子益來。

傳季康子欲伐邾，乃饗大夫以謀之。子服景伯曰：「小所以事大，信也。大所以保小，仁也。背大國不信，伐小國不仁，民保於城，城保於德。失二德㊀者，危將焉保？」孟孫曰：「二三子以為何如？惡賢而逆之。」對曰：「禹合諸侯於塗山，執玉帛者萬國，今其存者無數十焉，唯大不字小，小不事大也。知必危㊁，何故不言。」「魯德如邾，而以眾加之，可乎？」不樂而出。秋伐邾，及范門㊂，猶聞鍾聲。大夫諫不聽，茅成子㊃請告於吳，不許，曰：「魯擊柝聞於邾，吳二千里，不三月不至，何及於我？且國內豈不足？」成子以茅㊄叛。師遂入邾，處其公宮，眾師晝掠，邾眾保于繹。師宵掠，以邾子益㊅來，獻于亳社，囚諸負瑕㊆，負瑕故有繹。邾茅夷鴻以束帛乘韋自請救於吳，曰：「魯弱晉而遠吳，馮恃其眾，而背君之盟，辟㊇君之執事，以陵我小國，邾非敢自愛也，懼君威之不立，君威之不立，小國之憂也。若夏盟於鄫衍㊈，秋而背之，成求而不違，四方諸侯，其何以事君？且魯賦八百乘，君之貳也，邾賦六百乘，君之私也。以私奉貳，唯君圖之。」吳子從之。

【今註】㊀二德：信同仁。㊁知必危：知道要伐邾必定有危險。㊂范門：邾都城郭門。㊃茅成子：邾大夫茅夷鴻。㊄茅：在今山東省濟寧縣東南五十里，古邾水入泗水處的西邊。㊅邾子益：邾隱公。㊆負瑕：方輿紀要說：「瑕邱城在滋陽城西北二十五里，魯負瑕邑也。」㊇辟：輕視。㊈鄫衍：即鄫，見前。

【今譯】季孫肥打算伐邾國，就請大夫們來吃飯來商量。子服景伯說：「小國能夠事奉大國，就是因為信用的關係，大國能夠保護小國，就是因為仁愛的關係。違背大國的吳，失了信用，討伐小國的邾，不仁愛，人民是受城池的保護，城池是受德性的保護，失掉信用同仁愛兩種德，有危險將如何保護呢？」孟孫氏說：「你們諸位以為怎眾樣？安於景伯的賢言，不應該反對他。」大夫們回答說：「禹在塗山會合諸侯，拿著玉幣來加入盟誓的有一萬個國家，現在存在的沒有幾十個，這就因為大國不能撫養小國，小國不能事奉大國的原故。如果知道伐邾必定危險，大家為何不說話？不說話就是因為知道沒有危險。」孟孫氏不高興的說：「魯國的德同邾國一樣，而拿軍隊的力量加給他，可以嗎？」孟孫不快樂就走了。秋天魯國討伐邾國，到了邾國都城的郭門范門，還聽見邾國敲鐘的聲音，大夫們諫箴，季孫不聽，邾大夫茅夷鴻請到吳國去告訴，邾隱公不答應，說：「魯國敲柝的音，邾國可以聽見，吳國離邾國兩千里，不三個月的工夫，到不了我們這裏，並且國內的力量，尚不能抵抗魯國嗎？」茅夷就把他的封邑茅反叛了，魯國軍隊就進了邾國都城，住到公宮裏，軍隊白天就搶掠財物，邾國殘餘的眾人退保到繹山。軍隊夜裏搶掠，把邾隱公帶到負瑕這地方，負瑕本來是有繹的地方。邾國的茅夷鴻拿著錢幣自己往吳國求救說：「魯國看晉國弱小而離吳國遠，仗著他的眾多，背叛你的盟約，看不起你的官吏，來壓迫我們小國。邾不敢自己愛惜，而是怕你的威嚴不立。你的威嚴不立，是小國的憂愁。要是夏天在鄫盟會，秋天就背了盟約，魯國達成他的需求而吳國不反對，四方的諸侯，怎麼樣能事奉你呢？並且魯國軍隊有八百輛車，等於你的敵對，邾的軍隊有六百輛車，是你的私用。用私來事奉敵對，請你細想想吧！」吳王就聽了他的話。

(五)經　宋人圍曹。

(六)經　冬鄭駟弘帥師救曹。

傳　宋人圍曹，鄭桓子思(一)曰：「宋人有曹，鄭之患也，不可以不救。」冬，鄭師救曹，侵宋。初，曹人或夢眾君子立于社宮，而謀亡曹，曹叔振鐸請待公孫彊，許之。旦而求之曹，無之。戒其子曰：「我死，爾聞公孫彊為政，必去之。」及曹伯陽即位，好田弋，曹鄙人公孫彊好弋，獲白鴈獻之，且言田弋之說，說之，因訪政事，大說之，有寵，使為司城以聽政。夢者之子乃行。彊言霸說於曹伯，曹伯從之，乃背晉而奸宋，宋人伐之，晉人不救，築五邑於其郊，曰黍丘㊁揖丘㊂大城㊃鍾㊄邘㊅。

【今註】㊀桓子思：子產的兒子國參諡號為桓子。㊁黍丘：在今河南省夏邑西南。㊂揖丘：在今山東省曹縣界。㊃大城：在今山東省荷澤縣境。㊄鍾：在今定陶縣界。㊅邘：在今山東省定陶縣境。

【今譯】宋國人圍了曹國，鄭國的國參說：「宋國人佔據了曹國，這是鄭國的禍患，我們不能不去救他。」冬天，鄭國軍隊去救曹國，侵略宋國。最早的時候，曹國有人夢見貴族們立到社宮中，計劃亡曹國的事情，曹國的始祖曹叔振鐸請等候公孫彊來到，貴族們全答應了。早晨去訪問這個名字，曹國並沒有。告訴他兒子說：「我死了以後，你若聽見公孫彊當政權，必須要逃出曹國。」到了曹伯陽做了君以後，他喜歡打獵，曹國的鄉下人公孫彊也好打獵，得到白鴈獻給曹伯陽，並且說打獵的方法，曹伯陽聽了很高興。曹伯陽就問他政治，大為高興，有寵愛，使他做司城的官以掌政權。做夢的人的兒子，就逃出曹國。公孫彊又對曹伯說稱霸的方法，曹伯聽從他，就背叛了晉國，而與宋國不和，宋國人討伐他，晉國人不救。曹伯陽建築五個城在他的都城外，叫做黍丘、揖丘、大城、鍾、邘。

哀公八年（公元前四百八十七年）

㈠ 經 春王正月，宋公入曹，以曹伯陽歸。

傳 宋公伐曹，將還，褚師子肥㈠殿，曹人詬之，不行，師待之，公聞之怒，命反之，遂滅曹。執曹伯及司城彊以歸，殺之。

【今註】㈠褚師子肥：宋大夫。

【今譯】八年春天，宋伐曹國都城，將回國的時候，宋大夫褚師子肥殿後，曹國人罵他，因此殿後軍隊就不退後，宋國軍隊全都等待他，宋公聽見說，就惱怒了，叫軍隊回去，把曹國滅了。逮捕曹伯及公孫彊，回宋國把他們殺掉。

㈡ 經 吳伐我。

傳 吳為邾故，將伐魯，問於叔孫輒。叔孫輒對曰：「魯有名而無情㈠，伐之必得志焉。」退而告公山不狃，公山不狃曰：「非禮也，君子違㈡不適讎國，未臣而有伐之㈢，奔命焉㈣，死之可也，所託也則隱。且夫人之行也，不以所惡廢鄉，今子以小惡而欲覆宗國，不亦難乎？若使子率㈤，子必辭，王將使我。」子張㈥疾之。王問於子洩，對曰：「魯雖無以立，必有與斃。諸侯將救之，未可以得志焉。晉與齊、楚輔之，是四讎也㈦，夫魯，齊、晉之脣，脣亡齒寒，君所知也，不救何為？」三月，吳伐我，子洩率，故道險，從武城㈧。初，武城人或有因於吳竟田焉，拘鄫人之漚菅者曰：「何故使吾水滋㈨？」及吳師至，拘者道之，以伐武城，克之。王犯㈩嘗為之宰，澹臺子羽（一一）之父好焉，國人懼。懿子謂景伯若之何？對曰：「吳師來，斯與之戰，何患焉？且召之而至，又何求焉？」吳師克東陽（一二）而進，舍於五梧（一三），明日舍於蠶室（一四）。公賓庚，公甲叔子（一五）與戰于夷（一六），獲叔子與析朱鉏。獻於王，王曰：「此同車必使能，國未可望也！」明日，舍于庚宗（一七），遂次於泗上。微虎（一八）欲宵攻王舍，私屬徒七百人，三踴於幕庭，卒三百人，有若與焉（一九），及稷門之內（二〇），或謂季孫曰：「不足以害吳，而多殺國士，不如已也。」乃止之。吳子聞之，一夕三遷。吳人行成，將盟，景伯曰：「楚人圍宋，易子而食，析骸而爨，猶無城下之盟，我未及虧，而有城下之盟，是棄國也。吳輕而遠，不能久，將歸矣，請少待之。」弗從。景伯負載造於萊門㉑，乃請釋子服何於吳，吳人許之，以王子姑曹當之而後止，吳人盟而還。

【今註】㊀魯有名而無情：魯國有大國的名氣，而沒有實力。㊁違：逃亡。㊂未臣而有伐之：沒有在彼國稱臣，而彼國討伐本國。㊃奔命焉：回到他的原國。㊄若使之率：若叫你率領著吳國軍隊。㊅子張：叔孫輒。㊆是四讎也：晉齊楚同魯四國是吳國的仇人。㊇武城：今山東省費縣西南。㊈水滋：水邊變成濁水。㊉王犯：吳大夫。⑪澹臺子羽：是武城人，孔子弟子。⑫東陽：在山東費縣西南七十里，今為關陽鎮。⑬五梧：在今山東費縣西六十里，東陽之北。⑭蠶室：江永說：「春秋滕不屬魯，當在費縣西北境。」⑮公賓庚、公甲叔子：全是魯大夫。⑯夷：在費縣西。⑰庚宗：在山東泗水縣東。⑱微虎：魯大夫。⑲卒三百人，有若與焉：末了挑選三行人，有若在內。有若是孔子弟子。⑳及稷門之內：三百人走到稷門裏頭。㉑負載造於萊門：背著盟誓的書到萊門去。

【今譯】吳國因為邾國的原故，將伐魯國，問魯人叔孫輒，叔孫輒回答說：「魯國有大國的名氣，而沒有實力，伐他必定得到好處。」說了以後，就去告訴公山不狃，公山不狃說：「這是不合於禮的，君子逃亡不到讎敵的國家，假設沒有在這國做他的臣子，而這國討伐本國，那就奔回本國，拚命到死好了，要是在自己託身之國，就該為舊國隱惡。並且人逃亡的時候，不以私怨廢棄鄉黨，你現在以小的不高興，而想把國家毀掉，不也很難嗎？假若派你率領吳軍，你必定辭讓，吳王將派我。」叔孫輒因此很為難。吳王問公山不狃，回答說：「魯國雖然好像不能自立，但在危急時必有人死命為國。諸侯將來救他，我們不可能得志。晉國同齊國、楚國幫助他，與魯國等於吳國四個仇敵，魯國是齊國同晉國的嘴唇，嘴唇丟掉，牙就感覺寒冷，你是知道的，不救怎眾辦呢？」三月，吳伐魯國，公山不狃統率，故意經過困難的道路，經過武城。最初的時候，武城人或有利用吳國的境界在那裏種田，把鄫人種地的逮起來說：「何故使我們水髒了？」到了吳國軍隊來了，被拘捕的人引著路去伐武城，把他佔據了。吳國的大夫王犯，曾經做過武城宰，澹臺子羽的父親跟他很交好，魯國人全害怕了。孟孫何忌對子服景伯說怎麼辦呢？回答說：「吳國軍隊來了，就跟他作戰，何必害怕呢？並且是我們伐邾引來吳師，那有什麼要求呢？」吳國軍隊佔據東陽再往前進，住到五梧，明天住到蠶室，公賓庚同公甲叔子跟吳國軍隊在夷這地方打仗，吳國捕獲了叔子同析朱鉏，獻給吳王，因為他們三個人同車，吳王就說：「同車三人都能死戰，可見國家能用人，如此魯國未可以望為我們得到。」明天，吳國軍隊住到庚宗，往前進就住到泗水的上面。魯大夫微虎想著夜裏攻打吳王所住的地方，集合他所屬的七百個人，在帳幕前面的院子三次跳躍，後來三百個人成功，孔子弟子有若參加了他們，這三百個人走到稷門的裏面，有人對季孫說：「此舉不足以害吳國，而多死亡很多魯國的國士，不如止住吧！」就阻止他們不去。吳王聽見說，害了怕，一夜的工夫搬了三次的住處。吳國人要求和平，將行盟誓，子服景伯說：「從前楚國人圍了宋國都城，宋國人換了兒子來吃，砍了人的骨頭燒飯，尚且沒有城下的盟會，我們現在尚沒有完全失敗，而做了城下的盟會，這是等於棄國家了。吳國人輕佻而道路很遠，他們不能久待，將要回國，請你稍微的等一等吧。」季孫不聽從。子服景伯就背著載書到萊門，本來魯國預備留子服景伯在吳國做人質，吳國答應他，因此魯國人又要求，拿吳王子姑曹來魯國做人質，吳王就不要子服景伯，吳國人盟誓以後就回去了。

㈢經　夏，齊人取讙及闡。

㈣經　歸邾子益于邾。

傳　齊悼公之來也，季康子以其妹妻之，即位而逆之，季魴侯㈠通焉，女言其情，弗敢與也，齊侯怒。夏五月，齊鮑牧帥師伐我，取讙及闡。或譖胡姬㈡於齊侯曰：「安孺子之黨也！」六月，齊侯殺胡姬。齊侯使如吳請師，將以伐我，乃歸邾子。邾子又無道，吳子使大宰子餘㈢討之，囚諸樓臺，栫之以棘㈣，使諸大夫奉大子革㈤以為政。

【今註】㈠季魴侯：是季康子的叔父。㈡胡姬：是齊景公的妾。㈤大宰子餘：就是太宰嚭。㈣栫之以棘：用帶刺的棘樹環繞著房子。㊄太子革：即邾桓公。

【今譯】齊悼公到魯國來的時候，季孫肥把他妹妹嫁給他，悼公即位以後，派人來接他，季孫肥的叔叔季魴侯與她私通，季孫肥的妹妹告訴季孫肥這種情形，就不敢叫她去齊國，齊悼公很生氣。夏天五月，齊國的鮑牧率領軍隊伐魯國，佔據了讙同闡兩個地方。有人說胡姬的壞話，對齊悼公說：「她是安孺子的黨羽。」六月，齊悼公把胡姬殺掉。齊悼公派人到吳國請求軍隊，來伐魯國，就把邾隱公送回去了。邾隱公在國裏不合道理，吳王派大宰嚭去討伐他，把他囚在樓臺上面，四面用棘樹來圍繞著，叫諸大夫奉太子革行使政權。

(五)經　秋，七月。

傳　秋及齊平，九月，臧賓如㊀如齊蒞盟，齊閭丘明㊁來蒞盟，且逆季姬以歸，嬖。鮑牧又謂羣公子曰：「使女有馬千乘乎㊂？」公子愬之，公謂鮑子：「或譖子，子姑居於潞㊃以察之，若有之，則分室以行，若無之，則反子之所。」出門，使以三分之一行。半道使以二乘。及潞，麇之㊄以入，遂殺之。

【今註】㊀臧賓如：臧會的兒子。㊁閭丘明：閭丘嬰的兒子。㊂使女有馬千乘乎：意思是使你能做君。㊃潞：彙纂說：「在齊之郊外。」即臨淄附近。㊄麇之：把他綑起來。

【今譯】秋天同齊國講和，九月，臧賓如到齊國去主持盟誓，齊國就派閭丘明到魯國來主持盟會，並且迎接季孫肥的妹妹，回去以後很得罷愛。鮑牧又對齊國各公子們說：「你願意有馬千匹嗎？」公子就告訴齊悼公，悼公告訴鮑牧說：「有人說你的壞話，你姑且到潞這地方住，容我細細的考察，若有這回事，就把你財產分了然後走，要是沒有就可以回到你原位。」出門以後，叫他拿財產的三分之一去。走一半的道路，祇准許他帶著兩輛車，到了潞這地方，把他綑起來，就把他殺了。

(六)經 冬十有二月癸亥杞伯過卒㈠。

【今註】㈠此經無傳。

【今譯】冬十二月，癸亥，杞僖公死了。

(七)經 齊人歸讙及闡。

傳 冬十二月，齊人歸讙及闡，季姬嬖故也。

【今譯】冬十二月，齊國人來歸還讙及闡這兩個地方，因為季孫肥的妹妹得寵愛的原故。

哀公九年（公元前四百八十六年）

(一)經 春王二月，葬杞僖公㈠。

【今註】㈠此經無傳。

【今譯】春王二月，為杞僖公行葬禮。

(二)傳 春，齊侯使公孟綽㈠辭師于吳。吳子曰：「昔歲寡人聞命，今又革之，不知所從，將進受命於君。」

【今註】㈠公孟綽：齊大夫。

【今譯】齊侯派公孟綽到吳國去辭謝派軍隊。吳王說：「以前已奉有命令，現在又有改變，不知若何辦法，將前往請命。」

(三)經 宋皇瑗帥師取鄭師于雍丘。

傳 鄭武子賸之嬖許瑕求邑㈠，無以與之，請外取，許之，故圍宋雍丘㈡，宋皇瑗圍鄭師，每日遷舍㈢，壘合，鄭師哭。子姚㈣救之大敗。二月甲戌，宋取鄭師于雍丘，使有能者無死，以郲張與鄭羅㈤歸。

【今註】㈠武子賸之嬖許瑕求邑：武子賸就是罕達，他一個喜歡的屬臣叫許瑕，想要一塊田地。㈡雍丘：一統志說：「今河南杞縣縣治。」㈢每日遷舍：每天作壘成了以後，就遷往另一處再作壘，為的使雍丘外邊能夠合圍。㊃子姚：即罕達。㊄郟張、鄭羅：全是有能力的鄭大夫。

【今譯】 鄭罕達的寵愛人要求一個封邑，他已經沒有了，無法給他，許瑕請求到國外去尋找，罕達答應了，所以圍了宋國的雍丘。宋皇瑗圍了許瑕的軍隊，每次造壘成功就遷地方，等到全壘合圍，鄭國軍隊都哭了。罕達來救，被宋師打得大敗。二月甲戌，宋在雍丘的地方佔領了鄭國的軍隊，叫有能力的不要死，把有能力的郟張同鄭羅帶回到宋國。

㈣ 經 夏，楚人伐陳

傳 夏，楚人伐陳，陳即吳故也

【今譯】 夏天，楚人伐陳，陳國與吳連絡的原故。

㈤ 經 秋，宋公伐鄭。

傳 宋公伐鄭㈠。

【今註】 ㈠宋公伐鄭：為報復雍丘的戰役。

【今譯】 宋公伐鄭，因為報復雍丘的緣故。

㈥ 傳 秋，吳城邗溝㈠，通江淮。

【今註】㊀邗溝：按即今日江都縣南之瓜州，至淮陰北神堰間之運河。

【今譯】秋天，吳在邗溝築城通長江與淮水，這是後來運河的開始。

㈦傳晉趙鞅卜救鄭，遇水適火，占諸史趙、史墨、史龜㊀，史龜曰：「是謂沈陽㊁，可以興兵，利以伐姜，不利于商㊂，伐齊則可，敵宋不吉。」史墨曰：「盈水名也，子水位也，名位敵不可干也㊃。炎帝為火師，姜姓其後也。水勝火，伐姜則可。」史趙曰：「是謂如川之滿，不可遊也。鄭方有罪，不可救也。救鄭則不吉，不知其他。」陽虎以周易筮之，遇泰☷☰之需☵☰㊄，曰：「宋方吉，不可與也。微子啟帝乙之元子也。宋鄭甥舅也。祉祿也，若帝乙之元子，歸妹而有吉祿，我安得吉焉？」乃止。

【今註】㊀史趙、史墨、史龜：全是晉太史。㊁是謂沈陽：因為火是陽遇到水就沈下去，所以叫沈陽。㊂不利于商：對於伐宋國不合適。㊃名位敵不可干也：兩個水全茂盛，所以不能干犯。㊄遇泰☷☰之需☵☰：遇見泰卦變成了需卦。

【今譯】晉趙鞅占卜伐鄭，遇見水同火的兆，問著史趙、史墨同史龜，史龜說：「這名為沈陽，可以興起軍隊，對於伐姜有利，而不利於伐商，伐齊就可以，敵抗宋國就不吉祥。」史墨說：「盈是水的名，子是水的位，名位皆盛不可以侵犯。炎帝為水師，姜姓是炎帝的後人，水可以勝火，所以伐姜就可以。」史趙說：「這是等於河水方滿，不可以去游水，鄭方有罪，不可以去救，救鄭就不吉，其他都不知道。」陽虎又用周易來占卜，遇見泰卦䷊變到需卦䷄，說：「宋方吉，不可與交戰，微子啟是帝乙的大兒子，宋與鄭又是甥舅的國家，祉是福祿，若是帝乙的大兒子嫁他的妹妹而有吉祿，我又如何能得到吉呀？」就止著不打仗。

(八)經 冬十月。

傳 冬，吳子使來，儆師伐齊。

【今譯】冬天，吳王派人告訴魯國預備軍隊伐齊。

哀公十年（公元前四百八十五年）

(一)經 春王二月，邾子益來奔。

(二)經 公會吳伐齊。

傳 春邾隱公來奔，齊甥也，故遂奔齊。公會吳子、邾子、郯子伐齊南鄙，師于鄎㊀。

【今註】㈠鄎：在今山東蒙陰縣之北，復興縣境。

【今譯】十年春王二月，邾隱公奔到魯國來，他是是齊國的外甥，所以又從魯國逃到齊國。魯哀公會合吳王邾子，同郯子伐齊國的南邊，駐軍隊在鄎這地方。

㈢經　三月戊戌，齊侯陽生卒。

傳　齊人弒悼公，赴于師，吳子三日哭于軍門之外，徐承㈠帥舟師，將自海入齊，齊人敗之，吳師乃還。

【今註】㈠徐承：吳大夫。

【今譯】齊人弒齊悼公，以訃送到軍隊中，吳王在軍門的外面哭了三天，吳大夫徐承率領著舟師從海上攻入齊國，齊國軍隊將他打敗了，吳國舟師就退回國了。

㈣經　夏宋人伐鄭㈠。

【今註】㈠此經無傳。

【今譯】夏天，宋國軍隊征伐鄭國。

㈤經　晉趙鞅帥師侵齊。

傳 夏趙鞅帥師伐齊，大夫請卜之，趙孟曰：「吾卜於此起兵㈠，事不再令㈡，卜不襲吉㈢，行也！」於是乎取犁㈣及轅㈤，毀高唐㈥之郭，侵及賴㈦而還。

【今註】㈠吾卜於此起兵：就說去年曾經占卜伐宋不吉，伐齊就可以動兵。㈡事不再令：不必再求。㈢卜不襲吉：占卜也不會重覆的吉祥。㈣犁：續山東考古錄說：「在今濟陽縣西南五十里。」㈤轅：續山考古錄說：「在今山東齊河縣西北二十五里之瑗縣故城。」㈥高唐：一統志說：「在今山東禹城西北。」㈦賴：方輿紀要說：「今山東聊城縣西有賴亭。」

【今譯】夏，晉趙鞅率軍隊伐齊國，大夫請求占卜。趙鞅說：「去年我已經占卜伐齊動兵，事情不要再求，占卜不會再遇到吉兆，去罷！」就佔領犁同轅，毀了高唐的外城，侵略到了賴，就回來了。

㈥經 五月，公至自伐齊㈠。

【今註】㈠此經無傳。

【今譯】魯哀公從伐齊回來。

㈦經 葬齊悼公㈠。

【今註】㈠此經無傳。

【今譯】齊國為齊悼公行葬禮。

(八)經 衛公孟彄自齊歸于衛㈠。

【今註】㈠此經無傳。

【今譯】衛國公孟彄從齊國回到衛國。

(九)經 薛伯夷卒㈠。

【今註】㈠此經無傳。

【今譯】薛惠公死了。

(十)經 秋，葬薛惠公㈠。

【今註】㈠此經無傳。

【今譯】為薛惠公行葬禮。

(土)傳 秋，吳子使來復儆師。

【今譯】秋天，吳王派人來魯國再求預備軍隊。

(十二)經冬楚公子結帥師伐陳。

(十三)經吳救陳。

傳冬，楚子期伐陳，吳延州來季子救陳，謂子期曰：「二君㈠不務德，而力爭諸侯，民何罪焉。我請退以為子名，務德而安民。」乃還。

【今註】㈠二君：指楚君、吳君。

【今譯】冬天，楚公子伐陳，吳季札救陳，對子期說：「吳楚兩君不務德行，而力爭諸侯，人民有何罪呀？我將退下使你得名，務德行而安定人民，那就好了！」吳國軍隊就退走了。

哀公十有一年（公元前四百八十四年）

㈠經春，齊國書帥師伐我。

傳春，齊為鄎故㈠，國書，高無丕帥師伐我。及清㈡，季孫謂其宰冉求㈢曰：「齊師在清，必魯故也，若之何？」求曰：「一子守，二子從公禦諸竟。」季孫曰：「不能。」求曰：「居封疆之間。」季孫告二子㈣，二子不可。求曰：「若不可，則君無出，一子帥師，背城而戰，不屬者非魯人也。魯之羣室㊄，眾於齊之兵車，一室敵車優矣，子何患焉？二子之不欲戰也宜，政在季氏。當子之身，齊人伐魯而不能戰，子之恥也，大不列於諸侯矣。」季孫使從於朝，俟於黨氏之溝㊅，武叔呼而問戰焉，對曰：「君子有遠慮，小人何知？」懿子強問之。對曰：「小人慮材而言，量力而共者也。」武叔曰：「是謂我不成丈夫也！」退而蒐乘，孟孺子洩㊆帥右師，顏羽御，邴洩㊇為右，冉求帥左師，管周父御，樊遲㊈為右。季孫曰：「須也弱！」有子㊉曰：「就用命焉！」季氏之甲七千，冉有以武城人三百為己徒卒，老幼守宮，次于雩門⑪之外，五日右師從之⑫。公叔務人⑬見保者而泣曰：「事充⑭，政重⑮，上不能謀，士不能死，何以治民？吾既言之矣，敢不勉乎？」師及齊師戰于郊，齊師自稷曲⑯，師不踰溝，樊遲曰：「非不能也，不信子也。請三刻而踰之。」如之，眾從之，師入齊軍⑰，右師奔，齊人從之⑱，陳瓘陳莊⑲涉泗，孟之側後，入以為殿，抽矢策其馬曰：「馬不進也！」林不狃之伍⑳曰：「走乎？」不狃曰：「誰不如㉑」曰：「然則止乎？」不狃曰：「惡賢㉒。」徐步而死。師獲甲首八十㉓，齊人不能師。宵諜曰：「齊人遁。」冉有請從之三，季孫弗許。孟孺子語人曰：「我不如顏羽，而賢於邴洩。子羽銳敏㉔，我不欲戰而能默。洩曰：『驅之㉕。』」公為與其嬖僮汪錡乘，皆死，皆殯。孔子曰：「能執干戈，以衛社稷，可無殤也。」冉有用矛於齊師，故能入其軍，孔子曰：「義也！」

【今註】 ㊀齊為鄎故：在去年郎的戰役。㊁清：方輿紀要說：「清亭在山東長清縣東南。」㊂冉求：魯人，孔子弟子。㊃二子：指叔孫、孟孫。㊄羣室：都城所住的。㊅黨氏之溝：方輿紀要說：「莊公臺在今曲阜縣東北八里，莊公三十二年，築臺臨黨氏，見孟任是也。」㊆孟孺子洩：孟懿子的兒子孟武伯。㊇邴洩、顏羽：全是孟氏家臣。㊈樊遲：魯人，孔子弟子。⑩有子：就是冉求。⑪雩門：魯都城南門。⑫五日右師從之：五日以後，右師才追上。⑬公叔務人：是公為。⑭事充：工作很多。⑮政重：賦稅很重。⑯稷曲：春秋大事表說：「曲阜縣北寧陽東有曲池，疑即稷曲。」⑰師入齊軍：師指魯國冉求所有的軍隊。⑱齊人從之：齊人跟著追逐右師，意思是說右師打敗了。

㈩陳瓘、陳莊：二人是齊大夫。㊀林不狃之伍：林不狃所率領的五人隊。㊁誰不如：我不如誰，還想跑嗎？㊂惡賢：那也算不得賢。㊃師獲甲首八十：師獲穿甲的頭八十個。㊄子羽銳敏：子羽即顏羽，很精銳，意思說他想作戰。㊅驅之：逃走。

【今譯】十一年的春天，齊悼公因為魯國伐郞的原故，派國書、高無丕率領軍隊討伐魯國。到了清這地方，季孫對他的家宰冉求說：「齊兵在清，一定是為我魯國的原故，怎麼辦呢？」冉求回答說：「你季孫一人守國，派叔孫、孟孫二人跟了公抵禦在邊境上。」季孫說：「我無法調動他們的。」冉求說：「那末叫他們在境內近郊的地方抵抗。」季孫便告訴叔孫、孟孫，二人不肯。冉求說：「如果二人不肯，魯君也不必親自出兵，只你一人領兵背著城和齊一戰便了。不跟你戰的，便不是魯人。魯國都邑的居家，總要比齊國的兵車多些，一家對敵了一車，總有餘的了。你為什麼要憂患呢？他們二人的不要戰，是應該的，現在政權都在你季氏身上；當你執政的時候、齊人來伐，卻不能打仗，這是你的羞恥，恐怕大大的不能列在諸侯中了。」季孫便使冉求跟自己去朝，等在黨氏的溝邊；叔孫州仇看見冉求，便喊著問戰事，冉求回答說：「君子有遠大的計慮，我們小人知道什麼呢？」孟孫何忌又強問他，冉求回答說：「小人是估計了材具才說話，打量了能力才供事的。」州仇說：「這分明是說我不成個丈夫了。」退下去便大閱他的軍隊。孟孺子洩領了右師，顏羽趕著兵車，邴洩做了車右。冉求領了左師，管周父駕了兵車，樊遲做了車右。季孫肥說：「樊須太怯弱。」冉求說：「須年少，能夠聽話的。」季氏的兵甲共有七千，冉有又把三百個武城人做了自己的親兵，老的小的，都坐守宮室，紮兵在南城門外，過了五天，右師方才出來跟上。公為看見守城池的痛哭說：「公事真煩，租稅真多，只苦著百姓，在上位的不能謀算國事，士人又不能出死力，怎樣可以治民呢？我既說了他人，自己敢不竭力嗎？」魯兵和齊兵戰於郊外，齊兵從稷曲前來，魯兵卻不敢渡過溝去抵敵。樊遲說：「這不是不能踰溝，實在是不相信你的號令，請和他們約定三刻時候一定要踰溝的。」便依著樊遲的話，眾人方才跟過去。冉求的左師攻進齊軍，右師卻逃退，齊人追趕右師，陳瓘、陳莊渡過泗水來追魯師，孟之側晚進城來，做了個押隊的，卻抽枝箭鞭馬說：「是馬走不快呢！」林不狃的一排兵說：「走罷！」不狃說：「我不如那個，卻要逃走？」那排兵說：「那末停在此地戰罷！」不狃說：「那也算不得賢。」便從容緩步的走死在兵中。冉求的兵得了甲首八十具。齊人卻不能成隊伍了。夜間的探子來報說：「齊人已經逃走了。」冉有請求去追齊師，一共請了三次，季孫卻不允許。後來孟孺子對人說：「我雖不及顏羽，卻比邴洩好些，子羽是精銳敏疾，要想戰的。我雖則不要戰，嘴裏卻也不說要逃，洩只是說：『趕馬逃吧！』」公為和他的愛童叫汪錡的，一同坐著車子，都戰死了。殯的時候，孔子說：「能夠執了干戈保護社稷的，也可以不用夭殤的禮了！」冉有只因用矛於齊師，所以能攻進他的軍中。孔子說：「這便是義。」

㈡經　夏陳轅頗出奔鄭。

傳　夏，陳轅頗出奔鄭。初，轅頗為司徒，賦封田以嫁公女㈠，有餘，以為己大器㊁，國人逐之，故出。道渴，其族轅咺進稻醴、梁糗腶脯焉，喜曰：「何其給也？」對曰：「器成而具㊂。」曰：「何不吾諫？」對曰：「懼先行。」

【今註】㊀賦封田以嫁公女：把封內的田地，全都加上特別稅，為的嫁公的女兒。㊁大器：鍾鼎一類的器皿。㊂器成而具：你那大器做成時，我就預備好了給你食物。

【今譯】夏天，陳國的轅頗逃到鄭國去。最初的時候，轅頗做司徒的官，把封內的田地全都上稅，為的嫁公的女兒，剩下的錢，就給自己做鐘鼎這類的大器，貴族們恨他，就把他驅逐出國。道上很渴，他同族的人轅咺，進奉稻做的酒，高粱做的乾飯，肉做的餅，他很高興，說：「何以這樣充足呢？」回答說：「你做的大器成了，我就預備好了給你食物。」轅頗就說：「你何不諫諍我呢？」回答說：「恐怕你不聽我的話，而我被驅逐出去。」

㈢經五月，公會吳伐齊。

㈣經甲戌，齊國書帥師及吳戰于艾陵，齊師敗績，獲齊國書。

傳為郊戰故，公會吳子伐齊。五月，克博㊀。壬申，至于嬴㊁，中軍從王㊂，胥門巢將上軍，王子姑曹將下軍，展如㊃將右軍。齊國書將中軍，高無丕將上軍，宗樓將下軍。陳僖子謂其弟書㊄：「爾死，我必得志。」宗子陽與閭丘明相厲也㊅。桑掩胥御國子㊆，公孫夏曰：「二子必死。」將戰，公孫夏命其徒歌虞殯㊇，陳子行命其徒具含玉㊈，公孫揮命其徒曰：「人尋約，吳髮短㊉。」東郭書曰：「三戰⑪必死，於此三矣。」使問弦多⑫以琴，曰：「吾不復見子矣！」陳書曰：「此行也，吾聞鼓而已，不聞金矣。」甲戌，戰于艾陵⑬，展如敗高子⑭，國子敗胥門巢⑮，王卒助之，大敗齊師，獲國書，公孫夏、閭丘明、陳書、東郭書、革車八百乘，甲首三千以獻于公⑯。將戰，吳子呼叔孫⑰曰：「而事何也⑱？」對曰：「從司馬⑲。」王賜之甲劍鈹曰：「奉爾君事，敬無廢命。」叔孫未能對，衛賜⑳進曰：「州仇奉甲從君而拜。」公使大史固歸國子之元，寘之新篋，褽之以玄纁，加組帶焉，寘書于其上曰：「天若不識不衷，何以使下國？」

【今註】㊀博：山東通志說：「在泰安縣東南三十里。」㊁嬴：山東通志說：「在萊蕪縣西北四十里。」㊂中軍從王：吳國中軍隨從吳王。㊃胥門巢、王子姑曹、展如：三人全是吳大夫。㊄書：

陳書號子占。㈥宗子陽與閭丘明相厲也：二人相勸勵效死戰。㈦國子：即國書。㈧虞殯：送葬的歌曲。表示他預備戰死。㈨含玉：死後所含的玉石。㈩人尋約、吳髮短：每人準備一條八尺長的繩子，吳國人頭髮短。表示用繩子穿吳國人的腦袋。⑾三戰：指著夷儀、五氏同這一次。⑿弦多：齊人。⒀艾陵：山東通志說：「在山東萊蕪縣東南。」⒁高子：齊國上軍。⒂國子敗胥門巢：吳國上軍戰敗。⒃以獻于公：獻給魯哀公。⒄叔孫：指叔孫州仇。⒅而事何也：問他是什麼職務。⒆從司馬：聽從吳國司馬的命令。⒇衛賜：子貢，姓端木。是孔子弟子。

【今譯】為上一次在都城外面打仗的事，所以魯哀公就會合吳王討伐齊國。五月，佔領了博這地方。壬申，到達嬴這地方，吳國的中軍隨從著吳王，胥門曹率領著上軍，王子姑曹將下軍，展如將右邊的軍隊。齊國是國書將中軍，高無丕將上軍，宗樓將下軍。陳乞對他弟弟陳書說：「你要戰死，我必定能夠得志。」宗樓同閭丘明互相勉勵效死戰。桑掩胥為國書駕著車，公孫夏說：「你們兩人必要戰死。」將要作戰，公孫夏叫他的黨徒唱送葬的歌曲。陳逆叫他的黨徒預備死後含的玉，公孫揮叫他徒眾說：「每人準備一條八尺長的繩子，吳國人頭髮短。」東郭書說：「三次作戰，我必定要死，我已經打過夷儀五氏兩次戰爭，連著這次再作戰，就變成三次戰役。」派一個人去送一張琴給齊人弦多，並且說：「我不能再看見你了。」陳書就說：「這一次我祇能聽見敲鼓，不聽見收兵敲金器的聲音。」甲戌這天，在艾陵作戰，吳國的展如打敗了齊國的上軍高無丕，齊國的國書，打敗了吳國的上軍胥門巢，吳王的中軍幫助他們，大敗齊國軍隊，逮住了國書、公孫夏、閭丘明、陳書、東郭書，並有兵車八百輛，戴甲的首級三千來獻給魯哀公，將要打仗的時候，吳王喊住叔孫州仇，問他說：「你的職務是什麼？」回答說：「我聽候吳國司馬的命令。」吳王給了他盔甲、寶劍，還有刀說：「奉行你的君的事情，不要廢掉他的命令。」叔孫州仇沒法回答，子貢往前進說：「州仇捧著盔甲從著君拜受。」魯哀公派大史固送回國書的頭給齊國。放到新的篋子裏，薦用玄纁，加上絲的帶子，並且放了一個簡書說：「上天若不知道壞人，怎麼能夠使令下國。」

(五)傳　吳將伐齊，越子率其眾以朝焉，王及列士皆有饋賂。吳人皆喜，唯子胥懼曰：「是豢吳也夫！」諫曰：「越在我，心腹之疾也，壤地同而有欲於我，夫其柔服求濟其欲也，不如早從事焉。得志於齊，猶獲石田也，無所用之。越不為沼，吳其泯矣！使醫除疾，而曰必遺類焉者，未之有也。盤庚之誥曰：『其有顛越不共，則劓殄無遺育，無俾易種于茲邑(一)。』是商所以興也，今君易之，將以求大，不亦難乎？」弗聽。使於齊屬其子於鮑氏，為王孫氏。反役，王聞之，使賜之屬鏤(二)以死，將死曰：「樹吾墓檟，檟可材也，吳其亡乎！三年其始弱矣，盈必毀，天之道也。」

【今註】㊀其有顛越不共，則劓殄無遺育，無俾易種于茲邑：是商書的一句，意思是說，有人要是縱橫不恭敬，就把他割絕，不要再有後人，不要使他轉生種類在這裏。㊁屬鏤：是寶劍名。

【今譯】吳國將要去伐齊，越王勾踐帶領羣臣來朝吳國，對吳王和羣臣，一概都有送的東西，吳人都很喜歡。只有伍子胥害怕說：「這是養吳人，像畜牲一般嗎？」就諫諍吳王說：「越國的在我吳國，好比是人們心腹的毛病，土地相接卻又有欲念對我吳國，他這種軟服的手段，不過是要成功他的欲念。不如早些解決了他吧！得志於齊國，譬如得石田一樣，有什麼用處呢？若不滅掉越國，吳國定要被越國滅掉了！譬如使醫生治病，卻說定必要留些病根的，這是從來沒有的！商書盤庚的一篇上說：『諸臣有縱橫不依命令的，就割絕他，不要使他滋長，不要使他再轉生種類在這地方。』這就是商朝所以能夠振興。現在你君王卻和這道理相反，想要霸諸侯，擴大國家，不是很難麼？」吳王不聽他的話。子胥後來出使到齊國去，便把他的兒子託鮑氏寄養，改姓叫王孫氏。艾陵的戰役既回來，吳王聞知這事，便差人賜他一把屬鏤的劍，叫他自殺。子胥將死的時候，吩咐說：「我死之後，我的坟上替我種棵檟樹，等到檟樹長大了，可以做材料用了，吳國便要亡了！從現在再過三年，吳國就要衰弱。盈滿極了，定要毀壞的，這是天然的道理。」

㈥經　秋七月辛酉，滕子虞母卒㊀。

【今註】㊀此經無傳。

【今譯】秋天七月辛酉，滕子虞母死了。

(七)傳 秋，季孫命修守備曰：「小勝大禍也，齊至無日矣。」

【今譯】秋天，季孫命修整守備說：「小國勝了大國，這就是禍害，齊國隨時可以來了。」

(八)經 冬十有一月葬滕隱公㈠。

【今註】㈠此經無傳。

【今譯】冬天十一月，給滕隱公下葬。

(九)經 衛世叔齊出奔宋。

傳 冬，衛大叔疾㈠出奔宋。初，疾娶于宋子朝，其娣嬖㈡。子朝出㈢，孔文子使疾出其妻而妻之，疾使侍人誘其初妻之娣，寘於犂㈣，而為之一宮如二妻。文子怒，欲攻之，仲尼止之，遂奪其妻。或淫于外州，外州人奪之軒以獻㈤，恥是二者，故出。衛人立遺，使室孔姞㈥。疾臣向魋㈦，納美珠焉，與之城鉏㈧。宋公求珠，魋不與，由是得罪。及桓氏出㈨，城鉏人攻大叔疾，衛莊公復之，使處巢㈩，死焉，殯於郥㈡，葬於少禘㈢。初晉悼公子慭亡在衛，使其女僕而田，大叔懿子㈢止而飲之酒，遂聘之，生悼子㈣。悼子即位，故夏戊㈤為大夫。悼子亡，衛人翦夏戊㈥。孔文子之將攻大叔也，訪於仲尼，仲尼曰：「胡簋㈦之事，則嘗學之矣，甲兵之事，未之聞也。」退，命駕而行，曰：「鳥則擇木，木豈能擇鳥？」文子遽止之曰：「圉豈敢度其私，訪衛國之難也。」將止，魯人以幣召之，乃歸。

【今註】㈠大叔疾：即世叔齊。㈡其娣嬖：她陪嫁的女子很得他寵愛。㈢子朝出：子朝出奔。㈣犂：江永說：「在今山東范縣境。」㈤外州人奪之軒以獻：外州在今山東鄆城范縣間。外州人奪他的車獻給衛君。㈥立遺使室孔姞：立了疾的弟弟遺，叫他娶疾的夫人。㈦疾臣向魋：疾做宋國向魋的臣子。㈧城鉏：在今河北東明縣境。㈨桓氏出：在魯定公十四年。㈩巢：寰宇記說：「今河南睢縣西南二十里有巢亭。」㈡郥：在今河南睢縣境。㈢少禘：在今河南睢縣境。㈢大叔懿子：大叔儀的孫子。㈣悼子：大叔疾。㈤夏戊：悼子的外甥。㈥衛人翦夏戊：衛人削翦夏戊的封爵同田地。㈦胡簋：是禮器，夏朝叫胡，周朝叫簋。

【今譯】冬天，衛大叔疾逃到宋國去。最初的時候，太叔疾娶了宋子朝的女兒為妻，她從嫁的女子很得寵愛，後來子朝出奔了，孔圉使太叔疾跟他的妻子離婚，而把自己的女兒嫁給他，太叔疾使他的傭人引誘他最初的妻子的陪嫁女子住到犂這地方，給她蓋所房子，如兩個妻子一樣。孔圉發怒了，想著率領軍隊攻打他，孔子阻止他，就祇奪掉他的妻子。有時候在外州這地方淫亂，外州人奪掉他的車獻給衛君。太叔疾對這兩件事頗引為羞辱，所以出奔。衛人就立了他弟弟遺，使孔圉的女兒孔姞給他的弟弟。他給向魋做臣子，送向魋美麗珍珠，向魋就把城鉏這地方給他。後來宋公也要求珍珠，向魋不給，因此就得罪了宋公。到了桓氏出奔，城鉏人攻擊太叔疾，衛莊公叫他回來，就叫他住到巢這地方，死在那裏，就在鄖這地方出了殯，葬到少禘這地方。最初的時候，晉悼公的兒子慭逃亡在衛國，使他的女兒駕著車去打獵，太叔懿子叫他們停住，給他們酒喝，就聘了他的女兒為妻，生下了太叔疾。太叔疾即卿位以後，夏戊就做了大夫。太叔疾逃亡以後，衛人就削翦夏戊的封邑。孔圉從前想攻太叔疾時，曾訪問孔子，孔子說：「禮器的事情我嘗學過，打仗的事情我沒聽見說過。」一出來，就命令駕車說：「鳥可以選擇樹木，樹豈能選擇鳥？」孔圉趕緊止住他說：「我圉豈敢問我的私事，是為的訪問衛國的禍難。」孔子正要留在衛國，恰好魯國人用貨幣來請他回國，就回去了。

㈩傳季孫欲以田賦㈠，使冉有訪諸仲尼。仲尼曰：「丘不識也。」三發㈡，卒曰：「子為國老，待子而行，若之何子之不言也？」仲尼不對，而私於冉有曰：「君子之行也，度於禮，施取其厚，事舉其中，斂從其薄，如是則以丘亦足矣。若不度於禮，而貪冒無厭，則雖以田賦，將又不足。且子季孫若欲行而法，則周公之典在，若欲苟而行，又何訪焉。」弗聽。

【今註】㊀田賦：田稅。㊁三發：三次發問。

【今譯】季孫肥想著根據田來上稅，派冉有去問孔子。孔子說：「我不知道。」三次發問，末了冉有就說：「你是國老，等著你來辦，為什麼你不說話？」孔子不公開的回答，私下告訴冉有說：「君子的行使政權，按禮節來度量，施捨取他最厚的，事情舉行中間的，賦稅用最微薄的，如此講起來，就按著丘來上稅也可以夠了。要是不順著禮節，又貪圖無厭，雖然用著田畝來上稅，賦稅又將不足用。且你季孫若將行你的法度，周公的舊典已經存在，要想著苟且來做，又何必問呢？」不聽。

哀公十有二年（公元前四百八十三年）

㈠經　春，用田賦。

傳　春王正月，用田賦。

【今譯】十二年春王正月，使用田畝來上稅。

㈡經　夏五月甲辰孟子卒。

傳 夏五月，昭夫人孟子卒。昭公娶於吳，故不書姓。死不赴，故不稱夫人，不反哭，故不言葬小君。孔子與弔，適季氏，季氏不絻㊀，放絰㊁而拜。

【今註】㊀絻：喪禮的帽子。㊁絰：身上綑著麻。

【今譯】夏天五月，魯昭公的夫人孟子死了。昭公是娶自吳國，因為魯國與吳國同姓，所以不寫姓。她死了以後，也不送訃告給各國，所以也不稱夫人，不反哭於寢，所以不說葬小君。孔子去弔喪，到了季孫氏，季孫氏不戴喪服的帽子，沒有穿麻衣就拜謝。

(三) 經 公會吳于橐皐。

傳 公會吳于橐皐㊀，吳子使大宰嚭請尋盟㊁，公不欲，使子貢對曰：「盟所以周信也，故心以制之，玉帛以奉之，言以結之，明神以要之，寡君以為苟有盟焉，弗可改也已。若猶可改，日盟何益？今吾子曰：『必尋盟。』若可尋也，亦可寒也。」乃不尋盟。

【今註】㊀橐皐：江南通志說：「在今安徽巢縣西北六十里，有柘皐鎮，一名會吳城。」㊁尋盟：

重申鄫的盟誓。

【今譯】　魯哀公到橐皐去跟吳王相會，吳王派太宰嚭請求重申鄫的盟誓，魯哀公不願意，叫子貢回答說：「盟會為的是堅固信用的，所以用心來制他的意義，用玉幣以奉明神，用言語以結他的信實，用明神來要求禍福，寡君以為苟有盟誓，就不能改革了，要是尚可以改革，每天加盟又有什麼用處呢？現在你說『必定要重申盟誓』，若可以重申，也就可以取消了。」於是就不重申盟誓。

(四) 經　秋，公會衛侯、宋皇瑗于鄖。

傳　吳徵會于衛。初，衛人殺吳行人且姚而懼，謀於行人子羽㈠。子羽曰：「吳方無道，無乃辱吾君，不如止也。」子木㈡曰：「吳方無道，國無道必棄疾於人，吳雖無道，猶足以患衛。往也，長木之斃，無不摽也㈢，國狗之瘈，無不噬也㈣，而況大國乎？」秋，衛侯會吳于鄖㈤，公及衛侯、宋皇瑗盟，而卒辭吳盟。吳人藩衛侯之舍，子服景伯謂子貢曰：「夫諸侯之會，事既畢矣，侯伯致禮，地主歸餼，以相辭也。今吳不行禮於衛，而藩其君舍以難之，子盍見大宰。」乃請束錦以行㈥，語及衛故。大宰嚭曰：「寡君願事衛君，衛君之來也緩，寡君懼，故將止之。」子貢曰：「衛君之來，必謀於其眾，其眾或欲或否，是以緩來。其欲來者，子之黨也。其不欲來者，子之讎也。若執衛君，是墮黨而崇讎也，夫墮子者得其志矣。且合諸侯而執衛君，誰敢不懼？墮黨崇讎而懼諸侯，或者難以霸乎？」大宰嚭說，乃舍衛侯。衛侯歸，效夷言，子之㊆尚幼，曰：「君必不免，其死於夷乎？執焉而又說其言，從之固矣。」

【今註】㊀子羽：衛大夫。㊁子木：衛大夫。㊂無不摽也：打擊沒有不著的。㊃國狗之瘈無不噬也：一國的狗發狂沒有不咬人的。㊄鄖：方輿紀要說：「今江蘇如皐東十里有立發霸，古發揚也，一名古鄖，一稱會盟原。」㊅請束錦以行：拿著錦為的賄賂吳國。㊆子之：公孫彌牟。

【今譯】吳國到衛國去徵求開會。最早的時候，衛國人殺了吳國的行人且姚就害了怕，同衛大夫行人子羽商量。子羽說：「吳王方不講道理，你要去了，一定被羞辱，不如不去吧！」衛大夫子木就說：「吳國方不講道理，一個國家不講道理，必定把壞事擺到旁人身上，吳王雖沒有道理，尚可以為衛國的禍患。去吧！長木頭的打人，無人不被他打，一國的狗要瘋了，沒有人不被他咬，何況吳國這個大國呢？」秋天，魯哀公同衛侯、宋皇瑗盟會，終究辭掉同吳國盟會。吳人把衛侯住的地方圍上藩籬，子服景伯對子貢說：「諸侯的會盟既然已經完了事，侯伯行禮節，地主人送生食物，以互相的辭讓。現在吳國不對衛國行禮，而把衛君的屋子圍上，使他困難，你何不往見太宰嚭呢？」子貢就請綑一束錦去，便中談到衞國。太宰嚭說：「寡君很願意事奉衞君，衞君來的太慢，寡君害了怕，所以想把逮起來。」子貢說：「衞君來的時候，必定跟他的眾人計謀，因為有人贊成，有人反對，所以來的很緩慢。贊成來的人是你的黨羽。不贊成來的人是你的仇敵，你們若把衞君逮住，這使黨羽墮了，而使仇人高興。反對你們的就得意了。並且集合諸侯，而把衞君逮起了，誰能夠不害怕呢？毀了你的同黨使仇人高興，再加上諸侯害怕，這恐怕很難以稱霸主了。」太宰嚭聽這話高興了，就放了衞侯。衞侯回到國裏，常效法吳國的方言，公孫彌牟當時還小，他就說：「君必不免於禍難，或者要死於夷這地方？被夷把他逮捕了，而又喜歡他的方言，終必要死在夷了。」

㈤經 冬十有二月螽。

傳 冬十二月螽，季孫問諸仲尼，仲尼曰：「丘聞之，火伏而後蟄者畢，今火猶西流，司身麻過也㊀。」

【今註】㊀司麻過也：這是管麻官的過錯。

【今譯】冬天十二月，魯國有蝗蟲，季孫肥問孔子，孔子回答道：「我聽見說，心星不見了，飛蟲全不飛了。現在心星尚且出現，這是管麻法的官失掉了一個閏月的過錯。

㈥經 宋向巢帥師伐鄭。

傳 宋鄭之間有隙地焉，曰彌作㈠，頃丘㈡，玉暢㈢，嵒㈣，戈㈤，錫㈥，子產與宋人為成曰：「勿有是。」及宋平元之族自蕭奔鄭㈦，鄭人為之城嵒，戈、錫，九月，宋向巢伐鄭，取錫，殺元公之孫，遂圍嵒。十二月，鄭罕達救嵒。丙申圍宋師。

【今註】㈠彌作：應在今河南陳留杞縣太康縣境。㈡頃邱：即陳留之老邱。㈢玉暢：即陳留之斗城。㈣嵒：音岩。在通許。㈤戈：近河南杞縣。㈥錫：在封丘之黃池。㈦宋平元之族自蕭奔鄭：在魯定十五年。

【今譯】宋國同鄭國的中間有一塊空地，叫做彌作、頃丘、玉暢、嵒、戈、錫，子產跟宋人訂條約說：「誰也不要有這塊地方。」等到宋平元公的族人自從蕭逃到鄭國去，鄭國人給他修築嵒、戈、同錫三個城。九月，宋國向巢率領軍隊伐鄭國，佔據錫，殺了元公的孫子，就圍了嵒這個城。十二月，鄭國罕達去救故嵒。丙申，圍了宋國的軍隊。

哀公十有三年（公元前四百八十二年）

㈠經 春，鄭罕達帥師取宋師于嵒。

傳 春宋向魋救其師㈠，鄭子賸使徇曰：「得桓魋者有賞。」魋也逃歸，遂取宋師于嵒，獲成讙，郜延㊁，以六邑為虛。

【今註】㊀救其師：救去年宋國圍嵒的軍隊。㊁成讙、郜延：二人都是宋大夫。

【今譯】十三年春天，宋桓魋救他的軍隊，鄭國罕達叫他鄭國軍隊說：「要得到宋國桓魋的人就有賞賜。」向魋聽到這話就逃回去了，鄭國就取了圍嵒的宋國軍隊，捕獲了宋大夫成讙同郜延，又把六個城成了空隙之地。

(二)經　夏許男成卒㊀。

【今註】㊀此經無傳。

【今譯】夏天許男成死了。

(三)經　公會晉侯及吳子于黃池。

傳　夏，公會單平公㊀，晉定公，吳夫差于黃池㊁。

【今註】㊀單平公：周卿士。㊁黃池：寰宇記說：「黃池在今河南封邱縣西南七里，東西廣三里。」

【今譯】夏天，魯哀公會了周王卿士單平公、同晉定公、吳王夫差到黃池這地方。

㈣傳　六月丙子，越子伐吳，為二隧㊀，疇無餘謳陽㊁自南方，先及郊，吳大子友，王子地，王孫彌庸，壽於姚自泓㊂上觀之，彌庸見姑蔑㊃之旗，曰：「吾父之旗也，不可以見讎而弗殺也！」大子曰：「戰而不克，將亡國，請待之。」彌庸不可，屬徒五千，王子地助之。乙酉戰，彌庸獲疇無餘，地獲謳陽。越子至，王子地守。丙戌，復戰，大敗吳師，獲大子友，王孫彌庸，壽於姚。丁亥入吳。吳人告敗于王，王惡其聞也㊄，自剄七人於幕下。

【今註】㊀隧：即道。㊁疇無餘、謳陽：二人是越大夫。㊂泓：在今江蘇吳縣東南五里。㊃姑蔑：一統志說：「姑蔑故城，在今浙江龍遊縣北，今人呼為寺城麓。」㊄王惡其聞也：吳王很怕旁的諸侯們聽見。

【今譯】六月丙子，越王勾踐伐吳國，分成兩路，越大夫疇無餘同謳陽從南方，先到了吳國都城的郊外，吳國的太子友、王子地、王孫彌庸同壽於姚在泓水上觀看越國的軍隊，彌庸看見姑蔑的旗幟就說：「這是我父親的旗幟，不可以看見仇人而不殺他們。」太子友說：「要打仗而不能夠戰勝就要亡了國家，請等待著再說吧！」彌庸不肯，他就會合他的黨徒五千人，王子地幫助他。乙酉打仗，王孫彌庸逮獲疇無餘，王子地捕獲謳陽。後來越王勾踐率領軍隊來了，吳國的王子地採取守勢。丙戌再打仗，越國大打敗吳國軍隊，捕獲了太子友，王孫彌庸、壽於姚。丁亥，越國軍隊進入吳國都城。吳國人派人到黃池去告訴吳王打敗了仗，吳王恐怕諸侯們聽見了，自己動手把他幕下的七個人全殺了。

(五)經 楚公子申帥師伐陳㊀。

【今註】㊀此經無傳。

【今譯】楚國公子申率領軍隊討伐陳國。

(六)經 於越入吳。

【今譯】越王侵入吳國。

(七)經 葬許元公㊀。

【今註】㊀此經無傳。

【今譯】給許元公行葬禮。

(八)傳 秋七月辛丑盟，吳晉爭先。吳人曰：「於周室我為長。」晉人曰：「於姬姓我為伯。」趙鞅呼司馬寅㊀曰：「日旰矣㊁，大事未成，二臣㊂之罪也。建鼓整列，二臣死之，長幼必可知也。」對曰：「請姑視之。」反曰：「肉食者無墨㊃，今吳王有墨，國勝乎㊄？大子死乎？且夷德輕，不忍久，請少待之。」乃先晉人。吳人將以公見晉侯，子服景伯對使者曰：「王合諸侯則伯帥侯牧以見於王，伯合諸侯則侯帥子男以見於伯，自王以下，朝聘玉帛不同，故敝邑之職貢於吳有豐，於晉無不及焉，以為伯也。今諸侯會而君將以寡君見晉君，則晉成伯矣。敝邑將改職貢，魯賦於吳八百乘，若為子男則將半邾以屬吳㊅，而如邾以事晉㊆。且執事以伯召諸侯，而以侯終之，何利之有焉？」吳人乃止。既而悔之，將囚景伯，伯曰：「何㊇也立後於魯矣。將以二乘。與六人從，遲速唯命。」遂囚以還，及戶牖㊈，謂太宰曰：「魯將以十月上辛有事於上帝先王，季辛而畢，何世有職焉，自襄以來未之改也。若不會，祝宗將曰：『吳實然。』」且謂：「魯不共，而執其賤者七人，何損焉？」大宰嚭言於王曰：「無損於魯，而祇為名㈩，不如歸之。」乃歸景伯。吳申叔儀㈡乞糧於公孫有山氏㈢曰：「佩玉繠兮，餘無所繫之㈢，旨酒一盛兮，餘與褐之父睨之㈣。」對曰：「粱則無矣，麤則有之，若登首山以呼曰：『庚癸乎㈤？』則諾。」王欲伐宋，殺其丈夫而囚其婦人。大宰嚭曰：「可勝也，而弗能居也。」乃歸。冬，吳及越平。

【今註】㈠司馬寅：晉大夫。㈡日旰矣：時間已經很晚了。㈢二臣：指趙鞅司司馬寅。㈣肉食者無墨：肉食的沒有黑氣。㈤國勝乎：吳國為敵人所戰勝嗎？㈥將半邾以屬於吳：將三百乘歸屬於吳國。㈦如邾以事晉：如邾等於六百乘以事奉晉國。㈧何：景伯的名字。㈨戶牖：一統志說：「東昏故城，在今河南蘭封縣東北二十里，古戶牖鄉，漢東昏縣。」㈩祇為名：祇能得到惡名。㈡申叔儀：吳大夫。㈢公孫有山氏：魯大夫。㈢佩玉繠兮，餘無所繫之：佩玉很多，我沒有可繫之玉。㈣旨酒一盛兮，餘與褐之父睨之：很好的旨酒有一滿器，我祇能跟貧賤的人一同來看。㈤庚癸乎：庚在西方，保持穀物，癸在北方保持水。意思是說吳王不能同大家共饑渴。

【今譯】秋天七月，辛丑那天，魯哀公會同晉侯、吳王盟於黃池，吳晉兩國爭先歃血。吳人說：「在周室中，我是太伯之後，應該是長。」晉人說：「在姬姓諸侯中，我是諸侯的伯。」晉大夫趙鞅喊司馬寅說：「日晚了，大事還沒有成功，是我二臣的罪。我們只要建立了旗鼓，整齊了行列，決一死戰，誰長誰幼，就可有分曉的了。」司馬寅回答說：「請你姑且去看看情形。」趙鞅回來說：「有爵祿的人，不會有晦色氣的。如今吳王有了晦色氣，難道他本國給敵人勝了麼？還是太子死了麼？並且夷狄是輕佻不能耐久的，請略等一刻兒，不要和他爭。」吳國便先著晉人歃血。吳人將要同魯哀公去見晉侯，子服景伯對使臣說：「如果天王會合諸侯，那末伯率了諸侯牧伯去見王，如果伯會合諸侯，那末諸侯率了子男去見伯。自從天王以下，朝聘時的玉帛，各人不同的，所以敝邑的貢給你吳國，比晉國豐富得多，沒有不及他的地方，以為你是伯啦！現在諸侯會合，你君倒要同我寡君去見晉君，那末倒是晉國成了伯了，我敝邑將要改變貢品。魯國給你吳八百乘的貢。若變了子男，便只須三百乘給你吳國。卻要拿六百乘事晉國了。並且你們執事用伯來號召諸侯，卻拿侯終局，有什麼利益呢？」吳人便停止。後來卻又懊悔了，將要拘囚景伯。景伯說：「我何已立了後代在魯國了，將要拿兩乘車子和六個人跟你去，遲早聽悉你的吩咐！」便囚了他回去，到戶牖地方，景伯又對太宰嚭說：「魯國將在十月上辛那天，祭祀上帝先王，到了第三個辛日纔完。我何世代有職分在祭事上的，自從襄公以來，一直不曾改換過，如果不去會祭，祝宗將要告訴神明說：『景伯的不來，實在是吳國囚去的原故。』」又說：「魯國不恭敬，卻只拘執他的賤大夫七人，有什麼損害呢？」太宰嚭便對吳王說：「對於魯國並沒有損害，卻恰正成了惡名聲，不如使景伯回去罷！」就使景伯回去。吳大夫申叔儀乞糧於公孫有山氏說：「我王服飾很盛，我卻沒有所繫，好的酒一杯，我和穿短衣的賤人，只是看看，沒得喝的。」有山氏回答說：「精美的卻沒有了，粗糙的還有呢？你只要登首山上叫說：『庚癸啊！』便可答應你了！」吳王又要去伐宋國，想殺死他的丈夫，囚住他的婦人，太宰嚭說：「勝是自然可以勝的，卻是不能留守的。」吳兵便回去。冬天，吳人就和越人講和。

(九) 經 九月螽㊀。

【今註】㊀此經無傳。

【今譯】九月魯國有蝗蟲。

(十) 經 冬十有一月有星孛于東方㊀。

【今註】㊀此經無傳。

【今譯】冬天十一月有彗星在東方。

(十一) 經 盜殺陳夏區夫㊀。

【今註】㊀此經無傳。

【今譯】強盜殺了陳國的夏區夫。

(十二) 經 十有二月螽㊀。

【今註】㊀此經無傳。

【今譯】 十二月魯國有蝗蟲。

卷三十一 哀公下

哀公十有四年（公元前四百八十一年）

(一)經 春，西狩獲麟。

傳 春，西狩於大野㊀，叔孫氏之車子鉏商獲麟㊁，以為不祥，以賜虞人㊂，仲尼觀之曰：「麟也！」然後取之。

【今註】㊀大野：杜注說：「在高平鉅野縣東北大澤是也」。㊁車子鉏商獲麟：車子是不大的官吏，叫鉏商，得到一個麒麟。㊂虞人：管山林川澤的官。

【今譯】十四年春天，在魯國西方大野打獵，叔孫氏屬下的車子鉏商捕獲一個麒麟，以為很不祥瑞，就賞給管山澤的官吏虞人。後來孔子看見了就說：「這是麒麟。」然後就把他留下了。

(二)經 小邾射以句繹來奔。

傳 小邾射以句繹來奔㊀，曰：「使季路要我，吾無盟矣。」使子路，子路辭。季康子使冉有謂之曰：「千乘之國，不信其盟，而信子之言，子何辱焉？」對曰：「魯有事于小邾，不敢問故，死其城下可也。彼不臣而濟其言，是義之也㈡，由弗能。」

【今註】㈠小邾射以句繹來奔：句繹在今山東繹縣東南。小邾射是小邾的大夫。㈡彼不臣而濟其言，是義之也：他不守臣道，而我贊成他的話，這是表示我以他為義。

【今譯】小邾的大夫叫射的，拿著句繹這地方逃到魯國來。他說：「要使子路來同我相誓，我就無須同魯國盟誓了。」就派子路去，子路辭謝。季孫肥叫冉有對他說：「千乘的國家，不信他的盟誓，而信你的一句話，你何必不去呢？」回答說：「魯國若對小邾有戰事，我不必問他是什麼原故，我就可以在小邾的城下戰死。他不守臣道，而我贊成他的話，是以他為義舉，我仲由不能做這件事。」

㈢經夏四月齊陳恒執其君寘于舒州。

傳齊簡公㈠之在魯也，闞止有寵焉，及即位，使為政，陳成子㈡憚之，驟顧諸朝。諸御鞅㈢言於公，曰：「陳闞不可並也，君其擇焉㈣。」弗聽。子我夕，陳逆㈤殺人逢之，遂執以入㈥，陳氏方睦，使疾而遺之潘沐，備酒肉焉㈦，饗守囚者醉而殺之，而逃。子我盟諸陳於陳宗㈧。初，陳豹㈨欲為子我臣，使公孫言己[一〇]，已有喪而止，既而言之曰：「有陳豹者，長而上僂[一一]，望視[一二]，事君子必得志。欲為子臣，吾憚其為人也，故緩以告。」子我曰：「何害，是其在我也。」使為臣，他日與之言政，說，遂有寵，謂之曰：「我盡逐陳氏而立女，若何？」對曰：「我遠於陳氏矣！且其違者不過數人，何盡逐焉？」遂告陳氏。子行曰：「彼得君，弗先，必禍子。」子行舍於公宮[一三]。夏五月壬申，成子兄弟四乘如公[一四]，子我在幄，出逆之，遂入閉門。侍人[一五]禦之，子行殺侍人。公與婦人飲酒于檀臺[一六]，成子遷諸寢，公執戈將擊之。大史子餘曰：「非不利也，將除害也。」成子出舍于庫，聞公猶怒，將出，曰：「何所無君？」子行抽劍曰：「需事之賊也，誰非陳宗[一七]？所不殺子者，有如陳宗。」乃止。子我歸，屬徒攻闈與大門，皆不勝，乃出。陳氏追之，失道於弇中[一八]，適豐丘[一九]，豐丘人執之以告，殺諸郭關[二〇]。成子將殺大陸子方[二一]，陳逆請而免之。以公命取車於道，及耏[二二]眾，知而東之，出雍門[二三]陳豹與之車，弗受曰：「逆為余請，豹與余車，余有私焉。事子我而有私於其讎，何以見魯衛之上？」東郭賈㉔奔衛。庚辰，陳恒執公于舒州。公曰：「吾早從鞅之言不及此！」

【今註】 ㊀齊簡公：悼公的兒子壬。㊁陳成子：陳常。㊂諸御鞅：齊大夫。㊃君其擇焉：你祇能選擇用一個人。㊄陳逆：即子行。㊅遂執以入：把他逮起來送到朝庭上。㊆使疾而遺之潘沐，備酒肉焉：叫他裝著有病給他送去米汁加上酒肉。米汁是為的洗頭用的。㊇子我盟諸陳於陳宗：闞止就與諸陳氏，在陳氏家廟中盟誓。㊈陳豹：陳氏的族人。㊉使公孫言己：使公孫介紹他給闞止。⑪長而上僂：人很高，背稍為駝。⑫望視：眼睛往上看。⑬子行舍於公宮：子行先逃到陳氏，現在又逃往齊君的宮中。⑭四乘如公：成子的兄弟，昭子莊、簡子齒、宣子夷、穆子安、廩丘子、意茲子、芒盈、惠子得，一共八個人，兩個人一輛車，一共四輛。⑮侍人：子我的侍人。⑯檀臺：山東通志說：「在臨淄縣東一里。」⑰誰非陳宗：意思說陳氏宗族甚多。⑱弇中：在山東省博山縣境。⑲豐丘：一統志說：「益都臨朐界上有逢山，亦逢伯之國。」案逢與豐古音相近，疑即豐丘。⑳郭關：齊郭門。㉑大陸子方：是闞止的家臣。㉒耏：在今山東臨淄縣西南二十五里。㉓雍門：齊都城城門。㉔東郭賈：即大陸子方。

【今譯】 齊簡公在魯國的時候，闞止很得到寵愛，等到他即了君位以後，就叫他管理政權，陳常對他掌政權很害怕，在朝上屢次看視他。齊大夫諸御鞅對齊簡公說：「陳同闞兩個人，不可以並立，你祇能選用其中的一個人。」齊簡公不聽。一天晚上，闞止正在朝上看文件，正碰見陳逆殺了人，就把陳逆逮起來，一直到了朝庭上面。陳氏族裏很和睦，就使陳逆裝著有病，使人給他送去洗頭用的東西，裏邊加上酒同肉，就給看守囚犯的人吃飯，使他喝醉把他殺掉，陳逆就逃走了。闞止知道了，怕陳氏族反叛，就同他們盟誓了。最早的時候，陳氏族中有一個人叫陳豹，想做闞止的臣屬，使公孫去介紹，後來因為公孫有了喪事就停止了。除了喪以後，就告訴闞止說：「有一個叫陳豹的人，身子很高，肩背彎曲，瞪著眼從上面看，事奉君子，必定能夠得到君子的意志，他想做你的臣屬，但是我很怕他為人多奸詐，所以遲到現在才告訴你。」闞止說：「這不要緊，這祇在我的測量。」就叫他做了臣，後來又跟他談政事，很高興，就得到寵愛。闞止對他說：「我把陳氏族人全驅逐掉而立了你，怎麼樣呢？」他回答說：「我對陳氏很疏遠，並且不聽從你的，祇有幾個人，何必把他們全驅逐呢？」就告訴了陳逆。陳逆說：「他很能得到君心，你仍要不先做，必定禍連到你身上。」陳逆就搬到宮裏住。夏天五月壬申，陳常的弟兄共八人，坐了四輛車到簡公那裏去，闞止正在聽政的帷帳中，出來迎接，陳常進去以後，就關上了宮門。闞止的侍人抵抗了，陳常就把侍人殺掉。簡公同女人在檀臺上飲酒，陳常把簡公遷到正寢裏，簡公拿著槍將打他。太史子餘說：「不是為的對公不利，而是將為你除去禍害。」陳常出來住到庫中，聽見簡公仍舊生氣，就要逃亡，說：「什麼地方沒有君呢？」陳逆抽出寶劍來說：「需疑只會壞事。陳氏宗族眾多？你要逃亡，我必定將你殺掉，我可以用陳氏宗族來起誓。」陳常就不逃了。闞止回來，把他屬的軍隊全叫來，攻宮中的小門同大門，都不勝利，就逃走了。陳氏們追他，他在狹道中失迷了，到了豐丘，豐丘人把他逮住了，告訴陳氏，就把他殺在郭關。陳常將殺大陸子方，陳逆替他請求赦免了他。假託簡公的命令，在道上取車輛，到了耏這地方，大家全知道，就叫他往東邊去，剛出齊國都城雍門的時候，陳豹給他車輛，他不接受，說：「陳逆給我請求赦免，陳豹又給我車，我似乎跟他們有私人的關係，我事奉闞止，而與他的仇人有私交，怎麼樣能見魯衛的士人呢？」大陸子方就逃到衛國去。庚辰這天，陳桓把齊簡公在舒州這地方逮起來。簡公說：「我很後悔不聽諸御鞅的話，不然不會到這步田地。」

(四) 經 庚戌叔還卒㊀。

【今註】㊀此經無傳。

【今譯】庚戌魯國的叔還死了。

(五) 經 五月庚申朔，日有食之㊀。

【今註】㊀此經無傳。

【今譯】五月庚申朔，魯國有日食。

(六)經 陳宗豎出奔楚㈠。

【今註】㈠此經無傳。

【今譯】陳國的宗豎逃到楚國去。

(七)經 宋向魋入于曹以叛。

(八)經 莒子狂卒㈠。

【今註】㈠此經無傳。

【今譯】莒子狂死了。

(九)經 六月宋向魋自曹出奔衛，宋向巢來奔。

(七)傳 宋桓魋之寵害於公，公使夫人㈠驟請享焉，而將討之。未及，魋先謀公，請以鞌易薄㈡。公曰：「不可，薄宗邑也㈢。」乃益鞌七邑，而請享公焉。以日中為期，家備盡往㈣。公知之，告皇野㈤曰：「余長魋也，今將禍余，請即救。」司馬子仲

(九)曰：「有臣不順，神之所惡也，而況人乎？敢不承命，不得

左師㊅不可，請以君命召之。」左師每食擊鍾，聞鍾聲，公曰：「夫子將食。」既食又奏，公曰：「可矣。」以乘車往曰：「迹人㊆來告曰：逢澤㊇有介麇焉。公曰：『雖魋未來，得左師吾與之田，若何？』君憚告子，野曰嘗私焉，君欲速，故以乘車逆子。」與之乘，至，公告之故，拜不能起。司馬曰：「君與之言㊈。」公曰：「所難子者，上有天，下有先君！」對曰：「魋之不共，宋之禍也，敢不唯命是聽。」司馬請瑞㊉焉，以命其徒攻桓氏㊀，其父兄故臣曰：「不可。」其新臣曰：「從吾君之命。」遂攻之。子頎㊁騁而告桓司馬，司馬欲入，子車㊂止之曰：「不能事君，而又伐國，民不與也，祇取死焉。」向魋遂入于曹㊃以叛。六月，使左師巢伐之，欲質大夫以入焉㊄，不能，亦入于曹取質㊅。魋曰：「不可，既不能事君，又得罪於民，將若之何？」乃舍之，民遂叛之。向魋奔衛，向巢來奔。宋公使止之曰：「寡人與子有言矣，不可以絕向氏之祀。」辭曰：「臣之罪大，盡滅桓氏可也。若以先臣之故，而使有後，君之惠也，若臣則不可以入矣。」司馬牛⑰致其邑與珪焉而適齊。向魋出於衛地，公文氏⑱攻之，求夏后氏之璜焉，與之他玉而奔齊。陳成子使為次卿，司馬牛又致其邑焉，而適吳，吳人惡之而反。趙簡子召之，陳成子亦召之，卒於魯郭門之外，阮氏⑲葬諸丘輿⑳。

【今註】㊀夫人：指景公的母親。㊁請以窐易薄：窐是向魋的封邑。方輿紀要說：「薄在今河南商邱縣西北，山東曹縣東南二十里，亦稱北亳，窐在北亳之西。」㊂薄宗邑也：薄是宗廟所在地。㊃家備盡往：家中所有的軍隊全帶去。㊄皇野：即司馬子仲。㊅左師：向魋的哥哥向巢。㊆迹人：看禽獸腳印的人。㊇逢澤：正義說：「宋都之旁，別有近地名逢澤。」㊈君與之言：你可以跟他來起誓。㊉瑞：起兵的節瑞。⑪桓氏：就是向魋。⑫子頎：向魋的弟弟。⑬子車：向魋的弟弟。⑭曹：在今山東定陶縣。哀公八年宋國滅曹，變成宋邑。⑮欲質大夫以入焉：想得到國內的大夫做人質就可以回國。⑯不能亦入于曹取質：不能以大夫為質，就將曹人的子弟為人質。⑰司馬牛：向魋的弟弟，孔子的弟子。⑱公文氏：衛大夫。⑲阮氏：魯國人。⑳丘輿：一統志說：「一作輿城，在今山東費縣西，有司馬牛墓，在南城山。」

【今譯】宋國桓魋的寵愛，有害於宋公，宋景公使他的母親屢次的享宴桓魋，而想討伐他。尚沒能發作，桓魋先計謀宋景公，請拿自己的封邑鞌來換薄。景公說：「不可以，薄是宗廟所在的地方。」就為鞌加了七個邑，桓魋假裝高興，就請宴享宋公。定規在中午，把家裏的甲兵全都帶去。宋景公也知道了，告訴皇野說：「我自從桓魋小的時候，就養育他，而現在他想加禍於我，請你趕緊救我。」皇野說：「有臣不順從，這是神也憤怒，何況人呢？敢不接受你的命令，但是若不得到桓魋的哥哥向巢是沒有辦法的，請用君的命令叫他來。」向巢每吃飯的時候必定敲鐘，聽見敲鐘的聲音，宋景公就說：「他將吃飯了。」既吃完飯又奏樂，景公就說：「可以去了。」皇野坐著車去說：「管禽獸痕跡的人來告訴說，逢澤有一個大的麇鹿出現。宋公說：『雖然桓魋沒來，得到向巢同我去打獵，怎麼樣呢？』君不敢告訴你，我就說我去試一試，君很想快辦，所以拿他坐的車來迎接你。」同向巢坐車一同來到宋景公那裏，景公告訴他原因，叩頭不能起來。皇野說：「君可以跟他立誓。」宋景公就說：「假設有人對你為難的，上邊有青天，下邊有先君。」向巢回答說：「魋的不恭敬，是宋國的禍難，我敢不聽從你的命令。」皇野請求出軍隊的符瑞，來命令他的黨徒攻打桓氏，他的舊臣說：「不可以。」他的新臣就說：「遵從我們君的命令。」就攻打了桓氏。桓魋的弟弟子頎跑著馬去告訴桓魋，桓魋想攻宋景公，他的另一個弟弟子車阻止他說：「不能夠事奉君，而又要攻打國家，人民是不贊成的，這衹能得到死。」桓魋就進入舊曹都來反叛了。六月，使向巢來伐他，向巢不能夠戰勝，想著要求大夫做人質然後回國，但是大夫不答應，他也進了曹的舊都城，想叫曹人的子弟來做人質。桓魋說：「不可以，既然不能事奉君，又得罪了人民，那將來怎麼辦呢？」就不要了巢人的子弟，巢人就對他反叛了，桓魋逃到衛國，向巢逃到魯國來。宋景公派人去攔住他說：「寡人跟你已經有了盟誓，不可以絕滅向氏的祭祀。」他辭謝說：「臣的罪過很大，盡滅了桓氏也可以。要是因為先臣的原故，而使在宋國有後人，這是君的恩惠，至於我本人就不可以再回宋國了。」桓魋的弟弟司馬牛，交回他的封邑同封邑的符信，而逃到齊國。向魋經過衛國，衛大夫公文氏來攻打他，要求夏后氏的璜，向魋就給了他旁的玉就逃到齊國去。陳恒使他做次級卿，他弟弟司馬牛又還了他的封邑，而逃到吳國，吳人不高興他，他就回來了。趙鞅叫他，陳恒也叫他，他就死在魯國郭門的外頭，魯國人阮氏把他葬在丘輿這地方。

㈩經　齊人弒其君壬于舒州。

傳　甲午，齊陳恒弒其君壬于舒州。孔丘三日齊㊀，而請伐齊三。公曰：「魯為齊弱久矣，子之伐之，將若之何？」對曰：「陳恒弒其君，民之不與者半，以魯之眾，加齊之半，可克也。」公曰：「子告季孫。」孔子辭，退而告人曰：「吾以從大夫之後也，故不敢不言。」

【今註】㊀齊：齊音（ㄗㄞ），音義等於齋。

【今譯】甲午，齊陳恒在舒州弒了他的君齊簡公。孔子三天齋戒，而三次請討伐齊國。魯哀公說：

「魯國為齊國久已打敗過，你要去討伐他，將怎麼辦呢？」回答說：「陳恒弒了他的君，齊國人民不贊成他的有一半，用魯國的眾軍隊，加上齊國的一半可以打勝他。」魯哀公說：「你去告訴季孫吧！」孔子辭謝不告。孔子退下來就告訴旁人說：「因為我曾經做過大夫，不敢不告訴」。

㈩經　秋，晉趙鞅帥師伐衛㊀。

【今註】㊀此經無傳。

【今譯】秋天，晉國趙鞅率領軍隊討伐衛國。

㈪經　八月辛丑仲孫何忌卒。

傳　初，孟孺子洩㊀將圉馬於成，成宰公孫宿不受，曰：「孟孫為成之病㊁，不圉馬焉。」孺子怒，襲成，從者不得入，乃反。成有司使，孺子鞭之㊂。秋八月辛丑，孟懿子卒，成人奔喪，弗內，袒免哭于衢，聽共，弗許㊃，懼不歸㊄。

【今註】㊀孟孺子洩：仲孫何忌的兒子孟武伯。㊁孟孫為成之病：孟孫因為成的人民很貧苦。㊂成有司使孺子鞭之：成的官吏派使人來，孟武伯拿鞭子打他。㊃听共弗許：聽侯供給使喚，不答應。㊄懼不歸：恐怕不能返成邑去。

【今譯】最初的時候，孟孫洩將在他的封邑成去養馬，成宰公孫宿不接受，說：「孟孫因為成的人民很貧困，所以不在這裏養馬。」孟孫洩發怒，攻打成邑，跟從的人不能進去，就回來了。成的官吏派人來，孟孫洩拿鞭子打打。秋天八月辛丑，仲孫何忌死了，成人來奔喪，季孫氏不讓他們進來，成人袒露左臂脫去帽子在大街上哭泣，請聽侯使喚，季孫氏也不答應，成人害怕，也不敢回成邑去了。

(十三)經　冬陳宗豎自楚復入于陳，陳人殺之㈠。

【今註】㈠此經無傳。

【今譯】冬天，陳國宗豎從楚國到陳國，陳人把他殺了。

(十四)經　陳轅買出奔楚㈠。

【今註】㈠此經無傳。

【今譯】陳國轅買逃奔楚國。

(十五)經　有星孛㈠。

【今註】㈠此經無傳。

【今譯】魯國有彗星出現。

(十六)經 飢㊀。

【今註】㊀此經無傳。

【今譯】魯國鬧飢荒。

哀公十有五年（公元前四百八十年）

(一)經 春王正月成叛。

傳 春成叛于齊，武伯伐成，不克，遂城輸㊀。

【今註】㊀輸：續山東考古錄說：「當在今山東寧陽縣境」。

【今譯】十五年春，成反叛魯國，歸到齊國去了，孟孫洩討伐成，不能成功。就給輸修築城。

(二)經 夏五月，齊高無丕出奔北燕㊀。

【今註】㊀此經無傳。

【今譯】夏天五月，齊國高無丕逃奔北燕。

(三)傳 夏，楚子西子期伐吳，及桐汭㊀，陳侯使公孫貞子㊁弔焉，及良㊂而卒，將以尸入㊃。吳子使大宰嚭勞且辭曰：「以水潦之不時，無乃廩然隕大夫之尸㊄，以重寡君之憂，寡君敢辭。」上介芋尹蓋㊅對曰：「寡君聞楚為不道，荐伐㊆吳國，滅厥民人，寡君使蓋備使弔君之下吏。無祿，使人逢天之慼，大命隕隊，絕世于良，廢日共積，一日遷次㊇，今君命逆使人曰：『無以尸造于門。』是我寡君之命委于草莽也。且臣聞之曰『事死如事生，禮也。於是乎有朝聘而終以尸將事之禮，又有朝聘而遭喪之禮。若不以尸將命，是遭喪而還也，無乃不可乎？以禮防民，猶或踰之，今大夫曰：『死而棄之。』是棄禮也，其何以為諸侯主？先民有言曰：『無穢虐士㊈。』備使奉尸將命，苟我寡君之命達于君所，雖隕于深淵，則天命也，非君與涉人之過也。」吳人內之。

【今註】㊀桐汭：一統志說：「桐汭水在安徽廣德縣西二十五里之白石山，西北流經建平（郎溪）高淳入丹陽湖，分由蕪湖及當塗入江。」㊁公孫貞子：陳大夫。㊂良：案良城在今江蘇省邳縣境。㊃將以尸入：朝聘禮的規矩，若去聘的人死了，就把他斂入棺材，到聘問的國家朝庭上，由副使發表他聘問的命令。㊄無乃廩然隕大夫之尸：有時搖動損壞大夫的尸首。㊅芋尹蓋：是副使。㊆荐伐：重新討伐。㊇一日遷次：每天搬了一次住所，表示不敢延誤君的命令。㊈無穢虐士：不要以死的人為不乾淨。

【今譯】夏天，楚國子西、子期討伐吳國一直到桐汭。陳侯使大夫公孫貞子去弔問吳國，到了良這地方就死了，將拿他的棺材進到吳的朝庭。吳王使太宰嚭去勞問，並且辭謝說：「因為水潦不按時候，可以損傷大夫的屍體，以加重寡君的憂慮，寡君敢辭謝。」陳國的上副使芋尹蓋回答說：「寡君聽說楚國不合道理，屢次的討伐吳國，殺害吳國的人民，寡君使蓋做副使，來弔你君下邊的官吏。正使沒有福祿，使人逢天的惱怒，大命墜下，在良這地方死了，廢了行路的日期，共積殯斂的用途，每天搬換一個地方，現在你命使人說：『不要把棺材擡到我們門口。』是我寡君的命令委墜到草莽裏頭。並且我聽見說過事奉死人跟對活人一樣。於是有朝聘而以棺材行事的禮節。又有朝聘而遇見喪事的禮節。要不以棺材行命令，就是遇見喪事而回國去，這是不可以的吧？用禮節來防治人民，尚且有踰越禮節的，現在大夫說：『死了就棄掉。』這是拋棄禮節的，這怎麼樣能做諸侯的盟主？先民有句話說：『不要以為死人不乾淨。』我敢奉著屍首行使命令，假設我們陳君的命令能達到你吳君所在，雖然掉到深淵裏，也是天命，不是你吳君同舟人的過錯。」吳國人就接受了他。

㈣經　鄭伯伐宋㊀。

【今註】㊀此經無傳。

【今譯】鄭伯討伐宋國。

㈤經秋，八月大雩㊀。

【今註】㊀此經無傳。

【今譯】秋天八月，魯國行求雨的典禮。

㈥傳秋，齊陳瓘㊀如楚，過衛，仲由見之曰：「天或者以陳氏為斧斤，既斲喪公室而他人有之，不可知也。其使終饗之，亦不可知也。若善魯以待時，不亦可乎？何必惡焉？」子玉曰：「然吾受命矣，子使告我弟㊁。」

【今註】㊀陳瓘：陳恒的哥哥子玉。㊁子使告我弟：你可以派人告訴我的弟弟，即陳恒。

【今譯】秋天，齊國陳恒的哥哥陳瓘到楚國的時候，經過衛國，子路看見他說：「上天或者拿陳氏做斧斤，既毀掉齊國公室，又由旁人佔有了，這也是不可知道的，或者使陳氏終究享受他，也是不可知道的。假設對魯國很親善，以等待這種種的變化，不也可以嗎？何必對魯國壞呢？」陳瓘說：「但是我已經接受命令，你派人告訴我弟弟好了。」

(七)經 晉趙鞅帥師伐衛㈠。

【今註】㈠此經無傳。

【今譯】晉國趙鞅率領軍隊討伐衛國。

(八)經 冬，晉侯伐鄭㈠。

【今註】㈠此經無傳。

【今譯】冬天，晉侯討伐鄭國。

(九)經 及齊平。

傳 冬，及齊平，子服景伯如齊，子贛為介，見公孫成㈠曰：「人皆臣人而有背人之心，況齊人雖為子役，其有不貳乎㈡？子，周公之孫也，多饗大利，猶思不義，利不可得，而喪宗國，將焉用之？」成曰：「善哉，吾不早聞命！」陳成子館客㈢，曰：「寡君使恒告曰：『寡君願事君如事衛君。』」景伯揖子贛而進之，對曰：「寡君之願也，昔晉人伐衛，齊為衛故伐晉冠氏，喪車五百，因與衛地，自濟以西，禚、媚、杏以南，書社五百，吳人加敝邑以亂，齊因其病，取讙與闡。寡君是以寒心。若得視衛君之事君也，則固所願也。」成子病之，乃歸成，公孫宿以其兵甲入于嬴㊃。

【今註】㊀公孫成：成宰公孫宿。㊁其有不貳乎：齊國也可以對你有貳心。㊂館客：使子服景伯同子貢住到館中。㊃嬴：在今山東省萊蕪縣西北四十里，即泰安縣東南。

【今譯】冬天，魯國同齊國講和，子服景伯到齊國去，子貢做副使，見到成宰公孫宿說：「每個人全都是給人做臣，而有背人的心思，何況齊人雖然給你幫忙，他還能對你沒有貳心嗎？你是周公的孫子，一定享受過大的利益，還想著不義，利益不可以得到，而丟掉國家，何必如此呢？」公孫宿說：「很好，我沒有早聽見說過。」陳恒使子服景伯同子貢就館舍說：「我們寡君叫我告訴你們說：『我願意事奉魯君同事奉衛君一樣。』」子服景伯向子貢做揖，叫他向前去對答，說：「這也是寡君的希望，從前晉人伐衛國的時候，齊國因為這個原故，伐晉國的冠氏，丟掉兵車五百輛，並且給衛國地，自從濟水以西，禚、媚、杏各地以南，寫上的社五百個。可是吳人同魯國爭亂的時候，齊因為魯國很弱，就佔據了讙同闡兩個地方，所以我們魯君心裏很寒冷。若能夠跟衛君事奉你的情形，這是我們很願意的。」陳恒以此為病，就返回魯國的成邑，公孫宿拿他軍隊進到嬴這地方。

(十)經 衛公孟彄出奔齊㈠。

【今註】 ㈠此經無傳。

【今譯】 衛國公孟彄逃奔到齊國去。

(土)傳 衛孔圉取大子蒯聵之姊，生悝。孔氏之豎渾良夫長而美，孔文子卒，通於內㈠，大子在戚，孔姬使之焉㈡，大子與之言曰：「苟使我入，獲國服冕乘軒，三死無與。」與之盟為請於伯姬。閏月，良夫與大子入，舍於孔氏之外圃，昏，二人㈢蒙衣而乘，寺人羅御如孔氏。孔氏之老欒寧問之，稱姻妾以告，遂入，適伯姬氏。既食，孔伯姬杖戈而先，大子與五人介輿豭㈣從之，迫孔悝於廁強盟之，遂劫以登臺。欒寧將飲酒，炙未熟，聞亂，使告季子㈤，召獲㈥駕乘車，行爵食炙，奉衛侯輒來奔。季子將入，遇子羔將出㈦曰：「門已閉矣。」季子曰：「吾姑至焉。」子羔曰：「弗及㈧，不踐其難。」季子曰：「食焉不辟其難㈨。」子羔遂出，子路入，及門，公孫敢門焉曰：「無入為也。」季子曰：「是公孫㈩也，求利焉而逃其難，由不然，利其祿必救其患。」有使者出，乃入，曰：「大子焉用孔悝？雖殺之必或繼之㈡。」且曰：「大子無勇，若燔臺半必舍孔叔。」大子聞之懼，下石乞，盂黶敵子路㈢，以戈擊之，斷纓。子路曰：「君子死，冠不免。」結纓而死。孔子聞衛亂曰：「柴也其來，由也死矣！」孔悝立莊公㈢。莊公害故政，欲盡去之，先謂司徒瞞成㈣曰：「寡人離病於外久矣，子請亦嘗之。」歸告褚師比㈤，欲與之伐公，不果。

【今註】㈠通於內：與孔伯姬私通。㈡孔姬使之焉：孔伯姬叫渾良夫去看太子蒯聵。㈢二人：指太子蒯聵同渾良夫。㈣五人介輿豭：五人穿著盔甲，拿車拉著盟誓用的豬。㈤季子：子路。㈥召獲：衛大夫。㈦遇子羔將出：碰見子羔將出奔。子羔是高柴，孔子弟子。㈧弗及：意思說政權不歸他管。㈨食焉不辟其難：吃孔氏祿，所以不能躲避孔氏的禍難。㈩公孫也：你是公孫敢。㈡必或繼之：意思說必定有人接著孔悝去攻太子。㈢下石乞、盂黶敵子路：叫石乞同盂黶下臺來抵抗子路。㈢莊公：即蒯聵。㈣司徒瞞成：就是明年經所寫的衛子還。㈤褚師比：衛大夫。

【今譯】衛國孔圉娶了太子蒯聵的姊姊，生了孔悝。孔氏的傭人渾良夫身長而貌美，孔圉死了以後，渾良夫就同他夫人通姦，太子蒯聵在戚這地方時，她就叫渾良夫去看他，太子對他誓言說：「假使你能夠使我回到衛國做君，你可以戴上大夫的帽子，坐大夫的車，另外犯了三個死罪，也不殺你。」盟誓以後，渾良夫就對伯姬請求。閏月，渾良夫跟太子就進到衛國都城，住在孔氏的外花園，到了夜晚，兩個人穿著女人的裳服坐到車上，太監叫羅的給他駕著車到孔氏家中。孔氏的家宰欒寧問是什麼人，稱為親戚家的妾侍，就進去了，到伯姬的房中。既吃了飯以後，孔伯姬拿著槍領先走，太子率領五個人全披著盔甲，車拉著盟誓用的豬，在後邊隨著，壓迫著孔悝在廁所中強立盟誓，並使他登到臺上。欒寧正要喝酒，菜還沒有熟，聽見亂事，就派人去告訴子路，叫衛大夫召獲駕著君的車，喝點酒吃點肉，奉著出公輒逃到魯國來。子路將進去，遇見子羔將出來，子羔說：「門已經關上了。」子路說：「我姑且到門上看看。」子羔說：「政權不在我，不必參加這個禍難。」子路說：「我吃孔氏的奉祿，不能躲避他的禍難。」子羔就出來。子路進去，到了宮門，公孫敢看著門說：「不必進去了。」子路說：「這是公孫嗎？求利益而逃去患難，我仲由則不然，利用他的俸祿，必求他的患難。」有使者出來，子路就進去了，說：「太子何必用孔悝呢？雖然殺掉孔悝，我必定接著來攻太子。」並且說：「太子沒有勇氣，若用火燒臺一半，必定捨掉孔悝。」太子聽見，害了怕，就派石乞盂黶下臺來抵抗子路，用槍打子路，斷了他的帽子的結，子路說：「君子死了，不能不帶帽子。」就把帽子結好就死了。孔子聽見衛國亂了就說：「高柴就要回來，子路恐怕就死了。」孔悝就立了蒯聵。蒯聵對他兒子出公輒的政事，不以為然，要把他的臣子全棄掉，先對司徒瞞成說：「我在外邊罹病已經很久，你也請去嘗嘗吧。」瞞成回去告訴褚師比，想與他一同伐蒯聵，但是沒能成功。

哀公十有六年（公元前四百七十九年）

㈠經　春王正月己卯，衛世子蒯聵自戚入于衛，衛侯輒來奔。

【今譯】　十六年春王正月己卯，衛國太子蒯聵入到衛國都城，衛侯輒逃到魯國去。

㈡經　二月衛子還成出奔宋。

傳　春瞞成褚師比出奔宋，衛侯使鄢武子㊀告于周曰：「蒯聵得罪于君父君母，逋竄于晉，晉以王室之故，不棄兄弟，寘諸河上㊁，天誘其衷，獲嗣守封焉，使下臣肸敢告執事。」王使單平公對曰：「肸以嘉命來告余一人，往謂叔父，余嘉乃成世，復爾祿次，敬之哉。方天之休㊂，弗敬弗休，悔其可追。」

【今註】　㊀鄢武子：衛大夫鄢肸。㊁河上：就是戚。㊂方天之休：天方授你的美德。

【今譯】　二月，衛國的瞞成與褚師比逃到宋國去，衛莊公使衛大夫鄢肸告訴周王說：「我蒯聵得罪了君父君母，逃到晉國去，晉國以王室的原故，不肯捨棄兄弟，擱到河邊上戚，天保佑著我，得到做嗣君，守住衛國的封疆，使下臣肸敢告訴王的官員。」周王使單平公回答說：「肸以好的消息來告訴我，你就去告訴叔父說，我喜歡你的成世，回復你君的祿次，恭敬啊！上天方給你好處，你要不恭敬，不休明，後悔是沒有方法也來不及了。」

㈢經 夏四月己丑，孔丘卒。

傳 夏四月己丑，孔丘卒。公誄之曰：「旻天不弔，不憖遺一老，俾屏余一人以在位，煢煢在疚。嗚呼哀哉，尼父，無自律㈠。」子贛曰：「君其不沒於魯乎？夫子之言曰：『禮失則昏，名失則愆。失志為昏，失所為愆。』生不能用，死而誄之，非禮也。稱一人，非名也，君兩失之。」

【今註】㈠無自律：意思說從此以後，沒人可做法則。

【今譯】夏天四月中，己丑那天，孔子死了。哀公傷悼他說：「上天不體恤我魯國，不肯為魯國留這一老人，使他屏蔽我一人居這君位中，孑然的使我孤獨一身，像害了疾病。啊，悲傷呀！尼父，你既死了，再無人可為我的法則了！」子貢說：「哀公恐怕不能善終在魯國呢！夫子所說：『禮節失了，便是昏迷，名稱失了，便有過差，失掉志氣纔會昏，失掉合宜纔有差。』夫子活著的時候，既不能任用他，死了卻傷悼他，這不是禮，自稱余一人，這不是該應的名稱，哀公兩方面都有失錯了。」

(四)傳六月，衛侯飲孔悝酒於平陽㈠，重酬之，大夫皆有納焉㈡，醉而送之，夜半而遣之，載伯姬於平陽而行㈢，及西門㈣，使貳車反祏於西圃㈤。子伯季子初為孔氏臣，新登于公㈥，請追之，遇載祏者，殺而乘其車㈦。許公為反祏，遇之曰：「與不仁人㈧爭，明無不勝，必使先射。」射三發，皆遠許為。許為射之殪，或以其車從，得祏於橐中，孔悝出奔宋。

【今註】㈠平陽：一統志說：「平陽在韋城廢縣西二十里，韋城廢縣在今滑縣東南五十里。」㈡大夫皆有納焉：大夫們全送了很多財物。㈢載伯姬於平陽而行：到平陽載著他的母親一同走。㈣及西門：到平陽的西門。㈤使貳車反祏於西圃：叫副車把神主的石函送回到孔氏的廟。㈥新登于公：升為大夫。㈦遇載祏者殺而乘其車：遇見載石函的人，把他殺掉而坐了他的車。㈧不仁人：指著子伯季子。

【今譯】六月，衛莊公在平陽這地方給孔悝酒喝，很重的酬謝他，大夫們全送他很多錢，喝醉了以後，就被送出，夜裏送他出走。孔悝到平陽載他的母親同行，到了平陽的西門，使副車把神主的石函送回孔氏的廟。子伯季子最初做孔氏的家臣，最近升為大夫，請追他去，遇見載神主的車，殺了副車就坐到車上。許公為去迎接廟主，遇見了子伯季子說：「與不仁的人爭，必定能夠勝利，必定使他先射箭。」三次發箭，全離著許為很遠，許為反過來射他，把他射死。有人拿他的車隨許為，得到盛神主的石函在橐中，孔悝就逃到宋國去了。

(五)

傳 楚太子建之遇讒也，自城父奔宋，又辟華氏之亂於鄭，鄭人甚善之。又適晉，與晉人謀襲鄭，乃求復焉，鄭人復之如初。晉人使諜於子木㈠，請行而期焉㈡。子木暴虐於其私邑，邑人訴之，鄭人省之，得晉諜焉，遂殺子木。其子曰勝在吳，子西欲召之，葉公曰：「吾聞勝也詐而亂，無乃害乎？」子西曰：「吾聞勝也信而勇，不為不利。舍諸邊竟，使衛藩焉㈢」葉公曰：「周仁之謂信，率義之謂勇，吾聞勝也好復言㈣，而求死士，殆有私乎？復言非信也，期死非勇也，子必悔之。」弗從，召之，使處吳竟為白公㈤。請伐鄭，子西曰：「楚未節也㈥，不然，吾不忘也。」他日又請，許之，未起師，晉人伐鄭，楚救之，與之盟。勝怒曰：「鄭人在此㈦，讎不遠矣。」勝自厲劍，子期之子平見之曰：「王孫何自厲也？」曰：「勝以直聞，不告女，庸為直乎？將以殺爾父。」平以告子西，子西曰：「勝如卵，余翼而長之。楚國第㈧，我死，令尹司馬非勝而誰？」勝聞之曰：「令尹之狂也，得死乃非我㈨。」子西不悛，勝謂石乞㈩曰：「王與二卿士㈡，皆五百人當之則可矣。」乞曰：「不可得也」曰：「市南有熊宜僚者，若得之可以當五百人矣。」乃從白公而見之與，與之言，說；告之故，辭；承之以劍，不動㈢。勝曰：「不為利諂，不為威惕，不洩人言以求媚者。」去之。吳人伐慎㈢，白公敗之，請以戰備獻㈣，許之，遂作亂。秋七月，殺子西子期于朝，而劫惠王。子西以袂掩面而死㈤。子期曰：「昔者吾以力事君，不可以弗終。」抉豫章以殺人而後死。石乞曰：「焚庫弒王，不然不濟！」白公曰：「不可，殺王不祥，焚庫無聚，將何以守矣？」乞曰：「有楚國而治其民，以敬事神，可以得祥，且有聚矣，何患？」弗從。葉公在蔡㈥，方城之外皆曰：「可以入矣。」子高曰：「吾聞之，以險徼幸者，其求無饜，偏重必離㈦。」聞其殺齊管脩㈧也而後入。白公欲以子閭為王㈨，子閭不可，遂劫以兵。子閭曰：「王孫若安靖楚國，匡正王室而後庇焉，啟之願也，敢不聽從，若將專利以傾王室，不顧楚國，有死不能。」遂殺之。而以王如高府㉚，石乞尹門㉛，圉公陽穴宮負王以如昭夫人之宮㉜。葉公亦至，及北門，或遇之曰：「君胡不冑？國人望君如望慈父母焉。盜賊之矢若傷君，是絕民望也，若之何不冑？」乃冑而進。又遇一人曰：「君胡冑？國人望君如望歲焉，日日以幾，若見君面，是得艾也㉝，民知不死，其亦夫有奮心，猶將旌君以徇於國。而又掩面以絕民望，不亦甚乎？」乃免冑而進。遇箴尹固帥其屬將與白公㉞，子高曰：「微二子㉟者，楚不國矣。棄德從賊，其可保乎？」乃從葉公，使與國人以攻白公，白公奔山而縊，其徒微之㊱，生拘石乞而問白公之死焉，對曰：「余知其死所，而長者㊲使余勿言。」曰：「不言將烹。」乞曰：「此事克則為卿，不克則烹，固其所也，何害？」乃烹石乞，王孫燕㊳奔頯黃氏。諸梁兼二事㊴，國寧㊵，乃使寧為令尹㊶，使寬為司馬㊂，而老於葉。

【今註】㊀子木：即太子建。㊁請行而期焉：定好了襲鄭的日期。㊂使衛藩焉：使他做邊境上的防衛。㊃復言：說的話重新改悔。㊄白公：左通補釋說：「今息縣東有白城。」㊅楚未節也：楚國新復，政令還未能節制。㊆鄭人在此：意思說子西也等於鄭國人。㊇楚國第：楚國用人是順著次序的。㊈得死乃非我：若子西能得好死，那麼我就不是我。㊉石乞：白公的部下。⑪二卿士：指子西同子期。⑫承之以劍不動：拔了寶劍指著他喉上，他也不動一動。⑬慎：一統志說：「慎縣故城，在今安徽穎上縣西北四十里之江口集。⑭請以戰備獻：拿勝利品貢獻。⑮子西以袂掩面而死：因為他不聽葉公從前勸戒。意思是死後沒有面目再見葉公。⑯蔡：蔡遷到州來，楚國佔據了蔡國地方。⑰偏重必離：譬如一個物件，一面重發生離心力，不如等到有危險再討他。⑱齊管脩：管脩是管仲的後人，在楚國是賢大夫。⑲子閭為王：子閭是平王的兒子公子啟，當時曾經五辭王位的那個人。⑳高府：楚國的別宮。㉑尹門：做門尹。㉒圉公陽穴宮負王以如昭夫人之宮：楚大夫圉公陽挖了宮牆背著楚惠王逃到昭王的夫人，越國的女兒的宮裏。㉓是得艾也：那就得到安定。㉔將與白公：將與白公合作。㉕二子：指子西子期。㉖其徒微之：他的黨徒藏匿他。㉗長者：指白公。㉘王孫燕：白公的弟弟。㉙二事：令尹同司馬。㉚國寧：楚國安寧以後。㉛乃使寧為令尹：就讓子西的兒子子國做令尹。㉜使寬為司馬：叫子期的兒子叫寬為司馬。

【今譯】　楚太子建的遇讒以後，從城父逃奔到宋國去，又因避華氏的亂，逃到鄭國，鄭人待他很好。卻又到晉國去，替晉人計謀襲攻鄭國，便使鄭人來請他回去，鄭人果然來請他回去，對待著他同起初一樣。晉人便暗中差個探子到子木處去，請他定襲攻鄭國的日期。不料子木曾虐待他私邑的人，邑人便去告發，鄭人果去查訪他，捉得一個晉國的探子，便殺掉子木。他的兒子名叫勝，正在吳國。楚子西要想招他回去。葉公說：「我聽得勝的為人又奸詐，又好鬧亂子，到楚國來，不要反而為害麼？」子西說：「我聽說勝的為人，信而且勇，不做害人的事情的，我們舍他住在邊境上，使他保衛楚國。」葉公說：「親近仁人的叫做信，依義氣幹事叫做勇。我聽得勝的為人，說話時常改悔，又尋求敢死的人士，大概有什麼私仇要報復吧？改悔說過的話，不能算守信，期約別人為自己效死，便不是真勇。你召他來，定要後悔的。」子西不聽他話，就去招他，叫他住在吳國的邊境上，叫做白公。白公請子西去伐鄭。子西說：「楚國新復，政令尚未能節制，否則我也不會忘記的。」過了幾天又去請，子西應許了他，可是還沒有起兵，晉人卻先來伐鄭了，楚人便去救鄭，和鄭結盟。勝發怒說：「鄭人在這裏，我的仇家不遠了。」勝就自己磨劍，子期的兒子名叫平的，看見了說：「王孫為什麼要自己磨劍呢？」白公說：「勝是直道著名的，不告訴你，怎麼能算直？這是要殺你的父親啊！」平便把這事告訴子西，子西說：「勝譬如鳥卵，我好像是鳥，拿翅膀蓋大他的，按楚國用士的次第，我死了以後，令尹司馬，不是勝做，還有誰呢？」勝聞知這話說：「這令尹真狂妄！他如果能得好好死的，我也不算我了。」子西卻仍然不改，勝對石乞說：「王和兩個卿士，共總拿五百個人對付他，就可以了。」

石乞說：「五百人不可得！」勝說：「市南有個勇士，名叫熊宜僚的，如果能得到他，卻可當得五百人用了。」便跟了白公去見熊宜僚，和他談話，非常高興，告訴他要想起事的緣故。宜僚卻一口拒絕，拿劍擱在他喉頭上，他也不動一動。白公說：「這是不為財利奉承，不為威武恐懼，不肯洩漏他人言語作討好資料的。」就不殺他而離去。後來吳人來伐慎，白公打敗了他，請求拿戰利品進獻，楚王允許了他，白公便借此作亂。秋天七月中，白公殺子西子期在朝上，而且劫持惠王。子西是拿衣袖遮住臉孔死的。子期說：「從前我拿力氣服事君王的，不可沒有終局呢！」就抉起根大樹來殺了人才死的。石乞說：「趕快燒了庫，弑掉君王，不然，不成功了！」白公說：「不可以的，弑掉君王便是不吉利，燒了庫便沒有積聚，將來怎麼樣保守呢？」石乞說：「既然有了楚國，只須治理那些人民，恭敬事奉了神明，便可得到吉利，而且有了積聚了，有什麼可愁的？」白公不依。那時葉公正在蔡國，方城以外的人民都說：「可以進郢都去討伐白公了。」葉公子高說：「我聽說拿險惡事徼幸成功的，他那貪求不會有饜足。譬如東西的重心偏了，必定要脫離倒敗的。我們只等他自己有危險時，然後再去討他不遲。」後來聽見他殺了齊國的賢人管修，方才進郢都去。白公要想立子閭做王，子閭不肯，便用兵器劫持他。子閭說：「你王孫如果肯安靖楚國，匡正王室，然後來庇護我的，這是我啟情願的，怎敢不聽從？如果要專想利益，傾覆王室，不管楚國的安危，那末就是死了，也不能夠聽從的。」白公便殺死他，和惠王一同到高府去，石乞做了門尹。有個圉公陽的，鑿開了高府的宮牆，馱了惠王到昭夫人的宮中去，那時葉公也到了。剛到北門，有人碰著他說：「你為什麼不戴頭盔呢？國人都望你，像嬰兒望慈父母一樣哩，盜賊的箭如果傷了你，這是絕了人民希望啊！為什麼不戴頭盔呢？」葉公便戴了頭盔前進。又碰著一人對他說：「你為什麼戴著頭盔呢？國人望你，像農夫望豐年一般哩，天天日日的指望，如果見了你的面容，便是得了安寧了。人民知道可以免得死亡，他們也個個都有奮發討賊的心念了，他們還要擎起了你四面去告訴國人哩！卻又遮掩了面孔，斷絕了人民的希望，不也過了分麼？」葉公就免除了頭盔前進，碰著箴尹叫固的，正領了他部下，要和白公去相併，子高說：「柏舉那回事，要不是子西子期，楚國早已不成國了，丟開有德的去從賊，難道可以相保麼？」箴尹固便跟了葉公，使他們和國人一同去攻白公，白公逃到山中去，自己縊死，白公的徒黨，把他的屍體藏匿過了。後來又生擒石乞，問他白公死的所在，石乞說：「我知道他的死地的，但是白公卻教我不要說出來的。」便說：「你如果不說出來，便要烹死你了！」石乞說：「本來這種事體，成功了便做卿，不成功便當烹，這是應該的，有什麼妨礙呢！」他始終不說，便烹死石乞。勝的兄弟王孫燕逃到頯黃氏去。沈諸梁自己便兼署了令尹、司馬兩種官職。等國事既安寧了，就使子西的兒子國做令尹，子期的兒子寬做司馬，自己卻告退終老在葉那裏。

㈥傳 衛侯占夢嬖人求酒於大叔僖子㊀，不得，與卜人比而告公曰：「君有大臣在西南隅，弗去，懼害。」乃逐大叔遺，遺奔晉。

【今註】㊀大叔僖子：即大叔遺。

【今譯】　衛侯所喜歡的占夢的人，向大叔遺要求喝酒，不能得到，他就同占卜的人聯合告訴衛侯說：「你有一個大臣，在都城的西南角，你要不除去他，恐怕你就被害。」衛侯就驅逐了大叔遺，大叔遺就逃到晉國去。

(七)傳　衛侯謂渾良夫曰：「吾繼先君而不得其器㊀，若之何？」良夫代執火者而言㊁曰：「疾與亡君，皆君之子也，召之而擇材焉可也。若不材，器可得也。」豎告大子㊂，大子使五人輿豭從己，劫公而強盟之，且請殺良夫。公曰：「其盟，免三死。」曰：「請三之後，有罪殺之。」公曰：「諾哉」

【今註】　㊀其器：衛國的寶器，皆為出公輒拿去。㊁良夫代執火者而言：良夫替代拿火的人方才跟他說話，因為怕旁人聽見。㊂太子：指太子疾。

【今譯】　衛侯對渾良夫說：「我繼續著先君的位子，而未曾得到他的寶器，怎麼辦呢？」良夫就替代了掌火的人說：「太子疾同逃走那個君，全都是君的兒子，叫他們來，可以選擇他們的才能。要是輒沒有才幹，重器就可以得到。」僕人聽了這話，告訴了太子疾，太子叫五個人推著車裏的豬跟著自己，劫持衛侯，強跟他盟誓，並且請求殺掉渾良夫。衛莊公說：「我已經跟他盟誓過了，三個死罪全都免除。」太子疾就回答說：「請在三個死罪以後，再有了罪就殺他。」衛莊公說：「好吧。」

哀公十有七年（公元前四百七十八年）

(一)傳 春，衛侯為虎幄於藉圃㊀，成，求令名者而與之始食焉，大子請使良夫。良夫乘衷甸兩牡㊁，紫衣狐裘㊂至，袒裘不釋劍而食㊃。大子使牽以退，數之以三罪㊄而殺之。

【今註】㊀為虎幄於藉圃：在藉田的圃中新造了一個帳幕，皆以虎皮為裝飾，所以叫做虎幄。㊁衷甸兩牡：衷甸是一個車轅子。這是鄉的規矩。㊂紫衣狐裘：紫顏色的衣，這是君的衣服。㊃袒裘不釋劍而食：把皮衣服解開，不解下劍就吃東西。㊄三罪：紫衣、袒裘同帶劍。

【今譯】十七年的春天，衛莊公在藉田的園子裏，新造了一個虎皮裝飾的帳蓬，造成以後，尋求一個有聲名的人，跟他頭一次吃飯，太子疾請求用渾良夫。渾良夫乘一輛一個車轅子的鄉車，穿著君所穿紫顏色的狐皮襖，來了以後解開皮襖，佩著寶劍吃飯。太子叫人牽著他退下，數著他犯了紫顏色的衣服，袒開皮襖，帶著寶劍三種罪而殺掉他。

(二)傳 三月，越子伐吳，吳子禦之笠澤，夾水而陳。越子為左右句卒㊀，使夜或左或右，鼓譟而進。吳師分以御之，越子以三軍潛涉，當吳中軍而鼓之，吳師大亂，遂敗之。

【今註】㊀左右句卒：鉤伍相著別為左右屯。

【今譯】三月，越王勾踐伐吳國，吳王夫差在笠澤這裏抵抗他，夾著水擺上陣勢，越王勾踐擺出左右勾卒的陣勢，使他們軍隊在夜裏或在左邊，或在右邊，大聲喊叫前往進攻。吳國軍隊分著來抵抗，越王把軍隊們偷著渡過水來，對著吳國中軍打鼓前進，吳國軍隊大亂，遂為越王勾踐所打敗。

(三)傳晉趙鞅使告于衛曰：「君之在晉也，志父為主，請君若大子來，以免志父。不然，寡君其曰志父之為也。」衛侯辭以難，大子又使椓之㊀。夏六月，趙鞅圍衛，齊國觀㊁陳瓘救衛，得晉人之致師者，子玉使服而見之㊂曰：「國子實執齊柄，而命瓘曰：『無辟晉師。』豈敢廢命，子又何辱㊃？」簡子曰：「我卜伐衛，未卜與齊戰，」乃還。

【今註】㊀椓之：椓音（ㄓㄨㄛˊ）。說他壞話。㊁國觀：國書的兒子。㊂子玉使服而見之：子玉是陳瓘，脫下囚服，服他本來的衣服。㊃子又何辱：你又何必來要求打仗。

【今譯】晉國趙鞅派使者告訴衛國說：「你君在晉國的時候，志父做主人，請君或者太子來，以免志父的罪。要不然，我們晉君必定說這是志父叫衛國君不來晉國。」衛莊公以國家尚未安定來推辭，太子又說莊公壞話。夏天六月。趙鞅圍了衛國都城，齊國的國觀同陳瓘去救衛國，捕獲了晉人派來要求打仗的人，陳瓘叫他換了本來的衣服來見，對他說：「國觀實在掌著齊國的政權，他告訴我說：『不要躲避晉國的軍隊。』我豈敢不聽他的命令呢？你又何必來挑戰呢？」趙鞅說：「我從占卜伐衛國，未嘗占卜同齊國打仗。」就退兵了。

(四)

傳 楚白公之亂，陳人恃其聚而侵楚，楚既寧，將取陳麥。楚子問帥於大師子穀與葉公諸梁。子穀曰：「右領差車與左史老皆相令尹司馬以伐陳，其可使也。」子高曰：「率賤㊀民慢之，懼不用命焉。」子穀曰：「觀丁父鄀俘也，武王㊁以為軍率，是以克州蓼，服隨唐，大啟羣蠻。彭仲爽，申俘也，文王以為令尹，實縣申息，朝陳蔡，封畛於汝。唯其任也，何賤之有？」子高曰：「天命不諂㊂，令尹有憾於陳，天若亡之，其必令尹之子是與，君盍舍焉㊃，臣懼右領與左史有二俘之賤，而無其令德也。」王卜之，武城尹㊄吉，使帥師取陳麥，陳人御之敗，遂圍陳。秋七月己卯，楚公孫朝帥師滅陳。王與葉公枚卜子良以為令尹，沈尹朱曰：「吉過於其志。」葉公曰：「王子而相國，過將何為？」他日改卜子國，而使為令尹。

【今註】㈠率賤：右領左史皆楚國的賤官。㈡武王：楚武王。㈢天命不謟：天命不會疑惑。㈣君盍舍焉：你為什麼不捨開右領同左史。㈤武城尹：子西的兒子公孫朝。

【今譯】楚國白公作亂的時候，陳人仗著他的聚積而侵略楚國。楚國既然安定了，就要來取陳國的麥子。楚王就問太師子穀跟沈諸梁，派什麼人統率軍隊。太師子穀回答說：「右領差車同左史老皆曾輔佐著令尹子西同司馬子期討伐過陳國，現在還可以用他們去伐陳國，大約是可以的。」沈諸梁說：「統帥如果低賤，人民看不起他們，恐怕不會聽從他的命令。」子穀又說：「觀丁父是鄀的俘擄，楚武王叫他做軍率的官，所以能夠戰勝了州蓼兩國，使隨與唐全都服從，開啟了羣蠻的土地。彭仲爽是申國的俘擄，楚文王叫他做令尹，就把申息兩國併成楚國的縣，使陳國同蔡國全到楚國朝貢，封疆到了汝水的邊上。祇要他能夠負責任，又何必論他是賤人呢？」沈諸梁就說：「天命是不可以懷疑的，令尹子西對於陳國頗有遺憾，天若使陳國滅亡，必當用令尹的兒子，君何不捨棄右領同左史呢？我恐怕他們祇有兩俘虜的下賤，而沒有好的德行。」惠王又占卜，子西的兒子武城尹公孫朝吉祥，就叫他率領著軍隊去拿陳國的麥子，陳人抵抗，被他打敗。就圍了陳國都城。秋天七月，己卯這天，楚國公孫朝率領軍隊滅了陳國。楚惠王同沈諸梁占卜他的弟弟子良做令尹，沈尹朱說：「吉祥，過於他的志願。」沈諸梁說：「王的兒子而做宰相，過了志願又將怎麼樣呢？」另一天就改換占卜公孫寧，就命他做令尹。

(五)
傳 衛侯夢于北宮，見人登昆吾之觀㈠，被髮北面而譟曰：「登此昆吾之虛，緜緜生之瓜，余為渾良夫，叫天無辜！」公親筮之，胥彌赦㈡占之曰：「不害。」與之邑，寘之而逃奔宋。衛侯貞卜㈢，其繇曰：「如魚竀尾㈣，衡流而方羊，裔焉，大國滅之，將亡，闔門塞竇，乃自後踰。」冬十月，晉復伐衛，入其郛，將入城。簡子曰：「止。叔向有言曰：『怙亂滅國者無後！』」衛人出莊公而與晉平，晉立襄公之孫般師而還。十一月，衛侯自鄄入，般師出。初，公登城以望見戎州㈤，問之，以告。公曰：「我姬姓也，何戎之有焉？」翦之㈥。公使匠久，公欲逐石圃㈦，未及而難作。辛巳，石圃因匠氏攻公，公闔門而請，弗許。踰于北方而隊折股，戎州人攻之，大子疾公子青㈧踰從公，戎州人殺之。公入于戎州己氏。初，公自城上見己氏之妻髮美，使髡之以為呂姜髢㊈。既入焉而示之璧曰：「活我，吾與女璧。」己氏曰：「殺女，璧其焉往？」遂殺之而取其璧。衛人復公孫般師而立之。十二月，齊人伐衛，衛人請平，立公子起㊉。執般師以歸，舍諸潞⑪。

【今註】㊀昆吾之觀：衛國設有一個觀在昆吾氏之虛，叫昆吾之觀。彙纂說：「今河北濮陽縣西南有濮陽城，古顓頊之墟，曰帝邱。夏時為昆吾氏所居。」㊁胥彌赦：衛國占卜的史官。㊂衛侯貞卜：衛侯在卜夢的吉凶。㊃如魚竀尾：竀音（ㄔㄥ）。如魚勞則尾變紅。㊄戎州：彙纂說：「山東曹縣有楚邱故城，漢置己氏縣，以戎州己氏而名也。」㊅翦之：翦壞他的城。㊆石圃：石惡兄弟的兒子。㊇公子青：太子疾的弟弟。㊈呂姜髢：髢音（ㄊㄧˋ）呂姜是莊公的夫人。髢是假髮。㊉公子起：靈公的兒子。⑪潞：齊地，在齊都城的郊外。

【今譯】衛侯做夢在北宮中，看見人到昆吾的觀上，披著頭髮，向北嚷著說：「我現在登上昆吾的荒墟，我曾經使衛侯得國，好像使瓜由小成大。我就是渾良夫呢！現在已喊冤在上天那裏了！」莊公便親自卜筮，胥彌赦占得繇辭，假言說：「沒有什麼禍害的。」公給了他一所縣邑，他卻丟了逃往宋國去。衛莊公又卜問夢的吉凶，他的繇辭說：「好像魚遊得紅了尾巴，橫在水流中，來來去去，只在水邊。大國要來滅他，他就將要亡了，關上門，塞了洞，就從後面爬出去。」冬天十月中，晉國果來伐衛，攻進他的郭中，將要進城了。趙鞅說：「且停止，叔向有句話說：『趁人的擾亂滅了他，要沒有後代的呢！』」衛人便逐出莊公，同晉人講和。晉人立了襄公的孫子名叫般師的做衛君，方才回去。十一月中，衛莊公蒯聵又從鄄進衛國，般師便出去。以前的時候，衛莊公登到城上去遠望，看見了戎州這地方，問道那裏是什麼地方？從人告訴他是戎州。公說：「我是姬姓，為什麼有戎狄的地方呢？」便翦滅了那州邑。公又使用了匠人，長久不使他休息，公要想逐去石圃，可是還沒有逐出，難卻已經起了。辛巳那天，石圃利用匠人怨莊公，便和他們攻莊公。莊公閉了門乞赦，不允許他，便從北面爬牆出來，卻跌傷了腿骨。戎州人又來攻打，太子疾和他的兄弟公子青，都爬牆跟著莊公。戎州人卻把他二人殺死。莊公逃入戎州的己氏家裏去，當初的時候莊公曾從城上看見己氏的妻頭髮很好，莊公便使他一概剃下，將頭髮給呂姜做假髮。這時既然走進他家中，便把璧玉給他們看，對他們說：「你們能夠活我的，我就把玉給你。」己氏說：「殺了你，璧玉還逃到那裏去呢？」便把他殺死，拿了他的璧玉，衛人便請公孫般師回國，再立他。十二月中，齊人又來伐衛，衛人請求講和，立了公子起做君，齊人捉了般師回國，把他居住在潞這地方。

㈥傳公會齊侯盟于蒙㈠，孟武伯相，齊侯稽首，公拜。齊人怒，武伯曰：「非天子，寡君無所稽首。」武伯問於高柴曰：「諸侯盟，誰執牛耳？」季羔曰：「鄫衍㈡之役，吳公子姑曹。發揚㊂之役，衛石魋。」武伯曰：「然則彘也。」

【今註】㊀蒙：山東通志說：「蒙陰故城，在蒙陰縣南十五里。」㊁鄫衍：盟在哀公七年。㊂發揚：在哀公十二年。

【今譯】魯哀公同齊平公在蒙這地方盟會，孟孫洩相禮，齊平公向著魯哀公稽首，魯哀公回拜。齊人全發怒了，孟孫洩就說：「除了對天子以外，寡君全都不稽首。」孟孫洩問高柴說：「諸侯盟會時，誰拿著牛耳朵？」高柴說：「鄫衍那次是吳國公子姑曹，發揚那次是衛國的石魋。」孟孫洩就說：「那麼這次就是我執了。」

(七)傳宋皇瑗㊀之子麇，有友曰田丙，而奪其兄酁般邑以與之。酁般慍而行，告桓司馬之臣子儀克。子儀克適宋，告夫人曰：「麇將納桓氏。」公問諸子仲㊁。初，子仲將以杞姒之子非我為子㊂，麇曰：「必立伯㊃也，是良材。」子仲怒弗從，故對曰：「右師則老矣，不識麇也㊄。」公執之㊅。皇瑗奔晉，召之。

【今註】㊀皇瑗：宋右師。㊁子仲：即皇野。㊂杞姒之子非我為之：杞姒是子仲的夫人，想把她的兒子非我立為適子。㊃立伯：伯是非我的哥哥。㊄不識麇也：對於麇就不能保險他不反叛。㊅

公執之：把麇逮起來。

【今譯】宋國皇瑗的兒子皇麇，有一個朋友叫做田丙，奪了他哥哥劖般的封邑給了他。劖般心裏不高興就逃走，告訴桓司馬的臣子儀克。子儀克到宋國去，告訴宋夫人說：「麇將使桓氏歸國。」桓公問了皇野。最初的時候，皇野將拿杞姒所生的兒子皇非我做適子，皇麇說：「必定要立他的哥哥，他的才幹很好。」皇野惱怒，不聽他的話，所以回答說：「皇野已經老了，不能作亂，但我並不知道麇能夠作亂不作亂。」宋反就把麇逮捕了，皇瑗害怕就逃到晉國去，宋公叫他回來。

哀公十有八年（公元前四百七十七年）

㈠傳春，宋殺皇瑗，公聞其情，復皇氏之族，使皇緩㈠為右師。

【今註】㈠皇緩：皇瑗的姪子。

【今譯】十八年春天，宋殺了皇瑗，宋景公知道了經過以後，就回復皇氏的族氏，派皇瑗的姪子皇緩作右師的官。

㈡傳巴人伐楚國鄾㈠。初，右司馬子國之卜也，觀瞻㈡曰：「如志。」故命之㈢。及巴師至，將卜帥，王曰：「寧如志，何卜焉？」使帥師而行，請承㊃，王曰：「寢尹、工尹勤先君者也。」三月，楚公孫寧、吳由于、薳固敗巴師于鄾，故封子國於析㊄。君子曰：「惠王知志。夏書曰：『官占唯能蔽志，昆命于元龜㊅，』其是之謂乎？志曰：『聖人不煩卜筮。』惠王其有焉。」

【今註】 ㊀鄾：在今湖北省襄陽縣東北。㊁觀瞻：楚國的開卜大夫。㊂故命之：所以就叫他為右司馬。㊃請承：請輔佐的。㊄析：在今河南省內鄉縣。㊅官占唯能蔽志，昆命于元龜：這是逸書，占卜的官祇能先決斷以後，方能用龜去占卜。

【今譯】 巴國伐楚國，圍了鄾這地方。最初的時候，子國占卜是否能出任右司馬，開卜大夫觀瞻說：「他能得到志願。」所以就叫他作右司馬。等到巴國軍隊來了，將占一位防禦的統帥，楚王說：「子國既能得到志願，又何必另占卜呢？」就派他率領著軍隊去。他再請幫助的人，楚王就說：「吳由于、薳固都是對昭王盡過勤勞的人。」三月，楚國公孫寧、吳由于、薳固在鄾這地方戰敗巴國的軍隊，所以將子國封在析這地方。君子說：「惠王知道人的志願。夏書說：『占卜的官先能斷定志願，然後方能命龜占卜。』恐怕就是這種說法。志書也說：『聖人不常要求占卜。』惠王恐怕就是如此。」

㈢傳夏衛石圃逐其君起，起奔齊。衛侯輒自齊復歸。逐石圃而復石魋與大叔遺。

【今譯】夏天，衛國石圃將他的君起驅逐出國，起就奔到齊國。衛出公自齊又回到衛國，驅逐了石圃並召回石魋同太叔遺。

哀公十有九年（公元前四百七十六年）

㈠傳春，越人侵楚，以誤吳也㊀。

【今譯】十九年春天，越國人侵略楚國，使吳國誤以為他不侵略吳國，而沒有防備。

【今註】㊀以誤吳也：使吳人不會預備。

㈡傳夏，楚公子慶、公孫寬追越師至冥㊀，不及乃還。

【今註】㊀冥：在今江西信江流域內。

【今譯】夏天，楚公子慶公孫寬追越國軍隊到冥這地方，沒有趕上就回去了。

㈢傳秋，楚沈諸梁伐東夷，三夷男女及楚師盟于敖㊀。

【今註】㈠敖：當在皖南浙西山地的西部。

【今譯】秋天，楚國沈諸梁討伐東夷，同越國聯絡的三種夷人男女與楚國軍隊在敖這地方盟誓。

㈣傳 冬，叔青㈠如京師，敬王崩㈡故也。

【今註】㈠叔青：叔還的兒子。㈡敬王崩：因為敬王死的原故。

【今譯】冬天，叔還的兒子叔青到周的京城去，因為周敬王死了的原故。

哀公二十年（公元前四百七十五年）

㈠傳 春，齊人來徵會。夏，會于廩丘㈠，為鄭故謀伐晉。鄭人辭諸侯，秋師還。

【今註】㈠廩丘：在今山東省范縣東南。

【今譯】春天，齊國人到魯國要求會盟。夏天，在廩丘會盟，是為了鄭國的原故，打算討伐晉國。鄭人辭謝諸侯。秋天，魯國軍隊回國。

㈡傳 吳公子慶忌驟諫吳子曰：「不改必亡。」弗聽，出居於艾㈠，遂適楚，聞越將伐吳。冬，請歸平越，遂歸，欲除不忠者以說于越，吳人殺之。

【今註】㈠艾：方輿紀要說：「艾城在今江西寧州西百里之龍崗坪，今修水縣西。」

【今譯】吳國公子慶忌屢次的諫諍吳王說：「要不改辦法必定要亡國。」吳王仍舊不聽，公子慶忌就逃到艾這地方，後又到楚國去，聽見說越王勾踐將要伐吳國。冬天，請求回去同越國講和，就回到吳國去。想著除掉幾個不忠的人來對越國解說，吳王卻把他殺了。

㈢傳十一月，越圍吳，趙孟㈠降於喪食。楚隆㈡曰：「三年之喪，親暱之極也，主又降之，無乃有故乎？」趙孟曰：「黃池之役，先主與吳王有質曰：『好惡同之。』今越圍吳，嗣子不廢舊業而敵之㈢，非晉之所能及也，吾是以為降。」楚隆曰：「若使吳王知之，若何？」趙孟曰：「可乎？」隆曰：「請嘗之。」乃往，先造于越軍，曰：「吳犯間上國多矣，聞君親討焉，諸夏之人莫不欣喜，唯恐君志之不從，請入視之。」許之。告于吳王曰：「寡君之老無恤使陪臣隆敢展謝其不共，黃池之役，君之先臣志父得承齊盟，曰：『好惡同之。』今君在難，無恤不敢憚勞，非晉國之所能及也，使陪臣敢展布之。」王拜稽首曰：「寡人不佞，不能事越，以為大夫憂，拜命之辱。」與之一簞珠㊃，使問趙孟曰：「勾踐將生憂寡人，寡人死之不得矣。」王曰：「溺人必笑，吾將有問也。史黯何以得為君子㊄？」對曰：「黯也進不見惡，退無謗言。」王曰：「宜哉。」

【今註】㊀趙孟：趙襄子無恤。㊁楚隆：趙襄子的家臣。㊂嗣子不廢舊業而敵之：嗣子是趙襄子自稱，不廢舊的盟誓，而想抵抗越國。㊃與之一簞珠：給他一小筒珍珠。㊄史黯何以得為君子：因為從前晉國史黯說過，不到四十年吳就要亡了，吳王所以感到此事而問。

【今譯】十一月，越國軍隊圍了吳國的都城，晉大夫趙無恤這時正居父喪，聽見吳被越國攻打，便比居喪的飲食還要減少。他的家臣楚隆說：「三年的喪期，已經親暱到極點了。如今主子又低降下去，莫非另有別種原因麼？」趙孟說：「黃池那次的會盟，先主和吳王曾有盟信的，說：『吳晉的好惡，應當齊同著的。』如今越兵圍吳，我做繼嗣的要是不丟掉先主的舊盟，去抵抗越國，這卻不是我們晉國的兵力能夠做得到的。我所以無可如何，只得再比居喪的飲食減少些了。」楚隆說：「雖則不能救吳，如使吳王得知此意，好嗎？」趙孟說：「可以嗎？」楚隆說：「我請去試試看。」便先到越軍中去，說：「吳人侵犯離間著中國，已經多次了，我君聞知越君親自舉兵，討治吳罪，許多中原的人，沒有一個不快意，只怕你君的心願或者不遂意，讓我進去看看他的動靜。」越人就允許他。楚隆既進吳軍，告訴吳王說：「寡君的老臣無恤，差我陪臣隆來，陳謝他的不能供奉舊職。從前黃池的盟會，寡君的先臣志父，曾經奉承了諸侯，受齊的盟約說：『兩國如有好惡，應當大家是齊同的。』如今你吳君在這災難中，無恤雖然不敢怕勞動，卻不是晉國的兵力能做得到的。所以差陪臣來陳布這意思。」吳王下拜叩頭到地說：「寡人沒有才幹，不能服事越王，倒成了你大夫的憂愁，謝你君命的辱臨到這裏。」便拿出珠子一小匣，交與楚隆，使他送給趙孟說：「勾踐要使我活著難過，我現在竟是求死不得了。」王又說：「且不要急，好像淹死的人，必定還要笑著，我還要問你，你們的史黯怎能算是君子呢？」楚隆說：「黯的為人，進朝廷去沒有誰怨他，退了也沒有人謗毀他。」王說：「這般說來，真該應算得君子了！」

哀公二十有一年（公元前四百七十四年）

(一)傳 **夏五月，越人始來。**

【今譯】二十一年夏天五月，越國始派人來聘魯國。

(二)傳　秋八月，公及齊侯、邾子盟于顧㈠，齊人責稽首。因歌之曰：「魯人之皐，數年不覺，使我高蹈。唯其儒書，以為二國㈡憂。」是行也，公先至于陽穀。齊閭丘息㈢曰：「君辱舉玉趾以在寡君之軍，羣臣將傳遽以告寡君，比其復也。君無乃勤，為僕人之未次㈣，請除館於舟道㈤。」辭曰：「敢勤僕人㈥。」

【今註】㈠顧：山東通志說：「在今氾縣東南五十里，有顧城。」㈡二國：齊國同邾國。㈢閭丘息：是齊大夫。閭丘明的後人。㈣僕人之未次：因為僕人還沒有預備好住的地方。㈤舟道：今山東東阿縣境。㈥敢勤僕人：不敢勞動僕人。

【今譯】秋天八月，魯哀公同齊侯、邾子在顧這地方盟會，齊國人仍舊責備上回齊對魯哀公稽首，而魯哀公祇行拜禮。就歌唱說：「魯國人的緩慢，數年不感覺，使我勞苦遠行。他們全是根據著周禮，使齊國同邾國發愁。」這一次魯哀公先到了陽穀。齊國閭丘息說：「你勞苦的舉動玉腳，到了寡君的軍隊中，羣臣將坐著車，趕緊去告訴寡君，等到他回來。你來得太早了，我們傭人尚沒有預備好住的地方，請修除你的館舍在舟道這地方。」魯人辭謝說：「不敢勞動你的僕人。」

哀公二十有二年（公元前四百七十三年）

(一)傳 夏四月，郳隱公自齊奔越曰：「吳為無道，執父立子。」越人歸之，大子革奔越㊀。

【今註】㊀大子革奔越：郳隱公的太子，革逃到越國去。

【今譯】二十二年，夏天四月，郳隱公從齊國逃到越國說：「吳國沒有道理，逮著他父親，而立他的兒子。」越人叫他回到郳國，太子革逃到越國。

(二)傳 冬十一月丁卯，越滅吳，請使吳王居甬東㊀。辭曰：「孤老矣，焉能事君？」乃縊，越人以歸㊁。

【今註】㊀甬東：一統志說：「今浙江定海縣東三十里有翁山，一名滃洲，即春秋之甬東。」㊁越人以歸：越人把尸首拿回去。

【今譯】冬天十一月丁卯，越人滅了吳國，派人叫夫差到甬東去住。夫差辭謝說：「我老了，怎麼能夠事奉你？」就上吊自殺，越國人把他的尸首拿回去。

哀公二十有三年（公元前四百七十二年）

(一)傳 春，宋景曹卒㊀。季康子使冉有弔，且送葬曰：「敝邑有社稷之事，使肥㊁與有職競焉，是以不得助執紼。」使求㊂從輿人曰：「以肥之得備彌甥也，有不腆先人之產馬，使求薦諸夫人之宰，其可以稱旌繁㊃乎？」

【今註】㊀宋景曹：是宋元公的夫人，小邾的女兒，季桓子的外祖母。㊁肥：季康子的名字。㊂求：冉有的名字。㊃旌繁：馬的裝飾。

【今譯】二十三年春天，宋元公的夫人景曹死了。她的外孫季孫肥派冉有去弔喪，並且送葬說：「我們國裏，有國家的事情，我肥有職位，正在煩忙，所以不能夠參加執紼。」使冉求從著眾人說：「因為我肥可以做遠房的外甥，有一匹不好的先人的馬，使冉求交給夫人的家宰，尚可以用做馬的裝飾呢！」

(二)傳夏六月，晉荀瑤㊀伐齊，高無丕帥師御之，知伯視齊師，馬駭，遂驅之曰：「齊人知余旗，其謂余畏而反也。」及壘而還。將戰，長武子㊁請卜，知伯曰：「君告於天子，而卜之以守龜於宗祧，吉矣，吾又何卜焉？且齊人取我英丘㊂，君命瑤，非敢耀武也，治英丘也㊃，以辭伐罪是矣，何必卜？」壬辰，戰於犁丘㊄，齊師敗績，知伯親禽顏庚㊅。

【今註】㊀荀瑤：荀櫟的孫子，知伯襄子。㊁長武子：晉大夫。㊂英丘：應近犂丘。㊃治英丘也：為的治理英丘這件事。㊄犁丘：續山東考古錄說：「現析入濟陽縣。」㊅顏庚：齊大夫顏涿聚。

【今譯】夏天六月，晉國荀瑤伐齊國，高無丕率領軍隊抵抗，荀瑤去窺看齊師時，他的馬受到驚駭，就往前趕著馬說：「齊國人認識我的旗子，恐怕他們說我害怕而回去了。」到了齊國的堡壘就回來了。將要打仗，晉大夫長武子請求占卜，荀瑤說：「晉君告訴過天子，而在宗廟中用守龜來占卜，已經吉祥了，我又何必占卜呢？並且齊人取了我的英丘，晉君命我，不是敢顯耀武功，為的治理英丘，用伐齊國的罪狀的文詞足夠了，何必占卜呢？」壬辰，在犂丘這地方作戰，齊國軍隊大敗，荀瑤逮住了齊大夫顏涿聚。

㈢傳 秋八月，叔青如越，始使越也。越諸鞅來聘，報叔青也㊀。

【今註】㊀報叔青也：報叔青的聘問。

【今譯】秋天八月，魯國叔青到越國去，這是開始聘問越國。越國派諸鞅來聘問，這是報答叔青的聘問。

哀公二十有四年（公元前四百七十一年）

(一)傳 夏四月，晉侯將伐齊，使來乞師曰：「昔臧文仲以楚師伐齊，取穀㈠，宣叔以晉師伐齊，取汶陽㈡，寡君欲徼福於周公，願乞靈於臧氏。」臧石㈢帥師會之，取廩丘，軍吏令繕將進㈣，萊章㈤曰：「君卑政暴，往歲克敵㈥，今又勝都㈦，天奉多矣，又焉能進？是躗言也㈧，役將班矣。」晉師乃還，餼㈨臧石牛，大史謝之曰：「以寡君之在行，牢禮不度，敢展謝之。」

【今註】㈠穀：在今山東東阿縣東二十六里。㈡汶陽：在今山東寧陽縣東。㈢臧石：臧賓如的兒子。㈣軍吏令繕將進：晉國的軍吏叫他們預備戰備。㈤萊章：齊大夫。㈥往歲克敵：去年打勝敵人，擒了顏庚。㈦又勝都：佔據廩丘。㈧是躗言也：是不可信的話。躗音（ㄨㄟˋ）。㈨餼：生肉叫做餼。

【今譯】夏天四月，晉侯將伐齊國，派人來魯國請求幫助軍隊說：「從前臧文仲用楚國的軍隊來伐齊國，佔據了穀這地方，臧宣叔用晉國的軍隊伐齊國，佔據了汶陽，寡君現在想著要求周公給福祿，願向臧氏乞求威靈。」臧石就率領軍隊來會合他，取了廩丘。晉國的軍吏下令修理戰備，將往前進，齊大夫萊章說：「君地位卑小，政治很暴亂，前年克了敵人，今年又佔據了一個大城，天對晉國很多了，又焉能往前進？這是過份的言論，晉國軍隊將回去了。」晉國軍隊就退師，晉國送臧石生牛肉，晉大史並謝他說：「因為我們晉君在軍隊裏，牢的禮節不合適，我們敢謝你。」

(二)傳 郳子又無道，越人執之以歸，而立公子何㈠，何亦無道。

【今註】㈠公子何：太子革的弟弟。

【今譯】郳子暴虐無道，越人把他逮回去了，而立了太子革的弟弟公子何，公子何也暴虐無道。

(三)傳 公子荊㈠之母嬖，將以為夫人，使宗人釁夏獻其禮，對曰：「無之。」公怒曰：「女為宗司，立夫人，國之大禮也，何故無之？」對曰：「周公及武公娶於薛，孝惠㈡娶於商，自桓以下娶於齊，此禮也則有，若以妾為夫人，則固無其禮也。」公卒立之，而以荊為大子，國人始惡之㈢。

【今註】㈠公子荊：是哀公的庶子。㈡孝惠：魯孝公同魯惠公。㈢國人始惡之：國人開始厭惡哀公。

【今譯】公子荊的母親很得寵愛，哀公將立她為夫人，使宗人叫釁夏的獻這種禮，他回答說：「沒有。」哀公發怒說：「你做宗司的官，立夫人是國家大禮節，為什麼沒有呢？」回答說：「周公同武公在薛國娶夫人，孝公同惠公娶於宋國，從桓公以下從齊國娶的，這種禮就有，要是拿妾做夫人，就沒有這種禮節。」哀公末了還是立她為夫人，而以公子荊做太子，貴族們開始厭惡哀公。

(四)傳閏月，公如越，得大子適郢㊀，將妻公而多與之地。公孫有山使告于季孫，季孫懼，使因大宰嚭而納賂焉，乃止。

【今註】㊀得太子適郢：適郢是越王的太子，得是魯哀公跟太子適郢甚相親近。

【今譯】閏月，哀公到越國去，同越王的太子適郢，很相親愛，將給哀公一個女子，而多給他地方。公孫有山派人告訴季孫肥，季孫害了怕了，就利用太宰嚭而納了很多賄賂，越國人就止住了。

哀公二十有五年（公元前四百七十年）

(一)傳夏，五月庚辰，衛侯出奔宋㊀。衛侯為靈臺于藉圃，與諸大夫飲酒焉，褚師聲子韈而登席㊁，公怒，辭曰：「臣有疾異於人，若見之，君將㱿之㊂，是以不敢。」公愈怒，大夫辭之，不可。褚師出，公戟其手㊃曰：「必斷而足。」聞之，褚師與司寇亥乘曰：「今日幸而後亡！」公之入也，奪南氏(五)邑，而奪司寇亥政，公使侍人納公文懿子之車于池(六)。初，衛人翦夏丁氏(七)，以其帑賜彭封彌子(八)，彌子飲公酒，納夏戊之女，嬖，以為夫人，其弟期(九)大叔疾之從孫甥也，少畜於公，以為司徒。夫人寵衰，期得罪，公使三匠久，公使優狡盟拳彌(一〇)，而甚近信之，故褚師比，公孫彌牟，公文要，司寇亥，司徒期，因三匠與拳彌以作亂，皆執利兵，無者執斤，使拳彌入于公宮，而自大子疾之宮譟以攻公。鄄子士(一一)請禦之，彌援其手曰：「子則勇矣，將若君何？不見先君乎？君何所不逞欲？且君嘗在外矣，豈必不反？當今不可，眾怒難犯，休而易問也(一二)。」乃出，將適蒲(一三)，彌曰：「晉無信，不可。」將適鄄(一四)，彌曰：「齊晉爭我，不可。」將適泠(一五)，彌曰：「魯不足與，請適城鉏(一六)，以鉤越，越有君。」乃適城鉏，彌曰：「衛盜不可知也！請速，自我始。」乃載寶以歸。公為支離(一七)之卒，因祝史揮(一八)以侵衛，衛人病之。懿子知之，見子之(一九)請逐揮，文子曰：「無罪。」懿子曰：「彼好專利而妄，夫見君之入也，將先道焉。若逐之，必出於南門而適君所，夫越新得諸侯，將必請師焉，揮在朝，使吏遣諸其室。」揮出，信弗內㉑，五日，乃館諸外里㉒，遂有寵，使如越請師。

【今註】㊀衛侯出奔宋：衛侯指著出公輒。㊁褚師聲子襪而登席：褚師比穿著襪子就上到席上。照道理見著君，必須脫去襪子。㊂若見之，君將㱿之：你若看見了，你恐怕要嘔吐。㱿音（ㄎㄜˊ）。㊃公戟其手：公彎曲著手，如戟的形狀，表示罵他的意思。㊄南氏：子南的兒子公孫彌牟。㊅侍人納公文懿子之車于池：叫他的傭人把公文要的車投到水池。㊆翦夏丁氏：這件事在魯哀公十一年。㊇彭封彌子：就是彌子瑕。㊈期：是夏戊的兒子。㊉公使優狡盟拳彌：公派演戲的人名叫狡與衛大夫拳彌盟誓。⑪鄄子士：衛大夫。⑫休而易間也：他們稍停就可以離間了。⑬蒲：今河北省長垣縣治。⑭鄄：今山東省濮縣。⑮泠：續山東考古錄說：「以鄆城西南有泠莊河，地近魯，疑在此。」⑯城鉏：近宋邑。⑰支離：陣名。⑱祝史揮：衛國的祝史。⑲子之：公孫彌牟。⑳信弗內：過了兩天不許他近城。㉑外里：衛出公所在的地方。

【今譯】夏天，五月庚辰，衛出公逃奔到宋國。衛出公在藉圃建築一個靈臺，跟諸位大夫們喝酒，褚師比穿著襪子就上了席去，出公惱了，他說：「我有一種病跟旁人不同，你要是看見，必定嘔吐，所以不敢解除襪子。」出公愈發惱，大夫們全替他解說，出公的惱怒仍然不止。褚師比出門，出公用手指著他說：「必定把你的腳切斷。」褚師比聽見了，司寇亥與他同坐一輛車，他說：「今天幸而能夠逃亡！」出公回國的時候，奪掉了公孫彌牟的封邑，又奪掉司寇亥的政權，出公又叫太監們把公文要的車子扔到水池子裏。最早的時候，衛人翦伐夏丁氏，拿他的財產賜給彌子瑕，彌子瑕給出公喝酒，將夏戊的女兒歸給他，出公對她很寵愛，叫她做了夫人，她的弟弟夏期，是太叔疾的從孫甥，從小的時候就住到公宮裏，出公叫他做司徒。夫人漸漸的寵愛衰微，她的弟弟夏期有罪，出公使三個匠人很久，又叫唱戲的同拳彌盟誓，可是對他仍舊很親信，所以褚師比、公孫彌牟、公文要、司寇亥、司徒期利用三個匠人同拳彌造反，皆拿著很快的兵劍，沒有兵劍就拿斧子，使拳彌進入公宮，而從太子疾的宮裏喊叫著去攻打出公，衛大夫鄄子士請求抵抗，拳彌拉著他的手說：「你是很勇敢的，但是對君怎麼辦呢？你不看見先君莊公嗎？你何處不能達到欲望？並且君曾經在外國，豈必永遠不回來麼？但現在就不可以，因為眾怒的時候難犯，他們息了怒，就容易離間了。」於是就出奔，將到晉國左近的蒲邑，拳彌就說：「晉國沒有信用，不可以去。」又到齊晉交界的鄄，拳彌又說：「齊晉一定爭我，不可以。」又到魯國左近的泠，拳彌說：「魯國不能共事，請到城鉏去，宋國南邊近越國，是為的跟越國勾結。」就到了城鉏，拳彌說：「衛國的盜賊很可怕，請速行，由我開始罷！」就載著寶物回衛國。出公擺了支離的陣，用祝史揮去侵略衛國，衛人頗以為病。公文要知道了，去見公孫彌牟，請驅逐祝史揮，公孫彌牟說：「他似乎沒有罪。」公文要說：「他很喜歡專利而狂妄，他看見君將進都城時，他必先去引導。要驅逐他，必從南門出去，而到君所在的地方。越新近得諸侯，他必定到越國去請軍隊。」祝史揮正在朝上，叫吏人把他家眷驅遂出去。祝史揮也出門，住兩天也不讓他回來，五天以後，就住到出公所在的外里，就有了寵愛，派到越國請軍隊。

㈡傳　六月，公至自越㈠，季康子孟武伯逆於五梧㈡，郭重僕，見二子曰：「惡言多矣！君請盡之。」公宴於五梧，武伯為祝㈢，惡郭重曰：「何肥也？」季孫曰：「請飲彘也。以魯國之密邇仇讎，臣是以不獲從君，克免於大行，又謂重也肥。」公曰：「是食言多矣！能無肥乎？」飲酒不樂，公與大夫始有惡。

【今註】㈠公至自越：前年魯哀公到越國去，現在方才回來。㈡五梧：在今山東省費縣西南。㈢為祝：做上祝壽酒。

【今譯】六月，魯哀公從越國回來，季孫肥、孟孫彘，到五梧去迎接，郭重給魯哀公駕著車，看見他們兩個人就對魯哀公說：「他們對你的壞話很多，請你全都聽聽吧。」哀公在五梧設宴，孟孫彘做上壽的酒，他看見郭重的相貌說：「你怎麼那樣肥胖呢？」季孫肥說：「請罰彘喝酒。因為魯國離著仇人國家很近，我們所以不能夠隨著君去，免著走的道路很遠，而他又說郭重很肥胖。」魯哀公說：「他說的話，吃回去很多，能夠不胖嗎？」飲酒不歡樂，魯哀公同大夫們開始不相和。

哀公二十有六年（公元前四百六十九年）

(一)傳　夏五月，叔孫舒㊀帥師會越皐如後庸㊁，宋樂茷納衛侯。文子欲納之，懿子曰：「君愎而虐，少待之必毒於民，乃睦於子矣。」師侵外州大獲㊂，出禦之大敗㊃，掘褚師定子之墓㊄，焚之于平莊之上，文子使王孫齊㊅私於皐如曰：「子將大滅衛乎？抑納君而已乎？」皐如曰：「寡君之命無他，納衛君而已。」文子致衆而問焉曰：「君以蠻夷伐國，國幾亡矣，請納之。」衆曰：「勿納。」曰：「彌牟亡而有益，請自北門出。」衆曰：「勿出。」重賂越人申開守陴而納公，公不敢入。師還立悼公㊆。南氏相之，以城鉏與越人。公曰：「期則為此，令苟有怨於夫人㊇者報之。」司徒期聘於越，公攻而奪之幣，期告王㊈，王命取之，期以衆取之。公怒，殺期之甥之為大子者，遂卒于越。

【今註】㊀叔孫舒：叔孫武叔的兒子叔孫文子。㊁皐如、後庸：都是越大夫。㊂師侵外州大獲：

越國的軍隊侵略外州，大打勝仗。外州在今山東省范縣鄆城間。㊃出禦之大敗：衛國軍隊出去抵抗，衛軍大敗。㊄褚師定子之墓：褚師定子是褚師比的父親。㊅王孫齊：衛大夫。王孫賈的兒子。㊆悼公：蒯聵的庶弟。㊇夫人：是期的姊姊。㊈期告王：期告訴越王。

【今譯】二十六年夏天五月，叔孫舒率領軍隊，會合越國的皐如同後庸同宋國的樂茷納衛出公回衛國。叔孫舒想把他納進城去，公文要說：「君剛愎暴虐，少等待必對人民毒害，然後人民就對你和睦。」越國軍隊侵略外州大得勝，衛國軍隊出來抵抗大敗，掘了褚師比父親的墳墓，在平莊的上面把他燒了，叔孫舒使衛大夫王孫齊私問皐如說：「你將大滅衛國嗎？還祇是為著納衛君！」皐如回答說：「寡君的命令沒有旁的，祇是為的納衛君而已。」叔孫舒把衛國眾人叫來問他們說：「君用著蠻夷來伐衛國，衛國就要亡了，請叫君回來吧！」眾人回答說：「不要叫他回來。」叔孫舒又說：「彌牟逃出，若對國家有利，請從北門逃出。」眾人回答說：「不要出去。」重賄賂越國人，重新開了城門，嚴設守備，出公不敢進去，越國軍隊退了，衛人就立了悼公。公孫彌牟做宰相，拿城鉏這地方給了越國。出公說：「這全是司徒期做的，現在你們假設有人恨夫人的就報復她。」司徒期替衛悼公到越國聘問，出公派人打他，奪掉他的貨幣。司徒告訴越王，叫他奪回來，司徒期用眾人力量奪取。出公很憤怒，殺了他的外甥做太子那人，出公就死在越國。

㈡傳宋景公無子，取公孫周之子得與啟㊀，畜諸公宮，未有立焉。

於是皇緩為右師，皇非我為大司馬，皇懷②為司徒，靈不緩為左師，樂茷③為司城，樂朱鉏④為大司寇，六卿三族降聽政⑤，因大尹以達。大尹常不告，而以其欲稱君命以令。國人惡之，司城欲去大尹，左師曰：「縱之使盈其罪，重而無基，能無敝乎？」冬十月，公游于空澤⑥。辛巳，卒於連中⑦，大尹興空澤之士千甲⑧奉公自空桐入如沃宮⑨，使召六子曰：「聞下有師，君請六子畫。」六子至，以甲劫之曰：「君有疾病，請二三子盟。」乃盟于少寢之庭，曰：「無為公室，不利大尹。」立啟，奉喪，殯于大宮，三日而後國人知之。司城茷使宣言於國曰：「大尹惑蠱其君，而專利令，君無疾而死，死又匿之，是無他矣，大尹之罪也。」得夢啟北首而寢於盧門之外⑩，己為烏而集於其上，咮加於南門，尾加於桐門⑪曰：「余夢美，必立。」大尹謀曰：「我不在盟⑫，無乃逐我，復盟之乎？」使祝為載書，六子在唐盂⑬，將盟之。祝襄⑭以載書告皇非我，皇非我因子潞⑮門尹得⑯左師謀曰：「民與我逐之乎？」皆歸授甲。使徇于國曰：「大尹惑蠱其君，以陵虐公室，與我者救君者也。」眾曰：「與之！」大尹徇曰：「戴氏⑰皇氏將不利公室，與我者無憂不富。」眾曰：「無別⑱。」戴氏皇氏欲伐公⑲，樂得曰：「不可，彼以陵公有罪，我伐公則甚焉？」使國人施于大尹⑳。大尹奉啟以奔楚，乃立得。司城為上卿，盟曰：「三族共政，無相害也。」

【今註】 ㈠得、啟：得是宋昭公，啟是得的弟弟。㈡皇懷：皇非我的堂弟。㈢樂茷：樂溷的兒子。㈣樂朱鉏：樂輓的兒子。㈤六卿三族降聽政：三族是皇氏、靈氏、樂氏一同掌政權。㈥空澤：一統志說：「空澤，即空桐澤，在河南虞城縣南，上有空桐亭。」㈦連中：館名。㈧千甲：一千個甲士。㈨奉公自空桐入如沃宮：奉著宋公的屍首從空桐進入到沃宮。空桐在虞城縣南五里。㈩盧門之外：宋東城北首的門外。⑪咮加於南門、尾加於桐門：鳥嘴到南門上，尾巴在北門。⑫我不在盟：我沒有參加少寢的盟誓。⑬唐盂：今商邱縣境。⑭祝襄：宋國的祝史名襄。⑮子潞：是樂茷。⑯門尹得：樂得。⑰戴氏：即樂氏。⑱無別：與君沒有分別，意謂以國家為已有。⑲伐公：伐啟。⑳使國人施于大尹：令貴族們對大尹加罪。

【今譯】 宋景公沒有兒子，拿公孫周的兒子昭公得同他弟弟啟，養到公宮裏，不知道要立誰為太子。

這時間皇緩做右師，皇非我做大司馬，皇懷做司徒，靈不緩做左師，樂茷做司城，樂朱鉏做大司寇，六位卿皇、靈、樂三族合同管理政治，結果就派大尹去告訴君。大尹常常不告訴，而把他所喜歡的事稱君的命令傳下去。貴族們全不喜歡他，樂茷想去掉大尹，靈不緩說：「聽從著他，使他的罪狀滿盈，勢重而沒有德為基本，必定要失敗的。」冬天十月，宋景公到空澤游歷，辛巳，死在連中館中，大尹興起空澤的甲士一千個人，奉著公的屍首，自空桐進入沃宮，使叫六卿來說：「聽見下邑有軍隊來，請六位計劃計劃。」六人來了，用軍隊劫著他們說：「君的病很厲害，請你們盟誓。」就在少寢庭院中盟誓說：「不要因為公室的原故，對於大尹不利。」立了啟為君，奉著喪到祖廟中出殯，三天以後貴族們方才都知道。樂茷叫人在國中宣佈說：「大尹蠱惑他的君，而專宋國的利權，現在君沒有病就死了，死了又藏匿他，這沒有旁的原因，祇是大尹的罪狀。」得夢見啟頭向著北方，而睡在宋國都城東門的外邊，自己變成烏鴉，而在啟的上邊，嘴在南門上，尾巴在北方桐門上，他自己說：「我這個夢很好，我必定會立為君。」大尹計劃說：「我未曾加入少寢的盟誓，是不是要驅逐我出走，那麼再跟他們會盟吧！」使祝人做盟誓載書，六卿在唐盂這地方，想對他盟誓。祝襄拿載書的名字告訴皇非我，皇非我與樂茷、樂得、靈不緩計謀說：「人民會同我驅逐他嗎？」全都回到家裏，預備軍隊。告訴國人說：「大尹蠱惑他的君，欺負公室，幫助我們是為的救君。」大家說：「幫助他們。」大尹也告訴國人說：「樂氏、皇氏將對於公室不利，幫助我的不會怕沒有財富。」大家說：「這種號令與君沒有分別。」樂氏、皇氏想伐啟，樂得說：「不可以，大尹是因為欺負公有罪了，我若伐公，更厲害了。」叫國人對大尹加罪。大尹奉著啟，逃到楚國去，就立得為君。樂茷做上卿，盟誓說：「三族共理政事，不要互相侵害。」

㈢傳 衛出公自城鉏使以弓問子贛，且曰：「吾其入乎？」子贛稽首受弓對曰：「臣不識也。」私於使者曰：「昔成公孫於陳㊀，寧武子孫莊子為宛濮之盟而君入。獻公孫於齊㊁，子鮮、子展為夷儀之盟而君入。今君再在孫矣㊂，內不聞獻之親，外不聞成之卿，則賜不識所由入也。詩曰：『無競惟人，四方其順之㊃。』若得其人，四方以為主，而國於何有？」

【今註】㊀昔成公孫於陳：從前衛成公奔逃到陳國去。在僖公二十八年。㊁獻公孫於齊：衛獻公逃到齊國去，這件事在魯襄公十四年。㊂今君再在孫矣：指著哀公十五年出公逃到魯國，現在又逃到宋國。㊃無競惟人，四方其順之：詩經周頌的一句詩。意思說祇要用到賢人，四方的人全會歸順他。

【今譯】衛出公從城鉏叫人拿弓去問子貢，並且說：「我能夠回衛國去嗎？」子貢稽首收了弓，回答說：「我不知道。」又私下對使人說：「從前成公逃到陳國去，甯殖孫莊子在宛濮盟誓，而君回國。獻公逃到齊國去，子鮮、子展為夷儀的盟誓而君回來。現在君已經兩次逃出國去，內裏不聽見說有獻公的親屬，外邊不聽見有成公的官屬，所以我不知道怎麼能夠回國？詩經周頌說：『祇要能夠得到賢人，四方就能歸順他。』若得到那人，可以為四方的主，又何祇一國呢？」

哀公二十有七年（公元前四百六十八年）

(一)傳 春，越子使后庸來聘，且言邾田封于駘上㈠。二月，盟于平陽㈡，三子皆從㈢，康子病之，言及子贛，曰：「若在此，吾不及此夫？」武伯曰：「然，何不召？」曰：「固將召之。」文子曰：「他日請念。」

【今註】㈠駘上：即狐駘，在今山東滕縣東南。㈡平陽：在今山東鄒縣西三十里。㈢三子皆從：三子指季康子、叔孫文子、孟武伯。

【今譯】二十七年春天，越王派后庸來魯國聘問，且談到魯國佔據邾國的田地，一直到駘上。二月，魯哀公同后庸在平陽這地方盟會，季孫肥、叔孫舒、孟孫彘，皆隨從著他，季孫肥以跟蠻夷盟誓為羞恥，談論中說到子貢，季孫就說：「他若在這裏，我們大約不會到這種程度。」孟孫彘說：「對了，何不叫他來？」季孫說：「就要召來。」叔孫舒說：「以後請想著這句話。」

(二)傳 夏四月己亥，季康子卒，公弔焉降禮㈠。

【今註】㊀公弔焉降禮：公去弔他，禮節不完備。

【今譯】夏天四月己亥，季孫肥死了，魯哀公去弔唁，行的禮節不完備。

㈢傳晉荀瑤帥師伐鄭，次于桐丘㊀，鄭駟弘㊁請救于齊。齊師將興，陳成子屬孤子三日朝，設乘車兩馬繫五邑焉，召顏涿聚之子晉曰：「隰之役㊂，而父死焉。以國之多難，未女恤也。今君命女以是邑也，服車而朝，毋廢前勞。」乃救鄭，及留舒㊃，違穀七里，穀人不知。及濮㊄雨不涉，子思㊅曰：「大國在敝邑之宇下，是以告急，今師不行，恐無及也。」成子衣製杖戈㊆立於阪上，馬不出者助之鞭之。知伯聞之乃還曰：「我卜伐鄭，不卜敵齊。」使謂成子曰：「大夫陳子，陳之自出，陳之不祀，鄭之罪也㊇。故寡君使瑤察陳衷焉，謂大夫其恤陳乎？若利本之顛，瑤何有焉？」成子怒曰：「多陵人者皆不在，知伯其能久乎？」中行文子㊈告成子曰：「有自晉師告寅者，將為輕車千乘以厭齊師之門，則可盡也。」成子曰：「寡君命恒曰：『無及寡，無畏眾，』雖過千乘，敢辟之乎？將以子之命告寡君。」文子曰：「吾乃今知所以亡⑩！君子之謀也始衷終皆舉之，而後入焉。今我三不知而入之，不亦難乎⑪？」

【今註】㊀桐丘：在河南省扶溝縣西二十里。㊁駟弘：駟歂的兒子。㊂隰之役：在哀公二十三年。㊃留舒：山東通志說：「一作柳舒城，魚山上有柳舒城，即留舒之訛也。在今山東阿縣西北八里。」㊄濮：程發軔氏說：是今日鄆城鉅野之西南。」㊅子思：國參。㊆衣製杖戈：穿著雨衣，拿著槍。㊇鄭之罪也：在哀公十七年。楚國滅陳，與鄭無幹。㊈中行文子：荀寅。㊉吾乃今知所以亡：我現在才知道，我為什麼逃亡的原因。⑪今我三不知而入之，不亦難乎：我現在全不知道而進去，這不是很困難嗎？

【今譯】賢國荀瑤率領軍隊討伐鄭國，住在桐丘這地方，鄭國駟弘到齊國去請救。齊國軍隊將興兵，陳恒叫戰死的人的兒子，三天上朝，預備好一輛車同兩匹馬，更加上五個城邑，叫顏涿聚的兒子晉說：「你的父親死在隰這次的戰役，因為國家的困難很多，所以尚沒有撫恤你們，現在君以這城邑賞給你，你可以穿著衣服，坐這車來上朝，為的不廢除你父親從前的功勞。」就去救鄭國，到了留舒這地方，離著穀這城七里，而穀人不知道。到了濮，天下雨，沒法過濮水，國參說：「晉國就在我們鄭國附近，所以來告急，現在你軍隊不往前走，恐怕來不及了。」陳恒穿著雨衣拿著槍立到山坡上，馬不往前走幫助他們，拿鞭子打它。荀瑤聽見就回去，並且說：「我祇占卜打鄭國，沒有占卜同齊國為敵人。」派人告訴陳恒說：「你大夫陳子，是出自陳國，陳國若不能得到享祀，是鄭國的罪，所以寡君使我荀瑤查看陳國的衷心，說大夫要憐恤陳國嗎？若以為根本可以顛覆，與我荀瑤有什麼關係？」陳恒生氣說：「多欺負人的，現在全部不存在，旬瑤能夠長久嗎？」荀寅這時候逃到齊國，告訴陳恒說：「有來告訴我說的，將拿輕車一千輛，來壓住齊國軍隊的門，齊國軍隊就可以全完了。」陳恒說：「齊君命恒說：『不要打少的人，也不要怕多的人。』就是過了一千輛車，我敢躲避他們嗎？我將拿你的話告訴我們齊君。」荀寅說：「我現在才明白我是為什麼逃亡。君子計謀事情的時候，必定由開始到末了皆想出來，方才能夠辦。今我三件事全不知道，而就辦了，不也很難嗎？」

㈣傳　公患三桓之侈也，欲以諸侯去之㈠，三桓亦患公之妄也㈡，故君臣多間㈢。公游于陵阪㈣，遇孟武伯於孟氏之衢，曰：「請有問於子，余及死乎㈤？」對曰：「臣無由知之。」三問卒辭不對。公欲以越伐魯而去三桓，秋八月甲戌，公如公孫有陘氏㈥，因孫於邾，乃遂如越，國人施公孫有山氏。

【今註】㈠欲以諸侯去之：想拿諸侯力量去掉三桓。㈡三桓亦患公之妄也：三桓也以為魯哀公狂妄。㈢故君臣多間：所以君臣之間很多間隙。㈣陵阪：應在曲阜城內。㈤余及死乎：我能夠壽終嗎？㈥有陘氏：即公孫有山氏。

【今譯】 魯哀公很討厭三桓的奢侈，想拿諸侯力量去掉他。三桓也以為哀公狂妄，所以君臣之間很多間隙。哀公到陵阪去遊玩，遇見孟孫彘在孟氏的路上就說：「請問你，我能夠善終嗎？」回答說：「我無從知道。」三次問也不回答。哀公想拿越國軍隊來伐魯國去掉三桓。秋天八月甲戌，哀公到公孫有山氏，就逃到邾國去了，由此就逃到越國，國人就公佈公孫有山氏的罪狀。

㈤

傳 悼之四年㈠，晉荀瑤帥師圍鄭，未至，鄭駟弘曰：「知伯愎而好勝㈡，早下之，則可行也㈢。」乃先保南里以待之，知伯入南里，門于桔柣之門，鄭人俘酅魁壘㈣，賂之以知政㈤，閉其口而死。將門，知伯謂趙孟入之，對曰：「主在此。」知伯曰：「惡而無勇，何以為子㈥？」對曰：「以能忍恥，庶無害趙宗乎？」知伯不悛，趙襄子由是惎㈦知伯，遂喪之。知伯貪而愎，故韓魏反而喪之㈧。

【今註】 ㈠悼之四年：悼公是魯哀公的兒子。悼之四年等于公元前四六二年。㈡知伯愎而好勝：知伯剛愎而好比旁人勝。㈢則可行也：就可以去了。㈣酅魁壘：晉國的兵士。㈤賂之以知政：以財貨賄賂他出來管理政權。㈥惡而無勇，何以為子：相貌很醜，而又沒有勇氣，為什麼立他為後人。㈦惎：是狠毒。㈧故韓魏反而喪之：故韓魏聯合起來把他毀掉。

【今譯】悼公四年（公元前四百六十三年），晉國荀瑤率領軍隊圍了鄭國都城，還沒到鄭國，駟弘就說：「荀瑤剛愎而好勝，要早低下，他就可以走。」就先保守城外的南里以等待他，荀瑤進了南里，攻打桔柣的門，鄭國人逮著晉國的酅魁壘，用財貨賄賂他，叫他管理政權，他不聽，就閉上嘴死了。將攻打鄭國都城的城門，荀瑤對趙無恤說你何不進去呢？回答說：「你在此，我怎麼敢進去。」荀瑤說：「樣子很醜，又沒勇敢，怎樣為人子。」回答說：「因為我能夠忍受羞恥，庶幾不害趙氏的宗廟嗎？」荀瑤仍舊不改，趙無恤從此討厭荀瑤，就毀了他。荀瑤貪而剛愎，故韓魏反過來把他毀掉。

附錄一

春秋序㈠：（陸曰㈡此元凱所作，既以釋經，故依例音之，本或題為春秋左傳序者，沈文何以為釋例序，今不用。）春秋者，魯史記㈢之名也。記事者，以事繫日，以日繫月，以月繫時，以時繫年，所以紀遠近，別同異也。故史之所記，必表年以首事，年有四時，故錯擧以為所記之名也㈣。周禮有史官，掌邦國四方之事，達四方之志，諸侯亦各有國史，大事書之於策㈤，小事簡牘而已㈥。孟子曰：「楚謂之檮杌，晉謂之乘，而魯謂之春秋，其實一也㈦。」韓宣子適魯㈧，見易象與魯春秋，曰：「周禮盡在魯矣，吾乃今知周公之德與周之所以王。」韓子所見，蓋周之舊典，禮經也㈨。周德既衰，官失其守，上之人不能使春秋昭明，赴告策書，諸所記注，多違舊章。仲尼因魯史策書成文，考其真偽，而志其典禮，上以遵周公之遺制，下以明將來之法。其教之所存，文之所害，則刊而正之，以示勸戒。其餘則皆即用舊史，史有文質，辭有詳略，不必改也。故傳曰其善志，又曰非聖人孰能修之？蓋周公之志，仲尼從而明之。左丘明受經於仲尼，以為經者不刊之書也。故傳或先經以始事，或後經以終義，或依經以辯理，或錯經以合異，隨義而發。其例之所重，舊史遺文略不盡舉，非聖人所修之要故也。身為國史，躬覽載籍，必廣記而備言之。其文緩，其旨遠，將令學者原始要終，尋其枝葉，究其所窮，優而柔之，使自求之，饜而飫之，使自趨之。若江海之浸，膏澤之潤，渙然冰釋，怡然理順，然後為得也。其發凡以言例，皆經國之常制，周公之垂法，史書之舊章，仲尼從而修之，以成一經之通體。其微顯闡幽裁成義類者，皆據舊例而發義，指行事以正褒貶，諸稱書，不書，先書，故書，不言，不稱，書曰之類，皆所以起新舊，發大義，謂之變例⑩。然亦有史所不書即以為義者，此蓋春秋新意，故傳不言凡曲而暢之也。其經無義例，因行事而言，則傳直言其歸趣而已，非例也㊁。故發傳之體有三，而為例之情有五㊂。一曰：「微而顯，」文見於此而起義在彼。「稱族尊君命，舍族尊夫人」，「梁亡」，「城緣陵㈢」之類是也。二曰「志而晦，」約言示制，推以知例，「參會不地，與謀曰及㈣」之類是也。三曰：「婉而成章，」曲從義訓以示大順，「諸所諱辟」，「璧假許田㈤」之類是也。四曰：「盡而不汙，」直書其事，具文見意，「丹楹刻桷」，「天王求車」，「齊侯獻捷㈥」之類是也。五曰：「懲惡而勸善。」求名而亡，欲蓋而章，「書齊豹盜」，「三叛人名㈦」之類是也。推此五體，以尋經傳，觸類而長之，附于二百四十二年行事，王道之正，人倫之紀備矣。或曰：「春秋以錯文見義，若如所論，則經當有事，同文異，而無其義也，先儒所傳，皆不其然。」答曰：「春秋雖以一字為褒貶，然皆須數句以成言，非如八卦之爻，可錯綜為六十四也，固當依傳以為斷。」古今言左氏春秋者多矣，今其遺文，可見者十數家，大體轉相祖述，進不成為錯綜經文以盡其變，退不守丘明之傳。於丘明之傳有所不通，皆沒而不說，而更膚引公羊穀梁，適足自亂。預令所以為異，專修丘明之傳以釋經，經之條貫必出於傳，傳之義例揔歸諸凡，推變例以正褒貶，簡二傳而去異端，蓋丘明之志也。其有疑錯，則備論而闕之，以俟後賢。然劉子駿(一八)創通大義，賈景伯父子(一九)許惠卿(二〇)皆先儒之美者也，末有潁子嚴(二一)者，雖淺近亦復名家。故特舉劉、賈、許、潁之違，以見同異。分經之年，與傳之年相附(二二)，比其義類，各隨而解之，名曰經傳集解。又別集諸例及地名、譜第、厤數(二三)相與為部，凡四十部，十五卷，皆顯其異同，從而釋之，名曰釋例。將令學者觀其所聚異同之說，釋例詳之也。或曰「春秋之作，左傳及穀梁無明文。說者以仲尼自衛反魯，修春秋，立素王，丘明為素臣。言公羊者亦云黜周而王魯，危行言孫，以辟當時之害，故微其文，隱其義。公羊經止獲麟，而左氏經終孔丘卒。敢問所安？」答曰：「異乎余所聞。仲尼曰：『文王既沒，文不在茲乎？』此製作之本意也。歎曰：『鳳鳥不至，河不出圖，吾已矣夫。』蓋傷時王之政也。麟鳳五靈(二四)，王者之嘉瑞也。今麟出非其時，虛其應而失其歸，此聖人所以為感也。絕筆於獲麟之一句者，所感而起，固所以為終也。」曰：「然則春秋何始於隱公？

答曰：「周平王東周之始王也，隱公讓國之賢君也。考乎其時則相接，言乎其位，則列國，本乎其始則周公之祚胤也。若平王能祈天永命，紹開中興，隱公能弘宣祖業，光啟王室，則西周之美可尋，文武之迹不隊，是故因其麻數，附其行事，采周之舊以會成王義，所書之王即平王也，所用之麻即周正㉟也。所稱之公即魯隱也。安在其黜周而王魯乎？子曰：『如有用我者，吾其為東周乎？』此其義也。」若夫製作之文，所以章往考來，情見乎辭，言高則旨遠，辭約則義微，此理之常，非隱之也。聖人包周身之防，既作之後，方復隱諱以辟患，非所聞也。子路欲使門人為臣，孔子以為欺天，而云仲尼素王，丘明素臣，又非通論也。先儒以為制作三年，文成致麟，既已妖妄，又引經以至仲尼卒，亦又近誣。據公羊經止獲麟，而左氏小邾射不在三叛之數，故余以為感麟而作，作起獲麟，則文止於所起為得其實。至於反袂拭面，稱吾道窮，亦無取焉。」

【今註】 ㈠春秋序：據陸德明說：「此杜元凱所作，既以釋經，故依例音之，本或題為春秋左傳序者，沈文何以為釋例序，今不用。」㊁陸曰：即陸德明所說。㊂魯史記：春秋就是魯國史記的名稱。㊃故錯舉以為所記之名也：因為四時有春夏秋冬，祇用春秋兩個字，所以說錯舉，是為的記載編年的事。㊄大事書之於策：蔡邕獨斷曰：「策者簡也，其制長二尺，短者半之。㊅小事簡牘而已：簡牘祇有一尺長。㊆魯謂之春秋，其實一也：魯國人稱為春秋，其實楚國的檮杌，晉國的乘，而魯國的春秋，全是為記載史事的書。㊇韓宣子適魯：晉大夫韓起，到魯國去聘問，在魯昭公二年。㊈禮經也：這是韓宣子所看的，魯國舊有的記載。㊉謂之變例：這叫著改變的條例。⑪非例也：這不屬於例。⑫為例之情有五：釋例的情形有五種，就是如下面所說的。⑬「稱族尊君命」「舍族尊夫人」「梁亡」「城緣陵」：稱族尊君命，舍族尊夫人，見於成公十四年，梁亡見於僖公十九年，城緣陵見於僖公十四年。⑭「參會不地，與謀曰及」：桓公二年秋公及戎盟於唐，冬公至自唐。⑮「璧假許田」：當時魯國因為周公的原故，得用離近京都的許田，後來周德既衰，魯國也不朝周，所以鄭國就假作拿著玉璧來換許田。⑯「丹楹刻桷」、「天王求車」、「齊侯獻捷」：莊公二十三年秋，丹桓宮楹。二十四年春，刻桓宮桷，桓公十五年，天王使家父來求車。莊公三十一年，齊侯來獻戎捷。⑰「齊豹盜」「三叛人名」：昭公二十年盜殺衛侯之兄縶。襄公二十一年，邾庶其以漆閭來奔；昭公五年莒牟夷以牟婁及防茲來奔；昭公三十一年邾黑肱以濫來奔。⑱劉子駿：即劉歆。⑲賈景伯父子：賈逵字景伯扶風人，父徽字元伯。⑳許惠卿：名許淑。㉑潁子嚴：名潁容。㉒分經之年與傳之年相附：可見經同傳本是兩部書，這次方才被杜預合成一部書。㉓諸例及地名、譜第、麻數：全舉各條例同地名同人名的譜，還有麻法，這些叫做釋例。㉔麟鳳五靈：麟鳳同龜龍古稱為四靈，但是據疏說應該加上白虎稱為五靈。㉕所用之麻即周正也：所用的麻法就是周朝的麻法，以分別他同夏商的不同。

【今譯】 春秋這個名詞，是魯國史記的名稱。所謂記事的就是把事情記到日子上，把日子記到月份上，把月份記到四時上，把四時記到年上，這是把事情記到遠近，分別同一，所以史書記載必定先寫年，以說事情的開始，每年有四季，所以錯舉春秋兩季做史記的名稱。周禮說到史官是管掌著邦國四方的事情，通達四方的意志，每個諸侯也各有他的國史，大的事情寫到大的竹簡上，所謂策。小的事情祇寫到簡牘上，簡牘是小的竹簡，孟子說過：「楚國叫做檮杌，晉國叫做乘，魯國叫做春秋，其實名稱雖然不同，事實上記事性質相同。」在魯昭公二年時，晉國的韓宣子到魯國去，看見易象同魯春秋就說：「周禮全在魯國了，我現在才知道周公德性的大，同周朝的所以稱王。」韓起所看見的，大概就是周朝的舊典，所謂禮經就是。周的德性後來衰微，官吏全失掉他所守護的，上邊的人不能使春秋很明顯，赴告所用的策書，諸凡所記述的，多違背了舊的章法，孔子根據著魯國史書所記載的策書，舊文字，考正他的真假，而以他的典禮為標準，上面為的遵守周公的舊制度，下邊為的發明將來的法則。其所存的教訓，文章有不對的地方，就把他修正了，以表示勸戒的意思。其餘皆用舊書上所寫的，史有的文雅，有的質樸，文辭有的詳有的略，也就不必更改了。所以左傳說他的志向很美，又說要不是聖人，誰能夠修正呢？這大約是周公的志向，孔子根據他而修明了。左丘明從孔子受到魯國的舊史，以為舊史是不能夠修改的書，所以左傳常常寫在春秋前面，以開啟事端，或者在春秋以後為的表示他把這件事情完成，有的事依傍著春秋，以答辯他的理解，或者是跟春秋相錯，以表示他的不同，隨著意思而發展著不同。他條例之所重，就是所剩下的文字，也不能全都舉出來，因為這不是聖人所修的要緊事的原故。他既然做了國史，親自看見舊的記載，必然推廣記載而詳細的說。他的文章很緩慢，原旨很遠大，使學者們能夠由開始一直到末了，尋找他的枝葉，一直到根底，優柔能夠自己得到，饜飫使自己往那裏去。好像江海那麼大水，膏澤能滋潤，就自然能夠冰解，高興得很稱理，然後能得到義理。（侗案左氏春秋同孔子春秋是兩部書，在杜預以前，仍然是分存著，自從杜預「分經之年與傳之相附」以後，方始左氏春秋做為解釋春秋，詳情見於我的序中，讀者可以參考。）凡是發凡皆說的條例，全都是經國的常制，這是周公的垂法，也是史書的舊章，孔子有追隨周公從修他，成了一個經的通體。他把微細的使他明顯，不容易懂的說明，分成義例，都根據舊例而發明的，指著一件事情，以證明褒貶。譬如所謂「書」、「不書」、「先書」、「故書」、「不言」、「不稱」「書曰」這些類全都是為的起新舊，發揚大義，這叫做變例。然也有史書上所不寫，即變成義例的，這大概是春秋的新意，所以傳裏不說，曲別而暢明了他。至於春秋中沒有義例因為行事情而言，左傳祇說他的結果而已，這不是例。所以發傳的體有三個，而為例的體裁有五種。一種叫做「微而顯」，文章見於此處，而意思興起在旁處。「稱族尊君命，舍族尊夫人」、「梁亡」、「城緣陵」這類就是。第二種叫做「志而晦」這是為的表示一個制度，推在一塊就可以成一個例，「參會不地，與謀曰及」這類就是。第三種叫做「婉而成章」這個是根據著義訓以表示順從大的訓導，凡所辟諱的，譬如「璧假許田」這類就是。第四種叫做「盡而不汙」，直接寫他的事情，用文章就表示意見，「丹楹刻桷」「天王求車」「齊侯獻捷」這類就是。第五種叫做「懲惡而勸善」「求名而亡」「欲蓋而章」「書齊豹盜」「三叛人名」這類就是。推這五件事情，來尋找經傳，分類而推廣他，附在二百四十二年的行事，王道的規正，人倫的根基，就完備了。或者說：「春秋是用錯雜的文字來見義意，要像你所說的，則經中當有事情相同，而文字不同而沒有他的意義，先儒所傳說的，大概同這個不同。」回答說：「春秋雖然拿一個字做褒貶，但是必須拿幾句成一句話，不像八卦的爻，可以互相變化，就成了六十四卦，還是要根據左傳來決斷。」古今說左氏春秋者很多家，現在剩下的材料所看見的有十幾家，全互相的轉引，進去不成叫經文錯綜來得到他的變化，退一步也不能守住丘明的左傳。對於左丘明的傳有不能了解的，全都不說，並且又引用公羊傳同穀梁傳，恰好自己亂了他的思想。杜預現在跟他們所作的不同，專門研究左丘明的傳，以解釋經，經的條貫必定出在左傳，左傳的義例全歸凡例來管，用變例以正規褒貶，去了公羊穀梁兩個傳，就表示去了兩個不同的說法，這也就是左丘明的志願。他有錯誤可疑的地方，就備論而闕疑，以等待後代的賢者。劉子駿（劉歆）創通左傳的大義，賈景伯父子（賈徽及賈逵）、許惠卿（許淑），全都是先儒最好的，後來有潁子嚴（潁容）雖然膚淺也可以成一家。所以特別舉出來劉、賈、許、潁的不同見解，以見同與不同解說。把春秋的年份同左傳的年份著在一塊，比較他的義類，隨著他來解釋，名就叫經傳集解。又另外集合各例同地名、譜第、曆數，各自分成部，凡四十部，十五卷，都分著以表示他的異同，從著來解釋，名叫釋例。為的將以後的學者觀我所展集異同的說法，這在釋例已經詳細說了。或有人說，春秋的創作，在左傳及穀梁傳中都沒有明白的說，解說者以為孔子自衛國返回魯國，修成春秋，立素王、左丘明作素臣。說公羊傳者也說貶黜周而使魯為王，因為行為甚有危險，故言辭甚為謹慎，以避免當時的加害，所以文章甚細微，隱藏他的意義，公羊的經以西狩獲麟為止，而左氏的經到孔子死，敢問何種合理？回答說：「這同我所聽說的不同。孔子說：『文王既然死了，文就不在這裏嗎？』這就是作書的本意所在。孔子又歎息說：『鳳凰不來，河水也不出現石圖，我豈不沒有希望了麼？』這是傷感時王的政治呀！麟鳳五種靈物皆是王者的祥瑞，現在麒麟出現不合時，也不應而失掉他的歸宿，聖人因此感歎。為何在這句絕筆，因為感起於此，也就以此為終。」又問說：「為何春秋從魯隱公呢？」回答說：「周平王是東周的第一個王，魯隱公是讓國的好君，論他們的時代頗相連接，論他的位子就屬於列國，再論上代就是周公的後嗣。假設平王能禱告上天永久保天命，重開中興的機會，魯隱公也能大宣佈祖先周公的事業，啟發周王室，西周的好政風可以尋出，周文王武王的迹業不至於失墜，所以根據他的歷數，附上他們的行事，採用周的舊法，以成王的意義，為後來的垂法。所寫的王就是周平王，所用的歷法就是周正，所稱的公就是魯隱公，何能貶黜周而王魯嗎？孔子說過『如果有人想用我的，我可以作東周的！』這就是這種意義。」至於所作的文章，就為的表章以往，並考查將來，性情見於文辭，所說的話高深，宗旨就會遠大，文辭隱約，意義就會細微，這是事理的常情，並非有所隱蔽，聖人有周身的設防，既然作了以後，又再隱諱為的辟患難，這也不是所能知道的。子路想使門人作臣僕，孔子以為這是欺騙上天，現在說孔子是素王，左丘明是素臣，又不是通論。先儒以為作春秋三年，文章成功就使麒麟出現，這已經是妖妄的話，又引春秋至孔子死，這又近於誣聖人。據公羊傳春秋止於獲麟，而左氏小邾射不在三叛的數目中。所以我以為因感麟而作春秋，既作因獲麟而起，文章也就止於此事，較為得實。至於反衣拭面貌，自稱道窮，也無所取了！

附錄二

杜預後序：大康㈠元年三月，吳寇始平，余自江陵還襄陽，解甲休兵，乃申杼㈡（段玉裁校本作抒是也。）舊意，脩成春秋釋例及經傳集解始訖，會汲郡汲縣有發其界內舊冢者，大得古書，皆簡編科斗文字㈢，發冢者不以為意，往往散亂，科斗書久廢，推尋不能盡通㈣，始者藏在秘（監本誤祕）府㈤，余晚得見之。所記大凡七十五卷，多雜碎怪（淳熙本作恠，俗怪字。）妄，不可訓知。周易及紀年最為分了，周易上下篇與今正同，別有陰陽說，而無彖象，文言、繫辭，疑于時仲尼造之於魯，尚未播之於遠國也。其紀年篇起自夏殷周，皆三代王事，無諸國別也，唯特記晉國，起自殤叔，次文侯昭侯，以至曲沃，莊伯。莊伯之十一年十一月，魯隱公之元年正月也，皆用夏正建寅之月為歲首，編年相次。晉國滅，獨記魏事，下至魏哀王之二十（石經二十作廿，下同。）哀王二十年，蓋魏國之史記也。推挍（淳熙本監本挍作校）

大（監本誤太）歲在壬戌，（淳熙本戌作戍，非。）是周赧（石經赧字右半重刊）王之十六年，秦昭王之八年，韓襄王之十三年，趙武靈王之二十七年，楚懷王之三十（石經三十作卅，下同）年，燕昭王之十三年，齊湣（釋文作湣，石經作湣。）王之二十五年也，上去孔丘卒百八十一歲，下去今大康三年五百八十一歲。哀王於史記，襄王之子惠王之孫也。惠王三十六年卒而襄王立。立十六年卒而哀王立。古書紀年篇惠王三十六年改元，從一年始，至十六年而稱惠成王卒，即惠王也。疑史記誤分惠成之世以為後王年也。哀王二十（石經二十作廿，似改刊。）三年乃卒，故特不稱謚，（石經淳熙本監本作謚，是也。）謂之今王。其著書文意大似春秋經，推此足見古者國史策（石經作策）書之常也。文（淳熙本文誤丈）稱魯隱公及邾莊公盟于姑蔑，即春秋所書邾儀父，未王命故不書爵，曰儀父，貴之也。又稱晉獻公會虞師伐虢滅下陽，即春秋所書虞師晉師滅下陽，先書虞賄故也。又稱周襄王會諸侯于河陽，即春秋所書天王狩（釋文作守，云本亦作狩。）

于河陽，以臣召君，不可以訓也。諸若此輩甚多，略舉數條，以明國史皆承告據實而書時事，仲尼脩春秋，以義而制異文也。又稱衛懿公及赤翟戰于洞澤，疑洞當為泂，即左傳所謂熒澤也。齊國佐來獻玉磬紀公之甗，即左傳所謂賓媚人也。諸所記多與左傳符同，異於公羊穀梁。知此二書近世穿鑿，非春秋本意審矣。雖不皆與史記尚書同，然參而求之，可以端正學者。又別有一卷，純集疏左氏傳卜筮事，上下次第及其文（淳熙本文誤丈。）義皆與左傳同，名曰師春，師春似是抄集者人名也。紀年又稱殷仲壬即位居亳，其卿士伊尹。仲壬崩，伊尹放大甲于桐，乃自立也。伊尹即位於（石經淳熙本作放，是也。）大甲七（石經淳熙本同，宋本作十。）七年，大甲潛出自桐，殺伊尹乃立其子伊陟伊奮，命復其父之田宅而中分之。左氏傳伊尹放大甲而相之，卒無怨色，然則大甲雖見放，還殺伊尹，而猶以其子為相也。此為大與尚書敍說大甲事乖異，不知老叟之伏生，或致昏（釋文作昬。）忘，將此古（石經將此古三子重刻，初刻似脫一字。）書亦當時雜記，未足以取審也。為其粗有益於左氏，故略記之，附集解之末焉。

【今註】㊀大康：是晉武帝的年號。㊁申杼：等於發明申正。㊂簡編科斗文字：簡編是竹編，科斗文是古文字，因為形狀頗像小蛤蟆，所以名字稱為科斗。㊃推尋不能盡通：研究也不能完全懂。㊄祕府：是皇家圖書館。

【今譯】在晉武帝大康元年三月，始把吳國平定，我從江陵回到襄陽，解除盔甲，使軍隊休息，就發明舊的意見，修成春秋釋例同經傳集解兩部書，恰好遇見汲郡汲縣有發掘他的境內很多古塚的，全都是竹簡寫著科斗似的古文字，發掘墳的人不甚注意，所以散開了很亂，並且科鬥文字久已不用，研究他們的也不能完全明白，最初藏在皇家圖書館裏，我在最後才看見記載的事，大概有七十五卷，多半是雜亂零碎，奇怪同妄說，不可以完全懂。其中周易同紀年最明白，周易分為上下篇，同現在的本子正相同，別有陰陽說，而沒有彖象、文言、同繫辭，我很疑惑那時候孔子在魯國所作成，而尚未有傳播到遠處去。他那篇紀年，從夏殷周起，全是記載三代的王事，沒有各國的分別，唯獨特別說到晉國由殤叔起，接著是文侯昭侯，一直到曲沃莊伯。曲沃莊伯的十一年十一月，就是魯隱公的元年正月。晉國皆用夏正，每歲首全用的是建寅那個月，編年相次序。晉國滅了以後，單獨記魏國的事情，下面一直到魏哀王二十年，這就是魏國的史記。我們來推算魏哀王的二十年，太歲在壬戌，這就是在周赧王的十六年，秦昭王的八年，韓襄王的十三年，趙武靈王二十七年，楚懷王的三十年，燕昭王的十三年，齊湣王的二十五年，上邊離孔子死是一百八十一年，下邊離著大康三年，五百八十一年。哀王在史記上，是襄王的兒子，惠王的孫子。惠王三十六年死了，而襄王即位，立了十六年死了，而哀王立為君。古書紀年篇惠王三十六年改元，從一年開始到十六年而稱惠成王死了，就是魏惠王。我很疑心史記誤分了惠成的年代作成後王的年。哀王二十三年才死，所以不稱謚法，稱為今王。紀年寫書的意思大像春秋經，推論可以看出來古代的國史竹簡全是如此。他的文章裏又說：「魯隱公與邾莊公盟于姑蔑。」這就是春秋所寫的邾儀父，沒有得到王命，所以不寫他的爵位，稱他叫儀父，因為尊貴他。又稱：「晉獻公會虞師伐虢滅下陽。」即春秋所寫「虞師晉師滅下陽。先書虞，賄故也。」又稱「周襄王會諸侯于河陽。」即春秋所寫「天王狩于河陽，以臣召君，不可以訓也。」諸如此類很多，略舉幾條，以證明從前的國史皆承通告，據實事而寫的。孔子修春秋，用義意而分成不同的文章。又稱「衛懿公及赤翟戰于洞澤。」我頗疑心洞當做泂，就是左傳所稱的熒澤。「齊國佐來獻玉磬紀公之甗。」就是左傳所說：「賓媚人。」紀年所記載的都同左傳相符，而與公羊穀梁兩書不同。知道這兩部書，後來人所穿鑿，不是春秋的本意，這是很明白了。雖然他的記載，不與史記同尚書相同，然而三種來比較，可以使學者端正。又另有一卷書，完全是抄左傳裏邊講占卜的事情，上下的次序同他的文章意義，都同左傳相同，名字叫「師春」，「師春」似乎是抄這書的人的名字。紀年又說殷仲壬即位以後，居在亳這地方，伊尹做他的卿士。仲壬死了以後，伊尹驅逐大甲位在桐這地方，而自己做了君，伊尹做君以後放逐大甲，七年以後，大甲偷著從桐出來，殺了伊尹，而立了他的兒子伊陟伊奮，回復他父親伊尹的田宅，而給他們兩人平分了。左氏傳說伊尹驅逐大甲而做他的宰相，並沒有抱怨的顏色。如此大甲被放逐，回來殺了伊尹，仍舊用他兒子做宰相。這種很與尚書敍說大甲的事不同，不知道是年老的伏生，或者記不清楚，或者還是這本古書，也是當時雜記，不能做憑據的。因為他對左氏春秋頗有益處，所以記在這裏，附到集解的末端。春秋經傳後序。

校訂後記

春秋左傳今註今譯一書，初版於民國六十年印行，距今已二十年整。此書由李宗侗教授主其事，另有襄助者先後三人。大部分由李教授口述，襄助者筆記，難免有誤解誤記之處；又註者與譯者常非同一人，因之又有註文與譯文各說各話現象。二十年來，為本書提出訂正意見之學術界人士甚多。北投張鼎銘先生撰有「李宗侗註譯春秋左傳糾謬」約三萬五千言；臺南葛振東先生撰有「讀春秋左傳今註今譯筆記」，指出本書錯誤三百四十四條。這二位先生曾為本書投注了不少心力。

去年九月，本人應臺灣商務印書館之請，為本書作校訂。雖明知此一校訂工作出力不討好，但為了對左傳這部經書盡一點心力，仍勉為其難應允。校訂工作自去年九月迄今，歷時半年完成，校訂之前，曾擬就以下四點處理原則：

一、本書今註今譯文字，有其特殊語法。凡是文意尚屬可解，雖語句扞澀不順，亦不予更動。

二、全書體例不一，如春秋紀年下所標示公元紀年之位置不一，又如「文公十有四年」「昭公十四年」等書寫方式不一，凡此均無礙於文意，不予更動。

三、今註部分，原註如有其依據，雖有另一家註釋較此為勝，亦不予更動。

四、本書標點，問題最多。其中以、，。三符號錯雜使用情形最為普遍，無頁無之；該加未加或點錯位置者亦時有所見。上述情形中如明顯影響文意者均加訂正，其他不予更動。

半年來，雖為本書之校訂朝夕從事，但難免偶有疏忽之時；且所為者究係校訂工作，亦難免有不易使力之處。竟工之日，只能說：對左傳這部經書已盡了一點心力。

葉慶炳　八十年三月十二日識於臺北晚鳴軒

春秋左傳今註今譯　下冊

主編◆王雲五
註譯◆李宗侗
校訂◆葉慶炳
發行人◆王學哲
總編輯◆方鵬程
執行編輯◆葉幗英 吳素慧
校對◆趙偵宇 鄭秋燕 徐平
美術設計◆吳郁婷

出版發行：臺灣商務印書館股份有限公司
臺北市重慶南路一段三十七號
電話：（02）2371-3712
讀者服務專線：0800056196
郵撥：0000165-1
網路書店：www.cptw.com.tw
E-mail：ecptw@cptw.com.tw
網址：www.cptw.com.tw

局版北市業字第 993 號
初版一刷：1971 年 1 月
二版一刷：2009 年 11 月
定價：新台幣 650 元

ISBN 978-957-05-2438-3（精裝）

春秋左傳今註今譯／李宗侗註譯；葉慶炳校訂
. --二版. -- 臺北市：臺灣商務，2009. 11
冊； 公分.

ISBN 978-957-05-2430-7(全套：精裝)
ISBN 978-957-05-2436-9(上冊：精裝)
ISBN 978-957-05-2437-6(中冊：精裝)
ISBN 978-957-05-2438-3(下冊：精裝)

1. 左傳 2.注釋

621.732 98019170

讀者回函卡

感謝您對本館的支持，為加強對您的服務，請填妥此卡，免付郵資寄回，可隨時收到本館最新出版訊息，及享受各種優惠。

■ 姓名：________________________ 性別：□ 男 □ 女

■ 出生日期：________年________月________日

■ 職業：□ 學生 □ 公務(含軍警) □ 家管 □ 服務 □ 金融 □ 製造
□ 資訊 □大眾傳播 □ 自由業 □ 濃漁牧 □ 退休 □ 其他

■ 學歷：□ 高中以下(含高中) □ 大專 □ 研究所(含以上)

■ 地址：____

____

■ 電話：(H)______________________(O)______________________

■ E-mail:____

■ 購買書名：____

■ 您從何處得知本書？

□ 網路 □ 書店 □ 報紙廣告 □ 報紙專欄 □ 雜誌廣告
□ DM 廣告 □ 傳單 □ 親友介紹 □ 電視廣播 □ 其他

■ 您喜歡閱讀哪一類別的書籍？

□ 哲學・宗教 □ 藝術・心靈 □ 人文・科普 □ 商業・投資
□ 社會・文化 □ 親子・學習 □ 生活・休閒 □ 醫學・養生
□ 文學・小說 □ 歷史・傳記

■ 您對本書的意見？（A/滿意 B/尚可 C/須改進）

內容__________ 編輯__________ 校對__________ 翻譯__________

封面設計__________ 價格__________ 其他__________

■ 您的建議：____

____

※ 歡迎您至本館網路書店發表書評及留下任何意見

臺灣商務印書館 The Commercial Press, Ltd.

台北市100重慶南路一段三十七號 電話：(02)23115538

讀者服務專線：0800056196 傳真：(02)23710274

郵撥：0000165-1 E-mail:ecptw@cptw.com.tw 網址：http://www.cptw.com.tw

部落格：http://blog.yam.com/ecptw http://blog.yam.com/jptw